KB198717

1170년대 지역 장인들이 만든 그니에즈노 대성당의 청동문. 성 보이테흐(아달베르투스)의 생애를 묘사한 조각에는 그가 프로이센인에게 순교당하는 순간, 998년 '용맹왕' 볼레스와프가 그의 몸무게에 해당하는 금을 주고 그의 유해를 찾아온 일, 그니에즈노에 유해를 안치하는 장면 등이 그려져 있다.

비스와 강변 티니에츠의 베네딕트 수도원.

13세기 초 마조비아의 볼레스와프를 위해 만든 검.
1320년 이후 폴란드 국왕의 대관식에서 의례용으로
사용되었다.

1241년에 벌어진 레그니차 전투를 묘사한 그림. 이 전투에서 실레시아의 헨리크는 타타르군에 맞섰으나 대패하고 자신도 전사했다. 비엘로비에시 지역의 장인이 1430년경에 그린 이 세 폭짜리 제단용 그림의 하단에는 헨리크의 시신이 보이고, 상단에는 천사들이 헨리크와 그의 기사들을 천국으로 데려가는 모습이 그려져 있다.

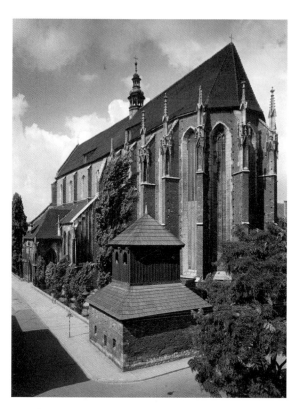

크라쿠프의 성 카타지나 성당.
카지미에시 대왕(1333~1370)
이 세운 여러 성당 중 하나다.

카지미에시 대왕 시기에 건립된 크라쿠프
카지미에시 구역의 오래된 시나고그.

마리엔부르크(말보르크)에 있는 튜튼기사단 요새.

브와디스와프 야기에우워의 초상화로 추정되는 그림.
크라쿠프 성모마리아 성당 제단에 있는 세 국왕 그림
중 하나로 1480년경에 그려졌다.

크라쿠프 대성당에 있는 카지미에시 4세 석관 부조.
바이트 슈토스가 1492년에 제작했다.

크라쿠프에 있는 도미니카 대성당의 필리포
부오나초르시(칼리마추스) 기념판. 바이트 슈
토스가 1496년에 제작했다.

NICOLAVS COPERNICVS

미코와이 코페르니크(코페르니쿠스).

폴란드 국왕 지그문트 아우구스트. 동시대인인 소(小) 루카스 크라나흐 공방에서 나온 초상화.

지그문트 아우구스트와 결혼한 바르바라 라지비우. 소 루카스 크라나흐 공방에서 나온 초상화.

폴란드-리투아니아 문장을 담은 브뤼셀 태피스트리. 1550년대에 폴란드 국왕 지그문트 아우구스트의 주문으로 제작되었다.

크라쿠프 바벨 언덕에 있는 왕궁의 르네
상스식 마당. 1507년에 프란체스코 피오
렌티노가 건축을 시작해 1530년에 바르
톨로메오 베레치가 완성했다.

비스와 강변 카지미에시 돌니의 곡물 창고.
1591년에 폴란드 마니에리즘 양식으로 지
어졌다.

폴란드 국왕 지그문트 3세.
작자 미상의 동시대 작품.

1633년 9월 스몰렌스크 외곽에서 모스크바공국
군대의 항복을 받는 브와디스와프 4세.

비시니츠의 루보미르스키 요새.
1615-1621년 마치에이 트라
폴라가 지었다.

17세기 궁정원수 우카시 오팔린스키.
작자 미상.

폴란드 후사리아(기병)의 날개 장식이
달린 전신 갑옷. 가슴에 십자가와 성모
마리아 문양이 새겨져 있다.

교회에서 열린 세이미크(지방 의회)의 모습.
장 피에르 노르블랭 드 라 구르뎅의 펜화.

바보루프의 성 유제프 목조 교회.
1700년경 지어진 전형적인 바로
크 양식의 마을 교회다.

바르샤바 전경. 베르나르도 벨로토의 1772년 작품.

왼쪽: 스타니스와프 아우구스트 국왕. 마르첼로 바차렐리 작품.

오른쪽: 나폴레옹 제국근위대의 폴란드 기병대 복장을 입은 빈센티 크라신스키 장군.

1863년 봉기에 참여한 전사의 모습.
러시아가 점령한 폴란드 지역으로
진격하기 전 크라쿠프에서 촬영.

1915년, 자신이 이끄는 군대의 복장을
입은 유제프 피우수트스키.

영국 본토 항공전에서 가장 뛰어난
공을 세운 폴란드인 부대인 303전투
비행단의 조종사들. 1941년 노솔트
영국 공군 비행장에서 촬영.

브와디스와프 시코르스키 장군.
1943년 워싱턴에서 촬영.

1989년 5월 자유노조 시위의 한 장면.

교황 요한 바오로 2세와
레흐 바웬사의 만남.

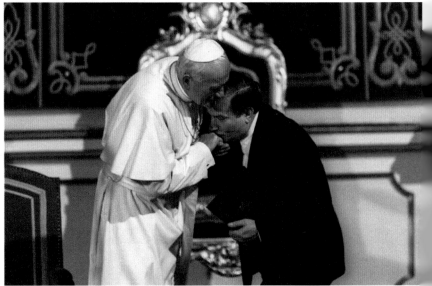

폴란드사

폴란드사

중세부터 현대까지

아담 자모이스키 지음

허승철 옮김

책과함께

일러두기

- 이 책은 Adam Zamoyski의 POLAND : A HISTORY(HarperPress, 2009)를 우리말로 옮긴 것이다.
- 옮긴이가 덧붙인 짧은 설명은 〔 〕로, 긴 설명은 각주로 표시했다.
- 이 책에는 별도의 출처 주석이나 참고문헌이 수록되지 않았다. 서문 말미(10-11쪽)에 있는 지은이의 관련 설명을 참조할 것.

서문

역사학자가 어느 지역의 과거에 대해 수십 년 동안 갖고 있던 자신의 시각을 근본적으로 바꿔야 한다고 생각한다면, 이는 언뜻 가당치 않아 보일 수 있다. 하지만 1987년에 초판이 출간된 내 폴란드 역사서 《폴란드의 길The Polish Way》의 개정증보판을 준비하는 과정에서 나는 그래야 하고 그럴 수 있다고 확신하게 되었다. 역사는 일부의 주장과 달리 지난 20년간 종말을 맞지는 않았지만, 관점은 분명 완전히 바뀌었다.

당시 내가 그 책을 쓰기 시작했을 때, 더 먼 곳은 차치하더라도 서유럽 사람들조차 폴란드가 어디에 있는지 제대로 알지 못했고, 그 나라가 언급할 만한 과거를 가지고 있다고도 생각하지 못했다. 역사가 땅, 사람, 문화의 복잡한 상호작용이라는 사실을 감안하면 폴란드는 특별한 문제를 제기한다. 영토가 그렇게 극적으로 늘었다가 줄어들고 이동했다가 사라지고, 2차 세계대전 후 얼렁뚱땅 만들어진 타협안으로 현재의 상태가 되었고, 다른 강대국의 제국적 경계 안에 놓여 있는 국가를 역사학자는 어떻게 접근해야 하는가? 민족적·문화적·종교적 다양성을 가진 주민이 살던 터전이 대량 학살과 민족청소로 인해 단일한 사회로 바뀐 국가를 역사학자는 어떻게 다루어야 하는가? 또한 문화가 거의 지워지고, 남아 있는 것은 지하 세계 혹은 망명 사회에나 존재하는 상황을 어떻게 서술할 것인가?

폴란드가 존재했던 지정학적 공간 전체가 비자연적인 정지 상태에 있었다는 사실로 인해 문제는 더욱 복잡해진다. 독일은 분단되었고, 러시아는 관료주의적인 거대한 전체주의 괴물이었으며, 리투아니아인, 벨라루스인, 우크라이나인이 거주하는 지역은 어중간한 상태에 있었다.

폴란드인인 카롤 보이티와가 교황 요한 바오로 2세로 선출되고, 자유노조(솔리다르노시치Solidarność)가 극적으로 부상하고, 수많은 책과 신문 기사가 서방에서 나오고, 사람들이 폴란드를 여행하면서 폴란드는 훨씬 많은 사람의 의식 속에 들어갔지만, 1989년에 소련의 영향력이 붕괴한 후에야 상황은 크게 변하기 시작했다. 이때가 되어서야 폴란드와 이 지역의 다른 나라들이 정치적 집합체로서 다시 생명력을 얻게 되었다. 또한 그 나라들이 인식되는 방식도 근본적으로 바뀌게 되었다.

세계화와 경제력·군사력의 거대한 변화가 전 세계에 걸쳐 동시에 진행되는 과정 덕분에 역사학자는 자국 이외의 나라를 독자에게 더 쉽게 설명할 수 있게 되었다. 그 당시 개발도상국으로 보인(이 용어가 함축하는 경멸을 포함해서) 나라들이 미래의 중요한 행위자로 부상했다는 사실은 서방의 지배적 국가들의 태도를 완전히 바꾸어놓았다. 간단하게 말하면 역사학자는 설명할 것이 적어졌고, 무너뜨려야 할 편견도 희석되었다. 그러나 1989년에 일어난 사건들의 진정한 중요성은 시간이 지나고 나서야 느껴지기 시작했다.

내가 책을 쓸 무렵에 유럽은 철의 장막으로 나뉘어 있었다. 그것을 넘어가는 것은 서방에서 자란 사람에게는 무섭고 기이한 경험이었다. 철조망, 감시탑, 여행자를 겨냥한 기관총, 셰퍼드 감시견을 데리고 곳곳에서 망을 보는 경비병은 나치 집단수용소나 소련 강제수용소를 상기시켰다. 이 불합리한 장벽은 소련 공산주의와 독일 파시즘이 쌍둥이처럼 혐오감을 주는, 절정에 달한 오랜 역사적 과정의 마지막 흔적 가운데 하나였다.

불과 200년 전 라인강과 드니프로강 사이에 있는 여러 지역에는 서로 다른 문화적·종교적·정치적 성향을 가진 다양한 주민들이 거주했고, 이 주민들은 이에 못지않게 다양한 제국, 국가연합, 왕조, 대공국, 공국, 공화국, 주교구, 도시 국가, 영지, 독립성이 약한 주권국 등 갖가지 잡동사니로 조직되었다. 18세기 폴란드 분할과 함께 시작된 역사적 과정에서 이 정치체들은 좀더 적은 수의 고도로 경쟁적인 제국들에 복속되었고, 여기에 거주하는 주민들은 다원주의적 관점에서 자신들의 생존을 생각하는 대체로 허구적인 민족으로 재구성되었다. 이로써 두 차례 세계대전과 냉전으로 절정에 다다를 투쟁이 시작되었다.

철의 장막이 유럽의 모습을 물리적으로 뒤틀리게 했다면, 냉전에 이른 과정은 역사를 좀더 근본적으로 왜곡시켰다. 이 과정의 첫 희생자이자 가장 큰 희생자인 폴란드의 역사는 다른 어느 나라보다 심하게 왜곡되었다. 러시아, 프로이센, 오스트리아가 폴란드를 완전히 분할 점령한 2년 뒤인 1797년 1월 26일, 세 국가는 '폴란드라는 정치체를 파괴한 상태에서 폴란드왕국의 존재를 기억나게 하는 것은 모두 철폐할 필요성'을 강조한 비밀 협약을 체결했다. 이러한 의도로 프로이센인은 폴란드 왕관의 보석을 녹였고, 오스트리아인은 왕궁을 병영으로 바꾸었고, 러시아인은 손에 잡히는 것은 무엇이든, 특히 문헌 자료를 러시아로 가져갔다. 이 세 국가 모두 폴란드가 완전한 주권 국가였던 적이 없고, 문명화가 필요한 후진 지역이라는 인상을 주기 위해 역사를 다시 썼다.

19세기 내내 이 과정을 되돌리고 자신들의 독립을 되찾기 위해 투쟁한 폴란드인은 서방에서는 일반적으로 문제를 일으키고 질서 있는 진보를 가로막는 존재로 여겨졌다. 이와 대조적으로 20세기에 소련의 희생양이 된 폴란드인은 진보적으로 여겨진 공산주의 같은 교조에 저항하는, 반동적이고 후진적인 존재로 보였다.

20세기, 특히 그 중반에 역사가 쓰인 방식을 되돌아보면 이것이 얼마나 정치화되었는지를 보고 놀라지 않을 수 없다. 민족주의 또는 지배적 국가의 정통성orthodoxy이 역사적 사실을 선별하고 왜곡했다. 마르크스주의 이론에 대한 다양한 해석도 미래 비전에 맞도록 다시 만들어졌다.

이러한 논쟁의 지리적·이념적 접점에 있는 입지를 고려할 때 폴란드의 과거가 다시 조명을 받은 것은 이상한 일이 아니다. 폴란드가 정치적·민족주의적 열정이 강력하게 나타난 전장이었기 때문에 먼 곳에 있는 대학의 객관적 역사학자들이라 하더라도 완전히 감정을 배제하고 폴란드의 역사를 쓰기는 어려웠다. 소련의 실험이 이러한 주장을 가장 열렬히 제기하는 사람들을 제거할 때까지 이것은 변하지 않았다.

당시에 즉각적으로 드러나지 않았던 것은 소련의 해체가 더 깊은 의미를 지니고 있다는 것이었다. 그것은 18세기 프로이센의 부상과 함께 시작된(주장하기에 따라서는 이보다 더 전에), 국가를 기반으로 한 다원주의의 종언을 가져왔다. 이 모델은 1차 세계대전으로 위력을 잃었고, 1945년 이후 유럽 각 나라들이 통합된 유럽이라는 이익을 위해 주권을 결집하고 개별 국가의 민족적 지향과 제국적 특성을 축소하면서 대부분의 유럽에서 포기되었다. 그러나 소련은 편집광적인 민족주의적·이념적 지배 투쟁이라는 과거의 사고틀에 여전히 묶여 있었다. 소련의 붕괴로 중동부 유럽 국가들은 비로소 여기서 벗어날 수 있었다. 많은 국가, 특히 발칸 지역 사회의 많은 부분은 여전히 이에 영향을 받고 있지만(여기에는 이해할 만한 역사적 이유가 있다) 이 지역 주민 대부분은 과거에 대해 완전히 새로운 시각을 가질 수 있었고, 그럴 수밖에 없기도 했다.

이것은 서유럽 사회에서 일어난 것과 유사한 과정을 반영한 것이다. 대부분의 젊은 영국인은 영국군의 용맹과 대담한 행동을 그린 1940년대 전쟁 영화를 보고, 또한 다수는 아서 왕 시절의 로맨스 소설이나 SF 소설을 큰 열정을 가지고 보겠지만, 자기 조국을 위해 목숨을 바친다는 개념은 그들에게 대체로 생소하다. 프랑스나 독일의 젊은이들도 마찬가지이고, 젊은 이탈리아인에게 자신들 국가의 창설 신화인 리소르지멘토Risorgimento(이탈리아 통일 운동)는 웃음을 자아낼 수도 있다. 유럽연합 주민 대부분은 국가보다는 사회라는 관점에서 생각한다.

수십 년 전에 쓰인 역사는 지금 와서 보면 정치적 성취, 지배권 확립, 전투에서의 승리 등 본질적으로 국가적 성공에 대해 이상할 정도로 집착하는 듯 여겨진다. 이러한 과거의 역사 서술은 당대의 규칙 하에서 승리하지 못한 사람들을 부끄러울 만큼 배격했던 것으로 평가받는다. 이제 과거의 규칙들은 바뀌었고, 이것은 특히 폴란드 역사학자에게 환영받고 있다.

근대 초기 폴란드인은 효율적인 중앙집권적 국가 구조를 건설하는 데 실패했고, 그 대가로 그런 구조 건설에 좀더 성공한 이웃 국가들에게 점령당했다. 그래서 폴란드의 역사는 현재까지도 실패한 국가의 역사로 쓰여왔다. 사물을 왜곡시키는 렌즈나 필터처럼 이 실패는 역사학자가 폴란드 역사 전체를 보는 시각을 채색하거나 뒤틀리게 했다.

그러나 역사학자는 더이상 모종의 의도와 목표를 위해 실존하지 않는 국가의 역사를 써야만 했던 수십 년 전의 노예가 아니다. 파산한 기업에 대해 쓰는 것과, 시련을 견디고 이겨낸 기업에 대해 쓰는 것은 너무나 다르다. 역사학자는 이제 실패한 국가에 대해서가 아니라 고유한 문명, 한때 경쟁 모델의 성공(지금은 완전히 폐기되었지만)에 가려졌지만 오늘날 세계가 중요하게 여기는 이상에 가까운 문명을 일궈낸 사회의 역사를 쓰고 있다.

이런 이유로 나는 《폴란드의 길》을 그저 다듬고 부분적으로 보완하는 데 그칠 수 없다는 확신을 갖게 되었다. 그 책의 기본 구조는 여전히 유효하다고 생각하기 때문에 이번 작업에도 그 구조는 유지했지만 내용은 완전히 새로 집필했고, 오래된 것들을 제거하고 새로운 것을 상당히 추가했기에 새로운 제목을 붙인 새 책으로서 펴내는 데 아무런 거리낌이 없었다.

일부 독자들은 책에 출처에 대한 주석이나 참고문헌이 달리지 않은 것을 보고 놀랄 수 있다. 이것은 교과서라기보다는 역사 에세이에 가깝다. 이 책은 잘 알려지고 논란이 없는 사실들을 기초로 했지만, 신기원을 이루려는 시도는 아니다. 그래서 나는 독자들이 좋아하지 않는 주석을 붙일 이유를 전혀 찾지 못했다.

나는 최근 역사에 대한 연구로 도움을 준 미워시 지엘린스키와 이 것을 하나의 시각으로 보게 도와준 야쿠프 보라프스키에게 큰 신세를 졌다. 나는 편집자들에게 감사한다. 리처드 존슨은 내가 새로운 모험을 시작하는 것에 의구심을 가졌을 때 소중한 지원을 제공했고, 애러벨라 파이크는 열성적으로 이 프로젝트를 맡았으며, 로버트 래이시는 비할 데 없는 편집능력을 발휘해주었고, 세르비 프라이스는 원고를 읽고 소중한 조언을 해주었다. 마지막으로 분별 있는 제언을 하고 사랑을 베푼 아내 엠마에게 감사한다.

2009년 런던에서
아담 자모이스키

차례

지도 목록

계보도 목록

1장

사람, 땅, 그리고 왕관

사람들이 단순한 설명을 선호하던 중세 시대에 폴란드 민간 전승은 독일 민족은 '폰티우스 필라투스의 직장rectum of Pontius Pilatus'을 통해 이 땅에 뿌리를 내렸다고 전했다. 애석하게도 폴란드 민족은 이처럼 편리하고 마음에 드는 국가 창설 신화를 자랑하지 못한다. 폴란드의 기원은 이웃 국가들에게도 불가사의에 가깝다.

유럽 대부분은 상호작용 속에서 암흑시대로부터 진화했다. 아일랜드 출신의 켈트인 수도사들은 로마의 종교를 독일에 전했고, 스칸디나비아 바이킹은 영국과 프랑스를 시칠리아 및 아랍 세계와 연결하고 러시아의 강들을 따라 내려가 키예프(현재의 키이우)와 콘스탄티노플에 도달했지만, 현재의 폴란드가 된 지역은 공백으로 남아 있었다.•

• 기독교 수용 이전 시기 폴란드 지역의 역사는 대체로 다음과 같다. 오데르강과 비스와강에는 2만 년 전에 사람이 살기 시작한 것으로 보이지만, 이 시대의 유적은 거의 남아 있지 않다. 기원전 4000년부터 기원전 1800년까지 진행된 신석기 시대는 토기 형태에 따라 몇 개의 문화권으로 나

동부 독일, 보헤미아, 슬로바키아와 함께 폴란드 지역에는 많은 슬라브계 주민이 정착했고, '북쪽의 황금'이라고 불린 황옥黃玉을 찾아 2세기 초 이곳에 온 로마 상인들은 현지 주민들이 전쟁을 좋아하지 않고, '촌스러운 민주주의' 상태로 거주하며, 농업에 종사하고 있다고 기록했다. 주민 대부분은 자신들이 종사하는 일에서 이름을 얻었다. 바로 '평원의 사람들'이라는 의미의 폴라니에Polanie였다. 6세기에 이 지역은 흑해 야생 평원Wild Plains 지역에서 온 전사 부족인 사르마티아인Sarmatians*에 의해 정복되어 부분적으로 그들이 정착했다는 일부 증거가 있다. 그들은 새로운 지배 계급을 형성했거나 아니면 폴라니에의 전사 계급을 형성했다.

그럼에도 폴라니에는 다른 슬라브계 주민들에 의해 외부 세계의 위협으로부터 보호를 받았다. 북쪽에 거주하는 포메라니아인 Pomeranians(포모르자니에Pomorzanie 또는 해안지방 주민)과 다른 주민들은

넌다. 기원전 1300년부터 기원전 400년까지 이어진 청동기 시대에 루사티아 문화권에서는 농경 문화가 정착되고, 도나우강 연안 및 스칸디나비아 지역과 교역이 시작되었다. 철기 시대 초기 스키타이인의 침공으로 이 문화는 막을 내렸다. 로마 문헌에는 2세기경부터 발트해 지역에 대한 기록이 나오기 시작한다. 타키투스(56~120년경)는 수에비해(Suebian Sea)라고 부른 발트해 지역에 대한 서술을 남겼는데, 이곳을 로마의 지식이 끝나는 곳이라고 했다. 그는 이 지역에 거주하는 독일계 부족들을 언급했고, 벤디족(Vendii)을 거명했는데, 독일계 반달족(Vandals)인지 슬라브계 벤트족(Wends)인지는 불확실하다. 역사학자 플리니도 《자연사》에서 발트 연안 지역을 서술했다. 이후 600년 동안 문헌에는 발트해 지역에 대한 언급이 거의 나오지 않지만, 고고학적 자료는 이 시기 농경문화가 번성했음을 보여준다. 동고트족이 2세기와 3세기 발트해에서 흑해 지역을 장악했으나 5세기에 훈족에게 자리를 내주었다. 훈족이 물러나면서 현재의 폴란드 지역에는 슬라브계 주민들이 대거 유입되었다.

• 기원전 3세기부터 기원후 4세기까지 야생 평원 지역을 장악했던 이란계 기마 부족으로 스키타이 문화의 일부를 이루었다. 절정기인 기원전 100년경에는 서쪽으로는 비스와강에서 도나우강 하구, 동쪽으로는 흑해와 볼가강과 카스피해 연안까지 세력을 뻗었다. 3세기 고트족과 4세기 훈족의 침입으로 몰락했고, 상당수가 고트족과 반달족에 흡수되었다.

바이킹과의 교역으로 유럽과 아랍 세계의 많은 지역과 연결되었다. 남쪽에서는 비스와강 상류에 비슬라니에Vislanie가 기독교도인 모라비아인Moravians에 의해 공격을 받거나 기독교화되었다. 서쪽에서는 루사티아인Lusatians과 실레시아Silesia의 슬렌자니에Slenzanie가 독일인, 작센인과 전쟁하며 교역했다. 완충 지대에 의해 보호를 받은 폴라니에는 8세기와 9세기 동안 방해를 받지 않고 남아 있었다.

폴라니에는 서슬라브인과 공통의 언어를 사용했고, 남서쪽의 보헤미아인 또는 체코인이 사용하는 언어와 동슬라브인인 루스인Rus이

사용하는 언어와는 조금 달랐다.* 그들은 또한 다른 인도유럽어족 주민의 토속신앙 신전pantheon 내부분에 기반을 둔 종교를 공유했다. 그들은 자연의 사물, 즉 나무, 강물, 돌같이 자신들의 주거가 의지하고 있는 것들을 숭배하고, 우상 형태나 원圓, 신전 등도 만들어 숭배했다. 폴라니에가 신봉한 이 종교는 조직이 되어 있거나 위계적인 것이 아니어서 정치적으로 주민을 단합시키는 힘을 발휘하지 못했다. 폴라니에가 자매 민족과 구별된 것은 그들의 통치자, 즉 피아스트Piast 왕조였다. 이 왕조는 9세기 중에 그니에즈노Gniezno에서 설립되었다.

9세기 중반과 10세기 초에 이 공후들은 점차 이웃 주민에게 지배력을 확장하기 시작했다. 이곳 주민들 대부분은 외부로부터의 압박에 처해 있었기 때문에 피아스트 왕조 공후들이 통제력을 확보하기가 쉬웠고, 10세기 중반에 그들은 상당히 넓은 지역을 통치하게 되었다. 이러한 지배 영역은 당대 문헌에도 기록되었다. 에스파냐 출신의 유대인 여행가 이브라힘 이븐 야쿠프**는 그들의 통치자인 미에슈코 공후가 비교적 섬세한 재정 체계를 운영했고, 성들의 연결망을 통해 통치하며, 약 3000명의 기마병을 거느리고 있다고 기록했다.

독일인의 왕 오토 1세는 955년에 이 성들과 군대를 상대로 전투를

---

* 슬라브어족은 동슬라브어군, 서슬라브어군, 남슬라브어군으로 나뉜다. 동슬라브어군에는 러시아어, 우크라이나어, 벨라루스어가 들어가고, 서슬라브어군에는 폴란드어, 체코어, 슬로바키아어가 들어간다. 남슬라브어군에는 슬로베니아어, 크로아티아어, 세르비아어, 마케도니아어, 불가리아어가 들어간다. 가톨릭을 수용한 서슬라브어군 언어와 남슬라브어군의 슬로베니아어, 크로아티아어는 라틴 문자를 쓰고, 정교회를 받아들인 지역의 언어들은 키릴 문자를 쓴다.

** 10세기 에스파냐-아랍 세파르디 유대인 여행가로 상인이었던 것으로 보인다. 그의 여행기는 미에슈코 1세 시기의 폴란드에 대한 서술로 유명하다. 그는 체코 역사에서는 프라하와 현지의 유대인 공동체를 외부에 처음 알린 사람으로 남아 있다.

벌였다. 오토 1세는 여러 번 전투에서 승리하고 경계 지역marches이라고 알려진 보루로 연결된 요새화된 경계선을 만들었다. 그는 엘베강을 넘어 동쪽으로 진군하며 그 길에 있는 소규모 슬라브인 전사 집단을 격파하다가 군대나 방어 체계라고 불릴 만한 것과 부닥쳤다. 폴라니에에게 고립의 시기는 끝났고, 미에슈코 공은 더이상 외부 세계를 무시할 수 없게 되었다.

오토 1세가 962년에 교황에 의해 신성로마제국 황제의 왕관도 쓰게 되자 미에슈코는 더욱 궁지에 몰렸다. 이것은 대체로 상징적 조치였지만 오토 1세의 권위를 강화해주었고, 이웃인 보헤미아의 체코인이 기독교를 수용한 후 얻은 정치적·문화적 이익을 인식한 미에슈코도 기독교의 도입을 고려했다. 그는 스스로 기독교를 도입해야만 로마 황제와의 전쟁을 피할 수 있고, 이것이 자신에게 유용한 정치적 수단이 된다는 것을 알았다. 965년에 그는 오토 1세의 허락을 받고 보헤미아의 도브라바 공주와 결혼했다. 다음해인 966년에 미에슈코와 그의 궁정은 세례를 받았다. 이렇게 해서 폴라니에공국은 기독교 세계의 일원이 되었다.

그럼에도 미에슈코는 야망을 추구했고, 신성로마제국과의 충돌도 불사했다. 이 목표 가운데 하나는 발트해 연안을 가능한 한 많이 확보하는 것이었다. 그는 포메라니아를 침공했지만, 이로 인해 신성로마제국을 위해 이 지역을 정복하려는 독일 북부 경계 지역의 변방 태수들인 마르그레이브Margraves와 충돌해야 했다. 미에슈코는 972년에 세디니아Cedynia에서 그들을 물리쳤고, 976년에 오데르강 어귀에 이르렀다. 변방 태수들은 자신들의 새 주군인 오토 2세에게 도움을 청했고 그는 폴란드인을 격파하기 위해 원정에 올랐다. 미에슈코는

979년에 오토 2세를 격파하고 포메라니아 지역 전체의 맹주가 되었다. 그는 발트해 연안을 따라 계속 나아가다가 동쪽으로 영역을 확장하고 있던 덴마크인 에리크를 만나게 되었다. 미에슈코는 딸인 시비엥토스와바를 스웨덴과 덴마크 왕인 에리크와 결혼시켜 우호적 관계를 맺었다(에리크가 죽은 후 그녀는 덴마크 왕인 스웨인 포크베어드와 결혼하여 아들 카누테를 낳았다. 카누테는 1014년에 폴란드를 찾아와 영국을 재정복하기 위해 필요한 300명의 기마병을 데리고 갔다).

기독교화된 폴란드의 첫 통치자였던 미에슈코는 뛰어난 지도자였다. 전쟁에서 계속 승리를 거둔 미에슈코는 외교도 게을리하지 않아서 에스파냐 코르도바의 무어인 칼리프공국과도 외교 관계를 맺어 자기 구도에 포함시켰다. 그의 마지막 과업은 슬렌자니에를 침공하여 정복하는 것이었다. 992년에 그는 '다고메Dagome 문서'를 만들어 자기 통치 영역 경계를 확정했고, 이것을 성 베드로 교회에 헌정하여 교황의 보호 아래 두었다.

교황은 미에슈코의 아들인 '용맹왕' 볼레스와프에게 큰 도움을 주었다. 볼레스와프는 선왕의 위업을 계속 이어나갔다. 996년에 아달베르투스라는 수사(본명은 보이테흐, 보헤미아의 공후)가 볼레스와프의 궁정에 나타났다. 그는 교황 실베스테르 1세에 의해 비스와강 하구 북부 해안에 거주하는 비슬라브 민족인 프로이센인을 개종시키는 임무를 띠고 파견되었다. 볼레스와프는 그를 융숭히 대접한 후 계속 길을 가게 했으나, 프로이센인은 곧바로 이 수사를 살해했다. 이 소식을 들은 볼레스와프는 사람을 보내 그의 시신을 되찾아왔고, 그 대가로 그의 몸무게에 해당하는 금을 치렀다는 소문이 돌았다. 그런 다음 그 유해를 그니에즈노의 성당에 안치했다.

이 소식을 들은 실베스테르 교황은 999년에 아달베르투스를 시성했다. 그는 또한 그니에즈노를 대주교구로 승격시키는 중요한 조치를 취했고, 브로츠와프Brocław, 코워브제크Kołobrzeg, 크라쿠프Kraków에 새 주교구를 설치했다. 이것으로 폴란드에는 마그데부르크Magdeburg의 독일 교구에서 독립한 폴란드 가톨릭교회가 사실상 수립되었다. 교회 네트워크는 소통과 통제의 핵심적 기구였기 때문에 이 덕분에 폴란드 국가도 강화되었다. 폴란드에서 초기 교구들은 왕실 행정의 중심지인 성 주변에 설립되었고, 종교 권력과 세속 권력의 연계점이 되었다. 이러한 사실은 '교회'를 뜻하는 폴란드어 단어인 '코시치오우kościoł'에도 드러나는데, 이것은 '성'을 나타내는 라틴어 '카텔룸catellum'에서 나온 단어다.

신성로마제국의 새 황제 오토 3세는 아달베르투스의 친구이자 실베스테르 교황의 친구였다. 1000년에 그는 그니에즈노의 아달베르투스 묘지에 순례 여행을 갔다. 그의 방문을 연대기 작가 갈루스는 다음과 같이 기술했다.

볼레스와프는 그를 최고의 예와 웅장함을 갖추고 환영했고, 이것은 고귀한 손님인 로마 황제의 마음에 들었다. 황제의 도착에 맞추어 그는 놀라운 장면을 준비했다. 그는 기사 중대와 신하를 모두 각기 다른 색의 옷을 입혀 도열시켰다. 이것은 허접한 치장이나 오래된 장식이 아니었고, 당시 세상 어디서도 찾기 힘든 값비싼 장식이었다. 볼레스와프 시기에 모든 기사나 귀부인은 목양이나 모직 옷이 아니라 값비싼 수제 옷을 입었고, 모직 옷은 값이 나가고 새롭기는 했지만, 귀금속이나 금실로 장식되지 않았으면 입지 않았다. 당시 금은 지금의 은처럼 흔했고, 은은 갈대처럼 값이 쌌다. 볼레스와프의 이러한 영화, 권력, 부를 본 로마 황제는 감탄하며 이렇게 소리쳤다. "내 제국의 왕관을 걸고 말하건대 이것은 내가 보고 들은 것 모두를 뛰어넘는다!" 오토 3세는 자기 영주들과 상의한 후 모든 사람 앞에서 이렇게 선언했다. "이런 사람이 대지주처럼 단지 공후나 백작에 머무는 것은 맞지 않는다. 그는 모든 위엄을 더해 왕위에 올라 왕관을 써야 한다." 그는 연합과 우호의 상징으로 자신의 제국 왕관을 벗어서 볼레스와프의 머리에 씌워주었다. 그리고 국가의 상징으로 볼레스와프에게 성 십자가의 못과 성 모리스의 창을 주었고, 이에 답례로 볼레스와프는 성 아달베르투스의 문양을 오토 3세에게 바쳤다. 그날 서로를 너무 좋아하게 되어 황제는 그를 형제라고 부르고 그를 제국의 일원으로 받아들이고, 로마 국가의 친구이자 동맹이라고 불렀다.

오토 3세는 성자가 된 자기 친구의 묘지를 경배하러 온 것만은 아니었다. 그는 폴란드의 힘을 평가해야 했고, 신성로마제국 안에서 그 지위를 확립해야 했다. 오토 3세는 자신이 본 것에 큰 감명을 받아서 폴란드는 조공하는 공국이 아니라 독일, 이탈리아와 나란히 독립적 왕국으로 대접받아야 한다고 생각했다.

오토 3세의 뒤를 이어 능력이 떨어지는 하인리히 2세가 황제가 되자 폴란드의 독립은 위협을 받았다. 독일이나 보헤미아의 국가 목표raison d'état 모두 강력한 폴란드 국가를 받아들일 수 없었고, 남부 방면에서 보헤미아, 북쪽에서 일부 이교도 슬라브인의 지원을 받은 독일의 새로운 공세가 시작되었다. 볼레스와프는 전투에서 하인리히를 패퇴시켰다. 그런 다음 그는 시의적절하게 헝가리와 동맹을 맺어

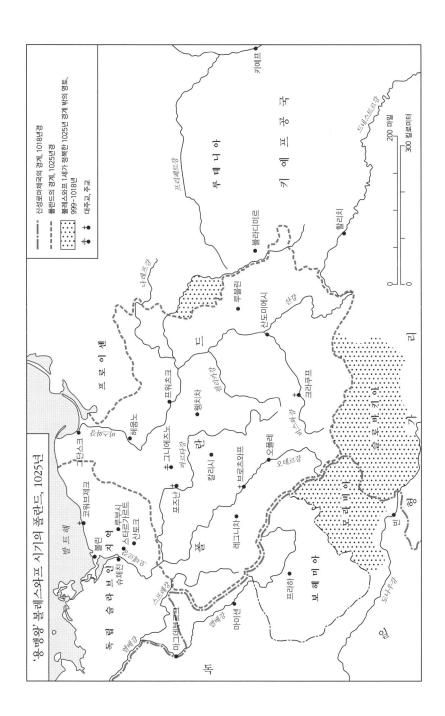

'용맹왕' 볼레스와프 시기의 폴란드, 1025년

보헤미아에 외교적 압력을 가하고, 하인리히에게는 로레인 총독과 왕조적 동맹으로 압박을 가했다. 사방에서 압박받은 하인리히는 하는 수 없이 바우첸Bautzen 조약(1018)을 체결하여 엘베강 유역의 분쟁 대상이 된 땅뿐만 아니라 모라비아 전체를 폴란드에 양도했다.

볼레스와프는 선왕과 마찬가지로 영광의 월계수에만 만족하지 않았고, 행동할 기회가 생기면 바로 움직였다. 그는 자기 딸을 루스공국의 지배자인 스뱌토폴크와 결혼시켰고, 사위를 대신하여 이 나라에 간섭했다. 스뱌토폴크가 키예프 루스의 수도인 키예프에서 일어난 반란으로 쫓겨나자, 그는 이 기회를 이용하여 자기 통치 영역과 키예프 영역을 구분짓는 땅을 정복했다. 부그강과 산강 사이에 있는 이 땅으로 동부에서의 자기 영역을 확정지었다.

폴란드 영토는 이제 어떤 기준으로 보아도 크게 확대되었고, 주권적 지위도 의문의 대상이 되지 않았다. 이것을 강조하기 위해 볼레스와프는 재위 마지막 시기인 1025년에 그니에즈노 대성당에서 스스로 폴란드 왕으로 즉위했다. 그러나 그의 죽음으로 미에슈코와 볼레스와프의 제국 건설 정책은 신생국 폴란드가 가진 능력을 넘어섰고, 정복한 땅을 이런 속도로 흡수할 수는 없다는 것이 드러났다. 이와 동시에 볼레스와프의 아들 미에슈코 2세의 즉위와 함께 강력한 지역 분권 움직임이 일어났다.

미에슈코 2세가 자기 통치 영역을 유지하기 위해 노력하는 동안, 시기에 찬 그의 형제들은 부그강과 산강 사이의 영토를 키예프 루스에 양도한다는 약속을 하여 키예프의 지원을 받아냈고, 신성로마제국에는 볼레스와프가 취한 땅을 돌려준다는 약속으로 지원을 확보했다. 그들은 큰 어려움 없이 미에슈코 2세를 하야시켰고, 미에슈코

2세는 1031년 나라 밖으로 도망쳐야 했다. 이 불행한 왕은 보헤미아 기사들에게 붙잡혀서, 폴란드 연대기 작가에 의하면 "가죽 줄로 그의 급소가 망가져서 다시는 아이를 낳을 수 없게 되었다". 그는 다시 돌아와 왕권을 되찾는 데 성공했지만, 1034년 사망하면서 왕국은 분열되었다.

그의 아들인 카지미에시 1세는 왕국을 유지하는 데 성공을 거두지 못했고, 내전이 발생하면서 폴란드에서 도망쳐야 했다. 보헤미아 공후 브레티슬라프는 이 기회를 이용하여 폴란드를 침공했다. 그니에즈노를 점령한 그는 폴란드 왕의 재산뿐만 아니라 성 아달베르투스의 유해도 탈취했다. 이로 인해 폴란드는 독립적 단위로서의 생존 자체가 위험에 처했다.

국경 자체가 확실하지 않았고, 문화적 차이도 인식하기 어려웠으며, 민족성은 아직 발아하기 전에 체코의 첫 연대기 작가인 프라하의 코스마스와, 동시대의 폴란드 연대기 작가 갈루스는 각각 상대국을 최악의 적으로 보았다.

이것은 역사의 이 시기에 '폴란드인', '독일인', '체코인'은 차치하고 '폴란드'란 단어가 무엇을 의미하는지 의문을 갖게 한다. 국경은 가변적이었고, 여러 통치자가 무력으로 자기 영역을 주장할 때마다 변했다. 민족적 차별성도 더 깊은 충성심을 불러일으키지 못했다. 독일인은 슬라브인과 싸우기보다는 더 자주 자기들끼리 싸웠고, 슬라브인도 끊임없이 자기들끼리 투쟁했다. 그들이 누구인지 제대로 정의되지도 않았다. 독일인이 오데르강 지역까지 점령하면서 아주 많은 슬라브인이 흡수되어 독일 민족 신화의 요람이 되는 브란덴부르크 지역은 민족이 심하게 혼합되었다. 후에 메클렌부르크Mecklenburg라고

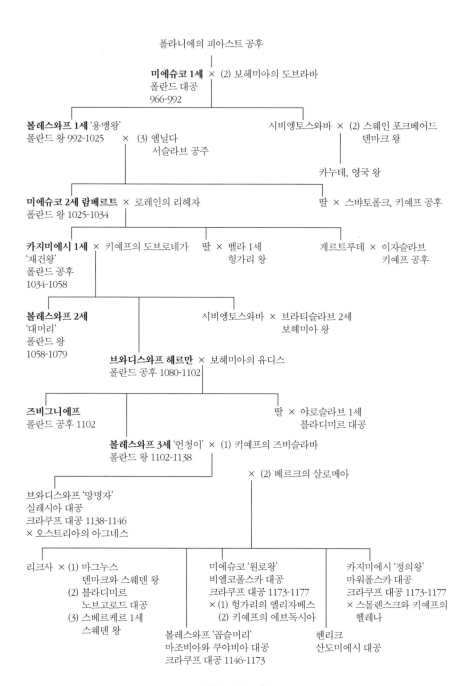

폴라니에의 피아스트 공후
|
미에슈코 1세 × (2) 보헤미아의 도브라바
폴란드 대공
966-992

볼레스와프 1세 '용맹왕'   시비엥토스와바 × (2) 스웨인 포크베어드
폴란드 왕 992-1025 × (3) 엠닐다   덴마크 왕
서슬라브 공주
카누테, 영국 왕

미에슈코 2세 람베르트 × 로레인의 리헤자   딸 × 스뱌토폴크, 키예프 공후
폴란드 왕 1025-1034

카지미에시 1세 × 키예프의 도브로네가   딸 × 벨라 1세   게르트루데 × 이자슬라브
'재건왕'   헝가리 왕   키예프 공후
폴란드 공후
1034-1058

볼레스와프 2세   시비엥토스와바 × 브라티슬라브 2세
'대머리'   보헤미아 왕
폴란드 왕
1058-1079

브와디스와프 헤르만 × 보헤미아의 유디스
폴란드 공후 1080-1102

즈비그니에프   딸 × 야로슬라브 1세
폴란드 공후 1102   블라디미르 대공

볼레스와프 3세 '언청이' × (1) 키예프의 즈비슬라바
폴란드 왕 1102-1138

× (2) 베르크의 살로메아

브와디스와프 '망명자'
실레시아 대공
크라쿠프 대공 1138-1146
× 오스트리아의 아그네스

리크사 × (1) 마그누스   미에슈코 '원로왕'   카지미에시 '정의왕'
덴마크와 스웨덴 왕   비엘코폴스카 대공   마워폴스카 대공
(2) 블라디미르   크라쿠프 대공 1173-1177   크라쿠프 대공 1173-1177
노브고로드 대공   ×(1) 헝가리의 엘리자베스   × 스몰렌스크와 키예프의
(3) 스베르케르 1세   (2) 키예프의 에브독시아   헬레나
스웨덴 왕
볼레스와프 '곱슬머리'   헨리크
마조비아와 쿠야비아 대공   산도미에시 대공
크라쿠프 대공 1146-1173

초기 피아스트 왕조 계보

알려진 지역이 독일 세계의 일부가 되자 슬라브인 통치 계급은 독일 귀족이 되었다. 한편 폴란드 통치자들은 독일인과 여러 번 민족 간 결혼을 했다.

폴란드인이 보헤미아 및 신성로마제국과 대결하게 만든 잠재적 갈등은 기독교 세계에서 폴란드가 차지하는 입지의 문제였다. 오토 3세가 '용맹왕' 볼레스와프의 왕관에 대한 야심을 인정한 지 150년 후 폴란드의 지위는 불확실해졌고, 신성로마제국은 폴란드를 계속 가신국 지위에 두려고 시도했으며, 폴란드는 주권을 지키기 위해 투쟁해야 했다. 이러한 투쟁의 성패는 당대 서구 문헌에 폴란드 군주들이 공dux, 왕자princeps, 왕rex으로 다양하게 불린 것에서도 반영되었다. 내부 투쟁과 전쟁에도 불구하고, 신성로마제국은 이러한 문제를 결정짓는 조정자였다. 폴란드 군주는 자신의 권력을 증진하고, 외국의 지원을 받고, 신성로마제국 황제에 대항해 교황과 동맹을 맺는 방법으로 자신의 입지를 강화할 수 있었다. 이와 관련된 문제는 카지미에시 1세가 사망한 1058년으로부터 100년 후에 분명히 나타났다.

1039년에 왕권을 되찾은 카지미에시는 크라쿠프를 수도로 정했다. 폴라니에 땅인 비엘코폴스카Wielkopolska〔대大폴란드〕의 중심인 그니에즈노는 오데르강과 북쪽으로는 포메라니아의 폴란드 지배 영역, 남쪽으로 실레시아를 포함하는 강력한 경계가 필요했다. 마워폴스카Małopolska〔소小폴란드〕의 수도인 크라쿠프는 포메라니아에서 발생하는 일보다 키예프에서 일어나는 일에 더 많은 영향을 받을 가능성이 컸다. 키예프 대공의 여동생과 결혼한 카지미에시와 그 왕조의 일원과 결혼한 그의 아들 '대머리' 볼레스와프 2세는 모두 동쪽으로 눈을 돌려, 볼레스와프는 삼촌을 대신하여 키예프를 두 번 점령했다.

이 시기에 헝가리도 폴란드 상황에 중요한 요인으로 떠올랐다. 헝가리는 보헤미아와 신성로마제국에 대항하는 데 유용한 동맹이었다. 또한 헝가리는 폴란드에서 에스파냐에 이르는 신성로마제국에 대항하는 교황청 외교의 거대한 그물망의 한 요소였다. 이 동맹에 가담하는 이익의 하나로 교황이 볼레스와프에게 왕관을 제공했고, 그는 1076년 스스로 이 왕관으로 대관식을 했다.

그러나 불과 3년 후 격정적인 볼레스와프와 교황청의 관계는 틀어졌다. 한 수사를 성인으로 만든 후 오랜 기간 다져온 관계에도 불구하고 볼레스와프는 왕위를 상실했다. 크라쿠프 주교인 스타니스와프를 포함한 많은 수의 대영주는 볼레스와프를 끌어내리는 음모를 시작했다. 음모를 발견한 볼레스와프는 잔인하게 이에 대응했고, 주교를 포함한 여러 명을 살해했다. 이것은 폭넓은 분노를 불러일으켰고, 운이 없는 볼레스와프는 자신의 왕위를 동생인 브와디스와프 헤르만에게 넘겨주어야 했다. 스타니스와프 주교(1253년에 시성되었다)를 살해한 것은 폴란드 왕조의 권위를 크게 훼손했고, 1085년에 신성로마제국 황제 하인리히 4세는 보헤미아 대공이 자신을 보헤미아와 폴란드의 국왕으로 선포하는 것을 허용했다. 이것은 순전히 상징적인 행위였지만 브와디스와프에게 큰 모욕이 되었다.

내부적으로 브와디스와프는 커지는 지역 영주들의 세력을 제어할 수 없었다. 그들은 그가 죽으면 폴란드가 그의 두 아들 각자의 영역으로 나뉘어야 한다고 생각했다. 그러나 1102년에 브와디스와프가 사망하자 둘째 아들 '언청이' 볼레스와프 3세는 형을 나라 밖으로 추방했다. 그의 이름이 말해주듯이 그는 외모가 흉측했지만, 아주 유능해서 철권통치를 표방했음에도 곧 신민들의 존경을 받았다. 그는 강력한 군사력의 도움을 받았다. 1109년에 그는 신성로마제국 황제 및 보헤미아 대공과 싸운 브로츠와프 인근 프시에 들판 전투에서 승리했고, 이들이 폴란드 영토에 대한 영유권 주장을 포기하게 만들었다. 그는 또한 오랜 시간 점차적인 독일의 침입으로 폴란드의 영향력이 약해진 포메라니아를 침공하여 오데르강과 그 너머 뤼겐Rügen섬까지 영토를 탈환했다.

볼레스와프 3세는 재위 말기에 동맹국인 헝가리를 돕기 위해 출정한 전투에서 패배하는 바람에 보헤미아의 침입을 받았다. 일군의 귀족들이 이 상황을 이용하여 그에게 폴란드를 몇 개의 공국으로 나누는 정치적 서약을 하게 만들었다. 그의 다섯 아들이 이 공국을 하나씩 맡아 통치하게 되었고, 피아스트 왕조와 관련은 있지만 직계 후손은 아니었던 포메라니아에게도 동등한 지위가 주어졌다. 장남인 브와디스와프는 작지만 가장 중요한 그리쿠프공국을 통치했고, 자기 공국뿐만 아니라 다른 공국들에 대해서도 종주권을 행사했다. 1138년에 볼레스와프 3세가 사망하자 폴란드는 지역적 경향과 친족 및 정치적 단합이라는 잠재적 인식 사이의 타협을 목표로 한 정치적 실험을 시작했다.

자주 발생한 왕위 계승 중단과 이로 인한 통치 영역의 분할을 고려하면, 역설적으로 이러한 통합 인식은 주로 피아스트 왕조에 근거하고 있었다. 피아스트 왕조는 11세기 말에 80개의 성-소도시를 보유하고 있었고, 국왕에게서 권리와 보호를 받는 상업 소도시들을 가지고 있었다. 통치자들은 자체 발행한 동전 화폐로 물물교환을 대체하고, 나라 전체의 국제 교역로를 발전시키는 데 필요한 방어력을 제공했다. 1040년에 수도가 된 크라쿠프, 그리고 산도미에시Sandomierz, 칼

폴란드의 분할, 1138년

0   200 마일

0   300 킬로미터

'언청이' 볼레스와프 3세 치하의 영역 경계, 1138년

지방 경계

산도미에시 지방의 경계, 1146년

대주교, 주교

스웨덴

레트인

리가

라트비아인

덴마크

루토니아인

리투아니아인

뤼겐

볼린

뤼베크

코워브제크

그단스크

프로이센인

포메라니아

브란덴부르크
접경 지역

슈체친

루부시

헤움노

마조비아

브레나

그니에즈노

브워츠와베크

마그데부르크

포즈난

프워츠크

비엘코폴스카

코닌

칼리시

레그니차

루블린

블라디미르

마이센 접경 지역

브로츠와프

산도미에시

보헤미아왕국

실레시아

마워폴스카

오폴레

산도미에시

프라하

크라쿠프

할리치

모라비아

치에신

헝가리왕국

빈

리시Kalisz, 브로츠와프, 포즈난Poznań, 프워츠크Płock 같은 도시들이 번성했다.

또다른 통합 요소는 교회였는데, 새로운 기술의 전파와 로마네스크 건축 양식의 확산 도구가 되었다. 교회는 또한 문화와 교육 확산에서 중심 역할을 했고, 기술적 전문 기관 및 행정 기관, 그리고 장래 사제가 될 청소년과 젊은 귀족들에게 학교 역할을 했다. 베네딕트 수사들이 도착함으로써 이것이 촉진되었다. 그들은 11세기 후반에 비스와 강안의 티니에츠Tyniec에 수도원을 건설했고, 후에는 프레몬스트라텐티아Premonstratentia 수도회와 치스테르치아Cistercia 수도회를 형성했다. 대부분의 대성당은 부속학교를 가지고 있었고, 교회라는 제도를 통해 이 학교 학생들은 배움을 지속하기 위해 다른 나라로 여행하는 것이 가능했다. 지역적인 라틴어 영웅서사시가 나타났고, 1112년에서 1116년 사이에 첫 폴란드 연대기가 갈루스에 의해 크라쿠프에서 작성되었다. 그는 아마도 프로방스에서 온 베네딕트 수사였던 것으로 추정된다.

교회의 교육적·정치적 활동으로 인한 큰 영향과 순수한 종교적 차원에서 파생된 훨씬 작은 영향은 구별되어야 한다. 966년의 공식적 기독교 개종 이후에도 이교도 신앙은 계속 살아남았고, 이후 200년 동안 이것이 되살아나서 때로는 교회가 불에 탔고, 신부들이 살해당했다. 이교도 신앙은 포메라니아 같은 지방에서 오래 살아남았는데, 이 지역은 폴란드나 신성로마제국 종주권에 대한 복종이라는 압력에도 불구하고 일정한 자치를 유지했다.

교회는 전반적으로 열정이 없어서 이러한 상황에 별다른 일을 할 수 없었다. 이것은 로마의 십자군 출정 요청에 대한 폴란드의 반응으로 잘 나타났다. 산도미에시의 헨리크 공 외에는 이러한 호소에 귀를 기울이는 사람이 없었다. '백색' 레셰크 공은 교황에게 보낸 장문의 편지에서 자신이나 다른 어떤 자존감 있는 폴란드 기사도 성지로 갈 동기를 느끼지 못한다고 썼고, 그곳에는 와인, 꿀, 심지어 맥주도 질이 떨어진다는 소문을 들었다고 불평했다. 그들이 폴란드에 계속 머무는 다른 이유도 있었다. 폴란드의 국경 너머에는 프로이센인이나 리투아니아인 같은 말썽 많은 이교도들이 있었다. 그러나 이들을 개종하기 위한 노력은 거의 기울여지지 않았고, 이러한 열정의 부재는 전형적이었다. 유럽의 기사들(그리고 이들을 따라간 정착자들)이 바다를 건너 팔레스타인 땅이나 발트해 지역에서 십자군 전투를 벌이도록 자극한 핵심 동기는 일부 지역에 인구과밀을 촉발한 중세의 인구 폭발이었다. 먼 곳에 있고 인구가 넘치지 않는 폴란드에서는 이러한 확장의 필요를 느끼지 못했고, 폴란드 통치자들은 유용한 봉사를 제공하는 유대인, 보헤미아인, 독일인의 이민을 환영했다.

1138년 볼레스와프 3세의 사망 이후에 폴란드 지배 영역은 계속 분할되어 다섯 개 공국으로 나뉘었다. 장자인 브와디스와프는 크라쿠프의 통치자로서 이 영역을 재통합하려고 시도했지만, 자기 형제들뿐만 아니라 지역 주군들로부터도 저항을 받았다. 이후 100여 년간 크라쿠프를 통치한 후계 대공들도 공식적 종주권을 행사하는 데점점 더 어려움을 겪었고, 종국에는 국토를 통합하려는 시도를 포기했다. 왕조 가문의 여러 분파는 지역 왕조를 설립했고, 어떤 경우에는 자손들의 통치 지역을 만들어주기 위해 비엘코폴스카, 마조비아-쿠야비아Mazovia-Kujavia, 마워폴스카, 산도미에시, 실레시아로 구성된 5개 공국을 더 작은 단위로 쪼개기도 했다.

국토 분할에는 친족 간 경쟁 외의 요인도 작용했다. 지역 주군과 큰 도시들은 자치를 열망했고, 지방으로의 권력 이전 움직임은 점점 더 커지는 권력 분점과 같이 진행되었다. 뼈만 남은 다리로 인해 '가는 다리Spindleshanks'라고 불린 비엘코폴스카의 브와디스와프는 크라쿠프 대공으로서 자신의 권위를 다시 주장하려는 용감한 시도를 했지만, 권력이 막강한 지주들은 1228년 치에니아Cienia 특권장으로 자신들에게 상당한 권한을 부여하도록 만들었다. 이것은 영국 국왕으로부터 상당한 권한을 위임받은 유사한 문서인 '마그나카르타'가 만들어진 지 13년 뒤의 일이었다.

그럼에도 영국의 지주들과 폴란드의 대귀족 사이에는 현저한 차이가 있었다. 당시 영국이나 프랑스의 하위 귀족의 권력은 왕권으로부터 나왔고, 가신 체제에 잘 맞았다. 이러한 봉건제도는 서유럽에서 이주해온 일부 귀족의 경우를 제외하고는 폴란드에서 채택된 적이 없었다. 이것은 폴란드 사회를 대륙의 나머지 지역과 근본적으로 다르게 만들었다.

가장 높은 계층은 토지와 지위를 세습받는 슐라흐타szlachta라고 불리는 귀족이었다. 그들은 왕을 위해 군역을 수행해야 하고, 왕의 법정 판결에 복종해야 하지만, 자기 토지에 대해서는 독립적인 판관이 되었다. 그들은 전적으로 전례에 의존한 폴란드의 관습법Ius Polonicum을 유지했고, 외국의 법률 관행을 강요하려는 국왕의 시도에 저항했다. 슐라흐타 아래로는 여러 계층이 있었는데, 귀족 지위가 없는 기사들인 브워디키włodyki와 일종의 소지주인 파노셰panosze가 있었다. 농민들은 대체로 자유를 누렸고, 더 높은 지위로 올라갈 수 있었다. 농민들이 경작하는 토지는 주군에게 속했지만, 농민들은 정해진 권리를 누렸다. 소수의 농민은 농노가 되었지만, 이 계층은 13세기 초반에 더 큰 개인적 자유를 얻었고, 서유럽에서처럼 일반적으로 자기 농지를 떠날 수 없었다. 13세기 초에 도입된 삼포식 농업three-field system과 이로 인한 농업 융성은 농지를 소유한 사람과 그렇지 않은 사람 사이에 큰 차이를 만들어냈다. 농지를 가진 사람은 더 부유해졌고, 그렇지 못한 사람은 노동력 외에는 제공할 것이 없었다. 그래서 농지를 가진 농민은 더 큰 개인적 자유와 법적 보호를 누렸지만, 가난한 농민들은 경제적 속박에 갇히게 되었다.

도시들은 법 자체였다. 도시는 대부분 자치를 부여하는 특별 인가장에 의해 설립되거나, 인가장을 부여받았다. 도시가 커가면서 독일인, 이탈리아인, 왈룬인Walloons, 플레밍인Flemings, 유대인을 끌어들였고, 이들의 존재는 도시의 독립성을 강화하는 데 기여했다. 독일인은 독일의 관습법Ius Teutonicum을 가지고 왔고, 1211년에 실레시아 도시들에서 처음으로 채택되었다. 후에 이것이 수정되어 '마그데부르크법 Magdeburg Law'이 되었고, 폴란드 전역의 도시에서 적용되었다. 이 법률은 형사 범죄, 민사 범죄 및 모든 상행위에 적용되었다. 이것은 도시 성벽 안에 있는 지역은 행정적·사법적으로 밖의 세계와는 구별되는 별개의 나라라는 것을 의미했다. 도시 거주민들은 다른 주민들과 구분되는 별도의 계급으로 진화했다. 점차 커지는 유대인 공동체도 마찬가지였다. 유대인 공동체는 1264년에 '경건공' 볼레스와프로부터 칼리시 헌장을 부여받았다. 헌장은 유대인은 모두 재무국의 종복임을 확인했고, 국왕의 보호를 제공했다. 이것은 유대인 공동체를 국가 안의 국가로 바꾼 여러 특권 가운데 첫 번째 특권이었다.

가신 제도의 틀이 없었기 때문에 중앙의 권위가 행사되는 자연적인 통로도 없었다. 그래서 국왕의 통제는 유럽의 다른 지역처럼 지역 가신이 아니라 국왕이 지명하는 관리에 의존하게 되었다. 이 관리는 기능에 따라 이름이 붙었고, 성주Kasztelan란 명칭은 왕을 대신해 사법, 행정, 군사 권위를 행사하는 국왕의 성에서 나왔다. 1250년에는 이러한 성주가 행정을 맡은 지역이 100개 이상 있었지만, 그들의 중요성은 나라가 분열되면서 중앙의 권위와 함께 축소되었다. 권력의 관점에서 보면 그들은 각 공후의 장관들인 총독Wojewoda으로 대체되었다.

폴란드가 유럽의 규범에서 멀어진 것은 중요한 의미가 있었다. 유사한 도전과 선택에 부닥쳤던 보헤미아와 다르게 폴란드는 유럽 국가들의 틀에 완전히 흡수되지 않았다. 그 결과로 폴란드는 좀더 후진적 국가로 남게 되었다. 그 대신 폴란드는 더 높은 수준의 독립성을 유지했다. 여러 개의 공국으로 분열되었을 때도 폴란드는 하나의 사회로서는 다른 곳보다 더 단일하고 단결된 상태로 남았다. 그 이유는 폴란드가 혼합적 군주제에 복속되지 않았기 때문이다. 당시 지리적으로 프랑스의 상당 부분은 영국 왕의 주권 아래 있었고, 독일 지역들은 프랑스 왕조의 통치 아래, 이탈리아는 노르만, 프랑스, 독일 군사 지도자의 승계 아래 있었다. 폴란드가 정치적 단위로서 살아남는 것을 보장한 것은 바로 이것이었을 가능성이 크다.

2장

동과 서 사이

1241년에 전설적인 칭기즈칸의 손자 바투가 이끄는 몽골군이 거대한 물결처럼 동유럽을 침공했다. 몽골군은 러시아 남부 지역의 공국들을 불태우고 유린한 다음 두 집단으로 나뉘었다. 큰 집단은 헝가리를 침공했고, 다른 집단은 폴란드를 약탈했다. 마워폴스카의 기사단은 몽골군을 저지하기 위해 흐멜니크Chmelnik에 집결했지만, 대패하여 학살당했다. 크라쿠프 공후인 '순정공' 볼레스와프는 남쪽의 모라비아로 도주했다.

몽골-타타르군은 크라쿠프를 약탈한 다음 서쪽으로 방향을 틀어 실레시아를 공격했다. '경건공' 헨리크는 자신의 모든 병력과 비엘코폴스카의 병력, 외국 기사 부대, 심지어 즈워토리야Złotorya 금광의 광부들도 집결시켰다. 1241년 4월 8일에 헨리크는 레그니차Legnica에서 이 병력을 끌고 나와 진격해오는 타타르군과 대결했다. 그러나 그의 군대는 패배하고 헨리크는 사지가 찢겨 죽었다.

서유럽으로서는 다행스럽게 타타르군은 헝가리의 동료 부대와 합류하기 위해 남쪽으로 방향을 돌렸고, 그곳에서 자신들의 간인 우게데이가 사망했다는 소식을 들었다. 그들은 서쪽으로의 진군을 멈추고 자신들이 온 곳으로 되돌아갔다. 타타르군은 다시는 유럽을 점령하려고 시도하지는 않았지만, 그들은 이후 3세기 동안 러시아 전역을 자신들의 굴레 아래 묶어놓고 폴란드를 계속 괴롭혔다. 1259년에 타타르군은 루블린Lublin, 산도미에시, 비톰Bytom, 크라쿠프를 공격했다. 1287년에도 다시 침입해 비슷한 피해를 입혔다. 이러한 타타르군의 공격에 대한 공포는 연대기, 전설, 민요에 잘 드러나고, 크라쿠프의 성모 마리아 성당 첨탑의 나팔 소리로 현재까지 이어져온다. 이소리는 중세 나팔수의 경보를 중단시킨 타타르의 화살을 상기시키기 위해 연주 중간에 멈춰버린다. 그리고 이것은 폴란드의 정치적 사고에 야만적인 동방의 이교도를 귀신 같은 존재로 각인시켰다.

타타르의 침입은 분열된 폴란드의 취약성을 드러냈다. 이익 공동체는 있었지만 행동의 조율은 없었고 지역 민병대는 차례로 타타르군에 격파되었다. 타타르의 위협이 사라지자마자 이러한 취약성은 폴란드의 다른 방면에서 드러나기 시작했다. 근대 폴란드 역사에 다른 위협적인 귀신이 탄생했고, 이들은 검은 십자가가 장식된 투구를 쓰고 있었다.

폴란드가 기독교 국가가 된 지 200년 후에도 발트해 남부와 동부 연안의 많은 지역에는 이교도들이 살고 있었고, 이곳은 덴마크, 스칸디나비아 왕국들, 브란덴부르크공국, 그단스크-포메라니아의 폴란드계 공국과 마조비아공국이 치열한 전투를 벌어지는 전장이 되었다. 덴마크, 브란덴부르크와 다른 독일 공후들은 류비체Liubice(뤼베크Lübeck) 항구를 가진 메클렌부르크라고 알려진 지역을 놓고 경쟁을 벌였다. 이보다 더 동쪽, 발트해 연안이 북쪽으로 휘어지는 곳에서는 덴마크인과 스칸디나비아인이 리투아니아인, 라트비아인, 레티갈리아인Lettigalians, 세미갈리아인Semigalians, 쿠로니아인Curonians이 사는 땅으로 침입해 들어갔다.* 그 사이에서 폴란드인은 또다른 발트해 지역 민족인 프로이센인과 싸움을 벌였다. 이러한 투쟁의 동기는 영토와 교역이었지만, 교회를 배제하기를 원하지 않았던 지역 주교들은 선교를 위한 노력으로 위장했다. 이러한 상황은 클레르보의 성 베르나르가 유럽 전체에 십자군 운동을 설교하기 시작하면서 바뀌었다.

그는 교황 알렉산데르 3세에게 중동보다는 북부 유럽에서 북유럽 십자군을 사용해야 한다고 설득했고, 1171년에 교황은 이교도 슬라브인이나 프로이센인과 싸우는 사람에게는 사라센과 싸우는 십자군과 똑같은 시혜와 특전을 준다는 교황 칙령을 내렸다. 주교와 손을 잡고 적들에 대한 개인적인 전쟁을 벌이는 지역 공후는 자신을 위해 싸우는 외국 기사들을 무급 병사로 고용할 수 있다는 것이 십자군에 참여하여 얻을 수 있는 이익이었다. 이런 십자군의 혜택은 덴마크인, 폴란드인, 독일인 모두의 입맛을 돋우었다. 첫 북부 십자군은 실패했지만, 서부 포메라니아 지방의 이교도 슬라브인은 이후 50년에 걸쳐

• 레티갈리아인은 레티인(Letti), 레티갈인(Lettigalls, Lettigallians)이라고도 불리며 현재의 라트비아인이다. 세미갈리아인은 발트해 연안 부족으로 현재 라트비아 중앙부와 리투아니아 북부에 거주했다. 13세기 말 기사단의 북방 원정 때 튜튼기사단에 오랫동안 저항한 것으로 유명하다. 언어적·문화적으로 사모기타인(Samogitians)과 밀접한 관계가 있다. 쿠로니아인은 현재 라트비아와 리투아니아 서부에 5세기부터 16세기까지 거주한 중세 발트해 부족이다. 후에 라트비아인, 리투아니아인과 합쳐졌다. 쿠로니아어를 사용했고, 쿠를란트(Courland)라는 지명에 이름을 남겼다.

점진적으로 독일인과 덴마크인에게 복속되었다.

1200년대 초반에 마조비아의 공후들은 프로이센으로 밀고 들어왔지만, 곧 프로이센인의 반격을 초래했다. 이 지역에 대한 완전한 군사적 점령이 필요했고, 이러한 과업을 떠맡을 수 있는 유일한 군대는 기사단이었다. 기사단 가운데 가장 유명한 템플기사단Templars과 구호기사단Hospitallers은 팔레스타인 지역에서 그 효용성을 과시했다.[*] 1202년 리가Riga의 주교는 그리스도기사단를 구성했고, '검의 형제단Sword Brethren'이란 명칭으로 더 잘 알려진 이 기사단은 그가 라트비아인을 정복하고 기독교화하는 것을 도와주었다. 마조비아의 콘라드 공후의 승인을 받은 프로이센의 주교는 이를 모방해 프로이센에 대한 폴란드 '전도단'의 정규 군대로 도브리진Dobryzyn의 그리스도기사단을 설립했다. 그러나 이 기사단은 임무를 감당하기에는 규모가 너무 작았다.

좀더 확실한 해결책이 요구되었고, 1226년에 마조비아의 콘라드 공은 폴란드와 유럽에게 엄청난 결과를 가져오는 조치를 취했다. 그는 예루살렘 성 마리아 병원의 튜튼기사단을 초청하여 헤움노Chełmno에 사령부를 설치하고, 자신이 프로이센을 정복하는 것을 돕게 했다. 템플기사단을 모델로 팔레스타인 아크레Acre에 구성된 튜튼기사단은 고향 가까운 곳에서 이런 임무를 수행한다는 구상에 마

• 템플기사단은 방 기독교에서 가장 부유하고 인기가 높았던 기사단으로 1119년에 예루살렘 성 전산(Temple Mount)에서 창설되어 거의 2세기 동안 존속했다. 1312년에 해체 후 프리메이슨과 재건된 그리스도기사단(Reconstituted Order of Christ) 같은 조직으로 진화했다. 구호기사단은 11세기에 가난한 사람들을 돕고 병원을 만든 아말피 상인들에게 기원을 두고 있고, 12세기에 예루살렘에서 정식으로 창설되었으며, 1291년까지 예루살렘에 사령부를 유지하다가 이후 키프로스와 로도스, 몰타, 상트페테르부르크로 이전했다.

음이 끌렸다. 그들은 타타르군을 막기 위해 헝가리에 유사한 임무를 맡은 기사단이 이미 이런 일을 하고 있다고 생각했지만, 헝가리의 언드라시 2세는 기사단의 야망을 경계하여 얼마 후 이들을 추방했다.

그들은 폴란드의 제안이 가진 이점을 알았지만, 기사단의 대원수 헤르만 폰 살자는 이번 기회에 그들의 장래를 보장받기를 원했다. 그는 튜튼기사단이 프로이센을 점령하고, 그곳을 교황의 속령으로 영구적으로 지배하는 것을 승인하는 신성로마제국 황제 프리드리히 2세의 문서와 교황 그레고리오 9세의 칙령을 받아냈다. 마조비아의 콘라드 공은 자신이 무슨 일을 했는지 깨닫기 전에 자신이 기사단에

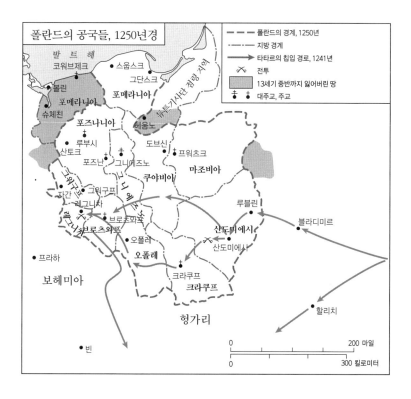

게 제공한 헤움노의 임대지가 기사단의 차지가 된 것을 알게 되었다.

팔레스타인 성지를 여진히 중시했던 헤르만 폰 살자 내원수는 처음에는 프로이센 작전을 부수적 과업으로 생각했다. 그는 1229년에 몇 명의 기사만 파견했지만, 1232-1233년에는 도미니크 수도회 사제들이 설파한 프로이센에 대한 십자군 원정에 더 많은 인원을 참가시켰다. 이 원정에는 메이센Meissen과 브란덴부르크의 변방 태수들, 오스트리아의 공후와 보헤미아의 왕이 참가했고, 수백 명의 독일 기사도 참여했다. 1237년에 튜튼기사단이 검의 형제단을 통합하면서 기사단의 관여는 더 깊어졌다. 교황들은 연이어 이 지역에 더 많은 관심을 갖도록 고무했고, 발트해 지역의 이교도들을 개종시키려는 교황들의 바람은 북부 러시아의 많은 지역도 로마 교회의 영향력 아래 두려는 욕구에 의해 강화되었다.

이러한 상황은 그리스도를 위해 무기를 들어야 하는 의무에서 벗어나고자 하는 왕들, 공후들, 기사들이 매년 경비를 마련하게 만들수 있었다. 이 경비는 십자군 선서를 했을 뿐만 아니라 멋진 원정을 즐기며 이곳을 방문하는 대귀족들에게 급여처럼 지급되었다. 이들은 기사단에 대한 좋은 인상도 앗아갔다. 그들은 기사단에 자기 나라 땅에 대한 권리를 부여하고, 기사단을 외교적으로 지원했다. 이와 동시에 십자군 활동이 늘어나면서 자체적 긴장과 문제도 발생했다. 이제 덴마크, 스웨덴, 노르웨이와 폴란드 공후들이 여기에 참가할 뿐만 아니라 새로 부상하는 리투아니아와 노브고로드공국, 모스크바공국도 참가하면서 문제가 커졌다.

1283년이 되자 프로이센 지역 대부분이 정복되었다. 이곳에 농지가 없는 많은 폴란드와 독일 기사들이 정착했지만, 이 지역을 통치한

이는 튜튼기사단이었다. 기사단은 마리엔부르크Marienburg에 강력한 요새를 건설했고, 이 지역 여러 곳에 많은 성을 축조했으며, 이 지역의 교역을 담당하는 엘빈크Elbing(엘브롱크Elbląg)항을 만들었다. 수도원적 규율로 매수를 금지한 기사단은 뛰어난 행정 주체가 되었고, 왕조 국가가 결여한 견고한 지속성을 제공했다(왕조 국가들은 후계 계승 논란, 소수민족, 무책임하고 무능력한 통치자 문제를 안고 있었다). 기사단의 통치는 처음에는 상대적으로 자비로웠다. 기사단은 토착 주민들을 강제적으로 개종하기보다는 자발적 개종을 유도했고, 필요한 경우 지역 이교도들이 자신들과 함께 싸우도록 만들 정도로 실용적 정책을 폈다. 그러나 계속되는 반란과 배교 행위로 인해 기사단은 시간이 가면서 태도가 강경해졌고, 토착 주민 자치는 점차 종식되었다.

50년 동안 마조비아 국경의 프로이센이라는 존재는 제대로 질서가 갖추어진 국가로 대체되었다. 이것 자체가 폴란드 공국들에게 위협이 되지는 않았지만, 앞으로 위협을 제기하는 여러 변화 가운데 하나가 되었다.

1세기 전인 1150년에 브렌나Brenna의 마지막 슬라브 공후가 사망하고 독일인 공후가 뒤를 이었다. 브란덴부르크의 이런 동쪽 전진으로 발트해 연안의 슬라브 공국들 사이에 쐐기가 박혔고, 좌우가 포위된 슈체친Szczcin의 공후 보구스와프는 독일의 종주권을 받아들일 수밖에 없었다. 그 남쪽에 있는 루부시Lubusz 공국은 브란덴부르크에 직접 병합되었다. 1266년에 브란덴부르크는 산토크Santok를, 1271년에는 그단스크를 병합하여 영토를 튜튼기사단 영역까지 확대했다. 폴란드인은 다음해 그단스크와 산토크를 되찾았지만, 독일인의 전진을 오데르강 서안으로 되돌리지는 못했다. 1231년에 스프레Spree 강변의

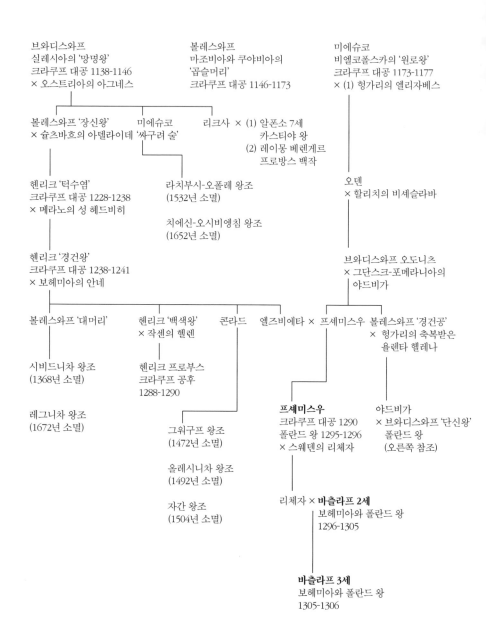

브와디스와프
실레시아의 '망명왕'
크라쿠프 대공 1138-1146
× 오스트리아의 아그네스

볼레스와프
마조비아와 쿠야비아의
'곱슬머리'
크라쿠프 대공 1146-1173

미에슈코
비엘코폴스카의 '원로왕'
크라쿠프 대공 1173-1177
× (1) 헝가리의 엘리자베스

볼레스와프 '장신왕'
× 슐츠바흐의 아델라이데

미에슈코
'싸구려 술'

리크사 × (1) 알폰소 7세
카스티야 왕
(2) 레이몽 베렌게르
프로방스 백작

헨리크 '턱수염'
크라쿠프 대공 1228-1238
× 메라노의 성 헤드비히

라치부시-오폴레 왕조
(1532년 소멸)

치에신-오시비엥침 왕조
(1652년 소멸)

오덴
× 할리치의 비세슬라바

브와디스와프 오도니츠
× 그단스크-포메라니아의
야드비가

헨리크 '경건왕'
크라쿠프 대공 1238-1241
× 보헤미아의 안네

볼레스와프 '대머리'

헨리크 '백색왕'
× 작센의 헬렌

콘라드

엘즈비에타 × 프세미스우

볼레스와프 '경건공'
× 헝가리의 축복받은
욜렌타 헬레나

시비드니차 왕조
(1368년 소멸)

레그니차 왕조
(1672년 소멸)

헨리크 프로부스
크라쿠프 공후
1288-1290

프세미스우
크라쿠프 대공 1290
폴란드 왕 1295-1296
× 스웨덴의 리체자

야드비가
× 브와디스와프 '단신왕'
폴란드 왕
(오른쪽 참조)

그워구프 왕조
(1472년 소멸)

올레시니차 왕조
(1492년 소멸)

자간 왕조
(1504년 소멸)

리체자 × **바츨라프 2세**
보헤미아와 폴란드 왕
1296-1305

바츨라프 3세
보헤미아와 폴란드 왕
1305-1306

후기 피아스트 왕조 시기 폴란드의 분열과 재통합

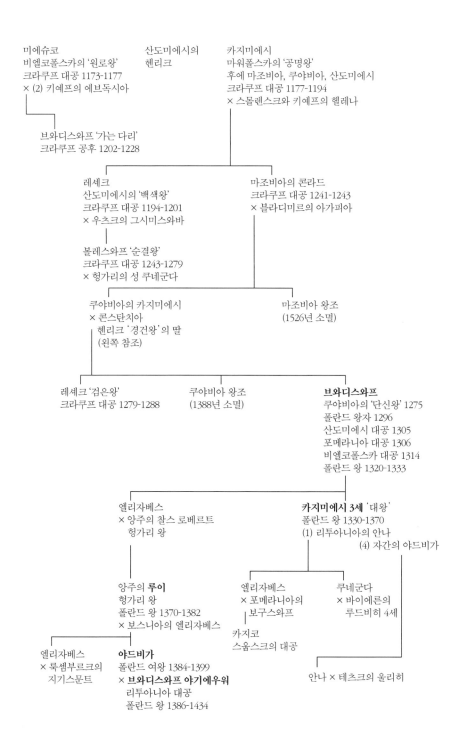

미에슈코
비엘코폴스카의 '원로왕'
크라쿠프 대공 1173-1177
× (2) 키예프의 에브독시아

산도미에시의
헨리크

카지미에시
마워폴스카의 '공명왕'
후에 마조비아, 쿠야비아, 산도미에시
크라쿠프 대공 1177-1194
× 스몰렌스크와 키예프의 헬레나

브와디스와프 '가는 다리'
크라쿠프 공후 1202-1228

레셰크
산도미에시의 '백색왕'
크라쿠프 대공 1194-1201
× 우츠크의 그시미스와바

마조비아의 콘라드
크라쿠프 대공 1241-1243
× 블라디미르의 아가피아

볼레스와프 '순결왕'
크라쿠프 대공 1243-1279
× 헝가리의 성 쿠네군다

쿠야비아의 카지미에시
× 콘스탄치아
헨리크 '경건왕'의 딸
(왼쪽 참조)

마조비아 왕조
(1526년 소멸)

레셰크 '검은왕'
크라쿠프 대공 1279-1288

쿠야비아 왕조
(1388년 소멸)

브와디스와프
쿠야비아의 '단신왕' 1275
폴란드 왕자 1296
산도미에시 대공 1305
포메라니아 대공 1306
비엘코폴스카 대공 1314
폴란드 왕 1320-1333

엘리자베스
× 앙주의 찰스 로베르트
헝가리 왕

카지미에시 3세 '대왕'
폴란드 왕 1330-1370
(1) 리투아니아의 안나
　　　　　(4) 자간의 야드비가

앙주의 **루이**
헝가리 왕
폴란드 왕 1370-1382
× 보스니아의 엘리자베스

엘리자베스
× 포메라니아의
보구스와프

카지코
스웁스크의 대공

쿠네군다
× 바이에른의
루드비히 4세

엘리자베스
× 룩셈부르크의
지기스문트

야드비가
폴란드 여왕 1384-1399
× **브와디스와프 야기에우워**
리투아니아 대공
폴란드 왕 1386-1434

안나 × 테츠크의 울리히

베를린에 요새를 설치한 브란덴부르크의 대귀족들은 동쪽으로의 전진을 목표로 삼고, 기회가 되는 대로 이 방향으로 자신들의 영역을 확대하려고 노력했다.

이와 동시에 독일 전역에서 정착자들이 땅과 기회를 찾아 동부 지역으로 왔고, 폴란드 통치자들은 이들을 쉽게 받아들였다. 13세기 말이 되자 실레시아와 포메라니아의 도시인 브로츠와프와 슈체친뿐만 아니라 수도인 크라쿠프에도 독일인이 대거 거주했다. 실레시아와 포메라니아에 토지가 없는 독일 기사와 농민들이 쏟아져 들어오면서 시골 지역에는 큰 변화가 일어났고, 분열된 피아스트 왕조 통치자들의 방관적 자세에도 영향을 주었다. 작은 상점 주인과 마찬가지로 이 통치자들은 자신을 보호해줄 능력이 있는 사람에게 공물을 바쳤다. 독일 공국들에 포위되고 독일인이 넘쳐나는 도시들, 특히 한자동맹의 중심지인 슈체친과 스타르가르트Stargard 같은 도시에 위압된 포메라니아의 공후들은 크라쿠프 공후 대신에 독일 황제를 자신들의 주군으로 받아들였다. 좀더 큰 폴란드 공국들도 이에 영향을 받았고, 그 결과 그들의 독립도 위협을 받게 되었다. 1300년에 보헤미아 국왕 바츨라프 2세는 비엘코폴스카를 침입하여 독일 황제의 축복을 받으며 스스로 폴란드 왕이 되었다.

타타르군의 침입으로 폴란드 공국들이 단일 왕국을 건설해야 할 필요성이 크게 부각되었고, 보헤미아의 침입으로 폴란드 지역으로 밀고 들어오는 독일인과 외국인 전반에 대한 혐오감이 커졌다. 1311년에 일부 시민들의 방조 속에 보헤미아가 크라쿠프를 차지하자 폴란드군은 다음해 이 도시를 탈환한 후 폴란드식 발음을 하지 못하는 사람을 잡아 모두 목을 쳤다.

이러한 경향을 교회도 지원했다. 지금까지 교회는 정치적 역할을 하지 않고, 단순히 행정적 역할을 하는 데 그쳤다. 초기 피아스트 왕들이 통치하던 시기에 주교들은 자기 권력 기반이 없는 단순한 기능적 계층에 지나지 않았다. 그러나 국가가 여러 공국으로 나뉘고, 각 공후들에게 지역 주교들의 지원이 필요하게 되면서 이러한 상황은 변했다. 주교들은 만일 폴란드 공국들이 보헤미아나 독일에 흡수되면 폴란드 교회는 자치적 지위를 상실하게 된다는 것을 깨닫고, 독일화를 막기 위한 조치를 취했다. 1285년에 웽치차_{Łęczyca} 공의회에서 폴란드 주교들은 폴란드인만이 교회 학교의 교사가 될 수 있다고 결의했다.

볼레스와프 2세에 의해 죽임을 당한 크라쿠프 주교 스타니스와프를 1253년에 시성하고 폴란드의 수호 성자로 지정한 후, 키엘체_{Kielce}의 수노사 빈센티는 절단된 스타니스와프의 시신이 기직직으로 자라는 것을 분열된 폴란드가 다시 하나가 되는 징조로 서술한 성자의 일대기를 썼다. 13세기 초엽에 크라쿠프의 주교인 빈센티 카드우베크가 쓴 연대기와, 좀더 확실한 사료인 1280년대에 포즈난의 성직자가 쓴 '비엘코폴스카 연대기'에도 이와 유사한 감정이 드러났다.

일부 공후들은 이런 메시지를 진지하게 받아들여 권력 세습을 포기하고, 여러 사람 가운데 크라쿠프를 제대로 통치할 통치자를 선출하는 방법을 택했다. 실레시아 출신의 헨리크 프로부스가 이런 방식으로 선출된 지도자였고, 1290년에 그가 사망하자 크라쿠프의 통치권은 1295년 그니에즈노의 프셰미스우 2세에게로 넘어갔지만, 다음 해 브란덴부르크에서 보낸 첩자에 의해 암살당했다. 1296년 그의 뒤를 이어 모라비아 가문의 공후인 '단신왕' 브와디스와프가 통치자가 되었고, 그는 폴란드 왕 중에서 단연 눈에 띄는 지배자가 되었다.

1300년에 보헤미아의 침공으로 브와디스와프는 폴란드를 잠시 떠나야 했고, 그는 동맹을 찾아 로마로 갔다. 별명이 보여주듯이 그는 체구가 작았지만, 자신이 원하는 것을 이루는 방법을 알았고, 영민하게 계획을 짰다. 교황청은 신성로마제국과 아주 오랫동안 갈등을 벌여왔기 때문에 반제국적인 폴란드 대공을 따뜻하게 대해주었다. 브와디스와프는 앙주Anjou 왕조의 샤를 로베르의 지원을 구했다. 그는 그때까지 나폴리와 시칠리아의 왕이었다가 헝가리 왕관을 차지했다. 교황의 지원을 받는 브와디스와프는 자기 딸을 앙주 왕가와 결혼시킴으로써 동맹을 맺는 데 성공했다. 할리치Halicz와 블라디미르Vladimir 공후들의 지원 또한 확보한 그는 체코인으로부터 자신의 땅을 되찾기 위해 출발했다.

브와디스와프는 1306년에 크라쿠프를 탈환하고 1314년에는 그니에즈노를 되찾아서 두 주요 지방을 다시 자신의 통제 아래 두었고, 마조비아에서는 자신의 군주권을 인정받았다. 1320년에 그는 크라쿠프에서 처음으로 폴란드의 왕으로 즉위했다. 스웨덴, 덴마크, 포메라니아의 공국들과 동맹을 맺은 브와디스와프는 브란덴부르크를 수세로 몰아놓았고, 그 사이에 어려운 상황에 처한 튜튼기사단을 잘 다루었다. 1291년에 아크레가 사라센인에게 함락당하면서 튜튼기사단은 사령부를 빼앗겼다. 1307년에 튜튼기사단이 모델로 삼은 템플기사단이 파문당해 해산되고 잔인하게 핍박당한 것은 너무 세력이 강해진 다른 기사단에 경종이 되었다. 브와디스와프는 기회를 놓치지 않고 튜튼기사단의 침공과 약탈을 교황청에 고발했지만, 근본적인 문제는 이 기사단이 자신의 임무를 수행하고 있는가였다. 교황은

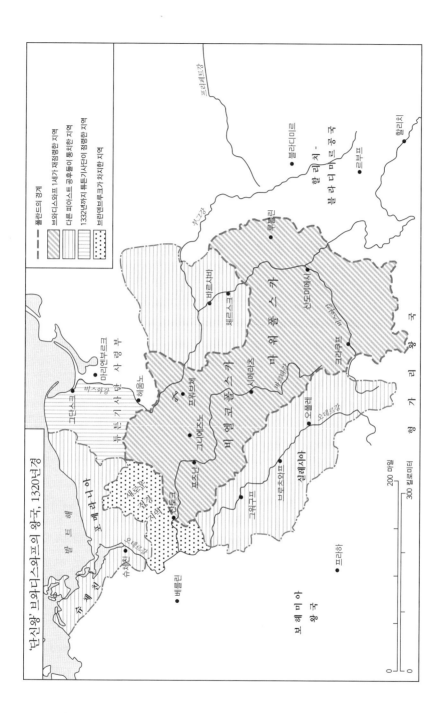

'단신왕' 브와디스와프의 왕국, 1320년경

폴란드의 경계

- 브와디스와프 1세가 재점령한 지역
- 다른 피아스트 공후들이 통치한 지역
- 1332년까지 튜튼기사단이 점령한 지역
- 브란덴부르크가 차지한 지역

프리페트강

블라디미르

르부프

할리치 -
블라디미르 공국

바르샤바

체르스크

산도미에시

루블린

크라쿠프

마워폴스카

부크강

마리엔부르크

그단스크

비스와강

해움노

비스와강

쿠야비

비엘코폴스카

그니에즈노

포즈난

마조프셰

시에라츠

브제시치

오폴레

오데르강

실레지아

보레미아
왕국

그워구프

브로추와프

슈체친

오데르강

베를린

프리라하

발트해

포메라니아

서 포메라니아

독 일 왕 국

헝 가 리 왕 국

0   200 마일

0   300 킬로미터

기사단에 불리한 판결을 내렸지만, 기사단이 위기에 처했다는 사실 자체가 이들의 태도에 미묘한 변화를 가져왔다.

아크레가 함락된 후 장래의 성지 십자군 원정을 준비하기 위해 베네치아에 위치한 튜튼기사단 사령부는 1309년에 재빨리 프로이센의 마리엔부르크로 옮겨왔다. 프로이센은 이제 십자군의 전초기지가 아니라 국가가 되었다. 프로이센은 이웃 국가들과의 갈등을 교황청을 통해서가 아니라 전장에서 해결했다. 동맹인 보헤미아의 왕 룩셈부르크 요한 공과 힘을 모아 프로이센은 폴란드를 침공했다. 실레시아의 시비드니차 볼코 대공이 보헤미아군을 저지하는 동안 브와디스와프는 튜튼기사단을 향해 진격해 1331년에 프워브체Płowce 전투에서 큰 희생을 치르고 기사단을 격파했다. 자신이 얻은 유리한 입지를 계속 추진하기에 전력이 너무 약해진 브와디스와프는 독일 패권이 지속되고 있는 포메라니아와 실레시아에 폴란드 세력을 다시 강화하지는 못했다. 1333년에 브와디스와프는 중부 지방을 재통합하고 여러 지역을 최소한 명목적으로 통제하는 데 성공했다. 위대한 카지미에시로 알려진 그의 아들 카지미에시 3세(1333-1370)는 이 과정을 완수하고 폴란드에 대한 통치권을 확실하게 확보했다.

그는 시의적절한 여러 상황의 도움을 받았다. 우선 소小빙하기가 닥쳐 농업 생산이 줄었고 유럽의 많은 지역에서 추수를 망친 데 반해 폴란드에서는 평균보다 더 따뜻한 날씨와 기온이 이어졌고, 이 덕분에 풍작뿐만 아니라 지중해 과실이 자라서 와인을 생산할 수 있게 되었다. 또한 100년 전쟁으로 서유럽의 가장 풍요로운 지역이 망가지고 이탈리아까지 재정적 어려움이 닥쳤지만, 폴란드는 이 장기간의 전쟁에 휘말리지 않았다. 마지막으로 1348년에 유럽 대륙 전체가 흑사병에 휘말렸지만, 폴란드의 대부분 지역은 이에 영향을 받지 않았다. 영국, 프랑스, 이탈리아, 스칸디나비아, 헝가리, 스위스, 독일, 에스파냐의 인구가 절반 이상 줄어든 반면 폴란드의 인구는 늘어났다. 이렇게 된 이유의 하나는 다른 지역의 황폐화 때문이었다. 역병으로 인해 기근이 곳곳에 발생했고, 이로 인해 사람들은 도시를 탈출해 식량과 안전한 피난처를 찾아 유럽 전역을 방황했다. 여기에다가 희생양을 찾기 위해 중세 역사에서 가장 잔학한 반反유대주의가 발생했다. 살아남은 유대인은 도망쳤고, 주로 동쪽으로 이주했다. 이 사람들은 모두 일정 기간의 방역만 거치면 폴란드에 정착할 수 있었다.

카지미에시는 이러한 폴란드의 태평성대에 알맞은 통치자였다. 건장하고 넓은 이마와 짙은 머릿결을 지닌 그는 국왕다운 모습을 하고 있었고, 용기와 결단력을 갖추었지만 주색을 좋아했다. 그는 야심 찬 건축 사업을 시작해 크라쿠프와 그니에즈노에 대성당을 건축하고 전국에 성당을 지었다. 65개의 요새화된 소도시를 건설하고, 기존의 27개 도시를 요새화했으며, 53개의 새 성을 축조했다. 그는 크라쿠프 지역을 흐르는 비스와강의 흐름을 바꾸어 비엘리츠카Wieliczka의 소금 광산과 수도 크라쿠프를 연결하는 운하를 만들었다. 1347년에는 당시 존재하던 모든 법률을 두 권의 책으로 성문화했다. 비엘코폴스카의 법률은 피오트르쿠프Piotrków 법전, 마워폴스카의 법률은 비실리차Wiślica 법전이었다. 그는 재정 제도를 개혁하고, 중앙 재무국을 만들고, 1388년에 새 동전을 주조해 화폐 제도를 정비했다. 또한 길드를 조직하고 마그데부르크법을 확대했다. 폴란드 도시에 거주하는 아르메니아인에게 별도의 법률을 마련해주고, 유대인에게는 자체의 재정, 사법, 정치 제도를 갖도록 해주었다.

이러한 조치들은 새로운 부흥의 기반을 마련해주었다. 폴란드 도시들은 많은 수의 상인과 숙련된 장인을 얻었고, 유대인이 유입되면서 은행과 여러 편의가 도입되었다. 이것은 산업을 촉진시켰다. 새로 철광, 납광, 구리광, 은광, 아연광, 유황, 바위 소금이 발견되었고, 광업 기술이 발전했다. 기존에 수출되던 곡물, 가축, 밀납, 목재, 기타 삼림 자원에 완제품 옷과 같은 공산품이 더해져 서쪽 멀리 스위스까지 수출되었다.

주로 교회 덕분에 외부 세계와의 접촉도 늘어났다. 교회의 선교와 교육 활동은 외국 사제들을 폴란드로 데려왔고, 폴란드 사제들의 외국 진출을 도왔다. 수도사 폴로누스는 1245년에 몽골의 칸 귀위크의 수도까지 진출했지만, 사제들은 대부분 공부하기 위해 볼로냐나 파리의 대학으로 갔다. 국왕 카지미에시는 학문과 문화 발전에 개인적 영향력을 사용했고, 1364년에 크라쿠프대학을 설립하여 다음 세기 학문과 문화 발전의 기초를 놓았다. 프라하의 카렐대학 설립 직후 설립된 이 대학은 중유럽에서 두 번째로 설립된 대학으로, 빈의 대학이나 하이델베르그대학보다 먼저 설립되었다. 종교적 기관에서 진화한 대부분의 영국, 프랑스, 독일 대학들과 다르게 이 대학은 세속 교육 기관인 이탈리아의 파도바대학과 볼로냐대학을 모델로 했다.

카지미에시는 국내 정책에 많은 노력을 쏟아붓고, 교육과 예술 발전도 장려했지만, 외치도 게을리하지 않았다. 그는 10만 6000제곱킬로미터의 영토를 물려받았지만, 26만 제곱킬로미터의 땅을 남겼다. 실레시아를 놓고 보헤미아의 왕 룩셈부르크 요한과 전쟁을 벌였고, 1345년에 그를 패퇴시켰다. 카지미에시는 이제 시선을 동쪽으로 돌

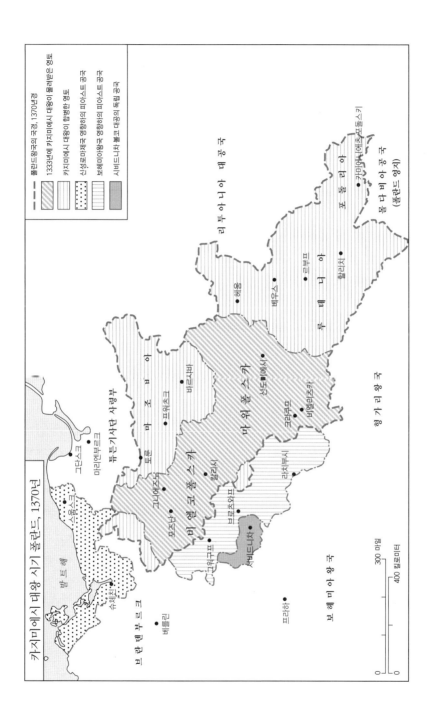

카지미에시 대왕 시기 폴란드, 1370년

- 폴란드왕국의 국경, 1370년경
- 1333년에 카지미에시 대왕이 물려받은 영토
- 카지미에시 대왕이 합병한 영토
- 신성로마제국 영향하의 피아스트 공국
- 보헤미아왕국 영향하의 피아스트 공국
- 시비드니차 볼코 대공의 독립 공국

발트 해

브란덴부르크

베를린

슈체친

그단스크
마리엔부르크

엘블롱크

리투아니아 대공국

튜튼기사단 사령부

토룬
그니에즈노
포즈난

포메라니아

마조비아

플로츠크
바르샤바

헤움

르부프

흘리치

포돌리아

카미에네츠포돌스키

볼다비아 대공국
(폴란드 영지)

대폴란드

소폴란드
마워폴스카

칼리시
산도미에시
크라쿠프
비엘리치카

라지부시

브로츠와프

시비드니차

그워구프

프라하

헝가리 왕국

보헤미아 왕국

0   300 마일
0   400 킬로미터

렸다.

이전 세기에 타타르군의 침공으로 키예프공국이 무너졌고, 작은 루스공국들은 매년 타타르에게 공납을 바치는 조건으로 살아남았다. 할리치공국과 블라디미르공국은 폴란드의 남동부 국경에 위치해 있었다. 두 공국은 왕조적으로 폴란드와 연결되어 있었고, 1340년에 할리치 대공이 사망하자 카지미에시는 이 공국을 자신의 영역으로 통합했다.

폴란드의 남동부 방향으로의 진출은 불가피한 것이었고, 영구적인 것이었다. 300년 전 폴란드의 수도를 그니에즈노에서 크라쿠프로 옮긴 것은 폴란드의 정책에 큰 영향을 미치기 시작했다. 국왕은 자신의 통치 영역을 다른 관점에서 보았고, 궁정에서 가장 큰 영향을 미친 것은 '크라쿠프 주군'인 마워폴스카의 대영주들이었다.

동부 지역에는 영토 확장보다 더 중요한 것이 걸려 있었다. 키예프공국의 해체로 이 지역에 권력 공백이 생기면서 폴란드는 불가피하게 여기로 끌려 들어갔고, 다른 국가, 즉 리투아니아가 이 지역에 일시적 관심 이상을 보임으로써 이것은 더욱 중요한 문제가 되었다.

리투아니아인은 프로이센인이나 라트비아인처럼 발트해 지역 주민이었고, 이들 사이에 정착했다. 이웃인 라트비아인과 프로이센인이 각각 검의 형제단과 튜튼기사단에 굴복하기 훨씬 전에 리투아니아인은 자신들을 정복하려는 모든 시도에 계속해서 저항했다. 리투아니아인은 시대 상황에 맞는 왕조의 지배를 받고 있었고, 평화를 유지하기 위해 형식적으로 기사단으로부터 기독교를 받아들였다. 이것은 기사단으로부터 루스 노브고로드공국을 물리치는 지원을 받고, 노브고로드로부터는 기사단에 대항할 지원을 받기 위한 것이었다. 이러한 정책은 너무 교활하고 과감해서 이웃 국가들은 마음을 놓을 수 없었다. 키예프공국이 해체된 후 리투아니아인은 주인을 잃은 넓은 땅을 합병했다. 1362년에 리투아니아의 지도자 알기르다스 대공은 시니우카강 유역에서 벌어진 전투Battle of Blue Waters에서 타타르군을 격파했고, 다음해 키예프를 점령했다.

100년도 되지 않는 기간 만에 리투아니아의 영토는 네 배나 늘어났다. 이 덕분에 리투아니아는 적들에게 더욱 난공불락이 되었다. 그러나 이것은 누구에게도 달갑지 않았고, 심지어 리투아니아 통치자들에게도 많은 문제를 안겼다. 통치자들은 장차 리투아니아인을 압도할 기독교 슬라브인이 거주하는 거대한 영역을 효과적으로 통치할 가망이 없었다. 리투아니아가 이 지역을 차지하면서 한 전선에서는 타타르와 갈등이 일어났고, 튜튼기사단은 다른 전선에서 리투아니아 세력을 분쇄하려고 온 힘을 다하고 있었다. 러시아의 공국들도 리투아니아에 적대적이었고, 리투아니아와 긴 국경을 공유한 폴란드인도 수시로 발생하는 국경 충돌에 신경을 많이 썼다. 리투아니아는 동맹이 필요했다. 어느 나라와 동맹할 것인가는 1377년에 리투아니아 대공이 된 요가일라에게 가장 시급한 문제였다. 그해에 폴란드도 딜레마에 빠졌지만, 그 이유는 달랐다.

카지미에시 대왕은 1370년에 사망했다. 그는 네 번 결혼했으나 후계자를 남기지 않았고, 왕위를 조카인 헝가리 왕 앙주 왕가의 루이에게 넘겼다. 루이 왕은 삼촌의 장례식에는 참석했지만 헝가리로 돌아갔고, 죽은 왕의 여동생인 자기 어머니에게 자신을 대신해 폴란드를 통치하도록 맡겼다. 그녀는 세력이 막강한 '크라쿠프의 주군' 마워폴스카 영주들의 지원 없이는 통치할 수 없었다. 영주들은 이런 상황을 이용해 국가 경영에서 자신들이 차지하는 몫을 확대했을 뿐만 아니라 국가의 지위 지체의 정의에도 영향을 미쳤다.

폴란드 국가의 새로운 개념은 14세기부터 진화해왔고, 그 핵심은 주권은 군주가 아니라 특정한 지리적 지역, 즉 '폴란드 왕관의 모든 땅Corona Regni Poloniae'에 있다는 것이었다. 이 표현은 외국 지배에 들어간 영역을 포함한 폴란드인이 거주하는 모든 땅을 의미했다. 1374년에 폴란드 귀족들은 루이 왕을 압박하여 코시체Košice 법령을 얻어냈다. 이것은 세습 유산의 분할 불가를 강조하고 이 유산의 어느 부분도 남에게 양도할 수 없다고 규정했다. 루이도 후계자가 없었기 때문에 폴란드 귀족들은 불확실한 미래를 기다리고 있었다.

그러나 루이 왕에게는 두 명의 딸이 있었다. 그는 맏딸인 마리아를 룩셈부르크의 지기스문트에게 시집보내서 그가 폴란드 왕위를 차지하게 하려고 했다. 둘째 딸 헤드비크는 헝가리 왕위를 이어받을 합스부르크 왕가의 빌헬름 왕자와 약혼했다. 그러나 1382년에 루이 왕이 사망하자 크라쿠프 주군들은 그의 유언을 따르지 않고 자신들의 계획을 세웠다.

그들은 이미 결혼한 마리아는 거부하고, 10세인 동생 헤드비크, 폴란드어로 야드비가를 크라쿠프로 불러서 1384년에 그녀를 명목적 왕으로 만들었다. 연대기 작가 드우고시는 다음과 같이 기록했다. "폴란드 주군들과 대주교들은 그녀에게 너무 매료되어 그녀를 아주 진지하게 사랑했고, 자신들의 남성 왕조를 거의 잊었다. 그들은 이렇게 우아하고 덕이 넘치는 여인의 신민이 되는 데 아무런 수치나 모멸을 느끼지 않았다." 그러나 실상을 보면 그녀는 기본적으로 도구로 사용되었고, 귀족들은 그녀의 감정을 완전히 무시했다. 합스부르크

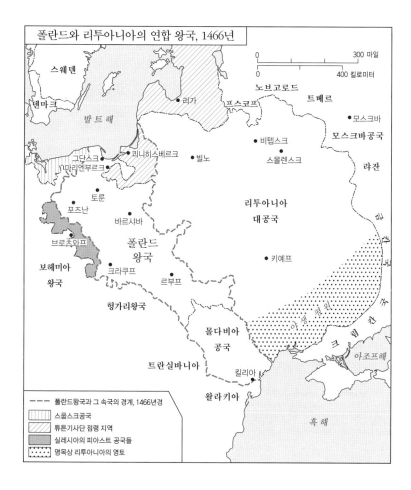

폴란드와 리투아니아의 연합 왕국, 1466년

범례	
— — —	폴란드왕국과 그 속국의 경계, 1466년경
	스웁스크공국
	튜튼기사단 점령 지역
	실레시아의 피아스트 공국들
	명목상 리투아니아의 영토

의 빌헬름 왕자가 자기 약혼녀를 만나기 위해 오자, 귀족들은 야드비가를 바벨 성에 연금했다. 빌헬름은 그녀를 만나지 못한 채 떠났고, 폴란드 귀족들은 그녀에게 다른 배필을 찾아주기로 했다. 그들은 리투아니아 대공인 요가일라를 그녀의 남편감으로 골랐다.

폴란드와 리투아니아의 연합이라는 생각은 두 국가에서 동시에 생겨났다. 1385년 8월 14일에 크레보Krewo에서 기본 협정이 체결되었다. 그런 다음 1386년 1월에 보우코비스크Wołkowysk에서, 몇 주 뒤에는 루블린에서 양국 간 구체적 협정이 맺어졌다. 2월 12일에는 폴란드어 새 이름을 받은 야기에우워가 크라쿠프에 입성했고, 사흘 후 브와디스와프라는 이름으로 세례를 받았다. 2월 18일에 그는 야드비가와 결혼했고, 3월 4일에 폴란드 왕으로 즉위했다.

3장

야기에우워 왕조 시대

야드비가 여왕은 젊어서 죽었고, 남편에게 후계자를 남기지 않았다. 그러나 그녀가 브와디스와프 야기에우워와 결혼한 열매는 엄청났다. 우선 이것으로 튜튼기사단에 조종弔鐘이 울렸다. 리투아니아가 기독교로 개종하면서 십자군의 필요성은 사라졌다. 또한 이로 인해 프로이센의 기사단도 존재 이유를 잃었다. 과거에 기사단이 서로 대적하게 만들며 이익을 취했던 두 적국의 연합은 이를 더욱 복잡하게 만들었다.

기사단은 이에 대한 대항으로 연합을 해체하려고 시도했다. 브와디스와프는 야망이 크고 통제할 수 없는 자기 사촌 동생 비타우타스를 별생각 없이 리투아니아의 섭정으로 임명하여 기사단을 도왔다. 비타우타스는 폴란드와의 연합을 반대하는 이교도 분리주의자들의 지도자였고, 이와 동시에 세례를 받고 기사단과 동맹을 결성했다. 그러나 기사단은 비타우타스와 음모를 꾸미고 브와디스와프와 협상을 하는 동안 폴란드-리투아니아 연합과의 대결을 무한정 회피할 수는 없었다. 이에 따라 1409-1410년에 전쟁이 일어났고, 기사단은 그룬발트Grunwald 전투에서 브와디스와프와 비타우타스가 지휘하는 연합군에 의해 궤멸적 패배를 당했다.

이 전투는 중세에 벌어진 전투 가운데 가장 오래 끌고 유혈이 넘쳐난 대결이었다. 기사단의 대원수 울리히 폰 융인겐과 그의 장교들이 모두 전장에서 전사했고, 프로이센 전체가 정복당할 위험에 처했다. 폴란드 지휘관들에게는 실망스럽게 브와디스와프는 적군에 대한 추격을 중지했고, 후에 맺어진 강화조약에서 폭이 좁은 땅만을 리투아니아에 양도하도록 요구했다. 폴란드는 아무 영토도 얻지 못했지만, 기사단으로부터 상당한 배상금을 받아냈다. 10년 후에 기사단은 다시 한 번 전쟁을 일으켜서 또다시 패배했지만, 손실은 적었다. 1454년에 폴란드의 지원을 받은 지방 기사들과 도시들이 기사단에 대한 반란을 일으켜 전쟁을 시작했고, 이 전쟁은 13년을 끌었다. 기사단은 패배했지만, 1466년의 토룬Toruń 조약으로 다시 한 번 살아남았다. 폴란드는 그단스크와 엘빈크 주변 해안, 바르미아Warmia 지방과 마리엔부르크 요새까지 얻었지만, 기사단을 해체하지는 않았다. 기사단은 쾨니히스베르크Königsberg로 수도를 옮겼고, 그들이 보유한 나머지 지역은 폴란드 왕의 가신국이 되었다. 이러한 관용은 놀라운 일로 보였고, 특히 튜튼기사단이 전쟁에서 무자비하게 주민을 살해하고, 유린하고, 심지어 교회도 불태웠던 점을 고려하면 더욱 그랬다. 그러나 폴란드와 기사단의 관계에는 유럽 대륙에서 종교적 논쟁을 불러일으킨 요소가 있었다.

튜튼기사단은 각 궁정에 대표와 친구들을 가지고 있었고, 프로파간다의 귀재였다. 공격의 첫 논리는 야드비가가 합스부르크의 빌헬름과 약혼을 했다가 브와디스와프 야기에우워와 결혼한 것은 이중결혼이라는 것이었다. 또한 튜튼기사단은 어느 정도 근거가 있게 리투아니아의 개종은 속임수이고 가톨릭 폴란드 기사들은 그룬발트 전투에서 리투아니아 이교도, 동방정교도, 심지어 이슬람교도(타타르는 그 얼마 전 리투아니아에 정착했다)까지 있었던 연합군에서 소수에 불과했다고 주장했다. 기사단은 살라딘의 군대가 기독교 군대가 아닌 것처럼 브와디스와프 야기에우워의 군대는 기독교 군대라고 볼 수 없다고 주장했다.

튜튼기사단의 주장에는 일리가 있었고, 이 주장은 당시 유럽을 휩쓸고 있던 소·종교개혁 운동의 맥락에서 중요성을 띠었다. 얀 후스가 이 민족주의적이고, 반교회적이며, 반제국주의적인 종교개혁 운동을 이끌고 있었다. 후스의 운동 자체가 영국의 존 위클리프의 롤라드파Lollards*와 연계되어 있었고, 두 운동 모두 폴란드에서 상당한 지지를 받고 있었다.

이 문제는 1415년에 후스파 이교도들과 싸우기 위해 소집된 콘스탄츠Constance 종교회의에서 핵심 논쟁거리가 되었다. 튜튼기사단은 이 종교회의를 폴란드를 격하시키고 자신들의 십자군 임무의 정당성을 다시 확인할 수 있는 아주 좋은 기회로 보았다. 이것이 기독교 유럽 국가들에 의해 지원된 회의라는 것을 감안하면, 기사단은 자신들을 파괴하려는 폴란드의 시도로부터 자신들을 안전하게 지킬 수 있

• 원(元)프로테스탄트 운동으로 롤라드주의 또는 롤라드 운동이라고도 불린다. 14세기부터 16세기의 영국 종교개혁 시기까지 활발하게 전개되었다. 1381년에 가톨릭교회에 대한 비판으로 옥스퍼드대학에서 해임당한 가톨릭 신학자였던 존 위클리프가 초기에 이 운동을 이끌었다.

었다.

콘스탄츠 종교회의에 파견된 크라쿠프대학의 파베우 브워드코비츠가 이끈 대표단에는 많은 수의 리투아니아인과 분리교파가 포함되어 있어서, 이들은 회의에서 소란을 일으키고 기사단의 주장에 동조했다. 브워드코비츠는 이들보다 훨씬 뛰어난 논리를 펼쳐서 이들이 신망을 잃게 했지만, 누가 승리했는지는 분명하지 않았다. 튜튼기사단은 폴란드-리투아니아 연합에 반대하는 신성로마제국을 포함한 폭넓은 외교적 지지를 받았다.

폴란드-리투아니아 국가연합 조건 자체도 자주 개정되었다. 그룬발트 전투 승리 후인 1413년에 새로운 국가연합 조약이 호로드워Horodło에서 체결되었다. 이것은 두 국가를 좀더 견고히 결속시키기 위한 시도였고, 이러한 의도는 폴란드의 슐라흐타가 리투아니아인을 기사도 형제로 받아들이고, 그들에게 자신들의 갑옷을 제공한 것으로 표현되었다. 1430년에 비타우타스의 후임으로 스비드리가일라가 리투아니아 대공이 되었지만, 그는 튜튼기사단과 동맹을 맺고 반폴란드 정책을 취함으로써 이것을 모두 무위로 돌렸다. 10년 후 국가연합은 공식적으로 해체되었지만, 리투아니아의 통치자는 폴란드 왕의 아들이었기 때문에 그다지 큰 차이를 만들어내지 않았고, 그가 1446년에 폴란드 왕위를 물려받으면서 두 국가는 한 왕관 밑으로 들어왔다.

국가연합이 불안정했던 것은 두 국가의 성격이 서로 달랐기 때문이다. 폴란드는 발전된 제도와 강력한 헌법적 기초에 근거한 기독교 국가였다. 리투아니아는 이교도 발트인과 정교도 슬라브인의 혼합 국가로 전제적 왕조에 의해 통치되었다. 두 국가는 서로 다른 방향으

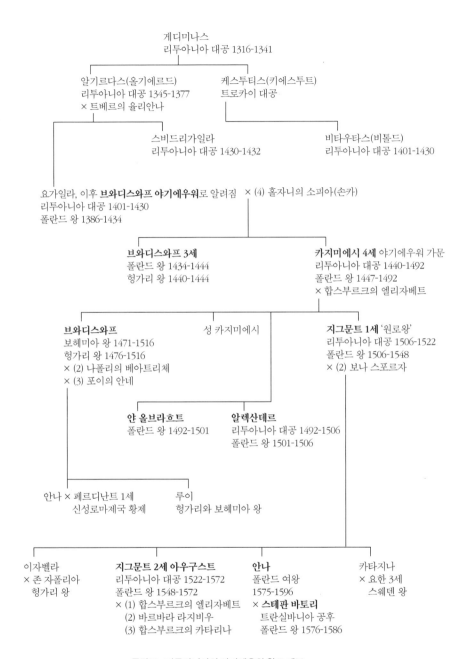

게디미나스
리투아니아 대공 1316-1341

알기르다스(올기에르트)
리투아니아 대공 1345-1377
× 트베르의 율리안나

케스투티스(키에스투트)
트로카이 대공

스비드리가일라
리투아니아 대공 1430-1432

비타우타스(비톨드)
리투아니아 대공 1401-1430

요가일라, 이후 **브와디스와프 야기에우워**로 알려짐 × (4) 홀자니의 소피아(손카)
리투아니아 대공 1401-1430
폴란드 왕 1386-1434

브와디스와프 3세
폴란드 왕 1434-1444
헝가리 왕 1440-1444

카지미에시 4세 야기에우워 가문
리투아니아 대공 1440-1492
폴란드 왕 1447-1492
× 합스부르크의 엘리자베트

브와디스와프
보헤미아 왕 1471-1516
헝가리 왕 1476-1516
× (2) 나폴리의 베아트리체
× (3) 포이의 안네

성 카지미에시

지그문트 1세 '원로왕'
리투아니아 대공 1506-1522
폴란드 왕 1506-1548
× (2) 보나 스포르자

얀 올브라흐트
폴란드 왕 1492-1501

알렉산데르
리투아니아 대공 1492-1506
폴란드 왕 1501-1506

안나 × 페르디난트 1세
신성로마제국 황제

루이
헝가리와 보헤미아 왕

이자벨라
× 존 자폴리아
헝가리 왕

지그문트 2세 아우구스트
리투아니아 대공 1522-1572
폴란드 왕 1548-1572
× (1) 합스부르크의 엘리자베트
　(2) 바르바라 라지비우
　(3) 합스부르크의 카타리나

안나
폴란드 여왕
1575-1596
× **스테판 바토리**
　트란실바니아 공후
　폴란드 왕 1576-1586

카타지나
× 요한 3세
스웨덴 왕

폴란드-리투아니아의 야기에우워 왕조 계보

로 상대를 이끌었고, 외교 정책에서 강한 힘을 발휘한 것은 리투아니아 또는 오히려 야기에우워 왕조였다.

1415년에 영국 국왕이 폴란드 왕에게 보낸 현존하는 가장 오래된 편지를 보면, 헨리 5세가 브와디스와프 야기에우워에게 프랑스에 대항하는 자신을 도와달라고 요청한다. 리투아니아와의 국가연합 및 튜튼기사단에 대한 승리로 폴란드는 유럽의 강대국 가운데 하나로 부상했다. 이러한 힘을 가진 야심에 찬 야기에우워 왕조가 이 기회를 이용하는 것은 놀라운 일이 아니었다.

1437년 보헤미아와 헝가리를 통치한 룩셈부르크 왕가의 후사가 끊기면서 경쟁하는 두 왕가, 즉 오스트리아의 합스부르크와 폴란드-리투아니아의 야기에우워 사이에 이 지역의 패권을 차지하기 위한 새로운 경쟁이 시작되었다. 앙주 왕가, 룩셈부르크 왕가, 합스부르크 왕가에 의해 차례로 통치되어온 헝가리는 1440년에 자국의 왕위를 아직 애송이인 폴란드의 브와디스와프 3세에게 넘기면서 야기에우워 왕조의 수하에 들어갔다. 3년 뒤 부다Buda에서 즉위식을 한 이 젊은 왕은 반튀르크 동맹에 끌려들어 갔다가, 1444년에 벌어진 흑해 연안 바르나Varna 전투에서 전사했다. 폴란드 왕위는 그의 동생인 카지미에시 4세가 차지했고, 헝가리 왕위는 마티아스 코르니비우스에게 넘어갔다가 카지미에시의 장남 브와디스와프에게 되돌아왔다. 이 브와디스와프는 1471년에 체코 의회가 그를 왕으로 선출하면서 의외로 폴란드의 왕이 아니라 체코의 왕이 되었다.

15세기 말에 야기에우워 왕조는 유럽 대륙의 3분의 1 이상을 통치하게 되었다. 그들의 거대한 통치 영역은 발트해에서 흑해와 아드리아해 연안까지 뻗어 있었다. 하지만 다음 세대에서 폴란드를 제외한 모든 왕위를 합스부르크 왕가에게 잃었고, 폴란드는 거대한 제국의 중심이었다는 기억만 갖게 되었다.

그러나 슐라흐타가 재빨리 깨달은 것처럼 통치를 제대로 하지 못하는 왕이나 자주 벌어진 왕위 궐위에는 이점이 있었다. 이것은 슐라흐타들이 국가를 경영하는 데 더 큰 역할을 할 수 있게 해주었고, 국왕이 재정과 군대를 자주 요청하면서 그들은 국왕으로부터 양보를 얻어낼 지렛대를 더 많이 갖게 되어 의회 정부의 초기 형태를 만들어 갈 수 있었다.

합의에 따른 정부라는 원칙은 초기 피아스트 왕조에서부터 관행으로 자리잡았다. 13세기 초가 되자 이 관행은 완전히 자리를 잡아서 왕국이 분열되었을 때 여러 지방의 통치 형태로 살아남았다. 비엘코폴스카와 마조비아 같은 지방에서는 세임sejm이라고 불리는 의회가 구성되어 그 지역의 모든 슐라흐타가 여기에 참여해 토론하고 거부권을 행사할 수 있었다.

각 지방 세임의 동의는 폴란드 땅을 재통합하는 과정에서 아주 중요했고, 이것이 달성된 시점에 세임은 정부 조직의 일부가 되었다. '단신왕' 브와디스와프는 자신의 재위(1320-1333) 동안 세임을 네 차례 소집했고, 그의 후계자인 카지미에시 대왕(1330-1370)은 가능한한 자주 소집하여 세임의 통치권을 인정했다.

카지미에시가 후계자 없이 죽고, 엘리자베트가 섭정을 맡게 되자 한 슐라흐타 집단이 동료들을 앞질러 행동했다. 이들은 고위인사들, 각 지역의 국왕 권력의 근간이었던 성주들, 각 지방의 사실상의 통치자로 성장한 총독들이었다. 이들이 통치하는 주는 '총독주palatinates'라는 명칭이 붙었다. 각 지역 자치 세력을 대표하는 총독들은 국왕 통제의 취약한 수단이어서 '단신왕' 브와디스와프가 폴란드를 재통합할 때는 일종의 국왕 대리인인 부락 원로starosta라는 새로운 왕령 행정 대리인을 내세워 이때부터 이들은 각 지역에서 국왕을 대신하게 되었다. 총독은 순수한 행정적 역할보다는 정치적 역할을 맡게 되었고, 주교와 연합하여 새로운 과두 집단을 형성했다. 시간이 흐르면서 이들 가운데 많은 수는 국왕 자문회의 기능을 맡게 되었고, 카지미에시 대왕 사후 시기에는 폴란드의 운명을 좌지우지했다. 그들은 언니인 마리아가 아니라 야드비가를 국왕으로 선출하고 브와디스와프 야기에우워를 그녀의 남편으로 택했다. 그리고 그의 후계자를 고르는 것도 자기들이라는 것을 분명히 했다. 야드비가가 후사를 남기지 못하면서 이들의 권력은 더욱 강화되었다.

모든 총독과 성주는 대평의회consilium maius의 의석을 차지했고, 정책 결정은 추밀원consilium secretum에 자리잡은 총독과 주교들이 엄격하게 감독했다. 이러한 전형적인 인물은 크라쿠프 주교이자 브와디스와프 야기에우워의 비서인 즈비그니에프 올레시니츠키였다. 그는 브와디스와프 3세가 유소년일 때 섭정을 맡았고, 그의 후계자인 카지미에시의 멘토였다. 수준 높은 교육을 받고, 강인하며, 절대주의자적 신념을 가진 그는 타고난 정치인이었고, 자신의 출세를 폴란드와 교회의 발전과 결합시키는 목표를 가지고 행동했다. 그는 여러 의견을 내세우는 세임을 달가워하지 않았다.

슐라흐타 역시 그와 그가 대표하는 과두 집단을 좋아하지 않았고, 브와디스와프 야기에우워에게 자기 아들을 후계자로 만들기 위해서는 대영주뿐만 아니라 자신들의 지지도 필요하다는 것을 분명히 했다. 이로 인해 그들은 1420년대에 왕으로부터 많은 특권과 권리를 얻어냈고, 이 가운데 가장 중요한 것은 1430년에 예들니아Jedlnia 에서 공표되고 3년 뒤 크라쿠프에서 확정된 '법에 의거하지 않은 체 포 불가Neminem captivabimus nisi iure victum' 포고령이었다. 후에 영국의 불 법체포금지Habeas corpus와 유사한 이 원칙은 아무도 재판 없이 체포되 거나 구금될 수 없다는 것을 의미했다. 이로써 슐라흐타는 대영주와 국왕 관리들의 위협에서 벗어날 수 있었다. 왕의 절대권이 약화된 것 이 분명해지자 대영주와 슐라흐타는 이것을 주장하기 위해 서로 경 쟁했다. 이 경쟁은 의회 체제의 발전을 가속화하는 이중적 효과를 가 져왔다. 그리고 이 두 집단은 궁극적으로 의회의 상원과 하원을 구성 했다.

대영주의 견제를 받은 카지미에시 4세는 슐라흐타의 지원이 필요 했고, 그들은 대가를 받고 이를 제공하기로 했다. 그 대가는 1454년 에 부여된 니에샤바Nieszawa 특권이었다. 이것은 왕이 폴란드 18개 총 독주의 지방 의회인 세이미크sejmik의 동의를 받아야만 군대를 동원 하고 세금을 부과할 수 있다고 규정했다. 이것은 세임에서 전원이 투 표권을 가진 일반 슐라흐타에게는 '대표 없이 조세 없다'는 원칙을 확립한 것이었다. 또한 비엘코폴스카와 마워폴스카의 세임들은 투표 자에 대해 직접 책임을 지게 만들었다. 1468년에 슐라흐타는 피오트 르쿠프에서 모이기로 결정하고, 이때부터 국가 세임National Sejm이 구 성되었다. 여기에 폴란드왕국의 모든 고위 인물과 각 지방과 주요 도 시의 대표들이 모였다(리투아니아는 여전히 대공에 의해서 전제적으로 통 치되고 있었고, 피아스트 가신에 의해 통치되는 마조비아는 한 세기 더 자체 세 임을 유지했다). 다음 조치로 1493년에 국가 의회는 상·하원으로 나뉘 었다. 상원은 81명의 주교, 총독, 성주로 구성되었고, 하원인 세임은

54명의 슐라흐타와 대도시 대표로 구성되었다.

그 전해에 카지미에시 4세가 사망하면서 새 의회는 사신들의 힘을 과시해 혈연적 왕위 계승자가 자신들이 통치자를 선출하는 권한을 침해하지 않도록 만들었다. 2주 동안 세임은 국왕의 아들들과 마조비아 혈통의 피아스트 공후를 포함한 여러 명의 장점을 논의한 다음 최종적으로 카지미에시의 아들인 얀 올브라흐트를 국왕으로 선출했다.

이제부터는 죽은 왕의 외아들이라도 세임의 동의 없이는 왕위에 오를 수 없게 되었다. 1501년에 얀 올브라흐트가 사망하자 그의 동생인 알렉산데르가 왕으로 선출되었고, 즉위하기 전에 중요한 국왕의 권한을 넘겨주어야 했다. 4년 후인 1505년에 라돔Radom에 모인 세임은 '니힐 노비Nihil novi'('아무것도 새롭지 않다'는 의미)를 통과시켜, 양원의 동의 없이 입법하는 국왕의 권한을 제거했다.

15세기의 헌법적 발전은 법률 체계에도 반영되었다. 지역 성주의 법정은 그 영향력을 꾸준히 잃었고, 그 관할권은 부락 원로 법정에 의해 침해되었다. 이 법정은 슐라흐타와 소작인 사이의 송사를 다루었다. 판사들은 지역 세이미크가 선출했고, 대부분이 기독교 법정이었다. 원래 교회가 보유한 땅에 거주하는 사람들을 다룬 기독교 법정은 그 권한을 점차 확대해 사제와 교회 재산을 포함한 모든 사안을 다루게 되었고, 종교적 차원의 문제(결혼, 이혼, 신성모독)도 다루었다. 폴란드의 분할로 기독교 법정은 다른 지역의 관할권도 침해하며 나라 전체를 관장하는 독립적 법률 체제가 되었고, 이것은 고소인이 다른 지역 거주자인 경우 편리하게 작용했다. 그들은 고위 성직자의 확대되는 권력을 보강하고, 중앙 법률 체계에 직접적 도전을 제기했다. 이것은 국왕이 판사를 임명하는 새로운 군郡 법정sąd ziemski을 통해 강화되었다. 국왕은 중대 형사·민사 범죄를 다루는 국왕최고법정을 통해 자신의 관할권을 재확립하고, 이것은 최고항소법원 역할도 수행했다. 이러한 기능은 궁극적으로 세임이 떠맡았다.

야기에우워 왕조의 통치는 의회 제도의 성장을 위한 온실과 같은 여건을 제공했다. 1370년에 카지미에시 대왕이 사망하자, 폴란드는 이 면에서 유럽 모든 국가 중에서 가장 앞섰고, 불과 150년 후 심지어 영국도 앞질렀다. 왕관의 권력은 여러 견제와 균형에 의해 제어되어 자의적으로 사용될 수 없었다. 세임은 모든 입법 권한을 독점했다. 7퍼센트의 국민이 투표권을 가지고 있는 상황에서 대의의 수준은 1832년의 영국의 개혁법령Reform Act* 전까지는 누구도 따라잡을 수 없었다. 그러나 폴란드 민주주의의 기초는 그 운영 면에서 전적으로 귀족 계급인 슐라흐타가 담당하면서 출발부터 결함이 있었고, 슐라흐타의 구성이 다양한 만큼 그 이해관계에 의해 제약을 받았다.

'귀족nobility' 또는 '소귀족gentry'이란 용어로 슐라흐타를 대체할 수는 없다. 그 기원, 구성, 세계관에서 다른 유럽 국가의 귀족 계급과 공통점이 거의 없기 때문이다. 슐라흐타의 기원은 애매했다. 폴란드의 문양은 다른 유럽 귀족들과 완전히 달랐고, 이는 슐라흐타가 사르마티아에 기원이 있다는 이론에 무게를 더해주었다. 그들은 일군의 가문에 의해 공동으로 유지되었는데, 이것은 씨족에 기반한 근원을 보여준다. 슐라흐타의 양태는 인도의 라이푸트Rajputs[인도 대륙에서 혈연적 세습에 의해 결정되는 사회적 지위]나 일본의 사무라이와 유사한

---

* 영국 의회가 잉글랜드와 웨일스의 선거 체계에서 주요 변화를 가져온 법령이다. 의석의 불공평한 배분을 바로잡기 위해 선거구를 조정하고, 투표권에 필요한 재산 기준을 넓히고 표준화했다.

면을 보여준다. 이 두 집단과 마찬가지로 그리고 유럽의 귀족 집단과는 다르게, 슐라흐타는 재산 또는 토지나 왕의 임명에 따라 제한되거나 이에 의존하지 않았다. 슐라흐타는 그 기능과 전사라는 계급에 의해 정의되었고, 상호 연대와 다른 집단에 대한 경멸이 그 특징이었다.

당대의 역사학자인 드우고시는 "폴란드 귀족은 영예에 목마르고, 전쟁 노획물에 관심이 많으며, 위험과 죽음을 가볍게 보고, 약속에 변덕스럽고, 자신의 신민과 낮은 계층의 사람들에게 엄격하고, 말을 제멋대로 하고, 자기 능력 이상으로 살고, 군주에 충성하고, 농사와 가축 사육에 헌신하고, 외국인과 손님에게 정중하고, 손님 접대에 돈을 아끼지 않고, 이런 면에서 다른 민족을 넘어선다"라고 썼다. 그러나 슐라흐타의 세계관은 주로 경제적 요인에 의해 바뀌었다.

비스와강과 그 지류는 폴란드의 해외 무역에 자연스러운 통로를 제공했고, 큰 어려움 없이 폴란드의 농산물을 그단스크 항구로 집결시킬 수 있었다. 이곳은 또한 스칸디나비아산 청어, 서부 프랑스의 소금, 네덜란드, 플랜더스 지방과 영국의 직물이 수입되는 곳이었다. 튜튼기사단은 비스와강 하구를 차지한 입지를 이용해 폴란드의 무역을 방해하고 자신의 수출을 증진시켰고, 수입되는 물품에 높은 관세를 매겼다. 튜튼기사단이 1466년의 전투에서 패하고 이 지역으로부터 제거되면서 상황은 급격히 변모했다. 그단스크항을 통한 영국과의 무역은 네 배 증가했다. 15세기 말에는 이곳에 정박하는 선박의 수가 매년 800척으로 늘어났고, 이들 대부분이 브루게스Bruges로 향했다.

서부 유럽에서 인구가 증가하면서 곡물 수요도 증가하여 농산물 가격이 올랐고, 해양 무역의 급격한 확장으로 목재와 기타 산림 산품

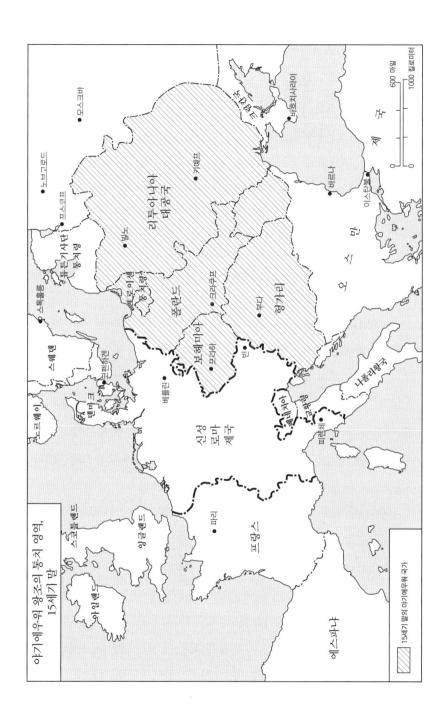

아기에우워 왕조의 통치 영역, 15세기 말

모스크바

노브고로드

프스코프

튜튼기사단 통치령

스웨덴

스톡홀름

노르웨이

빌노

리투아니아 대공국

키예프

콘스탄스

튜튼기사단 통치령

노브고로드 통치령

그단스크

쾨니히스베르크

덴마크

베를린

폴란드

브로츠와프

보헤미아

프라하

빈

크라쿠프

부다

헝가리

노가라드

바흐치사라이

오

스

만

제

국

베라나

이스탄불

만

나폴리왕국

팔레르모

신성 로마 제국

베네치아

라벤나

로마

영국

스코틀랜드

아일랜드

파리

프랑스

에스파냐

15세기 말의 아기에우워 국가

0 600 마일

0 1000 킬로미터

의 수출도 4000퍼센트가 늘어났다. 폴란드 지주들은 생산을 강화하는 것으로 이에 대응했다. 목초지가 개간되었고, 농지는 부족하지 않았지만, 이 농지를 경작할 사람이 부족했다.

대부분의 슐라흐타 농지는 농민 소작인이 경작했고, 이들은 노동으로 농지 임대료를 냈다. 슐라흐타 농지의 크기와 임대료는 폴란드 전역에서 크게 달랐지만, 1400년의 예를 가지고 일반적 설명을 할 수 있다. 17헥타르(42에이커) 농지의 연간 임대료는 15그로셰grosze(돼지나 송아지 한 마리 가격)에다가 곡물 몇 부셰bushes와 소작인이 지주의 농지에서 연 12일을 노동하는 것이었다. 소작인은 대개 농번기에 자신의 농기구와 말을 사용하여 지주의 땅을 경작했다.

1400년대 초반 동전 가치가 급격히 하락하면서 소작인으로부터 받는 현금 세금의 가치가 절반으로 줄어들었지만, 하루 노동의 생산성은 크게 변하지 않았다. 농촌 지역에서 활용할 노동력이 부족한 상태에서 현금은 소용이 없었고, 가장 가난한 농민들은 도시로 흘러들어갔다. 지주가 현금 소작료를 노동 소작료로 바꿀 이유는 충분했다. 그들은 현금 거래 농산품 생산으로 전환하기 위해 값싼 노동력이 필요했고, 이를 얻기 위해 정치적 압력을 행사했다.

1496년에 세임은 농민의 도시 이주를 금지하는 조치를 취했다. 다른 지역으로 이주하고자 하는 소작인은 자신의 소작 농지를 정리하고 소작료를 모두 내고, 떠나기 전에 파종해야 했다. 소작인들의 경제적 노력은 제한 사항이 많아서 이들은 도주하지 않는 한 사실상 농지에 묶여서 이동이 불가능했고, 가족 전체가 도주하는 것은 어려웠다. 농지를 소유한 사람은 이 법률에 영향을 받지 않았다. 가끔 '네덜란드 정착지'라고 불린 자유 부락 거주자들도 마찬가지였다. 미개척 토지에 새로운 마을을 세우려고 하는 지주들(종종 외국인)이 있는 지역에서도 이러한 일이 일어났다. 그들은 농민들에게 특별한 규약으로 정해진 유리한 조건을 제공하여 이들이 새 농지에 정착하도록 유인했다. 자신을 대신해 노동-소작제를 수행하도록 노동자를 고용할 수 있을 만큼 부유한 소작인들도 있었다. 그러나 이러한 농민들의 자원도 압박받게 되었다. 1520년에 세임은 노동 소작을 연 12일에서 52일로 늘리는 법안을 통과시켰다. 이와 비슷한 시기에 농민들이 영지 법원이 아니라 다른 법원에서 정의를 구할 권리를 박탈당하면서 농민들의 법적 지위는 더욱 약화되었다. 이런 법원에서는 그 농민의 지주가 재판장으로 앉아 있었다.

슐라흐타가 정치적 수단을 이용해서 자신들의 이익을 증진하는 것이 너무 쉬워지면서 이들은 절약, 위험부담, 투자라는 의식을 장려하지 않았고, 다른 유럽 엘리트와는 구별되는 농촌적 무사안일을 키워주었다. 15세기 폴란드가 기본적으로 도시 문화였기 때문에 이것은 더욱 예상 밖의 현상이었다. 토지는 대부분의 사람에게 생계를 제공했지만, 대영주의 유일한 또는 주된 부의 원천은 아니었다. 폴란드 지주의 농지는 영국의 지주나 프랑스 대지주의 기준에 비하면 그렇게 크지 않았다. 당시까지는 교회만이 수도원과 교구를 통해 폭넓은 대농장latifundia 체제를 만들었고, 크라쿠프의 주교들 같은 고위 성직자들은 가장 부유한 사람이 되었다.

대영주들은 15세기 초부터 부를 축적할 수 있었다. 크라쿠프 총독이었던 타르노프의 얀(1367-1432)은 하나의 소도시, 20개의 부락, 하나의 성을 가진 영지를 구성했다. 그의 아들인 크라쿠프 성주 얀 아모르 타르노프스키는 50년 만에 이 재산을 두 배 이상으로 늘려서 두 개의 소도시, 55개의 부락을 소유했다. 추기경 즈비그니에프 올레시니츠키의 아버지인 올레시니차의 얀은 1400년에 하나의 부락만 소유했지만 1450년이 되자 그의 다른 아들은 59개의 부락과 하나의 소도시와 하나의 성을 소유했다.

이러한 영지에서 나오는 수입은 화려한 야심을 채우기에는 부족했다. 대영주들은 수입이 좋고 영향력 있는 공직이나 광업 같은 사업으로 자신의 수입을 보충했다. 이러한 사업은 궁정으로부터의 작은 영향력과 적은 자본으로 시작할 수 있었다. 먼저 모든 지하자원에 대한 권리를 가지고 있는 국왕으로부터 개발허가를 얻어야 했다. 개인적 자본이나 광업을 위해 특별히 조성된 합영기업이 광산을 운영하기 위한 기술자를 고용하고, 기계를 설치하는 데 사용되었다. 폴란드의 광산은 유럽에서 가장 깊은 지하에 위치하고 있는 경우가 많았다. 그만큼 위험했지만 그 보상은 아주 컸다. 소금, 유황, 주석, 납, 아연, 심지어 금도 캐낼 수 있었다. 15세기 대가문들은 기본적으로 도시 안이나 도시 인근에 근거지를 두고 있었다. 이런 면에서 그들은 프랑스나 영국의 지방 귀족보다는 이탈리아의 도시 대영주에 가까웠다.

도시들도 크지 않았다. 3만 명의 인구를 가진 그단스크만이 서부나 남부 유럽 도시에 필적할 수 있었다. 크라쿠프는 인구가 1만 5000명이었고, 르부프Lwów(리비우), 토룬, 엘브롱크의 인구는 8000명, 포즈난과 루블린의 인구는 약 6000명이었다. 폴란드 도시들은 부족한 인구를 다양성으로 보충했다. 크라쿠프 시내에서는 독일어가 다른 언어들을 지배하기는 했지만, 바벨과 같이 많은 언어가 사용되었다. 귀족 계층은 폴란드어, 이탈리아어, 라틴어를 사용했다.

야기에우워 왕조가 헝가리와 남부 유럽까지 진출한 결과로 15세기 대부분 기간 폴란드는 베네치아공화국과 국경을 접했고, 이로 인해 폴란드 사회는 다른 유럽 지역과 관계에서 결정적인 접점을 이루었다.

14세기 폴란드와 유럽의 좀더 발전한 국가들 사이의 균형은 급격하게 바뀌었다. 흑사병의 여파로 14세기에 유럽 대륙의 인구는 약 2000만 명이 감소했다. 15세기가 다 지나서야 이러한 인구 상실이 회복되었다. 폴란드 인구는 14세기에 그다지 감소되지 않았고, 15세기에는 급격히 증가했다. 폴란드는 다른 유럽 지역에서 사람뿐만 아니라 자본도 끌어들였다.

이러한 과정은 문화적 양상에서 지역별 차이를 만들어냈다. 북쪽에서는 튜튼기사단과 한자동맹이 처음 들여온 플랑드르 건축 양식이 그단스크와 여러 도시의 교회, 시청, 시 성벽에 족적을 남겼다. 포즈난, 바르샤바, 칼리시에서는 플랑드르 양식이 지역적 변이형과 혼합되었다. 지역적 특성은 이전 시기 프랑크와 부르고뉴 양식의 영향을 받았다. 가장 다양한 문화적 혼합이 일어난 곳은 크라쿠프였다. 처음에는 보헤미아의 영향을 강하게 받았지만, 그다음에는 독일 예술가들의 영향력이 컸고, 1477년에 중세의 가장 위대한 조각가인 독일인 바이트 슈토스가 크라쿠프에 정착했다.

폴란드의 사상과 문학은 중세적 지방주의의 한계 안에 갇혀 있었고, 그들의 핵심적 표현은 종교적 운문이었다. 이 시기에 쓰인 산문 가운데 유일하게 중요한 것은 얀 드우고시가 쓴 연대기였다. 교회 참사회 회원이었고, 왕실 가족의 교사였던 그는 1455년부터 연대기를 기록했다. 드우고시는 중세적 작가였다. 그는 1470년대 자신의 마지막 연대기를 힘들게 작성하면서 중세 크라쿠프의 덕망 있는 수도원 생활에 침입하는 최신 사상과 관행에 불만을 쏟아냈다. 왕실 가족의 교사 후계자는 이와는 완전히 다른 서술을 했고, 폴란드에서 일어나는 변화를 서술했다. 그는 필리포 부오나초르시였다. 이탈리아 투스카니 지역의 산기미그나노San Gimignano 출신인 그는 교황의 분노를 산 후 고국을 떠날 수밖에 없었고, 당대의 지도적 인본주의자로서 1472년부터 크라쿠프대학의 교수로 생활했다.

야기에우워대학은 피아스트 왕조의 카지미에시 대왕이 창설했고, 앙주 왕가 야드비가 여왕의 큰 후원을 받았지만, 야기에우워라는 이름이 붙게 되었다. 이 대학은 야기에우워 왕조로부터 확장에 필요한 재정을 지원받았고, 왕의 후원을 받았다. 이 대학에서 수학하고 가르치기 위해 멀리 영국과 에스파냐에서까지 인재들이 몰려들었고, 폴란드 졸업생들은 자신들의 학식을 넓히기 위해 해외로 나갔다. 그 중 한 인물인 시비에보진Świebodzin 출신의 마치에 콜베는 1480년에 파리 소르본대학 총장이 되었다. 카지미에시 4세(1447-1492) 재위 기간 때는 약 1만 5000명의 학생이 이 대학을 거쳐갔다. 여기에는 주요 명사, 고위 성직자, 당대의 병사들까지 포함되었다.

교회, 특히 고위 성직자들은 이탈리아에서 들어오는 새로운 사상의 전파를 장려했다. 쿠야비아의 주교인 피오트르 브닌스키는 자신과 교구의 재산을 사용하여 예술을 후원했고, 자신이 맡은 신앙적 임무보다 인본주의 시인들의 토론회를 개회하는 데 더 많은 주의를 기울였다. 르부프의 대주교였던 사노크의 그제고시는 독일과 이탈리아에서 수학한 후 르부프 인근 두나요프Dunajow의 자기 관저에 우르비노Urbino•를 흉내 낸 작은 궁전을 만들었고, 이탈리아에서 밀려 들

• 이탈리아 마르케 지방의 공동체로 훌륭한 독자적 르네상스 문화의 유산으로 유명하다.

어오는 방문객을 맞았다. 이탈리아를 탈출한 부오나초르시가 처음 찾은 곳도 이곳이었다.

부오나초르시는 후에 크라쿠프의 왕궁으로 옮겨갔고, 폴란드의 마키아벨리가 되어 국왕을 위한 여러 자문의 글을 썼다. 그는 칼리마쿠스라는 필명으로 글들을 출간했다. 야기에우워대학 교수라는 지위, 그 설립에 공헌하고, 독일 시인 콘라트 켈티스와 일종의 작가 작업실인 비스와문학회Sodalitas Litterarum Vistulana를 설립한 것으로 인해 그는 폴란드 르네상스의 핵심 인물이 되었다.

많은 폴란드인이 이탈리아의 파도바, 볼로냐, 피렌체, 만토바, 우르비노로 수학하러 가면서 이탈리아와의 연계는 점점 더 강해졌다. 이탈리아인도 폴란드로 많이 오면서 그림과 우편 제도 같은 편의성과 예술적 감각을 들여왔다. 이러한 영향은 곳곳에 미쳤고, 오래 지속되었지만, 다른 어느 분야보다 언어에 큰 영향을 미쳤다. 폴란드어 정자법에 대한 첫 문법책이 1440년에 나왔고, 성서는 1455년에 야기에우워의 마지막 부인인 소피아에 의해 처음으로 폴란드어로 번역되었다. 지금까지 알려지지 않았던 사물과 감정을 서술하기 위한 어휘와 표현을 찾는 과정에서 폴란드인은 다른 언어보다 이탈리아어에서 많은 것을 차용했다. 특히 음식, 의복, 장식, 행동과 사상의 표현에 이탈리아어를 차용했다. 이러한 어휘들은 구어에서 문어로, 문어에서 인쇄물로 빨리 전이되었다.

1469년에 구텐베르크의 이동식 활자가 베네치아에서 처음 상업적으로 사용되었다. 이 발명은 유럽의 다른 지역에 엄청난 속도로 전달되었다. 1471년에 나폴리, 피렌체, 파리에 인쇄소가 만들어졌고, 1473년에는 네덜란드와 크라쿠프에, 1475년에는 브로츠와프에 인쇄소가 세워져 첫 폴란드어 서적이 출간되었고, 1476년에는 런던에 인쇄소가 세워졌다.

15세기 말 폴란드는 중세 후기 문명의 일부가 되었다. 그러나 리투아니아는 이러한 발전과 분리되어 있어서 기독교 유럽 세계와의 연계에서 거의 아무것도 이바지하지 못했고, 차용하지도 못했다. 리투아니아 본토는 불과 50만 명의 주민이 이교도 신앙을 유지하며 살고 있었고, 리투아니아가 차지한 남부와 동부의 광활한 영역은 동방정교회를 신봉하는 약 200만 명의 슬라브 주민들이 흩어져 살고 있었다. 브와디스와프 야기에우워가 가톨릭으로 개종할 때 그의 거대한 통치 영역에는 다섯 개의 성이 있었다. 리투아니아의 빌뉴스Vilnius(빌노Wilno), 카우나스Kaunas(코브노Kowno), 트라카Trakai(트로키Troki)와 키예프 루스 땅인 카미에니에츠Kamieniec와 우츠크Łuck에 성이 있었다. 땅이 비옥한 남부 지역을 제외하고, 폴란드 땅은 별다른 부를 생산하지 못했다. 주민 대부분은 나무로 만든 농기구로 토지 표층을 일구며 농사를 지었고, 땅을 파고 만든 움막이나 통나무집에서 생활했다.

1387년에 브와디스와프 야기에우워는 리투아니아 귀족들에게 처음으로 개인 자유의 첫 요소를 부여했다. 그것은 재산을 소유할 권리였다. 1434년에 그는 '법에 의거하지 않은 체포 불가 특권'을 리투아니아까지 확대했지만, 이 원칙이 실제 관행으로 시행되기까지는 시간이 걸렸다. 폴란드는 권력 분점과 대의제가 시행되었지만, 리투아니아는 여전히 전제적으로 통치되었다. 볼로냐대학과 에르부르트Erfrurt대학에서 학사 학위를 받고, 야기에우워대학에서 석사 학위를 받은 포즈난 총독 얀 오스트로로크는 1467년에 폴란드의 정부 체제와 사회적 개혁을 위한 논문을 쓰겠다고 신청했지만, 평균적인 리투아니아 귀족은 이러한 용어가 무엇을 의미하는지조차 알지 못했다.

두 사회를 이어주는 유일한 연계는 야기에우워 왕조 자체였고, 이 왕조의 이해관계가 가장 중요했다. 리투아니아와 폴란드에 대한 브와디스와프 야기에우워 왕조의 충성은 주로 자신의 왕조적 전망에 영향을 받았다. 1444년 스무 살의 나이에 바르나 전투에서 사망한 그의 아들 브와디스와프 3세는 통치자로서 자신의 패기를 보여줄 기회를 전혀 갖지 못했다. 브와디스와프의 동생인 카지미에시 4세는 45년을 통치했고, 다른 나라들이 자신의 권력을 존중하도록 만들었다. 그는 영국식 가터를 착용한 유일한 폴란드인이었다. 그의 부인인 합스부르크 출신 엘리자베트는 7명의 딸을 낳아서 카지미에시는 오늘날 유럽에 군림하는 모든 군주의 조상이 되었다. 또한 6명의 아들 가운데 한 명은 성인, 한 명은 추기경, 네 명은 왕이 되었다. 폴란드에서는 카지미에시의 뒤를 이어 젊은 왕자 얀 올브라흐트가 왕위에 올랐다. 그는 독서를 좋아했지만, 또한 음주가무를 즐겼고, 공작새처럼 옷을 입었고 쾌락을 탐했다. 그의 동생인 알렉산데르는 많은 사랑을 받은 가벼운 왕이었고, 1506년에 죽어서 특별히 기억되거나 저주받지 않았다.

야기에우워 왕조의 왕들은 높은 수준의 문화는 발전시켰지만, 자신들이 맡은 새로운 역할에 걸맞은 정치적 성숙성은 발전시키지 못했다. 이러한 국가 형성기에 대영주들과 슐라흐타는 자신들을 위한 민주주의 구조를 만들어 나갔고, 야기에우워 왕조의 왕들은 국왕의 최고 권력을 확립하지 못하고, 대신에 외국을 대상으로 한 모험에 자신들의 자원을 낭비했다.

카지미에시 4세의 왕조 중심적 대외 정책은 폴란드를 수많은 의미 없고 오히려 피해를 입히는 갈등에 휘말리게 만들었다. 오스만튀르크와 폴란드는 공통의 이해관계가 있었다. 1439년에 술탄 무라트 2세가 보낸 사절이 크라쿠프로 와서 헝가리를 차지한 오스트리아의 합스부르크 왕가에 대항한 동맹을 협상했다. 그러나 브와디스와프 3세가 헝가리를 직접 차지하면서 이 동맹은 성사되지 못했다. 그는 몰다비아를 놓고 오스만과 전쟁을 벌이다가 바르나 전투에서 전사했다. 80년 후인 1526년에 헝가리의 왕인 루이 야기에우워도 같은 방식으로 사망했다. 그는 헝가리를 놓고 오스만의 술레이만 대제와 모하치Mohacs 전투를 치르다가 진흙 개울에서 말에 밟혀 죽었다. 이 전투 후 헝가리는 합스부르크 왕가의 페르디난트 황제가 차지했다.

모스크바공국과의 충돌도 득이 없었다. 타타르의 침공 이후 리투아니아 대공들은 키예프 루스의 남겨진 땅을 차지했다. 남아 있던 루스공국들은 너무 힘이 약해서 생존 이외에 다른 것을 생각할 수 없었지만, 시간이 지나면서 모스크바공국은 야망을 키우기 시작했다. 1453년에 콘스탄티노플이 함락된 후 결혼으로 비잔티움 황제와 연결된 모스크바공국의 공후들은 모스크바를 콘스탄티노플의 후계자인 '제3로마'이자 동방정교회 신앙의 보호자, 아직 대부분의 땅이 리투아니아 지배하에 있는 모든 러시아의 정신적 어머니로 선언했다. 15세기에 폴란드와 리투아니아는 모스크바의 이런 주장을 무시해도 아무 문제가 없었다. 자신들의 세력 외에도 두 국가는 타타르 금칸국이 모스크바를 견제하는 것으로 마음을 놓을 수 있었다. 그러나 15세기 후반 금칸국이 쇠퇴하면서 모스크바공국에 대한 견제도 사라졌다.

야기에우워 왕조가 헝가리와 보헤미아를 놓고 합스부르크 왕가와 경쟁을 벌인 것도 역효과를 낳았다. 이로 인해 모스크바공국과 합스부르크 왕가 사이에 화해가 성립되어, 1500년에 폴란드로 하여금 프랑스와 최초의 조약을 맺게 만들었다. 영국과의 동맹도 한때 고려되었지만, 1502년에 세임은 영국은 '지속적인 혁명에 처해 있다'는 이유로 이를 거부했다. 영국의 헨리 7세와 헨리 8세는 반복적으로 오스만튀르크에 대항하는 영국-폴란드 동맹을 제안했지만, 이 시점에 폴란드는 오스만튀르크의 지원이 필요했기 때문에 아무런 결과도 나오지 못했다. 폴란드는 1533년에 오스만튀르크와 영구 평화 조약을 체결했다.

국제적 이익은 많이 상실했지만, 야기에우워 왕조의 마지막 두 왕은 신민들과 폴란드에 값을 매길 수 없는 가치 있는 일을 했다. 카지미에시 4세의 막내아들이었던 지그문트 1세('원로왕'으로 알려졌다)는 1506년에 왕위에 올라 1548년에 사망했다. 그의 아들 지그문트 2세 아우구스트는 1522년에 리투아니아 대공이 되었고, 아버지의 사후 폴란드 왕이 되었다. 두 사람이 재위한 1506년부터 1572년의 기간은 통치자는 달랐지만, 일정한 지속성을 보여주었다. 강력한 솔로몬 같았던 부왕은 매력이 넘치고 세련된 아들과 많이 달랐다. 지그문트 아우구스트는 프랑수아 1세나 카를 5세와 자주 비교되어 회자되었고, 르네상스 군주의 전형이었다. 그러나 두 왕 모두 모든 형태의 창조적 활동을 장려하고, 이후 오래 지속되는 정신적·지적 자유를 제도화했다. 무엇보다도 두 왕은 수많은 인명을 희생시킨 종교개혁과 반개혁이 폴란드에서는 통제하기 힘든 논쟁 이상의 위험한 것으로 자라지 않도록 만들었다.

4장

종교와 정치

야기에우워 왕조의 통치 영역은 이론적으로는 기독교 세계의 다른 영역처럼 로마가톨릭 왕국이었지만, 주민 다수는 가톨릭이 아니었다. 기독교를 믿는 폴란드 영역 내의 많은 슬라브인은 정교회 의례를 지키고 있었고, 교황이 아니라 콘스탄티노플 총대주교를 인정하고 있었다. 로마에 대해 아무런 주의를 기울이지 않는 또다른 기독교인 집단은 폴란드 남동부 주요 도시에 거주하고 있는 아르메니아인이었다.

인구의 상당 부분은 전혀 기독교인이 아니었다. 다른 나라에서 반유대인 마녀사냥이 진행될 때마다 폴란드의 유대인 공동체는 계속 늘어났고, 1492년에 에스파냐, 1496년에 포르투갈에서 유대인이 추방된 다음에 유대인 수는 급격히 늘어났다. 폴란드를 방문하는 외국 사절들은 거의 모든 폴란드 도시에서 시나고그(유대인 회당)를 보고 놀랐고, 또한 기독교 땅이라고 생각했던 곳에서 모스크를 보고서도

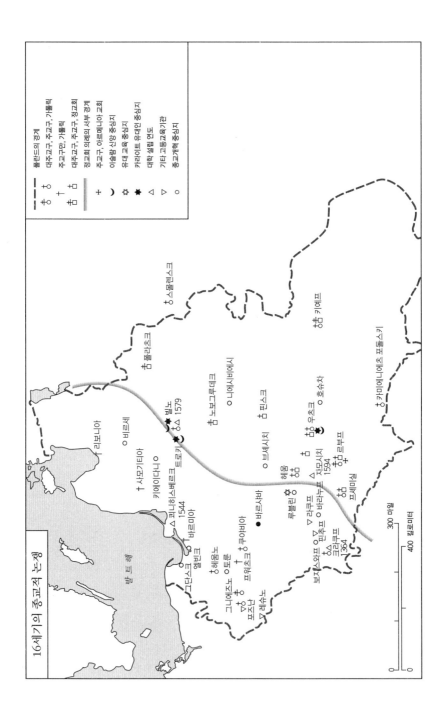

16세기의 종교적 논쟁

폴란드의 경계
대주교구, 주교구, 가톨릭
주교구만; 가톨릭
대주교구, 주교구, 정교회
정교회 이래의 서부 경계
주교구, 아르메니아 중심지
이슬람 신앙 중심지
유대 교육 중심지
카라이트 유대인 중심지
대학 설립 연도
기타 고등교육기관
종교개혁 중심지

스몰렌스크

키에프

카미에니에츠포돌스키

폴라츠크

리보니아

비트세

노브그로데크

니에시비에시

핀스크

우츠크

호슈차

트로키

빌노 1579

사모기티아

키에이다니

프셰미실

브제시치

브레스트

바르샤바

지토미르 1594

바라누프

헤움

루블린

라쿠프

켈름

바르샤바

그니에즈노

헤움노

토룬

포즈난

므워츠크

크라쿠프 1364

쿠아비아

보자노위프

핀추프

레슈노

엘빙크

그단스크

쿠에니스베르크 1544

바르미아

발트 해

300 마일

400 킬로미터

이에 못지않게 놀랐다. 이 사람들은 15세기에 리투아니아에 정착한 뒤 자신들이 정착한 곳의 충성스러운 신민이 된 타타르의 후손이었다. 이들 가운데 많은 수가 슐라흐타 계급에 포함되었지만 여전히 이슬람 신앙을 고수했다. 16세기 중반이 되었을 때 빌노, 트로키, 워츠크 지역에 거의 100개의 모스크가 있었다.

1385년의 폴란드와 리투아니아의 연합 조건 가운데 하나는 리투아니아가 기독교로 개종하는 것이었다. 그러나 공식적 움직임을 떠나서 실제로 이것을 실현하기 위해서 시행된 것은 별로 없었고, 150년이 지난 후 리투아니아 대공 지그문트 아우구스트는 "빌노를 벗어나면 … 계몽되지 않은 비문명 주민들이 신 대신에 관목, 떡갈나무, 강물, 심지어 뱀을 숭앙하고, 은밀하게나 공개적으로 이 자연물에 희생 제물을 바친다"라고 한탄했다. 이로부터 100년이 지난 후에도 멜키오르 게드로이치 주교는 자신이 관할하는 사모기티아 교구에서 "기도할 줄 알거나 성호를 그을 수 있는 사람을 찾기가 어렵다"라고 기록했다.

폴란드의 교회 지도부가 주민들에게 종교 생활을 강제하지 못한 것은 전혀 놀라운 일이 아니었다. 특별한 합의에 의해 주교들을 임명한 것은 교황이 아니라 폴란드 왕이었고, 국왕은 주교 후보자 명단을 교황에게 제출하여 승인받았다. 승인이 오지 않으면 단순히 무시하면 되었다. 일례로 1530년에 교황 클레멘스 7세는 반합스부르크 경향을 가진 친오스만튀르크 인사인 수석대주교 얀 와스키의 임명을 격렬히 반대하고, 만일 국왕인 지그문트가 그의 임명을 철회하지 않으면 파문당할 수도 있다고 위협했지만, 실제로는 아무 행동도 취해지지 않았다.

국왕이 주교를 임명할 때는 정치적 고려가 우선시되었고, 이것으로 인해 국왕의 지지가 필요한 막강한 내지주가 임명되거나 이보다 더 자주 자신이 신임하는 사람을 주교로 임명했다. 이런 사람들은 인본주의적이고 실증적 정신이 주입된 왕실에 속한 사람들이었다. 왕의 신하 상당수는 평민 출신이었고, 지그문트는 이들을 귀족으로 만드는 데 아무런 부담을 느끼지 않았다. 일례로 그는 자신이 총애하는 은행가 얀 보네르를 귀족으로 만들었다. 이러한 특혜는 계급은 물론 종교를 뛰어넘었다. 지그문트가 리투아니아의 재무 대신으로 승진시킨 유대인 아브라함 에조포비치는 귀족이 되기 전에 정교회이긴 해도 어쨌든 기독교로 개종했지만, 그의 동생인 미하우는 유대교를 계속 신봉하면서 1525년에 슐라흐타가 되었다. 이것은 유럽의 다른 지역에서는 유례를 찾아볼 수 없는 일이었다.

대부분의 주교들은 이런 관행에 익숙했다. 폴란드 사제들은 당시 다른 나라 사제에 못지않게 방탕했다. 15세기 후반 25년 동안 마조비아와 마워폴스카 지역에서만 18개나 되는 새로운 근본주의적이고 엄격한 프란시스코 수도원이 설립되었다. 이들이 구별된 것은 다른 종교에 비해 현실주의 요소가 특히 많았고, 부패에 대해 아무런 거리낌이 없었다는 점이다. 일례로 크시츠키 주교는 소녀를 그물에 담아 자신의 침실 창문 밖으로 내려보내다가 발각된 한 주교에 대한 세간의 소문을 소재로 시를 남겼다. "나는 사람들이 놀라워하지도 않는 것을 보았다. 복음서에서 어부의 그물을 사용하라고 배웠기 때문이다." 크시츠키는 주교가 되기 전 훨씬 에로틱한 시를 썼고, 이것은 그의 사제 경력에 아무 영향도 미치지 않았다. 이것은 바르미아의 공후-주교[주교이면서 특정 공국이나 주권국을 통치한 민간 지도자]가 된 다른 사람도 마찬가지였다.

얀 단티셰크는 당시 영리한 사람이 어떻게 출세할 수 있는지를 보여주는 좋은 예다. 평민으로 출생한 그는 왕실에 들어가 가신이 되었고 후에는 외교 사절이 되었다. 유럽 여러 곳을 다니며 프랑스의 프랑수아 1세, 영국의 헨리 8세, 여러 교황, 페르디난트 코르테스와 만났고, 마르틴 루터와는 친구가 되었다. 카를 5세 황제는 그를 자신의 궁정에서 일하게 했고, 코페르니쿠스는 그의 가까운 친구이자 후견인이 되었다. 이런 생활 후에 그는 세상에 대한 지혜를 가지고 교회 감독이 되었다.

미에슈코 1세가 폴란드를 개종시킨 것은 그에게 기독교 세계 안에서 지위와 안전을 가져온 정치적 영민함에 기반한 행위였다. 기독교 교회의 유용성은 여러 번 증명되어 13세기에는 폴란드를 재통합시켰고, 14세기에는 튜튼기사단을 영민하게 무력화시켰다. 그러나 이로 인해 영향력과 부 역시 바람직하지 않게 확장되는 결과를 가져왔다. 교회의 외국 연계성과 후스파 이단 척결 운동 등을 슐라흐타는 곱지 않은 시선으로 보았다.

유산을 축적하고 십일조를 강요하면서, 국가에는 아무 세금도 내지 않는 기관은 혐오를 받을 수밖에 없었다. 16세기가 되었을 때 교회는 비엘코폴스카 경작지의 10퍼센트 이상, 마워폴스카 경작지의 15.5퍼센트, 마조비아 경작지의 25퍼센트를 차지했다. 같은 지역에서 왕실이 차지한 농지는 각각 9퍼센트, 7.5퍼센트, 5퍼센트 이하였다. 교회는 상원에 들어간 주교들과 교회 영지에 거주하는 사람들에 대한 재판권을 가진 교회 법원을 통해 정치적 영향력을 행사했다. 이러한 권력은 폴란드의 적국들과 자주 동맹을 맺는 국가인 로마제국도 행사할 수 있었다. 그래서 교회는 슐라흐타의 경원의 대상이 되었다. 다음은 1550년에 세임의 의원이 표현한 전형적인 불만이다.

성직자들이 우리를 소환하여 십일조 의무를 강조하고, 우리 국가의 법과 자유와 배치되는 외국법인 로마의 법을 인용하며 자신들의 관할권과 그들의 주권인 로마 교황의 관할권을 확장하려고 시도한다. 우리의 법령들에는 아무 근거가 없는 그러한 관할권은 성립하지 않을 것이고, 성립할 수도 없다. 왜냐하면 우리는 국왕 폐하의 우월권 이외의 다른 관할권을 알지 못하기 때문이다.

여기에 표현된 어조와 감정은 후스주의의 영적 상속자인 '민족 가톨릭주의'의 특성을 나타내고 있다. 보헤미아의 수많은 후스 추종자들은 폴란드로 피신해 왔고, 이들의 사상은 복음서와 교회의 관행 사이의 불일치를 비판한 루블린의 비에르나트(1465-1529) 같은 작가들에게 잘 알려졌다.

이러한 모든 것을 고려할 때, 마르틴 루터가 1517년에 비텐베르크Wittenberg 성당 문에 교황청과의 전쟁 선포문을 붙여서 기독교 세계 전체를 뒤흔든 연쇄반응을 일으켰을 때 폴란드가 큰 동요를 일으킨 것은 놀라운 일이 아니다. 그의 가르침은 북부와 서부 지역에 빠르게 침투했고, 도시 지역에 거주하는 독일계 주민들에 의해 압도적으로 수용되었지만, 다른 곳에서는 거의 반응을 일으키지 못했다.

칼뱅주의는 또다른 움직임이었다. 여기에 좀더 동정적인 친프랑스 집단들에 의해 전파된 칼뱅주의는 빠르게 폴란드 전역에 기반을 확대했다. 장로를 목사와 동격으로 놓은 칼뱅주의의 민주주의적 정신은 슐라흐타의 기호에 맞지 않을 수가 없었고, 의례에서 화려함과 거창함이 없어서 신봉하는 데 큰 비용이 들지 않았다.

1550년대가 되자 세임 의원의 지배적 다수가 개신교도였다. 그러나 그들이 주민 전체를 대변하는 것은 아니었다. 왜냐하면 가톨릭을 가장 열성적으로 믿는 총독주들은 종종 개신교 대표들을 귀환시켰기 때문이다. 1572년이 되자 상원도 비슷한 모습을 보였다. '앞 의석front-bench' 가운데 36석은 개신교도, 25석은 가톨릭교도, 8석은 정교도가 차지했다. 이것은 많은 대영주가 칼뱅주의로 개종했다는 것을 의미했다. 폴란드에서 칼뱅주의가 성장할 수 있는 여건을 만든 것은 대영주들이었다. 올레시니츠키 가문은 자신들의 소도시 핀추프Pińczów에 칼뱅주의 신학교를 설립했고, 이곳은 동유럽에서 칼뱅주의 교육과 출판의 확연한 중심지가 되었다. 칼뱅주의 신도들은 이곳을 '북부의 아테네'라고 불렀다. 좀더 직기는 하지만 이와 유사한 중심지가 레슈친스키 가문에 의해 레슈노Leszno에 세워졌고, 니에시비에시Nieświeź, 비르세Birże, 키에이다니Kiejdany는 라지비우 가문에 의해 세워졌다.

칼뱅주의는 상승세에 있기는 했지만, 폴란드의 개신교 운동을 주도하지는 못했다. 북부 도시들은 루터교를 택했다. 1530년대에는 독일에서 압제를 피해 피난 온 재세례교도들Anabaptists이 폴란드 여러 곳에 자리를 잡았고, 1551년에는 네덜란드의 메논주의 신도들Mennonites이 비스와강 하구에 정착지를 건설했다.

기독교 철학에 가장 큰 기여를 한 개신교 교파는 아리우스파Arians였다. 1548년에 보헤미아에서 추방된 그들은 폴란드에 정착했고, '체코 형제단Czech Brethren'으로 불렸다가 후에 아리우스파라고 불렸다. 그렇게 된 이유는 그들의 두 가지 기본적 신앙, 즉 그리스도의 인성과

삼위일체의 부정을 325년에 니케아Nicea 종교회의에서 아리우스가 처음 제기했기 때문이다. 그들은 또한 반反삼위일체파, 폴란드 형제단Polish Brethren, 소치니파Socinians*라고도 불렸다.

그들의 신앙은 자신들이 성스러운 영감을 받은 사람으로 생각하는 그리스도의 가르침에 합리적이고도 근본주의적으로 반응하는 것이었다. 그들은 민간·군사 관직을 맡는 것과 노예제, 부의 소유, 돈의 사용에 반대하는 평화주의자들이었고, 모든 물질적 재화는 공동으로 소유해야 한다고 믿었다.

그들은 많은 개종자를 얻어서 4만 명의 신도가 있었으며 폴란드 곳곳에 흩어진 약 200개의 성전에서 신앙생활을 했다. 그들의 신앙 중심지는 라쿠프Raków였고, 이곳에 세운 신학교는 유럽 전역에서 학생들이 찾아왔다. 시에스나 귀족으로 폴란드로 피신해 와서 이 종파의 등대와 같은 역할을 한 파우스토 소치니가 저술한 라쿠프 교리문답서도 이곳에서 출판되었다. 폴란드 아리우스파 신도 가운데 가장 유명한 두 사람은 마르친 체코비츠와 시몬 부드니였다. 부드니는 수준 높은 폴란드어 성서 번역본을 만들었고, 유대인과 화해를 추구하여 일부 흥미로운 결과를 만들어냈다.

유대인 공동체도 당시 영적 사상에 영향을 받았다. 이베리아반도에서 유대인이 추방되면서 많은 뛰어난 에스파냐 학자들이 폴란드로 오게 되었고, 1567년에 루블린에 탈무드신학교가 세워졌다. 저명한 탈무드 학자인 솔로몬 루리아가 신학교장이 되어 신앙적 논쟁을 풍요롭

• 이탈리아의 르네상스 인본주의자이자 신학자인 렐리오 소치니가 주창한 프로테스탄트 개혁 운동으로, 16-17세기에 폴란드 개혁 교회의 폴란드 형제단 사이에 발달했다. 신의 단일성과 그리스도의 인간적 성격을 강조한다.

게 했다. 그러나 유대인 공동체가 단일화되지는 않았다. 폴란드 동부에는 성서만 믿고 탈무드를 배격하는 카라이트 유대인Karaites*의 많은 공동체가 있었다.

탈무드 유대인 가운데 상당수가 아리우스파로 개종했다. 아리우스파 신도와 칼뱅주의 신도 상당수도 유대교로 개종했다. 이러한 개종자 가운데 한 사람인 '유제프 벤 마르도흐' 말리노프스키는 종교적 상호작용을 거부하는 데 큰 역할을 했다. 그는 트로키 출신 이사크 벤 아브라함이 쓴 카라이트교 교리문답서인 《신앙의 요새》의 히브리어 원전을 다듬어서 완성했다. 이 책은 여러 나라에서 출간되었고, 후에 이것을 발견한 볼테르는 이 책이 그리스도의 신성을 부정하는 책으로는 가장 뛰어난 책이라고 평가했다.

다른 나라에서 기성 교회는 이교는 물론 교리에서 조금이라도 벗어나는 경향을 폭력으로 막았다. 폴란드 교회 지도부의 반응은 실용적이었다. 냉소적이기도 하고 때로 열정적이었지만 히스테리적 반응을 보이지는 않았다. 독일인이 집중적으로 거주하는 도시가 많은 쿠야비아 지역 주교 드로호요프스키는 루터교 신자들을 받아들였고, 교인 대부분이 이단으로 개종한 그단스크의 성 요한 성당을 그들이 접수하는 것을 인정했다. 자신의 교구 다른 곳에서 그는 교구 성당을 가톨릭 신자와 루터교 신자가 공유하는 것을 허용했다.

가톨릭 사제 상당수가 종교개혁에 진정한 관심을 가지고 있었다. 정교회 의식을 지키는 기독교인들은 개신교 운동의 세 가지 요구 사

---

* 탈무드로 기록된 구전 토라를 토라의 권위 있는 해석으로 여기는 랍비파 유대주의와 대조되게 문자로 기록된 토라와 타나크만 인정하고 탈무드, 구전 전승의 권위를 부정하거나 경시하는 종파. 크림반도, 리투아니아, 벨라루스 등에 흩어져 살았다.

항을 공유했다. 사제의 결혼 허용, 설교에서 구어 사용, 두 형식의 영성체 허용이었다. 개신교의 요구는 다른 가톨릭 국가에 비하면 폴란드에서 덜 충격적이고 덜 새로웠다. 정교회 사제와 마찬가지로 가톨릭 사제들이 관습법에 의거해 배우자를 갖는 일이 드물지 않았고, 이러한 요구들은 그들의 사제 지위를 합법화하고 가족을 합법화하는 데 중요했다. 스타니스와프 오제호프스키(1513-1566)는 프셰미실 성당 참사회 회원일 때 결혼했고, 주교 및 로마 교황청과의 오랜 논쟁으로 자기 행동을 방어하여 이것을 소책자 형식으로 발간했다.

루터의 반란은 사제들 사이에서 결혼과 구어 사용 같은 실제적 요구 외에도 교회의 중세적 관습을 거부하는 감정을 만들어냈다. 마르친 크로비츠키(1501-1573)는 사제직을 버리고 《진정한 배움의 옹호》라는 책을 출간했다. 극렬하게 반사제적 입장을 취한 이 책에서 그는 교황청을 '바빌론의 창녀'라고 비하했다. 이와 다르게 우찬스키 주교는 사제직을 버리지 않고 결국 폴란드 수석대주교 지위까지 올라갔지만, 그럼에도 교회의 관행을 혹평하는 비판서를 썼다. 1555년에 그는 사제의 결혼, 두 형식의 영성체, 구어의 사용을 지지한다고 선언했다. 그는 폴란드의 모든 종파가 공동공의회를 구성하고 공동의 기반에서 화해를 추구하자는 아이디어도 제안했다. 폴란드 국왕이 그를 쿠야비아의 주교로 승진시키자, 교황은 그의 임명을 승인하기를 거부했다. 그러나 국왕이나 폴란드의 교회 지도부는 이에 개의치 않았다.

'원로왕' 지그문트(재위 1506-1548)는 종교적 논쟁은 자신이 관여할 바가 아니라고 생각했다. 그는 로마 교황청과 이교를 뿌리 뽑기 원하는 자신의 주교단으로부터 상당한 압박을 받았다. 개신교에 대해 좀 더 적극적 조치를 취하지 않는다는 이유로 영국의 헨리 8세에게 비난을 받기까지 했다. 그는 압력이 거세질 때마다 열성당원들을 만족시키기 위한 일부 조치를 취했지만, 세임의 동의가 없는 이러한 조치는 아무런 의미가 없었다. 그의 태도는 그와 완전히 같은 생각을 하는 후계자에 의해 다음과 같이 표현되었다. "내가 양뿐만 아니라 염소도 통치하게 허하라." 그는 이교도를 체포하여 처형하라는 교황청 사절에게 이렇게 대답했다.

많은 나라에서 종교개혁 운동은 사회적·정치적 성격을 띠고 있었다. 폴란드에서 이것은 다른 무엇보다 헌법적 문제였다. 로마 교황 대사는 마조비아 지방 세이미크의 토론을 지켜본 후 세임은 신상, 성례, 교회 의식에 대해 논의할 때는 완전히 가톨릭적이었지만, 사제의 특권에 대해 논의할 때는 많은 '개신교' 의견이 개진되었고, 교회의 세금 면제에 대해 논의할 때는 세임 전체가 '칼뱅주의자' 같았다고 기록했다. 1554년에 포즈난 주교 차른코프스키는 도시 주민 세 사람을 이단 혐의로 화형에 처하는 판결을 내렸지만, 이 사람들은 대부분 가톨릭 신자인 슐라흐타 일당에 의해 구출되었다. 이 주교는 후에 한 무두장이에게 같은 판결을 내렸지만, 이번에는 강력한 대영주가 이끄는 100여 명의 무장한 슐라흐타가 주교청을 포위하고 피의자를 석방시켰다. 한두 번 정도 교회 법원은 다른 누가 간섭하기 전에 판결을 집행하는 데 성공하기도 했다. 1556년에 교회의 성찬식 빵을 훔쳐서 이것을 주술 의식에 사용하려는 유대인에게 판매한 혐의로 체포된 도로타 와제프스카는 소하체프Sochaczew의 화형대에서 화형에 처해졌다. 이 사건으로 큰 소요가 일어났고, 가톨릭과 개신교 슐타흐타의 관여로 인해 다음날 화형당할 예정이었던 세 명의 유대인이 목숨을 구했다. 얀 타르노프스키가 말한 대로 "이것은 종교의 문제가 아니라 자유의 문제였다".

모든 사람은 의회 체제에서 독립한 기관이 사람들을 판결하는 한 자유가 있을 수 없다는 데 동의했고, 교회의 재판 관할권은 1562년에 세임에 의해 부정되었다. 2년 후 루블린의 종교 행진 때 대주교로부터 성체 안치기를 낚아채서 땅에 던지고 성체를 발로 밟으며 욕설을 한 젊은 아리우스파 신도인 에라즘 오트비노프스키는 세임의 재판정에 기소되었다. 가톨릭 신자와 칼뱅주의자로 구성된 이 법정은 이 사건을 심리하고, 시인 미코와이 레이가 능숙하게 변론한 피고인 변호에 전체적으로 동의했다. 그는 만일 신이 모욕당했다면 신이 직접 징벌을 내릴 것이라고 주장했다. 피고인은 사제에게 "1실링을 지급하여 그가 새로운 유리그릇과 밀가루를 사서 성찬용 빵을 직접 굽도록 해야 한다"라고 주장했다.

유럽 대부분 나라에서 이교도 책을 읽다가 체포된 사람도 고문과 죽임을 당해야 하는 당시 상황에서 다른 무엇보다 개인의 권리가 우선한다는 인식에 천착하는 것은 대단한 일이었다. 그러나 가톨릭 지도자나 개신교 지도자 모두 이런 상황에 만족했다. 종교에 대한 공통의 합의를 이루고 국가 종교를 정하려는 일반적 욕구가 있었다. 1555년에 열린 세임에서 의원 대부분은 구어 사용, 사제 결혼 허용, 두 종류의 영성체를 행하는 의례를 가진, 로마와 독립된 폴란드 공의회가 관할하는 폴란드 교회를 수립할 것을 요구했다. 로마와의 단절 가능성이 커졌지만, 폴란드 국왕은 영국의 헨리 8세처럼 그렇게 하지는 못했다.

'원로왕' 지그문트의 외아들인 지그문트 아우구스트는 우울증에서 벗어나지 못한 인물이었다. 어머니 보나 스포르차에 의해 엄격한 교육을 받은 그는—일부는 그녀가 바람을 피워서 낳은 아들이라고 보았다—어머니에 의해 '아우구스트'라는 별칭을 갖게 되었고, 아우구스트처럼 통치하도록 배우며 자랐다. 보나는 무서운 여자였다. 프랑수아 1세의 사촌이자 카를 5세와 가까운 친척인 그녀는 밀라노 공후인 아버지의 궁정에서 자랐다. 밀라노 궁정은 음모와 독살로 악명이 높았다. 전례가 없게 보나는 아버지가 살아 있는 동안에 아우구스트를 왕으로 선출하여 아버지의 후계자가 되게 만들었다. 그러나 아우구스트는 이를 달갑게 여기지 않았고, 보나의 기대처럼 살지 못했다.

1543년에 그는 페르디난트 1세 황제의 딸인 합스부르크 왕가의 엘리자베스와 결혼했으나 그녀는 불과 2년 뒤 사망했다. 보나가 그녀를 독살했다는 소문이 돌았다. 아우구스트는 리투아니아 대영주의 딸인 바르바라 라지비우와 눈이 맞았다. 폴란드의 거의 모든 사람이 여러 이유를 들어 반대했던 이 결혼 4년 후 바르바라도 사망했고, 이번에도 보나가 밀라노식 음모를 꾸몄다는 의심을 받았다. 매리 튜더와의 결혼을 오랫동안 고심하던 아우구스트는 1553년에 첫 부인의 여동생이자 만토바 공작의 미망인인 카타리나와 결혼했다. 그러나 이 결혼은 재앙과 같았다. 간질병을 앓고 있던 왕비는 물리적으로 남편을 거부했고, 다른 왕비들과 다르게 금방 죽지 않았다. 자신의 입지가 어느 때보다 어려워졌다는 것을 느낀 보나는 금과 귀금속을 잔뜩 가지고 이탈리아의 바리Bari로 갔고, 결국 그곳에서 그녀답게 독살당했다.

아우구스트의 두 전 부인은 아이를 낳지 못했고, 세 번째 부인은 그를 멀리한다는 사실은 신하들에게 큰 걱정거리였다. 왕조의 단절은 늘 큰 걱정거리였고, 이번 경우에는 야기에우워 가문이 폴란드와 리투아니아를 잇는 유일한 실제적 연계였다는 점 때문에 걱정은 더욱 컸다. 세임은 국왕에게 좋든 싫든 왕비를 돌볼 것을 간청했고, 대주교도 왕에게 왕비를 돌보든지 아니면 로마와의 관계를 끊더라도 그녀를 폐위할 것을 간청했다.

이 시점에서 국왕의 행위는 폴란드의 종교 및 정치적 미래에 아주 중요했지만, 그는 아무 결정도 내리지 않았다. 종교개혁에 대한 왕의 태도도 애매했다. 그는 개신교 운동에 그다지 지지를 보인 적이 없었지만, 개신교에 큰 관심을 가져서 기존 종교에 항의하고 루터와 칼뱅의 주장을 받아들인 논설과 논문을 열심히 읽었다. 1550년대 그는 바르바라 라지비우와의 결혼에 대한 주교들의 지지를 얻기 위해 반개신교 칙령을 발표했지만, 이것은 사문서가 되었다. 몇 년 후 그는 개신교에 대한 좀더 강력한 조치를 요구하는 교황의 사절과의 만남을 거부하고, 그가 폴란드를 떠나게 했다. 신하들이 종교 논쟁에서 어느 편을 들어야 하는지 묻자, 그는 "나는 자네들 양심의 왕이 아니다"라고 대답했다.

영국의 헨리 8세와 다르게 지그문트 아우구스트는 이혼을 원하지 않았다. 바르바라 라지비우에 대한 그의 사랑은 뜨거웠고, 그녀가 죽은 후 그는 살아갈 의지도 잃어버렸다. 그는 검은 상복을 입은 채로 아무 열정 없이 일과를 보았고, 미래를 만들고 왕조를 영속화할 의욕을 전혀 보이지 않았다. 1555년에 세임의 압박을 받은 그는 여전히 책임지는 자세는 보이지 않았지만, 세임의 국가교회 제안을 로마 교황청에 묻기 위해 사절을 파견했다. 그는 스타니스와프 마치에예프스키를 교황 바울 4세에게 보내 세임이 제시한 4개 요구 사항을 전달했다. 교황은 '마음의 큰 슬픔과 아픔을 가지고' 이 제안을 들은 다음, 신민들이 이런 이교도적 구상을 제안하도록 허용한 지그문트를 비난했다. 국가교회 논의는 거기에서 멈춰버렸고, 개혁가들은 교황의 도발적 행위로 말미암아 아무 도움도 받지 못했다.

폴란드에서 진행된 개신교 운동의 가장 큰 약점은 단합성의 결여였다. 이를 이끌고 나갈 만한 유일한 사람은 영국에서 주로 활동했다. 같은 이름을 가진 대주교의 조카이자 한때 권력이 막강하고 부자였던 가문 출신인 얀 와스키는 외국에서 공부하는 동안 개신교도가 되었다. 그는 칼뱅과 함께 제네바에 머물렀고, 칼뱅의 '학식, 성실성과 기타 덕목'을 찬양했다. 그는 로테르담에서 에라스뮈스에게 끌려 그의 도서관을 매입하여 그가 재정적 어려움에서 벗어나게 도와주었다. 그는 이 도서관을 평생 간직했다. 그런 다음 그는 토머스 크랜머에게 영국으로 오라는 초청을 받았고, 에드워드 6세로부터 연금을 받고, 영국 내 외국인 개신교도들의 목사로 임명되었다. 영국에서는 존 라스코로 알려진 그는 크랜머와 합작으로 1552년에 공동기도서Book of Common Prayer를 발간했지만, 메리 여왕이 즉위하면서 영국을 떠나야 했다.

그는 1554년에 폴란드에서 첫 칼뱅주의자 공의회가 열리는 때에 맞추어 그곳에 도착했다. 이 공의회에서 그는 더 큰 단합성과 가톨릭 지도부에 대항하는 모든 반대자의 계급 철폐를 주장했다. 그러나 그의 호소는 사소한 신학 및 행정 문제에 대한 논란에 파묻혀버렸다. 와스키는 1560년에 사망했고, 어떤 종류든 합의가 이루어지기까지는 1570년까지 기다려야 했다. 그해에 산도미에서 합의가 이루어졌지만, 그가 희망했던 종류의 개신교 전선은 만들어내지 못했다.

개신교 운동은 대영주들의 후원을 받았지만 좀더 폭넓은 주민들의 지지를 얻는 데는 실패했다. 이 운동은 농민들에게 진지하게 접근한 적이 없었고 독일인 인구가 많지 않은 프셰미실이나 르부프에 큰 영향을 주지 못했다. 대부분의 슐라흐타는 이 운동에 무관심했고, 특히 가난하고 인구가 많은 마조비아 지역에서는 더 그랬다. 영주들이 칼뱅주의로 개종한 상태에서도 농민들은 냉소적 끈질김을 가지고 옛날 신앙을 고수했고, 어떤 때는 몇 마일을 걸어서 가톨릭교회로 가서 미사를 드렸다.

폴란드의 종교개혁 운동은 본질적으로 영적 운동이 아니었다. 이것은 오래전에 시작된 지적·정치적 해방 과정의 일부였다. 국왕의 권력을 제한하기 위해 할 수 있는 일은 다한 슐라흐타는 교회의 권력을 분쇄할 수 있게 종교개혁 운동이 제공한 기회를 초기에 잡았다. 단도직입적인 반사제주의는 진정한 기독교 원칙으로 돌아가려는 요구와 쉽게 혼동되었고, 그래서 폴란드 정치에서는 또다른 운동이 1550년대에 절정에 이르렀다.

16세기 초에 순수한 정치 개혁 운동이 나타났다. 정신적으로 이것은 종교개혁 운동과 아주 가까웠다. 이것은 혁신이 아니라 법의 엄격한 준수, 불법적 관행과 부패의 척결에 초점을 맞추었다. 그래서 '법률 집행 운동'이라고 불리거나 '집행주의자들의 운동'이라고 불렸다. 이 운동이 처음에 집중한 것은 법을 성문화하여 분명한 형태로 출판하는 것이었고, 그 결과 16세기 전반에 많은 기초 작업이 이루어졌다. 1578년에는 이후 200년 동안 지속되는 법률 체제를 확정하는 법적 개혁이 진행되었다.

집행 운동은 당대 교회의 세속적 권력에 대항해 소모전을 시작했다. 1562년에 중세식 교구 법원이라는 비정상 상태를 철폐하는 추동력을 제공한 것도 그들이었다. 1563년에 세임은 그때까지 세금 면제를 받아오던 교회도 국가 방어에 재정적 기여를 하도록 만들면서 또 한 번 승리를 거두었다. 집행주의 운동가들에 대한 지지 대부분은 세금 납부를 통해 국가 재정에 이바지하고 있던 일반 주민들로부터 나왔고, 그들은 왕실이 소유하고 있는 이런 재원이 제대로 집행되는지에 대해서도 예리한 주의를 기울였다. 이로 인해 이들은 왕령 토지와 부락 원로 제도를 놓고 대영주들과 직접적으로 충돌하게 되었다.

왕실은 직접 경작하지 않는 토지를 전국에 보유하고 있었다. 일부 토지는 왕실에 봉사한 개인들, 측근들, 심지어 현금을 미리 낸 상인들에게 보상으로 배분되었다. 다른 사람들은 부락 원로직을 차지했다. 부락 원로는 지역 행정의 핵심으로 각 지역의 법률과 질서를 책임지고 있는 국왕의 관리자였다. 부락 원로들은 왕을 대신해서 왕실 토지를 관리하며 수익을 올렸다. 그는 자신이 수행하는 공직에 대한 대가로 이익의 20퍼센트를 취했고, 나머지는 국왕에게 바쳤다. 모든 부락 원로 관리 토지와 왕령 토지는 양도할 수 없는 국왕의 재산이었고, 부락 원로가 사망하면 다시 반납해야 했다. 그러나 실상은 다르게 돌아갔다.

부락 원로 제도는 한직으로 전락했고, 감독을 받지 않는 농지의 관리권은 얼마든지 돈으로 매수할 수 있었다. 그 결과 수입의 점점 더 많은 부분이 왕실로 가지 않고 관리인의 주머니로 들어갔다. 그래서 부락 원로직은 너도나도 탐을 냈다. 이 권한을 가진 사람은 별도의 특별한 노력이나 금전 지출 없이 자신의 수입을 증가시키면서 동시에 특권과 권력을 누릴 수 있었다. 영향력 있는 가문들은 이 권한을 모으기 시작해서 한 대영주가 10개 이상의 중요한 부락 원로직을 차지하고, 그밖의 많은 왕실 토지를 차지하게 되었고, 대영주가 사망해도 이것을 포기하려고 하지 않았다. 토지는 다시 왕실에 반납해야 하지만 국왕은 가문 전체를 등 돌리게 만들지 않기 위해서 토지를 다시 할당하지 않을 수 없었다. 그래서 부락 원로직은 사실상 부유한 가문의 세습 유산이 되었다.

대영주의 입지를 유지시켜주고 왕실의 재정을 감소시키는 이러한 관행에 슐라흐타는 격노했다. 대영주들은 반복적으로 적법 절차의 회복과 다중적으로 소유한 부락 원로직을 왕실이 환수할 것을 요구했다. 그러나 세임에서 교회에 대항하는 집행주의자들을 지지하던 상원의 대영주들은 이 문제에 대한 갈등으로 집행주의자들에게 반격하고 주교들과 손을 잡고 투표했다. 16세기 중반이 되면서 대영주들에게 점점 더 의존하게 된 국왕도 그들과 협력하게 되었다. 1563년에 세임이 부패한 행정가들을 적발하기 위해 모든 회계와 물품에 대한 검열을 명하는 법안을 통과시키면서 작은 성과만 성취되었다.

법률 집행 운동은 종교 문제에 집중될 수 있었던 열정을 분산시켰다. 이와 동시에 가톨릭 신자 투표자들은 칼뱅주의자들이 집행주의자라는 이유로 이들을 대표로 선출했고, 국가 종교 요구, 교회 법원철폐, 교회가 재정적으로 국방에 기여하는 문제에 대해서는 집행주의 칼뱅주의자들과 손을 잡고 투표했다. 종교개혁 운동이 절정에 달했을 때도 가톨릭 신자, 루터교 교인, 칼뱅주의자, 아리우스파 교인을 막론하고 어느 폴란드인도 종교 문제를 헌법과 법률 문제보다 우선시하지 않았다. 이것이 폴란드에서 종교개혁 운동이 실패한 근본 이유다. 수십 년 동안 연설과 인쇄물로 격론과 주장을 펼친 개신교 운동은 점점 불이 사그라들었고, 그것을 추동했던 에너지는 정치 문제로 전환되었다.

가장 큰 타격과 대결을 피하는 데 성공한 가톨릭교회는 반교회개혁 운동이 힘을 얻으면서 서서히 공세에 나섰다. 폴란드에서 이 과정은 극적인 면은 없었다. 청문회도 없었고, 화형식도 없었고, 파문이나 재산 몰수, 공직 취임 금지도 없었다. 폴란드 사회를 지배한 정신과 반개혁 운동 지도자들의 위상을 고려할 때 이러한 것은 당연했다. 반개혁 운동의 거두인 추기경 스타니스와프 호시우스도 기본적으로 폭력에 반대했고, 1571년에 매리 튜더를 인용하며 "폴란드는 절대 영국처럼 되지 않을 것이다"라고 말했다.

호시우스와 그의 핵심 동료인 마르친 크로메르는 16세기 가톨릭 대주교 가운데 특이한 인물이었다. 두 사람은 교회에서 일하기 전에 왕실에서 일한 경험이 있었다. 그런 다음 호시우스는 트렌트 공의회 Council of Trent*에서 중요한 역할을 했다. 크로메르는 역사학자였고, 자신의 글에서 폴란드 역사에서 교회가 수행한 통합 역할을 강조했다. 그는 이단을 정죄하기보다는 그들과 논쟁하기를 선호했다. 호시우스도 이와 유사한 접근법을 선호했지만, 그는 종교 문제에 대해서는 더 큰 역할을 하며 절대적 입장을 보였고, 이것은 칼뱅주의자들은 할 수 없는 일이었다. 가톨릭 교조를 명징하게 확인한 그의 〈고백〉(1551)은 유럽의 반개혁 운동에서 가장 강력한 주장 가운데 하나였다. 이 글은 몇 개의 언어로 번역되었고, 1559년부터 1583년까지 프랑스에서만 37개의 인쇄본이 나왔다. 1564년에 호시우스는 폴란드인의 마음을 다시 정복하기 위해 예수회를 폴란드로 초빙했다. 예수회 가운데

• 1545년부터 1563년까지 북부 이탈리아인 트렌트에서 열린 19차 성서 공의회. 당시 개신교 개혁 운동에 대응해 소집된 이 회의는 반개혁 운동을 강력히 규탄하고 이에 대응하는 여러 조치를 결정했다.

가장 뛰어난 인물인 피오트르 스카르카(1536-1612)는 그의 아주 소중한 파트너가 되었다.

호시우스와 스카르카는 옛 신앙으로 복귀해야 하는 핵심 이유를 명확히 제시하고, 시간이 이 문제를 해결할 것이라고 보았다. 그리고 시간은 로마가톨릭 편이었다. 1570년에 칼뱅주의를 리투아니아에 도입한 가장 큰 재정적·정치적 후원자의 아들인 미코와이 시에로트카 라지비우가 로마가톨릭으로 다시 돌아왔다. 다른 사람들도 여러 가지 이유로 가톨릭으로 복귀했다. 교회 지도부가 맹렬히 반대한 타 종교와의 혼합 결혼도 가톨릭에 유리하게 작용했다. 그 이유는 여성들은 대체로 종교 논쟁에 끼지 못했고, 그들이 처한 여건으로 여성들은 구종교를 계속 신봉할 수밖에 없었기 때문이다. 폴란드의 원수Marshal인 얀 피를레이는 칼뱅주의자가 되었지만, 그의 부인인 조피아 보네르는 칼뱅주의로 개종하지 않았다. 그녀는 은밀하게 아들들이 가톨릭을 신봉하도록 키웠고, 네 아들 가운데 세 명은 장성해서 가톨릭 신자가 되었다. 그녀가 사망한 후 피를레이는 열렬한 가톨릭교도인 바르바라 므니셰흐와 결혼했다. 이 결혼에서 얻은 아들도 칼뱅주의자로 키워진 듯했지만 실제로는 어머니의 영향이 강력해 그는 후에 폴란드 대주교가 되었다. 스카르카가 예상한 대로 폴란드는 다시 로마가톨릭이 점령했고, 이것은 '무력이나 강철이 아니라, 덕이 넘치는 전범, 가르침, 토론, 점잖은 대화와 설득'에 의해 이루어졌다.

칼뱅이 좀더 단호해지고, 유럽 여러 나라의 개신교도들이 가톨릭교도뿐만 아니라 다른 개신교도들을 처형하는 동안 폴란드의 대주교들은 관용을 보여주었다. 그들은 개신교가 가톨릭보다 더 압제적일 수 있다는 사실을 지적했다. 그들은 개신교는 분열적일 뿐만 아니라 무책임하다고 설명하고, 아리우스파의 사례가 이런 설명을 도와주었다.

파우스토 소치니의 영향 아래 아리우스파 운동은 다른 나라에서 온 모든 종류의 가톨릭 이탈자들과 분리론자들을 받아들이면서 여러 분파로 나뉘는 경향을 보였다. 그러나 슐라흐타가 아리우스파를 혐오한 가장 중요한 이유는 그들의 신앙에 드러나는 명백한 정치적 성향 때문이었다. "당신은 신민의 이마에 흘린 땀으로 생산한 빵을 먹어서는 안 되고 스스로 빵을 만들어야 한다"라든가 "조상들이 적의 피를 흘린 대가로 얻은 영지에 살아서는 안 된다. 이 영지를 팔아서 그 돈을 가난한 사람들에게 나누어주어야 한다"라는 것이 아리우스파의 가르침이었다. 슐라흐타의 지위는 무기를 들 준비가 되어 있다는 데 기반하고 있었기 때문에 아리우스파의 평화주의는 명백히 반역적이었다(이를 무마하기 위해 1604년에 아리우스파 공의회는 무기를 사용하지 않는 조건으로 무기를 들 수 있다고 허용했다).

야기에우워 왕조의 소멸이 임박한 시점에서 폴란드와 리투아니아는 반목과 책임 회피보다는 통합된 목표가 필요했다. 그럼에도 이 문제의 헌법적·법률적 해결은 난망했다. 지그문트 아우구스트가 사망한 후 1573년에 소집된 세임은 바르샤바연맹의 이름으로 폴란드의 미래를 형성하기 위한 결의를 통과시켰다. 이 가운데 핵심 부분은 아래와 같다.

우리의 국가연합에서는 기독교 신앙 문제에 대해 조금도 이견이 없고, 우리 왕국에서 현재 일어나는 것을 분명히 목도하고 있기는 하지만, 조금이라도 해로운 논쟁이 발생하는 것을 막기 위해 우리는 우리와 자손들의 이름과 우리의 명예와 우리의 신앙, 우리의 사랑과 우리의 양심을 걸고 서로에게 다음을 맹세한다. 신앙에 대한 이견에도 불구하고 우리는 우리 사이에 평화를 유지하고, 우리의 다양한 신앙과 교회의 차이에도 불구하고 우리는 피를 흘리거나, 재산을 몰수하거나, 특권을 부정하거나, 누구를 투옥하거나, 사라지게 하지 않을 것이고, 이러한 것을 기도하는 권력이나 관청을 돕거나 방기하지 않을 것이다.

차별이나 징벌을 받지 않고 어떤 종교도 신봉할 수 있는 자유는 이렇게 헌법에 그대로 반영되었다. 이 법은 가톨릭 국왕과 점점 더 늘어나는 가톨릭 주민들에 의해 엄격히 준수될 것이었다. 일부 불법적인 처형이 자행되기는 했지만, 극단적인 도발 행위조차도 처벌되지 않고 지나가는 경우가 많았다. 1580년에 칼뱅주의자인 마르친 크레자는 사제로부터 성체 제단을 빼앗아서 침을 뱉고 발로 밟은 뒤 지나가는 개에게 던졌다. 그는 이 죄에 대해 국왕으로부터 질책을 받고, 다시는 그런 일을 반복하지 말라는 훈계를 받는 것으로 끝났다.

1550년부터 1650년까지 모든 처형과 종파 간 살해 목록을 작성하며 폴란드에서의 반개혁 운동이 전개된 과정을 기록한 칼뱅주의 저술가는 단 12건의 사건만 찾아낼 수 있었다. 같은 기간 동안 영국에서는 500명 이상이 합법적으로 처형되었으며, 네덜란드에서는 거의 900명이 화형당하고 수백 명이 재산 몰수와 권리를 박탈당했다. 폴란드에서만 이렇게 폭력이 자행되지 않은 것은 종교에 대한 폴란드인의 태도가 큰 역할을 했고, 법적 정당성과 개인 자유 원칙을 중요하게 여긴 점, 그리고 이 기간 폴란드 사회가 지상낙원을 건설하는 시도에 노력을 집중한 데서 원인을 찾을 수 있다.

5장

왕국과 공화국

후계자가 없는 지그문트 아우구스트가 바르바라 라지비우의 사망을 슬퍼하며 상복을 입고 크라쿠프의 바벨 성 복도를 걸을 때 그의 신하들은 왕국의 미래에 대해 불안한 마음을 가졌다. 야기에우워 왕조의 통치 영역은 한 국가 안에 서로 다른 주민들, 다른 관습, 다른 통치 형태를 모아놓은 상태로 존재했다. 이들을 묶어놓는 봉건적 연대, 행정, 헌법, 군사적 패권은 전혀 없었지만, 이러한 것을 현화한 유일한 것은 왕조 자체였다. 왕조가 소멸될 가능성이 부각되면서 누가 이 나라를 통치할 것인가를 넘어서 이 나라가 현재의 형태로 지속될 수 있을지에 의문이 부상했다.

  통치 영역이 분열되는 것을 막을 수 있는 유일한 방법은 이것을 만들어낸 합의를 헌법적으로 표현하는 것이었다. 그러나 누가 이것을 조직할 것인가? 누가 이 잡종견 같은 복합체의 주민을 대표할 것인가? 이에 대한 대답은 곧바로 나왔고, 그것은 슐라흐타였다.

16세기 중반에 슐라흐타는 리투아니아 귀족, 루테니아 대귀족, 프로이센과 발트 지역의 독일계 소귀족뿐만 아니라 타타르와 소수의 몰다비아인, 아르메니아인, 이탈리아인, 마자르인, 보헤미아인을 포함하게 되었고, 부유한 상인, 농민들과의 결혼으로 계급 의식이 옅어졌다. 슐라흐타는 전체 인구의 약 7퍼센트를 차지했다. 그들은 경제 분포에서 최고위층에서 밑바닥에까지 포진해 있었고, 종교와 문화에서도 넓은 교차점을 형성하고, 유럽의 다른 어느 특권계급보다 인구에서 차지하는 비율이 높았다. 슐라흐타의 일원이 되는 것은 로마 시민이 되는 것과 같았다. 슐라흐타는 '폴란드 주민Populus Polonus'이라는 정치적 민족이었다. 이 지역에 거주하는 나머지 주민들은 정치적 중요성이 없는 서민plebs이었다.

수십여 귀족 가문과 공후들이 과두지배층을 형성하려고 했지만 '귀족 주민noble people'은 자신들 공동의 복지라고 생각하는 것에 대한 통제권 확보를 위해 투쟁했다. 이들은 법의 집행을 요구하고, 분명하게 규정된 헌법, 왕과의 좀더 밀접한 관계를 요구했다. 그들은 대영주들에게 의존한 '원로왕' 지그문트나 지그문트 아우구스트의 지원을 거의 받지 못했다. 세임의 권한과 군주와 신하, 대영주의 역할에 대한 명확한 정의를 얻으려는 법률 집행주의자들의 투쟁은 목적을 이루지 못했고, 그들은 때가 되면 이 문제를 자신들이 스스로 해결하기로 했다.

여기에 복잡한 요인으로 떠오른 것은 리투아니아였다. 리투아니아의 왕조적 결합은 헌법적 결합으로 바뀌어야 했다. 리투아니아에는 16세기 초에 상원이 설립되고 1559년에 세임이 만들어졌지만, 리투아니아의 슐라흐타는 정치적으로 미성숙했고, 대영주들의 지배를 받았다. 16세기 초에 라지비우 가문만 크게 부상했다. 이 가문은 폴란드 여성 상속자들과의 결혼을 통해 부를 쌓았고, 리투아니아대공국의 중요한 요직을 차지했다.

1547년에 '검은' 미코와이 라지비우(그의 사촌이자 바르바라의 형제인 '붉은' 미코와이 라지비우와 구분하기 위한 것이다)는 합스부르크 왕가로부터 신성로마제국의 왕자라는 지위를 얻었고, 야기에우워 왕조의 사멸이 가시화되자 리투아니아대공국을 폴란드에서 분할하여 자신의 왕국으로 만들 꿈을 꾸었다. 그러나 이 왕국은 자체적으로 생존하기가 어려워 보였다. 1547년에 모스크바공국의 '뇌제' 이반 4세는 차르라는 명칭을 취하고 모든 러시아인을 자신의 왕국으로 통합할 의도를 분명히 했다. 사람을 끓는 기름에 넣어 죽이거나 도시 전체를 칼로 멸망시키는 것을 포함한 그가 취한 방법은 그의 결의가 결연하다는 것을 보여주었다. 스몰렌스크Smolensk를 모스크바공국에 잃은 리투아니아는 폴란드의 지원이 없으면 조만간 이반 4세에게 이런 일을 당할 수밖에 없었다.

리투아니아 대영주들과 슐라흐타가 주저하는 동안 폴란드인이 밀어붙여서 이 문제를 해결했다. 폴란드는 행정적 간계를 부려서 리투아니아가 보유한 우크라이나 땅을 폴란드에 병합시켰다. 리투아니아와 폴란드의 상원과 하원(세임)은 1569년에 국경 도시인 루블린에서 만나 만장일치로 새로운 국가연합 출범을 결정했다. 실제적인 차원에서 루블린연합Union of Lublin은 결코 혁명적이지 않았다. 이 연합은 두 나라의 세임이 앞으로 하나의 의회로 만나고, 그 장소로 모이기 편리한 소도시인 바르샤바를 지정했다. 통합된 상원은 149명의 의원, 통합된 하원은 168명의 의원으로 구성되었다. 그리고 공동의 군주는 이제까지와 같이 사실상de facto의 군주(크라쿠프의 왕으로 선출된 야기에우워는 이미 리투아니아대공국의 군주였다)가 아니라 법적de jure 군주가 되었다. 그러나 리투아니아대공국은 1529년에 만들어진 리투아니아 법전에 성문화된 기존의 법률 체계를 유지하고, 별도의 재무부와 대헤트만Great Hetman과 야전헤트만Field Hetman이 지휘하는 자체 군대를 보유하게 되었다. 왕실의 각료 신하(원수marshal, 궁정신하chancellor, 부궁정신하vice chancellor, 재무관treasurer, 궁정원수marshal of the court)에 같은 직위의 리투아니아 각료 신하들이 가담했다. 이 국가연합은 두 대등한 국가의 결합이었고, 폴란드의 우위는 외교적으로 소멸되었다. 이것은 슐라흐타가 원하던 것이 표현된 것이었고, 모든 시민이 동등한 지위를 갖는 공화국에 대한 그들의 꿈을 실현한 것이었다. 연합 왕국은 공식적으로 외국인들에게 '두 국가의 가장 신성한 국가연합'이 되었다.

군주정과 공화정의 공존에는 분명한 모순이 있었지만, 폴란드인은 모순처럼 보이는 것에서 장점을 이끌어냈다. 정치 저술가 스타니스와프 오제호프스키는 폴란드 체제는 군주정, 과두정, 민주정의 가장 좋은 점을 결합했기 때문에 다른 어느 체제보다 우월하다고 주장했다. 그러나 이 체제가 이런 정치 모델의 단점도 모두 안고 있다는 것은 간과되었다. 법률 집행주의자들의 지속적인 노력에도 불구하고 이 세 정체 요소들 간의 관계는 명확하게 정의된 적이 없었다. 원칙적으로 세임은 주민 의사의 구현 기구였고, 그래서 입법권의 원천이었다. 상원은 법의 수호자였다. 왕은 하나의 정치적 실체이자 세임의 대변자였다. 세임은 군주의 개인 권력을 제한했지만, 자신들의 권력을 왕이란 개인에게 투영함으로써 왕을 행정 집행자로 만들었다. 상원에 포진한 과두지배 지향자들은 이런 목표에 저항했지만, 종교개

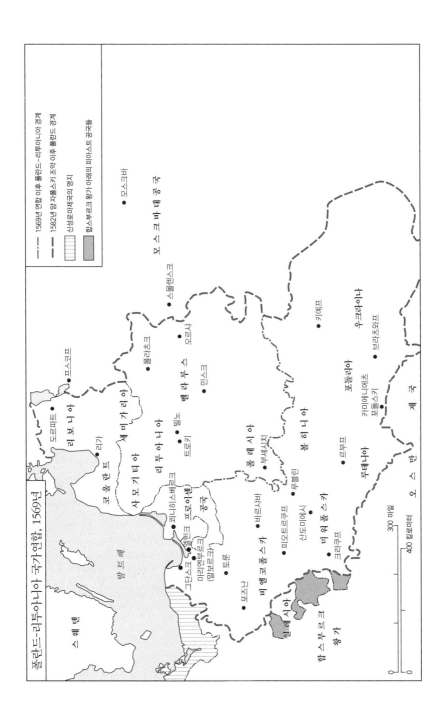

폴란드-리투아니아 국가연합, 1569년

범례:
- 1569년 연합 이후 폴란드-리투아니아의 경계
- 1582년 얌자폴스키 조약 이후 폴란드 경계
- 신성로마제국의 영지
- 합스부르크 왕가 아래의 피아스트 공국들

스웨덴

발트 해

도르파트
리보니아
리가
쿠를란트
세미가리아
샤모기티아
리투아니아
코브노
빌노
트로키

모스크바
스몰렌스크
폴라츠크
벨라루스
오르샤
민스크

모스크바 대공국

쾨니히스베르크
마리엔부르크(말보르크)
그단스크(단치히)
엘빙
프로이센 공국
토룬
포즈난
비엘코폴스카
칼리슈
포모르제
바르샤바
마워폴루프
산도미에시
크라쿠프
미워폴스카
실레시아
합스부르크 왕가

폴레시아
루블린
부세시치

볼히니아
르부프
루테니아
포돌리아
카미에니에츠포돌스키

우크라이나
키예프
브라츠와프

제국

오스만

300 마일
400 킬로미터

혁으로 인한 불확실성과 임박한 왕위 궐위 가능성으로 인해 세임 의원들은 국왕에게 너무 많은 권력을 부여하는 것을 주저했다.

왕이 없는 체제는 생각할 수 없었다. 1558년 지그문트 아우구스트가 사망했을 때 세임은 어떤 조치를 취해야 할지를 논의했다. 그러나 상원의 지연 전술로 인해 1572년 7월 7일에 야기에우워 왕조의 마지막 자손이 사망할 때까지 아무것도 합의할 수 없었다. 가장 시급한 문제는 어떻게 후계자를 선출할 것인가였고, 누가 선출할 것인가였다. 초기에 나온 제안은 확대된 세임이 후계자를 선출하고 각 의원은 한 표를 행사하는 방식이었다. 11개 주요 도시가 대표를 파견했지만, 외국 세력의 하수인이라고 간주된 주교들은 제외되었다.

국왕 선출 시간이 다가오자 상원은 새로운 왕을 선출할 권한을 요구했고, 슐라흐타는 격노하여 이에 반대했다. 모든 정치적 민족이 동등한 투표권을 가지고 있다는 제안을 주교들이 선뜻 수용했고, 이들은 투표자 대부분이 가톨릭교도이기 때문에 가톨릭 후보자를 지지할 가능성이 높다는 것을 깨달았다. 보편 선거에 대한 요구는 세임의 야망 있는 젊은 의원인 얀 자모이스키가 뛰어난 연설로 슐라흐타를 사로잡았고, 그는 이들의 호민관이 되었다. 슐라흐타의 지지를 받은 그는 1573년에 왕이 사망한 후 소집된 국왕 선출 세임Convocation Sejm에서 이를 밀어붙였다. 이제부터는 아무리 가난하더라도 모든 슐라흐타는 국왕 선출자가 되었다. 이뿐 아니라 그들 모두 자신의 말안장에 왕관을 가지고 왔는데, 그 이유는 폴란드 귀족 모두와 외국 왕조의 일원은 폴란드-리투아니아 국가연합 국왕 후보가 될 수 있기 때문이었다.

국왕 선출 절차는 1573년에 국왕 선출 세임 1차 회의 때 즉석에서 만들어졌다. 군주가 사망하면 폴란드 수석대주교가 섭정 지위를 맡고, 임시로 군주 역할을 대행하면서 바르샤바에 국왕 선출 세임을 소집하게 되었다. 이것으로 국왕 선출 날짜가 결정되고 선출 규칙이 확인되고, 모든 후보자를 제시하게 되었다. 이것은 또한 국왕으로 선출된 자가 왕위에 오르는 조건도 결정했다. 그런 다음 국왕 선출 세임이 바르샤바 외곽 볼라wola에 소집되었고, 모든 슐라흐타는 여기에 참석할 수 있었다. 수만 명의 투표자가 하인들을 데리고 말을 타고 모였기 때문에 이것은 대단한 집회였다. 각 후보자 대표들은 '접대 천막'을 치고 투표자들에게 음식, 술, 심지어 돈을 제공하며 득표 운동을 했다. 부유한 대영주들은 자신이 선택한 후보자에 대한 지지를 얻기 위해 가난한 슐라흐타의 환심을 사려고 노력했다.

　선거 들판의 중앙에는 목책이 처진 사각형의 선거 마당이 마련되었다. 여기 한쪽 끝에는 목조 기늘막이 설치되어 선거 사무원들과 세임의 원수를 포함한 고위 관리들이 앉아서 투표를 감독하고 모임 전체의 질서를 잡았다. 투표자들은 이 사각형 장소 밖에 말을 타고 무장을 한 채 자신이 거주하는 주州의 대열에 서서 기다렸다. 이것은 모든 슐라흐타의 특권인 나라를 위해 싸우는 국민개병levée en masse을 상징한 것이었다. 이 선출 과정이 서로를 상대로 한 싸움이 되지 않게 하기 위해서는 전통적으로 논쟁이 많은 슐라흐타의 대단한 자제력이 필요했다. 각 주는 선거 마당 안에 각각 10명의 대표를 들여보내고, 이들은 그곳에서 여러 후보의 대표들이 자기 후보를 대신해서 하는 선거 연설을 들었다. 여기서 연설자는 자기 후보의 덕망을 칭송하고 여러 선거 공약을 발표했다. 그런 다음 각 주 대표들은 선거 마당 밖으로 나가 밖에서 기다리는 동료들에게 가서 들은 이야기를 전달해주었다. 각 대표단에 후보자 한 명의 이름이 위쪽에 적힌 종이가 배분되고, 모인 투표자들은 여기에 서명한 후 자신들이 선택한 후보자 종이를 봉합했다. 이 종이들은 수합 후 선거 마당으로 전달되어 집계가 시작되고, 그 결과를 섭정이 발표했다. 1573년의 첫 선거에서는 4만 명의 슐라흐타가 모인 가운데 이 모든 과정이 사흘 동안 진행되었지만, 이후 선거에는 더 적은 인원이 모여 하루나 이틀 만에 선거가 끝났다.

이렇게 선출된 왕은 신이 부여해준 왕권이라는 환상을 가질 수 없었다. 왕이 이러한 생각을 조금이라도 가질 수 없도록 이미 신민이 되는 사람들은 왕으로 하여금 자신들과 헌법에 대한 충성을 하게 만들었고, 또한 두 가지 문서에 규정된 조건을 준수할 것을 서약하게 만들었다. 하나의 문서는 변경 불가능한 헨리크 규약Acta Henriciana이고, 다른 한 문서는 국왕 선출 세임이 매번 새 선거에 앞서 만든 국왕 선출 협약Pacta Conventa이었다. 이러한 서약을 맹세하면 국왕은 자신의 후계자 선출에 관여할 권리를 포기해야 했고, 세임의 동의 없이는 결혼이나 이혼을 하지 못했다. 왕은 전쟁을 선포할 수 없고, 세임의 동의 없이 군대를 일으키거나 세금을 부과할 수 없고, 세임이 선출한 상원평의회의 조언을 바탕으로 통치해야 하고, 최소한 2년에 한 번은 세임을 소집해야 했다. 만일 왕이 이런 조건을 하나라도 어기면, 그의 신민들은 자동적으로 그에 대한 충성을 철회할 수 있었다. 달리 말하면 국왕은 왕으로 고용된 조건을 위반하면 왕위를 잃을 수 있었다.

왕은 기본적으로 관리이고, 폴란드-리투아니아 국가연합의 수석 행정관이었다. 왕은 결코 상징적 인물이 아니었고, 그의 권력은 자의

적이 아니었고, 법 위에 군림할 수 없었으며, 그를 둘러싸는 신성도 없었다. 그럼에도 실제로 많은 왕이 그렇게 한 것처럼 강력한 입지를 구축할 수 있었고, 자신의 신민들로부터 무한정의 존중과 헌신을 이끌어낼 수 있었다. 그리고 선출된 폴란드 왕은 아무리 그의 행위가 나빠도 카를 1세나 루이 16세 같은 운명을 맞지는 않았다.

르네상스의 새로운 지식에 영향을 받은 다른 모든 민족처럼 폴란드인도 그리스 세계와 고대 로마의 예술적·정치적 문화의 재발견에 매혹되었다. 자신들의 제도 일부와 고대 공화국들 사이에서 발견할 수 있는 유사성은 국가적 허영심을 자극했다. 로마공화정의 종말을 가져온 함정을 깊이 있게 들여다보지 않는 채 폴란드 국민 원로원senatus Populusque Polonus은 이 모델에 더욱 깊이 끌려 들어갔다. 폴란드의 정치 어휘에는 '자유', '평등', '형제애', '민족', '시민', '원로원', '호민관', '공화정' 같은 단어가 넘쳐났다. 1789년의 프랑스 혁명 주동자들같이 폴란드인은 로마공화정의 양식, 상징주의, 개념을 점점 더 차용했다.

그러나 프랑스 혁명 지도자들과 16세기 폴란드인의 차이는 폴란드의 체제가 거의 전적으로 전례에 기반을 두었다는 점이었다. 군주를 선출한다는 인식은 폴란드가 여러 공국으로 나뉘어 있던 12세기부터 서서히 발전해온 것이었고, 이후 모든 왕 즉위에 적용되었다. 15세기 초엽 파베우 브워드코비치는 왕은 신민들의 동의를 얻어 신민들을 통치하는 단순한 행정가라는 주장을 펼쳤다. 그의 동료인 스카르비미에시Skarbimierz 출신의 스타니스와프(1431년 사망)는 왕은 신민들의 권리를 침해할 권한이 전혀 없다고 주장했다. 통치자는 절대 권력을 갖고, 그가 더 큰 선을 위해 행동하는 데 아무것도 방해할 수 없다는 부오나초르시의 주장은 폴란드 입헌 법률가들의 논박을 받았다. 1492년에 카지미에시 4세가 사망한 후 그의 아들들과 이후 야기에우워 가문 출신 왕들은 모두 정규 선출 과정을 통해 왕이 되었다.

외국 공후를 왕으로 선출한다는 사고도 새로운 것이 아니었다. 이것은 크라쿠프의 귀족들이 앙주의 루이를 왕으로 선출했고, 이후에 야기에우워를 왕으로 선출한 것에 기반을 두고 있다. 헨리크 규약과 국왕 선출 협약의 모든 규정은 과거 특권을 반복해 서술한 것이었다. 전례에 대한 이런 존중은 성문 헌법이 존재하지 않는다는 사실에 기인했고, 법령집에 기록된 많은 규정에는 시간이 가면서 점점 더 많은 부칙이 추가되었다.

만일 폴란드 헌법이 이론적 동기보다는 실천적 동기에서 진화해온 것이라면, 이것은 실용적이기보다는 이상적인 사고방식에 의해 옷이 입혀졌다. 의회 체제는 각 의원과 상원의원의 성실성에 과도하게 의존했고, 올바른 행위를 이끌어내는 과정은 결여했다. 세임의 원수(왕의 신하인 폴란드와 리투아니아의 원수와는 구별된다)는 각 회기 시작 때 의원들이 선출했고, 그의 임무는 세임의 질서를 유지하는 것이었다. 그는 의원을 침묵시키거나 회의장에서 퇴장시킬 권위를 가지고 있지 않았기 때문에 논쟁이 질서 있게 진행되는 것은 긴장을 완화하고 주의를 현안으로 돌리는 그의 능력에 달려 있었다. 의원을 선출한 각 지방 세이미크가 부여한 위임권이 애매했기 때문에 그의 업무는 더 어려웠다.

원칙적으로 의원들은 단순히 세이미크의 대표일 뿐만 아니라 폴란드-리투아니아 국가연합 전체의 집단적 유권자였고, 그들은 이러한 입장에서 투표하게 되어 있었다. 이와 동시에 각 의원은 바르샤바로 와서 세임에 앉기 전에 문서로 된 일정한 지시 사항을 받았다. 이러한 지시는 일반적 지침에서부터 각 안건에 대해 어떻게 투표할 것인지에 대한 특별한 명령에 이르기까지 다양했다. 유권자들이 정부 업무에 참여하는 것은 의원 선출에서 끝나지 않았다. 의원은 각 회기가 끝나면 유권자들의 질의를 받아야 했다. 일부의 경우 의원들은 유권자들과 상의하지 않은 상태에서 갑자기 나타난 사안에 대해 투표하지 말라는 지시를 받았다.

이러한 관행으로 의원들의 재량권은 줄어들었고, 의회에서의 토론의 가치도 줄어들었다. 그러나 지적이고 경험이 많은 의원은 자신의 양심에 따라 투표하고, 후에 유권자들에게 이것을 잘 설명할 수 있었다. 17세기가 되면서 유권자들이 중앙정부를 의심하기 시작했고, 의원들에 대한 지시는 구속력이 있게 되었다.

폴란드 의회 체제는 악명 높은 거부권liberum veto을 인정하는 왜곡된 표결 방식으로 인해 더 취약해졌다. 이 원칙으로 상호 합의 없이는 어떠한 입법도 불가능해졌다. 이러한 관행의 일부는 원래 유럽의 모든 의회 체제에 존재했다. 이것은 일정 사안에 대해 만장일치 투표를 하는 것을 의미하지는 않았다. 다만 모든 사람이 자유롭게 동의하지 않은 사안은 완전한 권위를 가질 수 없다는 것과, 진지한 반대 목소리를 다수파가 무시해서는 안 된다는 두 신념에 근거한 것이었다. 반대하는 소수파의 발언도 경청해야 하고, 서로 논의해서 설득을 시켜야 하며, 전반적인 동의가 이루어졌을 때만 한 법안이 통과되었다. 이론적으로 말하면 소수파, 심지어 단 한 명의 소수파도 입법을 막을 수 있었다. 그러나 실제로는 소수파의 의견은 다루기가 힘들다고 판단되면 무시되었다.

헌법의 또다른 특이한 점은 슐라흐타는 국왕의 사망, 외국의 침략 또는 기타 비상 상황에서 연맹 세력을 형성할 수 있다는 점이었다.

그들은 연맹을 결성하고, 원수를 선출하고, 자신들의 목표를 공표하고, 다른 사람들이 가담하게 초청할 수 있었다. 이것은 일종의 주민 투표였고, 의사 진행이 불가능한 경우 세임 내에서 조직될 수도 있었다. 이것은 명백한 이유로 다수파 표결만 인정되고 반대의견이 묵살되는 경우에 발현되는 정치적 결사였다.

폴란드 의회 체제의 근본적 약점의 하나는 도시 주민들의 대의성이 약해서 상업적 이익이 세임의 논의에 반영되지 않는다는 점이었다. 이것은 헌법상의 결함이라기보다는 폴란드의 사회 구조를 반영한 것이었다. 15세기 소도시에서는 주로 외국인들이 유리한 행정적 지위를 누리고 있었고, 권력 투쟁에 참여하지 않아서 자신들의 권리를 헌법에 반영할 기회를 놓치고 있었다. 그들은 국왕을 직접 상대해서 자신들의 지위를 보장하도록 만들었지만, 국왕이 이런 책임을 세임에 넘기자 소도시들은 이익 보호자가 없이 남겨졌다. 이것은 사회적 장벽으로 인해 더 심화되었다. 1550년에 (상인들이 주로 주장해서) 통과된 법안은 슐라흐타가 상업에 종사하는 것을 막았고, 머지않아 슐라흐타도 자신들의 계급에 진입하는 것을 규율하기 시작했다. 1578년에 세임은 주민을 귀족으로 만드는 권한을 국왕으로부터 박탈해 자신들의 배타적 권리로 만들었다(전장에서 왕으로부터 상훈을 받은 경우는 제외). 이런 종류의 입법은 이를 감독하는 기관이나 등록제가 없는 상황에서 집행할 수가 없었지만, 선은 분명히 그어졌다. 상인은 일정한 수단을 통해 슐라흐타가 되어 투표권을 얻을 수 있었지만, 농업, 정치, 전쟁 외에 다른 일은 할 수 없었다.

크라쿠프, 루블린, 르부프, 포즈난, 빌노, 그단스크, 토룬을 포함한 많은 도시가 세임에 대표를 보냈고, 다른 도시들은 경우에 따라

의원 파견을 요청받았다. 이론적으로는 이 사람들도 다른 의원들과 마찬가지로 토론권과 투표권을 가졌지만, 실제는 이와 많이 달랐다. 작가 세바스티안 페트리치는 이것을 이렇게 표현했다. "옛날에 노새가 결혼 축하연에 초청받았다. 그는 매우 기뻐하며 자신이 접하지 못한 새로운 음식을 맛볼 수 있다는 생각에 입맛을 다셨지만, 결혼식 날이 되자 노새는 자신이 물과 땔감을 부엌으로 나르기 위해 결혼식에 초청되었다는 것을 알게 되었다." 도시 의원들은 귀족 동료들의 위협을 받아 발언하는 것을 두려워했고, 여기에는 구체적 이유도 있었다. 1537년에 크라쿠프 출신 의원들은 물리적 공격을 받았다. 그들은 치열한 논쟁에 거리를 두고, 어떤 세금이 부과되든 참고 넘어가거나 지역 총독이 자신들의 이익을 방어하도록 만드는 것이 더 편하다고 생각하게 되었다.

국왕과 직접적 관계를 맺고 있던 농민들도 옆으로 밀려났다. 최고 법원의 재판관 역할을 하는 국왕은 농민들이 지주들과 겪는 모든 분쟁의 최종 조정자였다. 1518년에 '원로왕' 지그문트는 이러한 조정권을 포기하도록 종용받았고, 1578년에 세임이 이 기능을 맡았다. 세임은 거의 배타적으로 지주들의 이익을 대변했기 때문에 농민들이 이곳에서 정의를 찾을 가능성은 거의 없었다. 폴란드 민주주의의 가치는 세임만 독점한 것이 아니었고, 각 마을에도 선출된 공동체 평의회와 관리들이 있었다. 대지주의 마을 안에서 이들의 기능은 봉건적이거나 토지 소유자가 아니라 선출된 대표에 가까웠다.

폴란드 헌법의 모든 결점이 폴란드에만 있는 것은 아니었다. 어떤 민주 체제도 문제를 만들어내기 마련이다. 그런 문제 가운데 하나는 권력과 여론의 힘에 의해 분산되면서 의사 결정에 문제가 생기면 성공적인 외교 정책을 수행할 수 없게 된다는 것이다. 세임의 토론은 대중에게 모두 공개되고, 모든 결의는 바로 인쇄되었기 때문에 기밀성은 유지될 수 없었다. 국가 방위도 같은 문제에 시달렸다. 어떤 민주 체제도 아무도 비용을 치르려고 하지 않기 때문에 큰 군대를 유지하는 것을 원하지 않는다. 16세기 후반 대부분 유럽 국가 수입의 3분의 2는 군비에 쓰였고, 에스파냐의 경우는 70퍼센트에 달했다. 1480년대 폴란드는 타타르의 습격을 격퇴하기 위해 2000명 규모의 '상시 방어 병력'이 구성되었고, 1520년에 세임은 그 규모를 좀더 늘렸다. 1563년에 모든 왕실 소유 토지로부터 거둔 수입의 4분의 1을 국방비에 쓴다는 '4분의 1 병력제도'가 도입되었지만, 폴란드-리투아니아 국가연합의 방대한 영토에 비해 상비군의 규모는 너무 작았다.

이것은 폴란드인이 단지 군대 유지를 위해 세금을 내는 것을 원하지 않았다는 뜻은 아니다. 슐라흐타는 국민개병제를 항구화하는 것을 원하지 않았고, 상비군이 있으면 이 국민개병제가 불필요할 것이라고 생각했다. 이러한 고려보다 더 중요한 것은 상비군은 언젠가 국왕의 절대 권력 정부의 도구로 사용될 것이라는 확신이었다. 전제적 통치에 대한 두려움이 폴란드 정치적 전통에서 가장 현저한 특징이었다.

이러한 전통의 가장 강력한 양상은 취임하는 군주가 자신의 신민들에게 하는 맹세로, 만일 그가 자신의 의무를 위반하면 그의 신민들은 자동으로 그에 대한 충성을 철회한다는 구절이었다. 이는 재앙을 불러오는 근거가 되었다. 이것은 만일 국왕이 월권하면 반란을 일으킬 권리를 보장하는 것이었는데, 이것은 매우 주관적인 해석에 좌우되었다. 이 권리는 논리적 목적에 맞게 실행된 적이 거의 없었다.

1606년과 1665년의 반란은 이러한 정신을 바탕으로 일어났지만, 두 경우 모두 국왕의 하야를 초래하지는 않았다. 아무튼 이것은 국왕이 자신의 계획을 자제하도록 만드는 최후의 견제 장치였다.

충성 철회 구절은 권력이 소수의 손에 집중되지 않도록 만들어진 견제와 균형 체제 전체의 궁극적 보장이었다. 이것은 또한 국왕과 신민 간의 관계의 기초를 선언한 것이었다. 통치하는 사람과 통치받는 사람은 양측 모두에 의무를 부과하는 쌍방 계약의 구속을 받았고, 양측은 모두 이것을 존중할 의무가 있었다. 헌법의 초석이 되는 국왕과 국민 간 계약이라는 개념은 당대 유럽에서는 거의 찾아볼 수 없는 것이었고, 단지 영국에서만 이러한 사고의 배아가 보였다.

오스트리아의 합스부르크 왕가, 프랑스의 부르봉 왕가, 영국의 튜더 왕가와 유럽의 다른 모든 통치 왕가는 중앙집권적인 정부, 이념적 단합, 점점 더 엄격한 통제를 통해 개인에 대한 지배를 강제하려고 노력했다. 주요 국가 가운데 폴란드만이 정반대의 길을 갔다. 폴란드인은 모든 정부는 그다지 필요하지 않고, 강한 정부는 더욱 바람직하지 않다는 신념을 금과옥조로 삼았다. 이것은 한 사람이 다른 사람에게 무엇을 하도록 강요할 권리가 없고, 생활의 질은 불필요한 행정적 잉여 구조로 인해 위축된다는 확신에 근거한 것이었다. 이러한 이상을 자신의 신민인 농민을 압제하는 사람들이 소유했다는 것은 새롭거나 예외적이 아니었다. 그리스의 근대 정치사상 창시자들이나 미국 혁명의 아버지들도 위선이나 마찬가지인 이러한 이중 기준을 현실에 적용했다.

6장

에라스뮈스와 그 시대

16세기 초 폴란드–리투아니아 국가연합은 유럽에서 가장 큰 국가로서, 면적이 99만 제곱킬로미터에 달했다. 이 광대한 영역은 비엘코폴스카의 물결치는 지형에서 마조비아의 평지, 리투아니아의 짙은 산림에 이르기까지 다양했고, 타르타 산맥에서 벨라루스의 습지, 마주리아Mazuria의 산림과 호수에서부터 폴란드인이 '변방'이나 '변경'을 뜻하는 '우크라이나'라고 부르는 먼 곳으로 펼쳐지는 포돌리아Podolia의 평야까지 다양했다.

1000만 명에 이르는 인구는 이탈리아와 이베리아반도의 인구와 비슷했고, 영국의 2배, 프랑스 인구의 3분의 2 정도에 해당했다. 폴란드–리투아니아 국가연합 주민의 40퍼센트가 폴란드인이었고, 그들은 국토의 약 20퍼센트를 차지하는 지역에 몰려 살고 있었다. 주민의 대부분을 구성하는 농민들은 세 주요 민족 집단으로 구성되어 있었다. 폴란드인, 리투아니아인, 그리고 벨라루스인 또는 우크라이나인이 세 핵심 집단이었다. 도시 주민들도 다양한 양태를 보였다. 거의 도시국가나 마찬가지인 큰 무역 중심지 그단스크는 독일인이 주민의 대다수를 차지했다. 그 근처에는 엘브롱크라는 좀더 작은 항구가 자리잡고 있었고, 이곳에는 잉글랜드 사람들과 스코틀랜드 사람들의 식민 정착촌이 형성되었다. 크라쿠프에는 헝가리인과 이탈리아인이 많이 살았다. 정치적·문화적으로 개성 있는 성격을 띤 르부프에는 로마 외에는 유일하게 세 명의 대주교가 존재했고, 폴란드인, 독일인, 이탈리아인, 아르메니아인이 섞여 살았다. 이곳에서는 폴란드어, 라틴어, 벨라루스어, 히브리어, 독일어, 아르메니아어 등 6개의 언어가 법률 업무에 사용되었다.

거의 모든 도시에는 유대인 공동체가 있었다. 일부 도시들이 튜튼 기사단이 발급한 인가장으로 세금 면제를 누리고 있던 북부 지역에서 유대인은 제한된 구역에서만 거주했다. 나머지 지역에서 유대인은 자신들이 살고 싶어하는 지역에 정착했고, 남부와 동부 지역에는 유대인이 주민의 다수를 차지하는 작은 도시들이 많았다. 전체 인구의 약 10퍼센트를 차지하는 이러한 유대인 공동체는 자체적 생활을 영위했고, 거의 전적으로 히브리어와 이디시어로 서로 소통했다. 카라이트 유대인은 타타르어를 사용했다.

1551년에 만들어진 헌장Charter으로 유대인 국가가 폴란드 국가 내에 만들어졌다. 지역 유대인 코뮌(콰할Qahal)은 매년 두 차례 유대인 공동체 전체를 관장하는 민족회의Vaad Arba Aracot에 대표들을 파견했다. 여기에서는 법을 통과시키고, 세금을 부과하고, 자체 법률 제도를 제정·지원·관리하고, 세임이 아니라 국왕과 직접 의사소통을 했다. 이후 100년 동안 유대인 공동체는 번영하여 자신감이 생기고 자기주장을 적극 내세웠다. 이러한 유대인의 번영에 질투를 느낀 르부프 상인들은 1630년에 유대인이 "귀족처럼 행동하고, 지붕이 없는 마차나 6인승 유개 마차를 타고 다니며, 하인들을 거느리고, 웅장한 음악을 즐기며, 은제 식기에 값비싼 술을 마시고, 보란 듯이 화려하게 멋을 내고 다닌다"라고 불만을 제기했다. 유대인은 부유한 상인, 은행가, 소상인, 여관 주인, 장인, 농장주, 중개인, 도매상, 의사로 활동했다. 모든 마을에는 최소 한두 명의 유대인이 있었고, 모든 작은 도시에는 유대인 공동체가 존재했다. 이들은 시나고그와 세례식장을 가지고 있었고, 자신들만의 고립된 생활을 했다.

폴란드–리투아니아 국가연합의 규모와 민족적 다양성을 감안했을 때 이 나라의 가장 눈에 띄는 점은 특별히 언급할 행정 구조가 없었다는 점이다. 이 국가를 유지시키는 유일한 기둥은 정치적 계층인 슐라흐타였는데, 이것은 국가 자체만큼 이질적인 9수들의 복합체였다. 가장 부유한 슐라흐타는 유럽의 다른 어떤 고급 귀족과도 비견할 수 있었고, 가장 가난한 슐라흐타는 부자의 하인으로 일했다. 그 중간에는 부유한 지주 또는 자신의 노력으로 농지를 경작하는 평범한 농장주가 있었고, 일반 농민들보다 더 가난한 상태에 머물며 맨발로 누더기 같은 옷을 걸치고 땅을 일구는 농민도 있었다. 이들의 교육 수준, 종교, 민족적 기원은 너무나 다양했다.

그런데도 슐라흐타는 놀라울 정도로 동일한 문화와 세계관을 가지고 있었다. 이들은 상호 배타적인 두 가지에 영향을 받았다. 첫째는 고대 로마의 발견으로, 그들은 로마와 현재 폴란드의 제도, 관습, 이념의 유사성을 발견했다. 이것은 정부에 대한 폴란드인의 태도에 영향을 미쳤다. 또한 이들은 중세 시대의 장발 대신 로마식 짧은 머리를 하고, 르네상스 건축 양식을 채택했다. 심리적인 면에서 이것은 폴란드인에게 교회나 제국이 아니라 유럽 문명에 기반한 유럽 가족에 속한다는 느낌을 갖게 해주었다.

두 번째 영향력은 좀더 모호했지만, 훨씬 광범위했다. 16세기 초 여러 작가가 만들어낸 이론에서 유래한 이것은, 폴란드 슐라흐타가 농민과 같은 슬라브인이 아니라 사르마티아인의 후손이라는 이론이었다. 이것은 정치적 민족과 나머지 주민들 사이에 분명한 민족적 구분을 만들어냈다. 슐라흐타가 이 이론을 얼마나 믿었는지는 분명하지 않지만 그것을 수용했고, 충성과 존중의 관점에서도 기독교 기사의 이미지보다 사르마티아 '귀족 전사'라는 신화를 훨씬 자연스럽게 수용했다.

시간이 지나면서 사르마티아 신화는 모든 것을 포용하는 이념이 되었지만, 16세기에 그 영향력은 주로 매너와 취향에 가장 두드러지게 나타났다. 헝가리와 오스만튀르크와의 접촉을 통해 페르시아식 치장이 점점 더 일상생활을 차지하게 되었고, 16세기 말에는 독특한 폴란드만의 동양식 의복 양식이 나타났다.

슐라흐타는 자신들의 의상과 사용하는 물건에 아낌없이 돈을 썼다. 의복, 귀금속, 무기, 안장, 말, 하인 등 자신들이 과시할 수 있는 것에 돈을 아끼지 않았다. 무기는 금, 은, 여러 귀금속으로 장식했고, 말안장과 덮개는 금실로 수를 놓고 반짝이는 금속이나 보석용 원석으로 장식했다. 귀족은 멋진 말을 여러 필 소유하고, 이것을 마구로 묶어 시종들이 뒤에서 끌고 오게 했다. 이런 말들을 아무도 볼 수 없는 집에 처박아두기보다는 거리로 나와 자랑했다. 폴란드인은 전사 지위의 상징인 말에 큰 관심을 보였다. 말에 좋은 마구와 비싼 덮개

를 씌운 다음 깃털과 심지어 날개 장식을 달고, 교회 축일이나 경축
일에는 말을 염색했다(보통은 선홍색. 그러나 장례식에는 검정, 연보라, 녹색
으로 염색했다).

사르마티아주의의 또 하나의 특징은 축하 행사를 즐겨 여는 것이
었다. 극진한 손님 접대는 존경과 우정을 보여주는 방법이지만 풍성
한 음식과 음료를 제공하는 것에 그치지 않았다. 보드카나 기타 주
정은 연회나 집에서의 손님 접대에 잘 나오지 않았고, 대신에 주로
와인을 내놓았다. 헝가리와 몰다비아뿐만 아니라 프랑스, 이탈리아,
카나리제도에서 생산된 와인을 많이 썼고 시간이 가면서 미국의 캘
리포니아 와인으로도 대접했다.

아메리카 대륙의 발견으로 16세기 유럽에는 광물과 귀금속이 넘
쳐났고, 이로 인해 시간이 가면서 식품 같은 소비재 가격이 상승했
다. 선박 수요가 계속 늘면서 목재, 역청, 삼 가격도 올랐다. 16세기
가 지나면서 폴란드인이 판매하는 농산물의 명목 가격은 300퍼센
트 상승했다. 슐라흐타가 농산물 판매 대금으로 수입하는 의복, 철
강, 와인, 후추, 쌀, 설탕 가격의 구매력은 매우 커졌고, 1550년부터
1600년 사이 90퍼센트 이상 상승했다. 같은 기간에 수출량은 두 배
늘었다. 그 결과 지주인 폴란드인은 유럽 다른 어느 지역의 지주보다
사용할 수 있는 현금이 크게 늘어났다.

이 덕분에 점점 더 많은 폴란드인이 외국 여행에 나섰는데, 주된
목적은 공부하기 위해서였다. 루터교 교인들은 자식들을 종교적 이
유로 비텐베르크로 보냈고, 칼뱅교 교인들은 바젤Basel로 보냈지만,
가장 인기가 많은 곳은 이탈리아였다. 1501년부터 1605년 사이 이탈
리아 파도바대학에서 공부하는 폴란드 학생 수는 항시 전체 재학생

의 4분의 1이 넘었다. 폴란드인은 점점 부유해지면서 유학뿐만 아니라 유람 여행에도 나섰다. 부유한 사람들은 외국에서 그림과 조각, 책, 예술품을 구입해서 귀국했고, 이것을 가지고 외국에서 본 것처럼 자기 집과 주변을 장식했다.

1502년 지그문트 공은 외국 여행에서 돌아오면서 르네상스 양식으로 궁전을 지을 피렌체의 건축가를 데려왔다. 대영주들과 고위 성직자들이 화려한 관저를 짓는 경쟁을 벌이면서 다른 이탈리아 건축가들도 들어왔고, 그들은 이탈리아 르네상스식 건축을 폴란드 기후와 주인의 요구에 맞게 변형했다. 이는 사르마티아주의를 조장한 화려하고 환상적인 건축에도 큰 작용을 했다. 새로운 건축 양식에는 교육받은 슐라흐타가 수용한 이상의 일부를 형태로 나타내는 시도도 반영되었다. 이 시기 지어진 주요 건축물들은 공공건물이었고, 폴란드식 유토피아인 폴란드-리투아니아 국가연합을 건설하는 데 중요한 역할을 한 정신을 구현했다.

이것은 다른 어느 곳에서보다 당대 가장 기념비적이고 야심 찬 건축 프로젝트인 자모시치Zamość의 건축에 드러났다. 이것을 주도한 얀 자모이스키처럼 당대의 모순을 극명하게 드러낸 사람은 없었다. 그는 르네상스의 아들이면서 동시에 새로운 바로크 귀족정치의 선구자였고, 자유주의자이자 전제군주였으며, 폴란드-리투아니아 국가연합 창시자 가운데 한 사람이었고, 이 국가의 첫 부패의 씨앗을 뿌린 사람이기도 했다.

얀 자모이스키는 1542년에 칼뱅교도인 평범한 상원의원의 아들로 태어났다. 젊은 시절 그는 소르본대학과 콜레지 드 프랑스에서 공부한 다음 파도바대학에서 수학했고, 이 대학의 총장이 되었다. 이 대학에 있는 동안 그는 로마의 헌정 역사에 대한 논문을 썼고, 가톨릭 신자가 되었다. 그는 베네치아 상원이 '원로왕' 아우구스트에게 보내는 추천서를 가지고 귀국한 후 궁정 서기가 되었다. 그는 첫 궐위 기간 동안에 활약했고, 1578년에 총리, 1581년에 헤트만이 되었다. 다른 무엇보다도 그에게 중요한 것은 '검은' 미코와이 라지비우의 딸이자 후에 폴란드의 두 번째 선출 국왕의 여조카와 결혼한 것이었다. 그 자신이 왕이 되려고 했는지는 분명하지 않지만, 그는 이후 세기 동안 대부분의 대영주가 추구한 자치의 양식을 만들어냈다.

1571년에 아버지가 사망하자 자모이스키는 네 개의 마을과 베우스Belz의 풍요로운 영지를 상속받았다. 그는 이웃 지주들의 농지를 압박하여 획득하고, 자모시치에 있는 가문 친척들의 땅을 구입하며 꾸준히 영지를 확대했다. 1600년이 되자 그는 6500제곱킬로미터나 되는 대영지를 소유했고, 주요 도시들의 부동산과 자산, 그리고 비옥한 13개의 영지를 소유하게 되었다.

1580년에 그는 새 자모시치를 건설하기 시작했다. 그는 이상적인 플라톤식의 도시 건설을 목표로 했다. 상징적인 축과 준거점을 기준으로 계획도시가 만들어졌고, 이 도시 한쪽 끝에는 자모이스키의 궁전, 중앙에는 시청이 들어섰다. 다른 주요 건물로는 법원, 가톨릭 신학교와 교회, 프란시스코 교회, 아르메니아 교회, 정교회 교회, 시나고그, 대학, 무기고가 들어섰다. 도시 지하로는 하수도가 흐르고 근대적 형식의 별 모양의 성곽이 도시를 둘러쌌다.

이 자모시치는 경제적으로 뛰어난 도시였다. 이 도시에는 많은 수의 에스파냐 출신 유대인, 이탈리아인, 스코틀랜드인, 튀르크인, 독일인이 거주하며 의료부터 대포 제조, 귀금속 세공부터 인쇄까지 다양한 생업을 이어갔다. 자신의 영역을 수도처럼 만든 후 자모이스키는 이곳을 자립이 가능한 국가처럼 만들고, 국왕의 도시로 갈 모든 이윤, 세금, 부과금을 자기 재산으로 취했다. 이러한 행태를 다른 귀족들도 많이 따랐다. 1594년에 주우키에프스키 가문은 주우키에프 Żółkiew라는 행정 중심지를 건설했고, 이 도시는 1634년에 소비에스키 가문으로 넘어간 후 15개의 길드가 활동하는 상업 중심지가 되었다. 곧 다른 대영주들도 사적인 도시를 만들었고, 이에 따라 기존의 주요 소도시와 도시들의 입지는 약화되었다.

이런 상황에서도 자모시치는 유독 두드러졌다. 그곳은 폴란드 르네상스-마니에리즘 양식의 모델이었지만, 그 목적은 단지 아름다움을 실현하는 데 그치지 않았다. 그곳은 이상적인 환경을 만들기 위해 기능주의와 미적 완벽성을 결합하려고 했다. 모든 요소가 다 중요했지만, 다른 것을 그늘지게 하는 한 가지 요소가 있다면 그것은 1594년에 개교한 대학이었다. 이곳은 이상적인 시민을 양성하기 위한 교육기관이 되는 것을 목표로 했다.

유토피아를 건설할 수 있다는 믿음은 1세기 이상 지속된 번영과 안보, 정치적 자신감의 산물이었다. 이것은 시민들의 민권적 자유와 인쇄물을 통해 발전되고 전파된 정치적·사회적 사상의 인상적인 유산에 기반을 둔 것이었다. 1473년에 크라쿠프에 첫 인쇄소가 설립되었을 때 출간을 기다리는 작품은 많지 않았지만, 1500년대 초에 주요 도시마다 인쇄소가 만들어진 것은 출판 수요의 증가를 반영했다. 법률 규정상 모든 출판물은 야기에우워대학 총장의 인가를 받아야했지만, 법률 집행 운동 덕분에 1539년에 절대적 출판 자유에 대한 국왕의 칙령을 공표하도록 만드는 데 성공했다.

기존 문학 유산의 아주 일부만 구어체로 보존되었다. 이것은 정자법이 불완전했고, 지역적 변이형이 그대로 반영되었다. 1500년부터 1520년 사이 출간된 지도 및 지리적 저술과 이후 10년 동안 출간된 폴란드 역사에 관한 저술은 지명을 표준화하는 데 도움이 되었다. 1520년대부터 폴란드에서 많은 서적이 출간되면서 철자법과 문법의 통일이 촉진되었다. 1534년에 스테판 팔리미시는 최초의 폴란드어 의학 사전을 출간했다. 1565년에 야기에우워대학의 스타니스와프 그젭스키는 기술 안내서인 《기하학》을 출간했다. 쾨니히스베르크(루터교, 1551), 르부프(가톨릭, 1561), 브셰시치Brześć(칼뱅교, 1563), 니에시비에시(아리우스파, 1570), 크라쿠프(예수회, 1593), 그단스크(루터교, 1632)에서 출간된 폴란드어로 번역된 신약성서는 폴란드어의 의미론을 풍부하게 만들었다. 1568년에 프랑스 출신 아리우스파 교인인 표트르 스토엔스키는 최초의 폴란드 문법서를 출간했고, 1564년에 얀 몽친스키는 쾨니히스베르크에서 폴란드어-라틴어 사전을 출간했다. 그리고 1594년에 작가인 우카시 구르니츠키는 표준적 폴란드어 정자법을 만들어냈다. 그럼에도 라틴어는 계속 사용되었고, 특히 이론적이고 철학적인 저술에 더 좋은 도구였다. 유럽 공통의 언어였기 때문에 종교와 정치 문학에 특히 많이 사용되었다.

당대 폴란드 사상의 가장 눈에 띄는 면은 공공 업무와 정부에 대한 관심이었다. 폴란드의 정치적 통일체에 대한 논의는 얀 오스트로로크가 《공화국의 질서를 위한 순간》(1460년경)이라는 저술로 열었다. 그는 이 저술에서 좀더 정의로운 사회·정치 체제를 주장했다. 이러한 노선은 마르친 비엘스키(1495-1575)와 마르친 크로메르(1512-1589)가 이어받아서 이들은 폴란드 역사에 대한 저술을 이용해 폴란드 체제의 옳은 점과 그른 점에 대한 논리를 전개했다. 스타니스와프 오제호프스키는 기하학적 원칙을 헌법적 모델에 적용했다. '원로왕' 아우구스트가 1545년에 트렌트 공의회에 파견했고, 신학자 멜란흐손의 가까운 친구로 비텐베르크대학에서 같이 수학한 안제이 프리츠-모드셰프스키(1503-1572)는 폴란드 법률 제도에 대한 논문을 발표하고, 1554년에는 더 긴 저술인 《에메단다공화국》에서 유토피아적인 정치적 목표를 묘사했다.

이런 저술의 대부분은 이상주의적이었고, 19세기의 철학 저술처럼 이상적 조건의 환영을 예언했다. 이것은 존재하는 학대와 불의를 인간사에 늘 나타나는 현상보다는 이러한 조건의 왜곡으로 보았다.

다음 세대 정치 저술가들은 자신들의 사상을 특정한 제도에 적용했다. 바르트위미에이 팝로츠키는 《헤트만론》에서 헤트만의 역할과 의무를 논했다. 크시스토프 바르셰프스키는 《사절》에서 외교 업무를 수행하는 사람들의 역할과 의무를 논했다. 야쿠프 구르스키의 《신사들의 의회》와 얀 자모이스키의 《로마 원로원론》, 바프시니에크 고시리츠키의 《이상적 원로원론》은 모두 국가 업무 수행 방법에 대해 논했다. 이들은 앞선 저술가들보다 좀더 실용적이었지만, 모두 좋은 정부는 강한 제도가 아니라 좋은 사람들에 달려 있다는 믿음에 매달렸다. 대학 개교식 축하 연설에서 자모이스키는 "공화국들은 젊은 이들을 제대로 육성하는 만큼 좋아질 수 있다"라고 말했다.

15세기가 끝나갈 무렵 비엘코폴스카와 마워폴스카의 6000개 교구의 80퍼센트에 학교가 세워졌다. 이로 인한 문자해독률의 상승이 같은 시기에 일어난 문학 번성에 큰 기여를 한 것은 의심의 여지가 없었다. 폴란드 최초의 서정 시인 클레멘스 야니츠키(1516-1543)는 농민으로 태어났지만 사제가 되었고, 볼로냐대학과 파도바대학에서 수학했다. 파도바대학에서는 벰보 대주교가 그를 왕실 계관시인으로 지명했다. 좀더 전형적인 예는 시골 신사인 나그워비츠Nagłowice의 미코와이 레이(1505-1569)였다. 그는 폴란드어로 신랄하게 종교, 정치, 사회 문제에 대한 글을 썼다. 그는 5-6명으로 꼽을 수 있는 귀족 시인 가운데 한 사람이었지만, 16세기 후반을 지배한 한 사람에 의해 빛이 가렸다.

얀 코하노프스키(1530-1584)는 크라쿠프, 쾨니히스베르크, 파도바에서 수학한 다음 교회 봉직을 생각하는 몇 년 동안 궁정에서 일했다. 그는 많은 글을 썼고, 상상력이 풍부했으며, 그의 폴란드어 구사는 완벽하고 세련되어서 다른 누구보다 폴란드어를 풍요롭게 만들었다. 그의 서정시와 궁정시, 다윗의 시편 번역과 자신의 세 살배기 아들의 죽음을 애도하는 비가도 뛰어난 작품이었지만, 다른 많은 작가가 다룬 정치 주제를 피해가지 않았다. 그도 역시 폴란드의 선善에 큰 관심을 쏟았다. 이것은 그가 유일하게 남긴 희곡에 나타났다. 1520년대부터 궁정에서 연극이 공연되고, 많은 극단이 전국을 순회했지만(1610년에 그단스크에 세워진 극장에서 영국 배우들이 셰익스피어의 작품을 공연했다), 연극은 크게 인기 있는 장르는 아니었다. 코하노프스키의 짧은 희곡 작품 〈그리스 사절의 해임〉은 유일한 예외였다. 이 희곡의 주인공들은 사람이 아니라 집합적 이익의 목소리들이었고, 이 희곡은 그들의 감정이 아니라 트로이의 운명을 표현했다. 극중 인물을 이렇게 흥미로운 방법으로 표현한 것은 서정적이지도 않고, 심리묘사도 아니며, 윤리적이고 정치적인 19세기와 20세기 폴란드 희곡의 경향을 미리 보여주었다.

이러한 작가들의 언어에 나타난 마음의 상태는 이념적 표현, 감정적 진지성, 건강한 냉소주의가 흥미롭게 혼합된 것이었다. 이 세 가지 요소가 두 가지 일반적인 주제와 공존했다. 하나는 모든 수준에서 폴란드의 유기체적 생명에 참여해야 한다는 책임감과 충동이었다. 다른 하나는 이상향의 추구였다. 정치적 저술이 '이상적인 조건'이라는 왜곡된 신화를 강조하고 이것이 부활해야 한다고 주장했다면, 문학적 상상력은 이것을 농촌 생활로 대표되는 순수한 상태에 대한 갈망으로 바꿔놓았다. 이는 시인 지몬 지모노비치(1558-1629)가 목가적 한가로움을 표현하기 위해 만들어낸 단어인 '시엘란카Sielanka'라는 길게 이어지는 전통을 만들어냈다. 시엘란카라는 주제는 폴란드의 사상과 문학을 계속 따라다녔고, 어떤 때는 숭배의 대상이 되기도 했다. 부패를 거부하는, 잃어버린 순수성에 대한 갈망에 의해 추동된 이 경향은 여러 형태를 띠었다. 19세기에 낭만주의자들의 마음에서는 이것이 잃어버린 조국에 대한 갈망과 혼동되고, 정치적 현실의 부정을 의미하기도 했다. 이것은 자주 속세로부터 물러난 지적 은둔의 형태를 띠기도 했고, 최악의 형태로는 도피주의를 찬양하고, 탐구 정신에 회의를 제기했다.

정확히 정의할 수는 없지만, 이러한 마음 상태와 유럽 문화에서 폴란드가 차지하는 위치 사이에는 강한 연관성이 있었다. 16세기 중반이 되자 폴란드인은 다른 나라 국민 못지않게 외국 여행을 많이 했다. 폴란드와 외국의 화가들, 조각가들, 음악가들은 폴란드 도시들과 궁전을 유럽의 도시와 궁전처럼 만들었다. 코하노프스키는 론사르드를 잘 알았고, 스타니스와프 레슈카와 다른 인물들은 타소의 친구였으며, 상당히 많은 폴란드인이 로테르담의 에라스뮈스와 밀접한 교우를 했다. 야기에우워대학의 교수가 되기 전 캠임브리지대학과 소르본대학에서 강의한 레너드 콕스는 영국에 있는 친구에게 보낸 편지에서 폴란드인은 걸을 때나 말할 때, 먹을 때나 잠을 잘 때도 에라스뮈스를 말한다고 썼다. 이것은 왕도 예외가 아니어서, 그는 외국 군주에게 보이는 정중한 태도로 에라스뮈스에게 편지를 썼다.

폴란드 사람들은 다른 나라 문학을 열성적으로 읽었다. 폴란드 시는 다른 나라에서 널리 읽히지 않았지만, 정치·종교 저술은 널리 퍼져나갔다. 모드셰프스키의 《에메단다공화국》은 라틴어, 프랑스어, 이탈리아어, 에스파냐어, 러시아어로 번역되어 읽혔다. 고시리츠키의 《이상적 원로원론》은 베네치아, 바젤, 런던에서 출간되었다. 크로메르의 《고백》은 라틴어 원본이 수십 개의 판본으로 출간되었고, 폴란드어, 체코어, 독일어, 네덜란드어, 프랑스어, 영어로 번역되었다. 그젭스키의 《기하학》 같은 기술 관련 저술은 유럽 과학의 주요 저술에 들어갔고, 미코와이 코페르니크(코페르니쿠스)의 저술도 마찬가지였다.

1473년에 상인의 아들로 태어난 코페르니크는 1491년에 천문학을 공부하기 위해 야기에우워대학에 입학했고 후에 사제가 되었다. 그는 이 덕분에 볼로냐대학, 페라라대학, 파도바대학에서 수학할 수 있었다. 폴란드로 귀국한 그는 바르미아 주교청의 행정담당자가 되었지만, 변호사, 의사, 건축가, 심지어 병사로도 복무해 1520년에 튜튼기사단과의 마지막 전투에서 요새 방어를 지휘하기도 했다. 그가 사망한 1543년에 그는 《천체의 회전에 관하여》를 출간했다. 이 저술에서 그는 항성 체계의 중심은 지구가 아니라 태양이라고 설파했다.

에라스뮈스는 지체하지 않고 "이제 세계의 가장 뛰어난 문명의 민족과 경쟁할 수 있게 된 폴란드 국민"을 축하했다. 그러나 이것은 비문처럼 될 수도 있었다. 폴란드가 유럽의 문화생활에 참여하는 것은 이때가 정점이었기 때문이다. 이렇게 된 가장 핵심적인 요인은 언어였다. 오랜 기간 폴란드어는 라틴어와 함께 사용되었다. 라틴어는 발전된 의사소통 수단이라는 점과 국제적 소통 수단이라는 두 가지 이점을 누렸다. 라틴어가 없으면 폴란드인은 고립될 수밖에 없었다. 스코틀랜드 여행가인 파인즈 모리슨은 1593년에 "누더기를 걸친 소년이나 당신의 말발굽을 수리하는 대장장이도 라틴어를 능숙하게 사용한다"라고 기록했다. 16세기 동안 폴란드어가 사상을 표현하는 데 라틴어 못지않은 명확하게 조화로운 언어로 급격히 진화하면서 라틴어의 한 장점은 축소되었다. 유럽 전체가 구어체를 선호하면서 라틴어의 국제적 유용성이 줄어들어 라틴어의 두 번째 장점도 사라졌다. 1543년부터 세임의 결정은 라틴어가 아니라 폴란드어로 출간되었고, 법률 문서도 폴란드어로 출간되었다. 폴란드어가 국가 공식 언어와 문학어가 되면서 폴란드의 사상은 서구 유럽 사람들이 접근하기가 점점 더 어렵게 되었다.

크시츠키 주교는 에라스뮈스에게 헌정한 시에서 폴란드인은 에라스뮈스의 모든 작품을 읽었을 뿐만 아니라 이것을 돈Don강 너머로 전달했다고 적었다. 라틴어를 사용하지 않은 러시아 세계는 고전과 당대 유럽 문학에 접근하는 데 폴란드의 도움을 많이 받고 있었다. 일례로 코하노프스키가 타소의 작품을 번역한 것을 바탕으로 러시아어 번역본이 나왔다. 폴란드는 동유럽의 인쇄소 같은 역할을 했다. 벨라루스어로 인쇄된 최초의 성경 인쇄본이 1517년에 빌노에서 출간되었다. 루마니아어 첫 인쇄물도 크라쿠프에서 출간되었고, 이곳에서는 많은 헝가리어 서적도 출간되었다. 16세기 말이 되자 빌노, 크라쿠프, 루블린의 인쇄소는 동유럽 시장에 책을 공급하면서 조금 돈을 벌 수 있었다. 폴란드 인쇄소는 유럽 전역의 유대인 사회에서 사용하는 히브리어로 된 종교 출판물도 출간했다.

폴란드 슐라흐타는 계속해서 라틴어를 학습했지만, 중세 말기까지 외부 세계와의 중요한 매개체가 된 독일어는 점차 그 중요성이 쇠퇴했다. 이것은 부분적으로는 종교개혁의 영향 때문이기도 했지만, 폴란드에게 문화의 원천으로서 독일의 중요성은 축소되었다. 프랑스와 에스파냐는 반종교개혁 운동에 파묻혔고, 점점 더 절대주의적 정부를 만들어갔기 때문에 폴란드인에 대해서는 관심이 떨어졌다. 이탈리아와의 직접 연계가 형성되고, 폴란드 자체는 과거에 다른 곳에서 얻었던 모든 편의와 오락을 이탈리아에서 수입했다. 15세기의 폴란드인이 그 중심이 서구에서 멀리 떨어진 평평한 지구 끝에 살았다면, 16세기 말의 폴란드는 유럽의 변방이 아니라 자기 세계의 중심이었다.

동방 세계는 타타르의 습격과 모스크바공국의 공격을 빼고는 보여주는 것이 별로 없었지만, 16세기기 지나면서 이런 해로운 영향 너머에 새로운 전경이 보이기 시작했다. 페르시아와 오스만튀르크 문화가 폴란드 사회를 매료시키기 시작했다. 크라쿠프 성주인 스타니스와프 루보미르스키는 튀르크의 공예품을 소유한 것 외에도 세 명의 동방학 전문가를 자기 신하로 두었다. 총리이자 헤트만의 아들인 토마스 자모이스키는 여덟 살 때 라틴어, 그리스어, 튀르크어, 폴란드어 등 네 개의 언어를 배웠다. 기초 학습을 마쳤을 때 그는 튀르크어뿐만 아니라 타타르어와 아랍어도 능숙하게 구사했다. 폴란드 국가연합은 동방과 서방의 혼합종으로 바뀌고 있었고, 점점 더 이국적이면서 서유럽 사람들에게는 이해하기 힘든 나라가 되었다.

7장

민주주의 대 왕조

폴란드인이 1573년에 왕으로 선출한 사람은 동양적인 면이 아무것도 없었다. 다양한 민족으로 구성된 국가연합의 왕좌에 가장 걸맞은 후보자도 아니었다. 몇 달 전 바르샤바연맹은 종교 자유 법령을 통과시켰다. 프랑스 샤를 9세의 동생인 앙리 드 발루와는 성 바르톨로메오 축일 개신교도 학살에 적극 참여했다.

첫 선거는 놀라울 정도로 무난하게 진행되었다. 지그문트 아우구스트의 사망 소식을 들은 국왕 선출 세임은 세부 사항을 논의하기 위해 소집되었다. 국왕 후보는 합스부르크 왕가의 에르네스트, 앙리 드 발루와, 모스크바공국의 이반 4세, 외부인인 스웨덴의 요한 3세와 트란실바니아의 스테판 바토리였다. 이 과정에서의 핵심 인물은 전임 왕의 여동생이자 야기에우워 왕조의 마지막 후손인 안나였다. 많은 사람은 후보자 가운데 선출된 사람은 그녀와 결혼하여 국왕의 지위를 확고히 한 야기에우워가 보인 전례를 따를 것으로 보았다. 이러한 시나리오는 안나가 만들어낸 부분이 많았다. 상원의 다수를 포함한 다른 사람들은 안나의 야망을 의심하고, 그녀를 새로운 왕조를 세우는 데 걸림돌로 보았다. 당시 안나는 쉰 살이 넘은 상태였다.

이것은 앙리 드 발루와의 약삭빠른 하수인인 발렌스Valence 주교 장 드 몽루크에게는 전혀 문제가 될 게 없었다. 그는 주군을 대신해서 안나에게 사랑의 공세를 전달하며, 그녀보다 26살 어린 앙리가 그녀에 대한 열정에 사로잡혔다고 달콤한 말을 전했다.

이반 4세는 리투아니아의 경우와 마찬가지로 강국으로 부상하는 모스크바공국이 폴란드에 위해를 가하지 않게 될 것이라는 근거로 후보자로 추천되었다. 만일 폴란드가 야기에우워를 길들일 수 있었다면, 차르에 대해서도 그렇게 할 수 있을 것으로 보았다. 그러나 이반 뇌제는 매력 있는 가능성은 아니었고, 가장 낙관적인 지지자들도 이러한 계획은 현실성이 떨어진다는 것을 인정했다.

약 4만 명의 슐라흐타가 투표하기 위해 바르샤바에 모였고, 그 이상의 하인과 시종들이 이들을 따라왔다. 모두가 단단히 무장한 상태였다. 하지만 첨예한 대립에도 총 한 방 쏘지 않고, 칼 한 번 휘둘러지지 않았다. 앙리 드 발루와가 압도적 다수로 국왕에 선출되었고, 이를 알리기 위해 대표단이 파리로 파견되었다.

앙리는 라로셸La Rochelle에 있는 개신교도들을 포위한 상태에서 자신이 국왕으로 선출되었다는 소식을 듣고, 폴란드 대표단을 만나기 위해 서둘러 파리로 귀환했다. 11명의 고위 관리와 150명의 슐라흐타로 구성된 폴란드 대표단은 1573년 8월 19일, 파리에 도착했다. 그들은 파리 주민들에게 큰 인상을 남기기 위해 이국적인 복장, 비싼 보석과 치장한 말을 타고 왔다. 앙리 드 발루와는 자신이 국왕이 되는 조건을 완전히 숙지하고, 폴란드 땅에 발을 들여놓기 전에 이를 받아들여야 했다. 9월 10일에 노트르담에서 열린 행사에는 프랑스 궁정 신하 전원이 참석했고, 앙리 드 발루와는 군주의 헌법 준수 의무를 명시한, 그의 이름을 딴 헨리크 규약과 국왕 개인의 임무를 열거한 국왕 선출 협약을 준수하겠다고 서약했다.

행사는 그가 종교 자유를 명시한 헨리크 규약 구절 낭독 전까지는 아무 문제 없이 진행되었다. 그는 이 문제의 조항을 누락하고 다소 우물거리며 넘어가려고 했다. 이런 상황을 예의 주시한 폴란드 대표들은 이 구절을 누락한 것을 그에게 지적했다. 그는 이의를 제기했지만, 폴란드 대표단 수장인 헤트만 얀 즈보로프스키가 앞으로 나와서 "당신이 서약하지 않으면 당신은 통치할 수 없습니다!"라고 외쳤다. 프랑스 왕가는 이 서약이 장애가 되는 것을 원하지 않았다. 샤를 9세는 폴란드 세임이 프랑스 개신교 처리 문제를 훈계한 '폴란드 공약Postulana Polonica'도 경청했다.

앙리 드 발루와와 수행원들은 육로를 통해 폴란드로 향했고, 혹한의 겨울 날씨 속에서 그곳에 도착했다. 프랑스인이 입은 몸에 끼는 스타킹과 몸에 붙는 옷은 추운 날씨에 무용지물이었다. 왕의 일행이 크라쿠프에 도착했을 때 그들의 몸은 얼어붙었고, 눈 덮인 황량한 폴란드 풍경에 마음이 우울해졌다. 앙리 드 발루와의 새 신민들은 위압감을 주었다. 여리고 소년 냄새가 풍기는 귀걸이를 하고 장식용 천을 바지에 댄 이 젊은 왕을 건장한 폴란드인은 충격으로 받아들였다. 이러한 첫인상과, 또한 국왕 선출 협약의 의무를 지키려고 하지 않는 태도에도 불구하고 앙리는 폴란드인에게 인기가 있었다. 그는 안나 야기엘론카에게 용감하게 다가갔지만, 결혼할 생각은 하지 않았고, 자신이 생각하기에 중요한 사람들을 자신의 매력으로 매료시켰다. 그런데 1574년 5월 30일에 샤를 9세가 갑자기 사망하면서 앙리는 프랑스의 왕이 되었다.

그는 양국의 왕관을 모두 유지할 생각이었고, 이런 계획을 일부 대영주들은 환영했다. 그들은 앙리가 없는 동안 자신들이 폴란드를 통치할 생각을 했다. 앙리는 가을에 프랑스로 떠나기로 합의했지만, 6월 18일 밤에 크라쿠프를 빠져나가 프랑스로 향했다.

앙리의 행동은 현재를 왕위 궐위 상태로 볼 것인가라는 복잡한 헌법적 문제를 만들어냈다. 그해 가을 프랑스의 앙리 3세에게 편지가 발송되었는데, 하나는 폴란드 상원의원과 하원의원들이, 다른 하나는 리투아니아 의원들이 보낸 것이었다. 폴란드인들은 최후통첩을 했다. 만일 왕이 1575년 5월 12일까지 크라쿠프에 나타나지 않으면 왕위 궐위를 선언하겠다는 것이었다. 리투아니아인들은 그의 귀환만 탄원했다. 답신에서 앙리는 폴란드 왕관을 유지할 의지를 분명히 밝히고, 자기 동생 달렝송 공작을 총독으로 보내겠다고 제안했다.

폴란드인은 두 가지 모두 거부하고 국왕 선거를 실시하기로 결정했다. 첫 국왕 선출 결과의 경험으로 유권자들의 낙관주의는 크게 위축되고, 약 1만 명만 투표장에 나타났다. 대영주들은 이 상황을 자신들이 원해왔던 것을 달성할 수 있는 기회로 보았다. 상원은 자체 선거를 실시해 합스부르크의 막시밀리안 2세를 왕으로 선출했지만, 이들이 찬송Te Deum을 부르기 위해 바르샤바 대성당에 모였을 때 슐라흐타는 강력하게 항의하며 소동을 벌였다. 그러고 나서 원래 주변적 후보였던 트란실바니아 공후 스테판 바토리가 왕으로 제안되었고, 1575년 12월 14일에 왕으로 선출되었다. 스테판은 다음해 4월 23일에 크라쿠프에 도착했고, 안나 야기엘론카와 결혼한 후 5월 1일에 왕으로 즉위했다. 그는 웅장한 행렬과 함께 폴란드에 오지 않았고, 헝가리 보병 2개 연대가 그를 수행했다. 그는 안나와 같은 침실을 쓰며 폴란드 왕관을 절대 가볍게 생각하지 않는다는 것을 분명히 보여주었다. 솔직담백하고 능력 있는 지휘관인 그는 자신을 보좌할 사람들을 잘 선택했다. 그는 새 총리로 피오트르 볼스키를, 부총리로 얀 자모이스키를 임명했다. 자모이스키는 바토리가 벌이는 모든 사업에 소중한 파트너가 되었고, 그의 통치의 중심축이 되었다.

그러나 그는 이내 어려운 입장에 처했다. 막시밀리안 황제는 모스크바공국과 동맹을 맺었고, 그단스크를 자신의 도시로 선언하는 데 성공했다. 스테판 왕은 그단스크를 탈환하기 위해 북쪽으로 진격해 자신을 퇴위시키기 위해 파견된 군대를 패퇴시켰지만, 오랜 기간 포위를 당하는 상황은 바람직해 보이지 않았다. 이반 4세는 동쪽에서 폴란드를 침입해왔고, 국제 정세도 매우 불리해졌다. 스테판은 교역 조건에서 많은 양보를 제공하며 그단스크가 다시 폴란드로 돌아오게 만든 다음, 폴란드인이 국내 종교·정치 문제 논쟁에 몰두한 수십 년 동안 악화되어온 문제들에 주의를 돌렸다.

1515년에 폴란드 주변에 극적인 세력 변화가 일어났다. '원로왕' 지그문트, 오스트리아의 막시밀리안 1세, 헝가리와 보헤미아 군주인 야기에우워 가문의 브와디스와프 왕이 프레스부르크Pressburg(브르노Brno)에 모여 중동부 유럽의 장래에 대해 논의했다. 야기에우워 왕가의 두 군주는 합스부르크 왕가가 탐내던 지역을 손에 넣었지만, 브와디스와프의 아들인 루이는 후계자가 없었고, 세 군주가 모인 것은 전쟁을 피하기 위한 것이었다. 이 문제는 잘 해결되었다. 루이에게 계속 후계자가 생기지 않는 경우 헝가리와 보헤미아는 합스부르크 왕가 밑으로 들어가기로 결정되었고, 이에 대한 대가로 합스부르크 왕가는 튜튼기사단과 기타 폴란드의 적들에 대한 전통적인 지지를 포기하기로 했다. 그러나 다른 문제들은 여전히 미해결 상태로 남았다.

슈체친-포메라니아공국의 마지막 슬라브계 공후인 보구스와프 10세도 후계가 없었고, 자신의 충성 대상을 합스부르크제국에서 폴란드로 바꾸기를 원했지만 이를 실행하지는 못했다. 그가 사망하자 이 공국은 합스부르크제국에 재병합되었다. 도시 주민과 귀족 대부분이 독일인이고 농민들 대부분은 폴란드인인 실레시아에서도 비슷한 상황이 벌어졌다. 이 지역은 여전히 피아스트 왕조의 공후들이 통치했고, 오폴레Opole의 얀 3세 같은 일부 공후는 독일어를 전혀 사용할 줄 몰랐다. 이 공국들은 야기에우워 왕가의 일원인 브와디스와프가 왕으로 있는 보헤미아 왕조의 가신국이었다. 그의 아들 루이가 1526년에 모하치 전투에서 전사하자 왕위는 합스부르크가로 넘어갔고, 1532년에 얀 3세가 사망하자 공국도 합스부르크제국에 합병되었다. 실레시아의 몇몇 피아스트 공국은 17세기 말까지 계속 살아남았지만, 이 지역은 폴란드의 영향권에서 벗어났다.

이와 거의 비슷한 시기에 튜튼기사단의 영역도 외국 세력들이 차지하게 되었다. 수도원 제도는 루터의 가르침에 결정적 영향을 받았고, 튜튼기사단의 대원수 알브레히트 폰 호엔촐레른(지그문트 왕의 조카)과 그의 기사 대부분은 폴란드가 1520년에 이들을 격파하면서 루터의 영향을 크게 받았다. 바티칸 교황청이나 합스부르크제국 모두 배교자가 된 기사단을 지원하지 않았기 때문에 지그문트 왕이 나머지 십자군 국가를 장악하여 자신의 왕국으로 통합하는 것을 막을 방법이 없었다. 대신에 그는 튜튼기사단이 호엔촐레른 가문의 세습 왕국이 되도록 변형시켰고, 이 왕조는 폴란드 왕조의 가신국이 되었다. 대주교 호시우스는 배교자들을 분쇄하지 않고 자비를 보인 지그문트 왕을 미친 자라고 불렀다. 심지어 궁정 광대 스탄치크도 왕의 어리석음을 조롱했고, 이 조롱은 시간이 가면서 정당했던 것으로 드러났다.

리보니아의 기사단도 루터교로 개종했고, 그 결과 자신들이 위험한 상황에 처한 것을 알았다. 이 지역에 오랜 기간 이해관계를 가지고 있던 스웨덴과 덴마크 모두 리보니아에 대한 나름의 계획을 세웠다. 발트해 연안을 확보하고 싶었던 모스크바공국도 이 지역에 눈독을 들였다. 서로 경쟁하는 여러 국가의 위협을 받은 리보니아의 기사단은 자신들의 존속을 확보하기 위해서는 폴란드의 가신국이 되는 것 외에 다른 방법이 없다고 생각했고, 1561년에 그것을 실행했다.

이로써 1512년에 시작된 폴란드와 모스크바공국의 갈등이 심화되었다. 그해에 모스크바공국의 통치자 바실리 3세는 튜튼기사단, 오스트리아제국과 동맹을 맺었다. 이 덕분에 모스크바공국은 근대식 군대를 구성할 수 있었고, 이를 스몰렌스크 점령에 바로 이용했다. 헤트만 오스트로그스키가 지휘하는 폴란드 군대는 1514년에 오르샤Orsza 전투에서 모스크바공국군을 쉽게 격파했지만, 동쪽으로부터의 위협은 사라지지 않았다. 1550년대와 1560년대를 통해 이반 4세는 리투아니아를 통해 발트해로 진출하려는 시도를 반복했다.

1577년에 이반 4세는 리보니아를 다시 침공했다. 리투아니아군이 침략군을 저지하는 동안 스테판 왕은 결전을 벌일 때가 왔다고 판단했다. 1579년에 그는 폴란드 헤트만 미코와이 미엘레츠키와 리투아니아 헤트만 미코와이 라지비우가 지휘하는 군대를 빌노 근처에 집결시킨 후 폴라츠크Polotsk로 진격하여 바로 장악했다. 1580년에 스테판은 3만 명의 병력을 집결시킨 후 세 부대로 나누고 한 부대는 자신이 직접 지휘했다. 다른 두 부대는 미코와이 라지비우와 얀 자모이스키가 지휘하도록 명령했다. 폴란드군은 비엘리키에 루키Vielikie Luki를 점령하고, 다음해인 1581년에 프스코프Pskov를 포위했지만, 이반 슈이스키와 바실리 슈이스키 형제가 프스코프를 성공적으로 방어했다. 겨울이 되자 스테판 왕은 폴란드로 돌아왔고, 자모이스키가 프스코프 외곽에 계속 주둔했다. 그러는 사이 로마 교황청의 지시를 받은 예수회 사제인 안토니오 포세비노의 중재로 협상이 열려 1582년 1월 1일에 체결된 얌 자폴스키Jam Zapolski 조약으로 리보니아 전체와 폴라츠크, 기타 지역이 폴란드에 반환되었다.

스테판 왕이 자기 충신과 함께 모스크바공국 원정을 한 방식은 그의 통치 방식 전체를 잘 상징하고 있다. 그는 즉위하자마자 세임에서 '조각이나 초상화가 아닌 왕'이 될 것을 선언했다. 그는 헌법을 준수했지만, 자신의 권력을 사용하는 데에도 주저하지 않았다. 그는 세임의 역할을 강화해주지 못하고 개혁 요구를 거부해서 국왕 선출에 큰 역할을 한 법률 집행주의자들에게는 실망을 주었다. 1580년에 그는 정치적 출간물에 대한 검열제를 도입해서 세임 의원들의 반발을 샀지만, 국왕의 권위와 왕권 존중을 일부 회복했다. 그러나 그가 겨우 10년을 통치한 후 1586년에 갑자기 사망하면서 국왕 지위는 다시 한 번 위기에 처하게 되었다.

폴란드-리투아니아 국가연합은 14년 동안 세 번의 국왕 궐위를 맞게 되었다. 이로 인해 국왕 선출의 무용성이 느껴지고 다음 선거를 질서 있게 치르는 것이 어려워졌다. 새 국왕 후보로 스테판의 조카인 안드레프 바토리와 모스크바공국의 새 차르인 표도르가 거론되기도 했지만, 핵심 경쟁자는 합스부르크 왕가의 막시밀리안 대공과 스웨덴 왕자 지기스문트 바사였다. 스테판 왕의 강력한 통치에 불만을 가진 슐라흐타는 모두 합스부르크 왕가 후보를 지지했다. 로마 교황청도 그를 지지했고, 에스파냐 왕 펠리페 2세는 재정적으로 지원을 했다. 영국과 전투를 벌이기 위해 오스트리아 함대가 출발한 상황에서 합스부르크 왕가는 유럽을 지배한다는 기대에 가득 찬 상태였다.

반합스부르크파는 스웨덴 왕 요한 3세와 함께 지그문트 아우구스트의 둘째 여동생 카타지나 야기엘론카의 아들인 지기스문트 바사를 지원했다. 친합스부르크파는 강압적으로 선거를 밀어붙이려고 했지만, 1587년 8월 19일에 지기스문트가 국왕으로 선출되어 지그문트 3세로 통치하게 되었다. 사흘 후 막시밀리안은 직접 군대를 끌고 폴란드를 침공해 크라쿠프를 포위했다. 그러나 헤트만 자모이스키가 그의 군대를 격파했고, 실레시아까지 추격해 포로로 잡았다.

지그문트 3세가 국왕에 즉위하기 위해 크라쿠프에 도착하자 그는 야기에우워 왕조 선조들이 쌓아놓은 인기를 누렸고, 폴란드어를 능숙하게 구사해 인기를 더욱 높였다. 그러나 스물두 살의 왕은 어렵게 보낸 유년 시절이 성격과 외모에 그대로 나타났다. 그의 부모가 당시 스웨덴 국왕이었던 에리크 14세에 의해 갇혀 있던 지하 감옥에서 그는 태어났고, 이 어려운 수감 생활 가운데 유일한 빛은 그를 교육시킨 예수회 사제들이었다. 교황청 대사인 안니발레 디 카푸아는 "스테판 왕은 병사들에게 좋은 왕이자 사제들에게도 좋은 왕이 될 것이다"라고 말했다.

지그문트 3세의 첫 고위직 인사는 가톨릭 신자들이 요직을 차지하게 될 것임을 분명히 보여주었다. 그는 1589년에 바르샤바연맹 규약의 신앙 자유 조항들의 내용을 강화하면서 세임의 반대를 물리쳤다. 이로 인해 희생당한 것은 국왕 선출 과정을 엄격하게 만들려던 총리 자모이스키의 계획이었다. 그는 왕위 궐위 기간을 최대 8주까지만 허용하고, 지방 세이미크 대표들에 의한 투표(그렇게 함으로써 보통투표를 철폐)를 실시하려고 했다. 후에 일어난 일들을 기준으로 돌아보건대 가장 중요한 것은 다수결 제도의 도입이었다. 그러나 국왕의 주장에 의해 수석대주교는 국왕 후보는 가톨릭 신자여야 한다는 '필수 요건'을 도입하여 세임이 크게 반발했고, 이 계획 모두가 수포로 돌아갔다. 지그문트 3세가 생각하기에 세임 개혁과 종교 자유는 떼려야 뗄 수 없는 것이었고, 그는 두 가지 가운데 하나라도 방해하는 것은 무엇이라도 저지하려고 했다.

그는 반합스부르크 왕가라는 분위기 덕에 왕에 선출되었고, 자신의 왕위를 차지하려는 막시밀리안 대공의 영향으로 자기 입장을 더욱 고집하게 되었다. 그러나 그는 막시밀리안 대공을 석방하고, 합스부르크 왕가 여성과 결혼했으며, 오스트리아와 '영구 평화' 조약을 체결했다. 이 조약이 국가연합에 어떤 이익을 가져다줄지는 불분명했다. 그의 의도는 경직된 조심성 뒤에 가려져 있었고, 시간이 지나서야 드러나게 되었다.

지그문트 3세는 교육을 담당한 사람들에 의해 장차 스웨덴의 반종교개혁을 이끌어 나갈 인물로 양육되었고, 폴란드 왕위도 그 목적을 이루는 수단으로 보았다. 그는 합스부르크 왕가가 자신이 스웨덴을 되찾고, 가톨릭주의을 도와주는 대가로 폴란드를 합스부르크 왕가에 넘겨주는 가능성을 고려하고, 리보니아 같은 발트해 연안 지역을 확보한 폴란드를 이용해 스웨덴의 영역을 넓히는 것도 고려하는 듯 보였다.

총리 자모이스키는 지그문트 3세의 계획을 알아차리고, 1592년에 세임을 동원해 국왕의 행위를 공식적으로 탄핵했다. 왕의 행동은 국왕 선출 협약과 헨리크 규약을 위반한 것이었다. 지그문트 3세는 공식적으로 자신의 행동을 사과하고 앞으로 바른 행동을 하겠다고 약속했지만, 그의 신민들은 그를 계속 의심했고, 국왕은 더욱 자신의 의도를 드러내지 않았다.

1592년에 지그문트 3세의 아버지인 스웨덴 국왕 요한 3세가 사망하자 지그문트는 스웨덴 왕위를 이어받기로 결정했다. 세임은 1년 안에 돌아온다는 조건으로 그가 스웨덴으로 가는 것을 허락했다. 그는 돌아왔고 삼촌인 칼 쇠더르만란트를 스웨덴 섭정으로 임명했다. 그러자 그가 염려했던 일이 일어났다. 칼은 스웨덴을 자신이 통치하기로 작정하여 지그문트 3세를 격노하게 만들었다. 지그문트 3세는 자신의 왕위를 재확인하기 위해 1598년에 스웨덴으로 갔지만 모욕만 당하고 돌아왔다. 1599년에 스웨덴 의회Riksdag는 지그문트를 폐위시키고, 그가 루터교 교인이 된다면 그의 아들 브와디스와프가 왕위 계승을 할 수 있다는 조건을 달았다.

지그문트는 스웨덴과 전쟁을 벌였으나 리보니아만 상실하고 말았다. 폴란드는 1601년에 리보니아를 되찾았지만, 4년 후 지그문트의 또다른 삼촌인 칼 9세가 다시 한 번 리보니아를 침공했다. 리투아니아 헤트만 얀 카롤 호트키에비치가 키르홀름Kircholm 전투에서 칼 9세를 격파하여 리보니아가 스웨덴의 수중에 떨어지는 것을 막을 수 있었다. 그는 계속 진격하여 리보니아 전체를 점령하고, 1609년에 리가를 탈환했다. 스웨덴은 1611년에 칼 9세의 사망으로 더욱 수세에 몰렸다. 칼 9세의 어린 아들 구스타브 아돌프가 왕위에 올랐다. 그는 후에 비할 데 없이 뛰어난 장군임을 보여주었지만, 성장하는 동안 17세기 유럽에서 가장 뛰어난 정치인인 악셀 옥센스티에르나가 섭정을 맡았다.

그는 1618년에 시작된 30년 전쟁 동안 변방에 위치한 스웨덴의 상황을 잘 이용했다. 그는 분명한 이익이 있을 때는 가톨릭 세력인 합스부르크 진영에 가담했고, 그렇지 않을 때는 거리를 두었다. 폴란드는 이 전쟁에 중립을 선언했지만, 지그문트 3세는 자신을 개신교동맹 Protestant Union에 대항하여 형성된 가톨릭연맹Catholic League의 일원으로 생각했다. 그는 합스부르크 왕가에 1만 명의 기병을 보충 병력으로 보냈고, 이들은 보헤미아 '겨울왕'과의 '백산 전투'에서 오스트리아군이 승리하는 데 기여했다. 이 덕분에 스웨덴은 폴란드의 중립을 무시하고 리보니아뿐만 아니라 포메라니아도 침공했다. 1627년에 헤트만 코니에츠폴스키는 구스타브 아돌프가 이끄는 스웨덴군을 육상에서 격파했고, 폴란드 해군은 해상에서 스웨덴 함대를 물리쳤다. 1635년에 스툼스도르프Stumsdorf에서 평화 조약이 체결되었지만, 바사가 스웨덴 왕위권을 요구하면서 더 많은 유혈 사태가 벌어지게 되었다.

폴란드는 30년 전쟁에 어떠한 역할도 맡지 않았고, 전쟁을 할 이유도 없었다. 세임은 국왕의 외교 업무 수행에 대한 통제권을 상실했지만, 병력 파견에 필요한 재정 지원을 거부하는 방식으로 외교에 부정적 영향력을 행사할 수 있었다. 그러나 국왕의 행동으로 인해 외국이 침략해오면 폴란드는 외적을 방어하는 것 외에 다른 선택의 여지가 없었다. 세 명의 바사 가문 국왕인 지그문트 3세(1587-1632)와 그의 아들들인 브와디스와프 4세(재위 1632-1648), 얀 카지미에시(재위 1648-1668)의 외교 정책은 종종 야심 찬 계획으로 시작했다가 세임의 지원을 받지 못해 실행에 옮기기 전이나 실행 직후 실패로 끝나는 경우가 많았다.

지그문트 3세는 1592년에 세임에서 자신의 행위에 대해 사과하긴 했지만, 최소한 세 가지 면에서 헨리크 규약 준수 약속을 어겼다. 첫

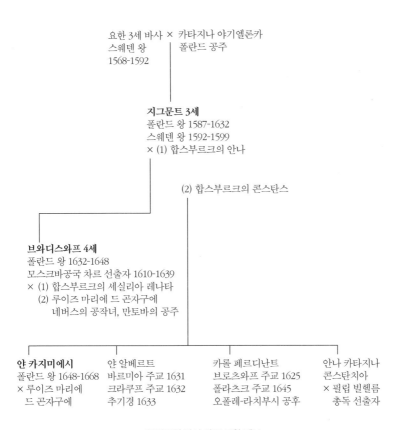

폴란드의 바사 가문 국왕 계보

번째는 계약 결혼(두 번은 합스부르크 왕가와), 두 번째는 비밀 외교, 세
번째는 세임의 동의 없이 전쟁을 시작한 것이었다. 1605년에 그는 세
임에 항구적인 연세annual tax 징세와 상비군 도입, 상원의 축소와 하원
철폐를 내용으로 하는 개혁안을 제출했다. 반대파의 대변인인 자모이
스키, 마레크 소비에스키와 헤트만 주우키에프스키는 이것이 불가능
하다고 반박했고, 이에 대한 대응으로 왕은 세임을 해산했다. 세임의
마지막 연설에서 연로한 총리 자모이스키는 왕에게 왕이 신민과 왕
국의 이익에 자신을 일치시킬 때에만 그는 국민의 절대적 충성을 얻
게 되고, 그가 원하는 모든 세금과 더 큰 권력을 갖게 될 것이라고 말
했다.

　왕은 이러한 호소에 귀를 기울이지 않았고, 자모이스키는 그해 여
름에 사망했다. 지그문트 3세는 행동의 자유를 좀더 얻겠다는 생각
으로 두 번째 세임을 구성했다. 반대파의 또다른 강력한 지도자인 크
라쿠프 총독 미코와이 젭시도프스키는 슐라흐타의 대안 세임을 소
집했고, 이 세임은 왕이 헌법을 준수하지 않을 경우 심각한 결과가
초래될 것이라고 경고했다. 바르샤바에 소집된 세임은 타협안을 마련
하려고 노력했지만, 이러한 노력은 왕에 의해 무산되었고, 왕은 종교
자유를 보장한 바르샤바연맹 규약을 철폐할 것을 요구했다. 점점 더
많은 슐라흐타와 야누슈 라지비우 같은 대영주들은 산도미에시에서
젭시도프스키 진영에 가담했고, 왕이 계속 자신의 요구를 내세우자
그들은 헨리크 규약 마지막 구절에 의거하여 투표로 왕의 폐위를 결
정했다.

　그들의 주장은 헌법적으로는 아무 하자가 없었지만, 그것을 설득력
있게 만들기 위해서는 젭시도프스키보다 더 지적인 사람이 필요했

고, 지지 여론을 결집시키기 위해서는 더 강력한 권위를 가진 사람이 필요했다. 국왕 편에 선 사람은 거의 없었지만 대부분은 국왕에게 무력으로 대항하는 것을 주저했다. 얼마 동안 주저한 두 헤트만 호트키에비치와 주우키에프스키는 왕의 편에 서기로 결정했다. 그들은 국왕에 충성하는 병력을 모아서 구주프Guzów에 모인 반란군을 진압했다기보다는 해산시켰다.

이런 전개는 폴란드의 정치 체제에 상당히 부정적인 영향을 미쳤다. 슐라흐타는 헌법에 의거한 권리를 되찾으려고 시도했다가 실패했고, 이것은 이러한 권리가 실질적이기보다는 얼마나 이론적인 것인가를 여실히 보여주었다. 국왕은 무장 반란을 맞았지만, 무자비하게 반란을 진압하지 않아 반란은 언제든지 다시 일어날 수 있었다. 이러한 사건은 시간이 지나면서 교정될 수 있는 헌법에 내재한 수많은 허점을 잘 보여주었다. 그러나 반복되는 왕위 궐위와 새 왕들의 즉위는 이 과정을 방해했다. 이러한 과정이 재개되는 시점에 지그문트 3세가 즉위했고, 그는 자신 나름의 생각을 가지고 있었다. 여기에 대항하는 반대의 소리가 세임에서 나왔지만, 정치적 행동으로 전환되지는 않았다. 권력은 넓게 분산되어 국왕, 상원, 하원 모두 다른 두 세력의 지원 없이 단독으로 행동할 수 없었다.

국왕은 의회 과정이 기능하도록 만드는 촉매제였지만, 지그문트는 이 체계를 이해하지 못했고, 국왕은 아무런 헌법적 권한이 없다는 사고틀에 빠져버렸다. 폴란드인이 아니라도 이것을 쉽게 알아차릴 수 있었다. 1592년에 이탈리아인인 지오반니 보테로는 "국왕은 자신의 정치력과 지력이 허용하는 만큼 권력을 가질 수 있다"라고 논평했다. 지그문트는 정치력과 지력 모두 가지고 있지 못했고, 그 결과 쓸데없고 상호 타격을 주는 연속적 충돌이 이어졌다.

왕의 권력의 원천은 상원을 구성하는 국가연합의 고위직, 주교, 지사, 성주를 임명하는 권한이었다. 왕의 영향력은 이익이 많이 나는 특권적인 왕실 토지의 관리권을 하사하는 권한에 기반을 두고 있었다. 그는 자신이 원하는 사람을 원하는 자리에 임명할 수 있었고, 부유한 자나 권력이 강한 자의 호의를 구할 필요가 없었다. 야기에우워 왕조의 마지막 두 왕의 통치 시기 대부분의 고위직 관리, 상원의원, 주교는 왕의 측근들이었고, 그들은 결혼을 통해 왕가와 인연을 맺었다. 그 결과 국왕의 영향력을 갖게 되었고, 가장 재능 있고 야망 있는 사람들이 권력으로 향하는 문으로 왕실에 들어왔다.

선출된 군주는 권력에 대한 불안감으로 영향력 있는 대귀족들의 지원이 필요하게 되는 것이 당연했다. 그러나 이것은 단기적으로는 편리한 해결책이었지만, 대귀족들의 입지를 크게 강화해 궁극적으로는 왕권을 취약하게 만들었다.

1550년부터 1650년 사이 야기에우워 왕조 시기 큰 영향력을 행사했던 피를레이, 타르노프스키, 텐친스키와 다른 명문가들이 사라지거나 세력이 약화되고, 이후 3세기 동안 폴란드의 생활을 지배하는 과두 지배 가문에 자리를 내주었다. 포토츠키 가문은 200년도 되지 않는 기간 동안 35명의 상원의원, 세 명의 헤트만, 한 명의 야전헤트만을 배출했다. 스타니스와프 루보미르스키는 이러한 새로운 명문가의 좋은 예였다. 그는 91개의 부락 전체와 16개 부락의 일부, 한 도시를 소유했고, 국왕령인 18개 부락과 두 도시를 위탁 관리했으며, 비옥한 왕실 토지도 관리했다. 완추트Łańcut와 비시니츠Wiśnicz에 거대한 두 성을 소유했고, 크라쿠프 성주, 두 개의 국왕 하사 직함, 공후-성주Prince-Palatine라는 직함은 국왕을 부러워할 필요가 없었다.

그와 같은 대영주의 권력을 제한하려는 국왕의 시도는 광범위한 반대를 불러일으킬 수밖에 없었고, 가장 가난한 슐라흐타라도 이것을 자신의 개인적 자유에 대한 공격으로 간주했다. 그리고 대영주의 무력이라는 실제적 문제도 있었다. 많은 대영주는 수많은 가신과 외국 용병으로 구성된 정규 부대뿐만 아니라 비非지주 슐라흐타로 구성된 경호 인력과 많은 지지자, 후견인을 거느리고 있었다. 코니에츠폴스키와 비시니오비에츠키 가문 사이에 갈등이 무력 대결로 악화되자 양측이 동원한 병력은 1만 명에 달했다.

대영주들이 부를 축적하는 데 기여한 요인들은 이들에게 인력을 제공해준 요인들과 중첩되었다. 이 기간 농산물 수요, 공급에는 엄청난 변화가 있었다. 1618년의 풍작은 수출 시장에서 가격 상승과 맞물렸고, 1619년의 흉작은 낮은 농산물 가격과 유럽의 재정 위기와 맞물렸다. 작은 농지 경영자들은 풍년에는 작은 이익을 취하는 데 그쳤고, 흉년에는 큰 손실을 입어 자금 여유가 없는 상황에서 파산에 이르는 경우가 많았다. 점점 더 많은 소영농 슐라흐타들은 자신의 농지를 지역에서 유일하게 현금을 보유하고 있는 지역 대영주에게 매각해야만 했다. 개선된 보건과 의료 서비스로 16세기 소영농 슐라흐타의 출산율은 크게 치솟았고, 이로 인해 많은 가족들이 극빈 상태로 전락했다. 소위 귀족 부랑 노동자가 생겨났고, 이들이 제공할 것은 투표와 칼뿐이었다. 이들을 흡수할 수 있는 왕실 군대나 행정조직이 없었기 때문에 이들은 대영주 밑에서 중개인, 하인, 병사로 일자리를 찾아야만 했다. 후견인 제도가 발달하기 시작했고, 대영주의 거주지는 점차로 궁정과 같은 기능도 떠맡았다.

이러한 양태는 지역에 따라 다양하게 나타났다. 비엘코폴스카 지역에서 슐라흐티의 상당수는 생산력 높은 농지 영농에 매달려, 이들은 재정적 독립뿐만 아니라 거대한 장원의 출현을 막았다. 그곳에서 공후의 대영지는 나타나지 않았지만, 대영주들의 부는 작은 나라 규모의 농지를 소유한 리투아니아나 우크라이나 지역의 대영주와 대등했다. 폴란드 동부 지역인 이곳에서 대영주는 법률과 같은 존재가 되었다. 그들의 야망과 우선순위는 폴란드의 나머지 지역과 무관했지만, 그들의 반+독립적 정책은 여러 번에 걸쳐 재앙적인 결과를 가져왔다. 이런 재앙 가운데 가장 눈에 띄는 것은 모스크바공국과의 전면 전쟁 시기까지 발전된 개인 해외 유람이었다.

이반 4세는 두 아들, 표도르와 드미트리를 남겨놓고 1584년에 사망했다. 표도르는 왕위를 이었고, 드미트리는 우글리치Uglich로 유형을 갔다가 1591년에 그곳에서 아마도 보리스 고두노프에 의해 살해당했다. 고두노프는 1598년에 표도르가 사망하자 스스로 차르 자리에 올랐다. 1601년에 모스크바공국에는 큰 흉년이 닥쳤고, 이로 인해 민중 소요와 반란이 일어났다. 보리스 고두노프의 살인으로 인해 하늘의 재앙이 닥쳤다는 흉흉한 소문이 돌았다.

1603년에 그리슈카 오트레피예프라는 이름을 가진 수도사가 루테니아 총독 콘스탄티 비시니오비에츠키 앞에 나타나 자신이 이반 4세의 아들 드미트리라고 주장했다. 그는 자신이 1591년의 보리스 고두노프의 암살 시도에서 기적적으로 살아남은 이야기를 장황하게 풀어놓았고, 산도미에시 지사인 예지 므니셰흐는 그의 이야기를 믿지는 않았지만, 그의 유용성을 단번에 알아보았다. 그는 소금광으로 큰 부를 축적했지만 이에 못지않은 야망도 가지고 있었다. 그는 둘째 딸의 배필로 이 가짜 드미트리를 점찍었고, 가짜 드미트리는 재정 지원과 정치적 지원을 받는 대가로 동의했다. 드미트리는 크라쿠프로 가서 가톨릭으로 개종했다. 이로써 그는 예수회의 지원을 확보했고, 예수회 사제들은 로마 교황 사절에게 그를 지그문트 왕에게 소개하도록 설득했다. 국왕은 그를 따뜻이 영접했다. 그에게 연금을 하사하고, 사람들의 지지를 구하고, 군대를 일으키는 것을 허락했다. 드미트리 참칭자는 총리와 헤트만에게 자신을 지원하도록 설득하려고 했지만 성공하지 못했다. 그러나 그를 따르려는 모험가들은 많았다.

1604년 9월 드미트리는 3000명의 병력을 이끌고 모스크바 원정에 나섰다. 이 원정은 므니셰흐가 재정적 지원을 제공했다. 모스크바공국의 혼란 덕분에 드미트리의 원정은 성공적으로 진행되었다. 많은 도시가 그에게 충성을 맹세하고 많은 전사귀족들boyars이 그의 신하가 되었다. 1605년 4일 보리스 고두노프가 모스크바에서 갑자기 사망했고, 드미트리는 전투도 치르지 않은 채 모스크바에 입성했다. 그는 차르 왕관을 썼고, 마리나 므니셰흐가 황후가 되기 위해 모스크바로 왔다. 그러나 1606년 5월 모스크바에서 봉기가 일어나 드미트리는 살해되었다. 그의 폴란드 수행원들은 무장을 해제당했고, 그의 부인은 구금되었다. 드미트리의 시신은 급소가 밧줄에 매달린 채 크렘린 앞 로브노에메스토Lobnoie Mesto에 끌려왔다. 그곳에서 그의 시신은 절단되고 불에 태워진 후 포에 포탄처럼 장전되어 그가 온 서쪽으로 발사되었다.

드미트리 대신에 전사귀족 바실리 슈이스키가 지도자로 선출되었지만, 이것으로 모든 것이 끝난 것은 아니었다. 1607년에 또 한 명의 그럴듯한 참칭자가 나타나 자신이 기적적으로 살아난 드미트리라고 주장했다(1598년부터 1613년 사이 이런 참칭자가 40명이나 나타났다). 감옥에서 풀려난 마리나 므니셰흐는 그를 자기 남편이라고 인정했고(예수회 고해성사 신부는 만약을 대비해 이들의 두 번째 결혼식을 주관했다), 그는 불만에 찬 모스크바 사람들과 그를 인정한 폴란드인 사이에 새로운 싸움거리가 되었다. 이런 왕위 쟁탈전에 많은 리투아니아 대영주가 가담했다. 여기에는 사무엘 티슈키에비츠와 리투아니아 총리의 조카인 얀 피오트르 사피에하도 포함되었다.

지금까지 전쟁은 개인 간의 싸움이었다. 그러나 1609년에 차르 바실리 슈이스키는 스웨덴의 칼 국왕과 동맹을 맺었고, 그는 리보니아를 침공했다. 세임은 스웨덴군을 물리치기 위해 호트키에비치가 지휘하는 군대를 파견했지만, 모스크바공국을 공격하는 것은 허가하지 않았다. 지그문트 3세는 이것을 무시하고, 교황 바울 5세에게 십자군 지위를 인정받아(십자군에 참여하는 사람은 모든 죄를 용서받고, 전사하는 사람은 바로 천국으로 간다고 보장했다), 직접 군대를 이끌고 모스크바 이교도들을 향해 진격했다. 폴란드군은 스몰렌스크를 포위했지만, 더이상 나아가지 못했다. 참칭자 드미트리는 폴란드 모험자들, 코자크, 러시아 전사귀족을 이끌고 모스크바를 포위했지만, 지그문트 3세가 간섭하고 나서자 대부분의 폴란드인은 드미트리를 떠나 국왕 편으로 왔다. 그 결과 참칭자는 칼루가로 후퇴했고, 급격히 변화하는 정세에서 사라지게 되었다.

1610년에 차르의 동생인 드미트리 슈이스키가 스몰렌스크를 구하기 위해 출병했다. 헤트만 주우키에프스키는 군사를 이끌고 강행군을 하여 클루시노Klushino에서 슈이스키 군대를 기습공격했다. 그는 전투에서 대승을 거두었고 패잔병을 좇아 모스크바까지 진격했다.

모스크바에서 전사귀족들은 차르를 폐위하고 그 대신에 지그문트 왕의 장남인 브와디스와프를 차르로 선출했다. 그러나 이러한 외교적 해결책은 무력으로 모스크바공국을 제압하여 가톨릭 신앙을 강제하려는 지그문트 3세의 계획과 맞지 않았다. 그는 계속 스몰렌스크를 포위했고, 모스크바 전사귀족들은 브와디스와프가 오기를 기다렸다. 소규모 폴란드 부대가 크렘린에 계속 머물렀는데, 급여를 받지 못한 이들은 모스크바공국 왕실 보석을 팔려고 내놓았고, 이를 유럽 전역에 편지로 알렸다. 아무도 보석을 사려는 사람이 나타나지 않자, 그들은 보석을 나누어 가졌다.

1611년 6월 13일에 스몰렌스크는 지그문트에게 항복했다. 자신의 입지가 강력하다고 생각한 지그문트는 모스크바의 전사귀족들과 협상하려고 하지 않았고, 브와디스와프가 차르가 되기 전에 모스크바공국 전체가 가톨릭으로 개종할 것을 요구했다. 모스크바에서는 폴란드 병영을 대상으로 여러 번의 봉기가 일어났고, 폴란드인은 이를 견디지 못하고 크렘린을 떠났다.

1613년 2월 대귀족들은 미하일 표도로비치 로마노프를 새로운 차르로 선출했다. 그는 로스토프의 대주교 아들이었고, 참칭자 드미트리와도 친척 간이었다. 새로운 차르가 왕관을 썼지만(차르 왕관은 살해된 폴란드 병사의 짐 속에서 발견되었다), 상황은 여전히 혼란스러웠다. 차르의 아버지는 폴란드에 구금되어 있었고, 마리나 므니셰흐와 그녀의 세 살 먹은 아들은 돈 코자크의 보호를 받으며 러시아 남부에 머물러 있었다. 1618년에 마침내 아버지의 허락을 받은 브와디스와프는 모스크바공국의 왕관을 차지하기 위해 군대를 이끌고 출병했다. 그는 모스크바를 점령하는 데 실패했고, 1619년에 강화조약이 맺어져 스몰렌스크와 기타 지역을 폴란드에 반환하고 브와디스와프는 자신을 '선출된 모스크바공국의 차르'라고 선언했다.

그러나 일은 거기서 끝나지 않았다. 1632년에 지그문트 3세가 사망한 틈을 이용해 모스크바공국군이 침공해와 스몰렌스크를 포위했다. 그러나 1633년에 브와디스와프는 스몰렌스크를 구하고 적들을 격퇴했다. 다음해 강화조약이 체결되었고, 모스크바공국이 요구한 것 가운데 가장 중요한 것은 1610년에 전사귀족들이 그를 차르로 선출한 문서를 반환하라는 것이었다. 이 문서를 문서고에서 찾을 수 없었기 때문에 브와디스와프는 바르샤바에서 진행된 미사에서 모스크바 전사귀족 사절단 앞에 서서 자신이 모스크바공국에 가진 모든 직위와 왕권을 포기한다고 선언했다.

이러한 행위의 상징성은 아주 컸고, 여러 가지를 시사했다. 폴란드 역사상 가장 길게 재위했던 지그문트 3세는 2년 전 죽을 때 자기 아들들을 침상으로 불렀다. 그는 남은 힘을 다해 떨리는 손으로 브와디스와프에게 스웨덴 왕관을 씌워주었다. 그는 모스크바공국 왕관을 쓴 채로 숨을 거두었다. 그가 쓸 수 있는 유일한 왕관은 폴란드 왕관이었지만, 그는 이것을 자신의 계획에 거의 고려하지 않았다.

8장

신의 전사들

1556년에 크라쿠프 시청 탑이 재건축될 때 에라스뮈스의 신약 성경 한 권을 벽돌 속에 넣었다. 1611년에 탑을 수리할 때 이 성경은 가톨릭 신약 성경으로 대체되었고, 최초로 시성된 폴란드인 예수회 사제인 성 스타니스와프 코스트카의 초상화와 유품도 같이 넣었다. 이 상징물들은 더이상 정확할 수가 없었다. 하나의 생의 목표가 다른 하나로 대체되었고, 탐색의 정신은 경건의 정신으로 대체되었다. 인본적인 원칙들은 트렌트 공의회에의 순응으로 바뀌었다. 1550년대에 에라스뮈스가 깊은 사고를 하는 모든 폴란드인에게 등대 같은 역할을 했다면, 그들의 손자, 손녀에게는 예수회가 멘토가 되었다.

그러나 종교 전선이 폴란드 전역을 복잡하게 가로지르고 있어서 가톨릭교회는 폴란드를 재정복하는 길을 조심스럽게 걸어가야 했다. 후에 교황 클레멘스 8세가 되는 대주교 알도브란디니가 1588년에 빌노를 방문했을 때 그는 가톨릭 참사회가 베푼 만찬에 초청된 주빈이 칼뱅주의자인 노보그루데크Nowogródek의 판사 테오도르 예프라셰프스키인 것을 보고 놀랐다. 그의 아버지는 핀스크Pińsk의 정교회 주교였고, 그의 아들은 아리우스파 교인으로 자랐다. 이것은 엄격주의자가 보기에는 이해할 수 없는 상황이었다. 고집이 센 지그문트 3세도 루터교 교인인 자기 여동생 안나가 궁정 안에 개신교 예배당을 짓는 것을 허용할 수밖에 없었다.

가장 열성적인 가톨릭 신자들도 속담이 말하는 것처럼 "귀족으로 태어났지, 가톨릭으로 태어난 것은 아니다"라는 말이 맞다고 느꼈다. 슐라흐타의 정치적 연대가 종교적 충성도보다 훨씬 강했다. 1627년에 국왕이 개신교 서적들을 압수하자 당장 큰 소동이 일어났다. 아리우스파 교인인 사무엘 프십코프스키는 조지 오웰의 선배가 될 만한 말을 슐라흐타 다수파에게 선언했다. "다음 조치는 사상을 가지고 있다는 죄로 고문하는 것이다. … 우리의 목표는 공동의 자유라는 이상을 단단한 매듭으로 엮어서 아무도 우리를 갈라놓지 못하게 하는 것이다"라고 열변을 토했다.

반종교개혁 운동은 느리게 진행되었다. 16세기 후반 3분의 1 기간 동안 개신교 교회 수는 3분의 2 정도 줄어들었고, 1569년에 상원의 다수파를 차지한 개신교 의원 수는 1600년이 되자 크게 줄어들었다. 열성적 가톨릭교도인 국왕이 주요 관직을 임명할 때 가톨릭 교인만 고려한다는 것이 중요한 이유가 된 것은 의심의 여지가 없었다. 그러나 1658년까지 아리우스파 교인은 사라지지 않았고, 국가가 위기에 처한 상황에서 무기를 드는 것을 거부해 적의 편을 든다는 의심을 받았다. 1660년에 퀘이커교도들은 그단스크 인근의 식민정착지에서 추방되었고, 여기에서 배를 타고 미주 대륙으로 떠났다. 1668년에 세임은 가톨릭교회를 배교하는 사람은 모두 유형에 처한다는 결정을 내렸고, 1673년에 비가톨릭 신자가 슐라흐타가 되는 것을 금하는 조치를 취했다. 이러한 조치에도 불구하고 각각의 사람이 자신이 선택한 종교를 신봉하는 것을 막을 수는 없었고, 세임이 결정한 사항과 법을 가장 엄격하게 집행하는 열성적 가톨릭 관리가 실제로 할 수 있는 일 사이에는 간극이 있었다.

그러나 지적 분위기의 변화 및 영적 재각성과 시기적으로 일치한 가톨릭주의로의 회귀는 다른 무엇보다도 수도원주의의 놀라운 부상으로 나타났다. 일례로 도미니크 수도회는 1579년 당시 가장 침체되었을 때 40개의 수도사 공동체에 300명이 되지 않는 수도사들이 생활했다. 그러나 20년 후 수도사는 900명으로 늘어났고, 1648년이 되자 110개의 커다란 공동체가 생겨났다. 1572년부터 1648년 사이 폴란드의 수도원 수는 220개에서 565개로 늘어났다. 같은 기간 동안 헤움노의 베네딕토 수녀원과 맨발수도카르멜회 같은 새로운 묵상 및 신학 수도회는 폴란드 종교 생활에서 이전에 볼 수 없었던 신비주의 전통을 시작했다.

이것은 전반적으로 예수회의 노력이 초래한 결과였다. 폴란드의 영혼을 차지하기 위한 전투에서 그들의 핵심 수단은 폴란드 전역에 세운 대학들이었다. 17세기 중반에 이미 40여 개의 예수회 대학이 설립되었다. 이 대학은 학비가 무료였고, 가톨릭 신도뿐만 아니라 아리우스파, 칼뱅주의, 정교회 신도도 수학하는 데 아무 지장이 없었고 교육 수준도 높았다. 예수회 대학에서 강의하는 에스파냐, 이탈리아, 포르투갈, 영국, 프랑스 출신 사제들이 가난한 슐라흐타들이 높이 평가하는 코스모폴리탄 요소를 가미해주었다. 예수회가 폴란드에 첫

발을 들여놓은 지 23년 후인 1587년에 빌노의 예수회 대학Jesuit College 에서는 60명의 사제와 수련 수사가 700명의 학생을 가르쳤다. "이 대 학의 강의실에는 수많은 이교도와 분리파 교도 자녀들이 있었고, 앞 으로도 있을 것이다"라고 이 대학 총장 가르시아스 알라비아노가 말 했다. "그들의 부모는 자녀들이 예술과 학문 교육을 받기 위해서 보 낸 것이지 가톨릭 신앙을 배우도록 보낸 것은 아니다. 그러나 오늘날 까지 신의 은총으로 그들 가운데 단 한 사람도 부모들의 실수를 바로 잡아 주도록 신께 간구하지 않거나 가톨릭 신앙을 받아들이지 않고 떠난 사람은 없었다."

2년 후 빌노대학은 스테판 국왕에 의해 university로 승격되었고, 그 영향력도 강화되었다. 1620년대가 되자 야기에우워대학은 단지 하급관리를 양성하는 교육기관이 되었고, 자모시치대학은 지방의 한 대학으로 전락했다. 빌노대학은 단 두 곳의 경쟁 상대를 가지고 있었다. 그것은 라쿠프와 레슈노의 아리우스파 신학교였다. 파우스 토 소치니의 영적 지도와 대영주 얀 시에니엔키의 후원으로 설립된 라쿠프의 신학교는 1600년대 초반 아리우스파 사상의 핵심 중심지 가 되었고, 유럽 전역에서 많은 학생과 선생을 불러들였다. 이후 몇십 년 동안 이 신학교는 소시니아 문학의 중심지로 부상하여 널리 전파 되었다(스피노자와 로크는 이 저작들의 영향을 받은 사상가였다). 1638년에 이 신학교의 두 학생이 길가에 세워진 가톨릭 성소를 훼손했고, 이로 인해 일어난 소동으로 신학교와 인쇄소는 폐쇄되었다. 아리우스파 형제단은 다른 아리우스파 대영주의 사유지로 이동해갔지만, 이들 은 가톨릭 지도부의 지속적인 법적 압제로 점차로 세력이 약해졌다. 16세기에 레슈친스키 가문이 설립한 레슈노의 아리우스파 신학교는

1620년에 체코의 철학자 얀 아모스 코멘스키(코메니우스Commenius)가 가담하면서 위상이 높아졌다. 그의 가르침은 특히 네덜란드와 영국에서 영향력이 컸고, 그는 크롬웰의 보호령도 방문했다(바로 이 방문 때 그는 미 대륙 뉴잉글랜드에 세워진 하버드대학의 총장으로 오라는 초빙을 받았다). 레슈노는 아리우스파 신도들이 사라지기 3년 전인 1655년에 일어난 스웨덴과의 전쟁 때 큰 피해를 입었다. 이렇게 해서 17세기 후반이 되자 빌노대학에 대항할 만한 경쟁 상대는 없었다.

1564년에 예수회 사제들이 폴란드에 들어오면서 16세기 말까지 344종의 책이 예수회에 의해 폴란드에서 출간되었다. 주제의 대부분이 일반 관심 분야를 다룬 이 책은 예수회의 정치적·신학적 목적을 교묘하게 홍보했다. 예수회 신도들은 국왕의 막후에 자리잡았고, 특히 1587년에 지그문트 3세가 왕위에 오른 후 막후 영향력을 확보하고 슐라흐타에 큰 적대감을 나타냈다. 이것은 예수회가 농민들에 가진 진정한 동정심에서 나왔을 뿐만 아니라 가톨릭 절대주의의 진정한 적은 아리우스파나 칼뱅주의자, 유대인, 이슬람교도가 아니라, 슐라흐타의 대부분을 차지하고 있는 민주적인 가톨릭 신도라는 것에서 유래했다.

폴란드 헌법이 반종교개혁 운동에 방해가 되었고, 슐라흐타는 이 헌법의 수호자가 되었다. 왕의 권한으로 달성될 수 있는 일은 거의 없었고 예수회는 다른 무기를 찾아 나섰다. 그들은 설교단을 이용하여 압제받는 사람들이 항거하도록 만들었다. 왕과 교회를 지지하는 전국적인 농민 봉기가 일어날 가능성은 슐라흐타에게 반가운 조짐은 아니었는데, 실현되지는 않았다. 예수회의 의도가 깊이 관여된 젭시도프스키 반란은 슐라흐타를 두렵게 만들었다. 예수회가 점점 더 많은 소귀족 슐라흐타를 끌어들이면서 그들은 체제 안에서 좀더 능숙하게 선교하는 법을 배웠다. 예수회 학교는 수천 명의 젊은 슐라흐타에게 예수회가 주입한 종교·사회·정치 원칙을 습득하도록 만들었다.

대영주들은 이런 상황에서 떨어져 있었다. 그들은 외곬수의 이기주의로 부를 축적하고 관직을 얻으며 작은 폭군처럼 행동했지만, 그럼에도 그들은 자신들을 헌법의 기둥으로 생각했다. 그들은 자신들의 가문을 고래 로마의 원로원 집안과 동일시하는 것을 좋아했고, 루보미르스키 가문의 경우에는 자신들이 드루수스의 후손이라고 주장했다(라지비우 가문도 이에 뒤지지 않아 트로이의 헥토르를 자신들의 조상으로 만든 족보를 출간했다). 그 결과 그들은 예수회가 뚫고 들어가기가 훨씬 어려웠다. 그러나 이들조차도 결국 예수회 앞에 순해졌다.

이런 면에서 대표적인 인물은 예지 오솔린스키였다. 그는 1595년에 부유한 집안에서 태어났고, 그의 세대에서 이것을 최고 수준으로 끌어올렸다. 예수회 교육을 받은 오솔린스키는 네덜란드, 영국, 프랑스, 이탈리아, 오스트리아를 여행했다. 그는 1618년의 모스크바 포위 때 전공을 세웠고, 의회 경력을 시작하기 전에 외교관으로 활동했다. 1631년에 그는 세임의 의장으로 선출되었고, 그는 이 직위를 활용해 투표 제도 개혁 프로그램을 제안했다. 1636년에 산도미에서 지사로 상원의원이 되었고, 2년 뒤에는 부총리, 1642년에는 총리로 임명되었다. 그는 지성이 있는 정치가로서 존경받았고, 강력하면서도 온건한 노선으로 국왕을 보위했지만, 그가 예수회 교육을 받은 것 때문에 종교관용에 대한 논의가 때마다 나타났고, 라쿠프 신학교 폐쇄에 앞장섰다.

오솔린스키는 위대한 후원자였지만, 전임자들 같은 시민권적 목표는 결여했고, 자신에게 기념비가 되는 건축물을 남기는 데 그쳤다. 1635년에 그는 오솔린Ossolin에 거대한 사저를 지었고, 1643년에는 클리몬투프Klimontów에 웅장한 성 조지 성당을 지었으며, 바르샤바에 팔라디오풍 궁전을 지었다. 폴란드 가문 역사상 가장 거창한 자기 선전물을 짓게 한 정신을 소유한 사람은 그의 형인 크시주토프였다. 두 사람은 엄청난 크기의 크시주토푸르Krzyżtopór 궁전을 지었다. 크기가 다른 많은 정원으로 구성된 화려한 대지 중앙에 위치한 명예의 정원은 별 모양으로 지어진 요새 성벽과 겹쳤다. 이것은 바닷가에 선 거대한 유람선처럼 모든 것이 빛났다. 창문들은 다양한 실제, 가상의 조상들을 찬양하는 라틴어 문장이 새겨진 대리석 판으로 장식되었다.

1633년에 로마 대사로 발령이 난 오솔린스키는 이것을 자신의 부를 과시하는 기회로 삼았다. 그는 재산을 저당 잡히고 돈을 빌려서 자신의 시종들은 금붙이로 장식시키고 말과 낙타를 진주로 장식했다. 그는 교황으로부터 공작 호칭을 받았고, 1634년에 프랑스 황제로부터도 같은 칭호를 받았다. 그러나 이러한 칭호를 받아들인 것은 폴란드 국내에서 당혹스러운 반응을 불러일으켰다. 헌법의 초석은 슐라흐타의 절대적 평등이었고, 어떠한 칭호도 인정되지 않았다(루블린연합 때 야기에우워 왕조, 류리크 왕조 또는 차르토리스키, 산구슈코, 즈바라스키, 자스와프스키를 비롯한 왕조 후손인 리투아니아와 우크라이나 가문은 제외).

오솔린스키와 그의 측근들은 종교적 순응주의를 강제하기 직전까지 갔다. 폴란드 주민들이 모두 평등하고, 서로의 종교적 신조와 관행을 존중할 것을 약속한 바르샤바연맹 규약 원문은 다른 사람들이 다른 신앙을 지키는 것을 '은혜롭게 허용하는' 것으로 수정되었다. 오솔린스키의 말에 따르면 가톨릭 신앙은 '자기 집안의 안주인'이고 개신교도는 관용을 받는 손님에 불과했다. 폴란드인은 소수민족이 다른 신앙을 유지하거나 리보니아 슐라흐타가 개신교로 계속 남는 것에 반대하지는 않았지만, 개신교인 폴란드인은 기괴하고 심지어 의심을 받을 만한 사람으로 여겨졌다. 가톨릭주의와 애국주의 사이에 심리적 연계가 형성되고, 16세기 초반 이어진 전쟁으로 애국주의는 점점 더 중요해졌다. 전쟁은 개신교도인 스웨덴인과 정교도인 러시아인을 상대로 벌어졌기 때문에 예수회 사제와 다른 저자들은 폴란드인을 가톨릭 신앙의 수호자로 그리기 시작했다. 이후 수십 년 동안 오스만튀르크와 타타르인이 주적이 되자 이들은 폴란드인을 기독교의 수호자로 그리는 직전까지 갔다. 폴란드는 기독교의 요새로 운명 지어졌다는 강력한 신화가 부상했고, 마키아벨리는 이것을 '그리스도의 방벽Antemurale Christianitatis'이라고 언급했다. "신이여, 당신은 한때 이스라엘의 신이라고 불렸지만, 이제 우리는 무릎을 꿇고 당신을 폴란드, 우리 조국의 신이고, 우리 군대의 신이며, 우리 부족의 주군이라고 부릅니다"라고 1650년대 야쿠프 소비에스키는 기도했다.

이것이 무너진 정체성에 영향을 주기는 했지만, 그럼에도 폴란드 사회는 매우 세계주의적이었다. 프랑스어, 이탈리아어, 에스파냐어, 튀르크어, 페르시아어로 쓰인 작품은 바로 폴란드어로 번역되었고, 셰익스피어의 희곡은 1609년에 이미 폴란드에서 공연되었다. 지그문트 3세는 이탈리아 희극 극장commedia dell'arte을 궁정 안에 설치했고, 1620년에는 영국 곡예단을 두었다. 17세기 전반 유럽의 어느 궁정도 폴란드처럼 좋은 음악을 즐기지 못했다. 1633년에 브와디스와프 4세는 왕립오페라단을 설립했고, 피오트르 엘레르트는 1630년대 후반 폴란드 최초의 오페라를 작곡했다.

예수회는 예술 후원에도 적극 나서서 당대 최고의 건축물과 미술품 제작을 후원했다. 예수회는 또한 폴란드 바로크 시대 가장 위대한 서정 시인인 마치에이 카지미에시 사르비에프스키(1595~1640)를 후원했다. 그의 동료 시인 대부분도 전쟁이라는 주제에 몰두하여 영웅적이고 연민에 찬 운문의 전통이 일어났고, 오스만튀르크와 타타르를 상대로 벌이는 전쟁의 특별한 상황과 분위기에 영감을 받은 현대적 '무훈시chanson de geste'도 발달했다. 우크라이나와 몰다비아에서 갑옷 가슴을 성모 마리아 초상으로 장식하고 항상 기도하는 폴란드 기마병들이 이교도들을 추격하는 것을 묘사한 서사 작품도 유행했다.

"신이 우리를 보고 계시니 너 자신을 괴롭히거나 사랑하는 아내를 힘들게 하지 마라. 만일 내가 사라진다면 그것은 내가 늙었고, 폴란드에 더이상 소용이 없게 되었기 때문일 것이다. 전능하신 신은 우리의 아들이 아버지의 칼을 들고 이교도의 목을 치면서 칼을 담금질하게 만들어줄 것이다. 만일 내가 말한 일이 일어나면 아버지가 흘린 피를 복수해다오." 1620년 10월 6일 밤, 몰다비아 체초롱Cecorą 원정 캠프에서 주우키에프스키는 이렇게 썼다. 다음날 그의 군대는 패배했고, 그의 몸은 예니체리에 의해 찢겼다. 그의 머리는 이스탄불로 보내져 막대기 끝에 매달려 전시되었다. 이러한 태도를 유지하게 만든 것은 폴란드는 신의 섭리에 특별한 역할을 할 것이라는 확신이었다. 이러한 인식은 전쟁이 전유물이 된 17세기 슐라흐트에게 깊이 새겨졌다.

폴란드 군사 과학의 아버지는 헤트만 얀 타르노프스키였다. 그는 1558년에 《전쟁 계획》을 출간했다. 그는 개활지에서 적에게 포위된 작은 부대가 이동식 요새인 정방형 진을 형성하는 과거 후스파 전술을 정교하게 만들었고, 이것은 오스만튀르크군 및 타타르군과 싸우는 모든 작전에 표준이 되었다. 신속하게 이동하고 야전에서 생활해야 하는 폴란드군은 부대별로 작전을 펼친 반면, 대부분의 유럽 군대는 18세기 말까지 대규모 부대로 움직였다. 또 하나의 특징적 전술은 주력군에 앞서서 기병대가 큰 활처럼 적군 방어선 뒤를 돌아 공격하는 것이었다. 폴란드군은 적들에 비해 포병이 우세했다. 폴란드군은 오스만튀르크군으로부터 화염탄 및 폭탄 제조법을 배웠고, 로켓포 기술도 발전시켜 큰 효과를 보았다.

폴란드 군대의 핵심은 농민 징집병으로 구성된 소규모 보병 군대였다. 이 군대는 개인 영지와 왕령 농지 수입의 25퍼센트로 유지되어 '4분의 1 병력'이라고 불렸다. 1579년에 스테판 왕은 왕령 농지의 농민들이 예비 병사로 자원할 수 있는 새 제도를 만들었다. 자원한 농민들은 모든 노동과 세금을 면제받는 대신에 정기적으로 훈련을 받고 전투에 나갈 준비가 되어 있어야 했다. 이들은 실제 군역에 참가하는 동안 급여를 받았다. 선발 보병Piechota Wybraniecka이라고 불린 이런 종류의 보병이 정기 훈련을 받고 높은 사기를 유지한 덕분에 중요한 역할을 했다. 투구나 갑옷 없이 가벼운 복장을 하고, 머스킷 총과 단검, 손도끼로 무장하고, 8명의 병사 가운데 한 명만 긴 창을 가지고 있었다. 1550년대 폴란드군 200명은 5분 동안 150발의 총탄을 발사할 수 있었지만, 같은 시기 1만 명 병사로 구성된 에스파냐군 여단은 750발의 총탄을 발사할 수 있었다. 병사 1인당으로 따지면 폴란드군이 20배 효율이 높았다. 폴란드는 표준 유럽 방식의 훈련을 받은 독일, 스코틀랜드, 프랑스 용병을 고용했다. 또한 전시에는 대영주가 거느린 사병도 활용할 수 있었다.

보병은 기병보다 수가 적었다. 정규 총기 기마병 연대 외에도 기병은 기사와 종자의 기사도 양식에 기초하고 있었다. 슐라흐타는 또한 토바시셰towarzysze('동지들')라고 알려진 부대에 편성되어 전방에서 전투를 치렀다. 토바시셰에 속한 사람들은 무기와 장비를 갖출 수 있는 만큼의 병사들을 거느리고 나왔다. 이 '심복부대pocztowi'는 대부분 가난한 슐라흐타로 구성되었고, 제2진이나 제3진에 포진했다. 토바시셰 부대는 자기 돈으로 무기를 갖추고 심복부대도 무장시켰지만, 전투에 투입되면 급여를 받았다.

폴란드군에 많은 수의 자원병, 특히 왕이 아니라 국가를 위해 싸우는 슐라흐타가 포함된 것은 1790년에 혁명이 진행된 프랑스에서 병사들이 누린 적에 대한 군사적 지위를 제공해주었다. 신사 병사들gentleman-troopers은 전장에서도 슐라흐타의 민주적 원칙을 지켰고, 지휘관과 헤트만을 형제로 여겼다.

폴란드 기병의 자랑이자 영예인 무력의 절정은 후사리아Husaria였다. 선봉인 토바시셰 부대의 후사리아는 길이가 최대 20피트[약 6미터]나 되는 긴 창을 가지고 다녔다. 이것은 보병의 창보다 훨씬 길어서 후사리아가 정방형 방어진을 돌파하는 데 큰 역할을 했고, 6피트[약 1.8미터] 길이의 검이나 양날 칼은 짧은 창 역할을 했다. 그 외에도 토바시셰 부대는 권총, 카빈총, 활과 화살 등 여러 무기를 보유했다. 심복부대는 창을 제외하고 비슷한 무기를 소지했고, 후방 대열은 정방형 대형으로 공격에 나섰다.

후사리아는 투구를 쓰고 두꺼운 흉갑과 견장, 팔목 보호대와 동양식 어린갑魚鱗甲을 착용했다. 때로 어깨 위나 활이나 안장 뒤에 독수리 깃털로 꾸민 한 쌍의 날개 장식을 하고, 한쪽 어깨에는 호랑이나 표범 가죽을 외투처럼 걸쳤다. 이것은 적들의 말을 겁먹게 만들어, 백병전 때 올가미 밧줄로 폴란드 병사를 낚아채는 타타르에게 대항하는 데 유용했다. 그러나 이러한 장식의 핵심 목적은 위엄 있는 인상을 주기 위한 것이었다. 후사리아 토바시셰 부대를 구성하는 병사들은 주로 젊은 귀족으로 그들은 자신의 부를 과시하고 싶어했다. 투구와 흉갑은 금이나 귀금속으로 장식되었다. 마구, 안장, 말 덮개는 금실과 보석 실로 자수가 놓였다.

한 세기 이상 폴란드 기병대는 전장의 제왕이었다. 키르홀름 전투(1605)에서 호트키에비치가 지휘하는 4000명의 폴란드 기병이 1만 4000명의 스웨덴군을 상대로 전투를 치렀는데 긴 대열을 이룬 기병대의 공격 한 번으로 승기를 잡았다. 클루시노Klushino 전투(1610)에서 주우키에프스키는 보병은 단 200명, 나머지는 기병으로 구성된 6000명의 병력을 가지고 3만 명의 모스크바공국군 및 5000명의 독일, 스코틀랜드 용병을 상대해 싸워 승리를 거두었다. 그니에우 전투(1656)에서 5500명의 폴란드 기병대가 1만 3000명의 스웨덴군을 격파했다. 비치나Byczyna 전투(1588), 트시치아나Trzciana 전투(1629)에서부터 빈 해방전(1683)에 이르기까지 폴란드 기병대는 적들에게 결정적 타격을 가했다.

폴란드는 해상국가는 아니었지만 잠시 해군도 보유했다. 1560년에 지그문트 아우구스트는 30척의 선박에게 폴란드 국기를 달고 운항할 수 있는 인가를 내주었다. 그는 해양위원회를 구성하고, 한 척의 갤리선과 한 척의 프리깃 선박으로 폴란드 해군을 창설했다. 1620년에 지그문트 3세는 20척의 전함을 건조했다. 1627년에 폴란드 해군은 올리바Oliwa 전투에서 유일무이한 해전을 펼쳐 스웨덴 해군을 격파했다. 폴란드인은 육군 군비 증강을 위해 세금을 내려 하지 않았고, 해군에 대해서는 더욱 인색했다. 영국과 네덜란드와 우호적 관계를 유지하며 발트해에 해상 우호국을 가지고 있던 폴란드로서는 해군은 불필요한 사치로 보였다. 해군은 더이상 발전이 되지 않았고, 폴란드가 배출한 유일한 재능 있는 항해사인 크시슈토프 아르치셰프스키는 네덜란드의 제독이 되었다.

폴란드군은 쉽게 큰 비용을 들이지 않고 승리를 거두는 듯이 보였고, 이것은 폴란드에 치명적인 결과를 가져왔다. 국가 방어를 위해 더 많은 자금이 필요한 시기에 세임에서는 "튀르크와 타타르의 위협을 내세워 우리의 돈을 가져가려 한다"는 목소리가 커졌다. 실제로 국가 방어에 위협이 가해지면 정치적 자유와 신으로부터 받은 영감으로 우월한 폴란드 귀족 기사들이 나서서 쉽게 이를 해결할 수 있다고 생각했다 이러한 사고도 어느 정도 맞기는 했지만 시대는 변하고 있었다.

9장

성서적 홍수

1630년에 포즈난 지사 크시슈토프 오팔린스키는 "폴란드는 눈앞에서 격노하는 광풍을 조용히 바라보며 해변가에 안전하게 서 있는 유령과 같다"라고 썼다. 중부 유럽 대부분이 유혈이 낭자한 끝나지 않는 30년 전쟁에 매몰되어 있는 동안 폴란드는 놀라울 정도로 평화롭고 안정적으로 보였다. 1632년에 지그문트 3세가 사망하자 한 시간도 지나지 않아 그의 아들인 브와디스와프가 새 국왕으로 선출되었다. 폴란드-리투아니아 국가연합의 권위는 높이 치솟았고, 프랑스는 신성로마제국 황제 페르디난트 2세가 죽자 브와디스와프에게 제국의 황위에 도전하기를 거듭 촉구하며 필요한 재정 및 군사 지원은 물론 외교적 지원을 하겠다고 제안했다. 브와디스와프의 아내가 사망하자 다른 나라 궁정에서 16명의 공주 초상화를 보내왔다.

　1648년에 30년 전쟁이 끝나면서 상황은 극적으로 변했다. 그해에 폴란드-리투아니아 국가연합은 남서쪽 변방 우크라이나에서 반세기

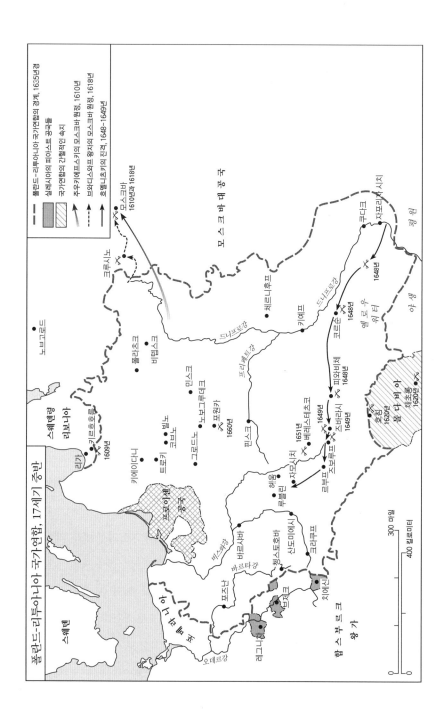

폴란드-리투아니아 국가연합, 17세기 중반

이상 고조된 강력한 긴장의 폭발로 국가의 기초가 흔들렸다. 과거 키예프 루스의 땅이었고, 13세기 리투아니아가 장악한 후 1569년, 루블린연합 전에 폴란드에 양도된 이 땅은 지역의 고유한 특성이 전혀 고려되지 않고 폴란드왕국에 병합되었다.

우크라이나 토착민들은 강한 정체 의식을 가지고 있었고, 자체 귀족층도 존재했다. 이들 가운데 일부는 오스트로그스키 가문이나 자스와프스키 가문처럼 과거 키예프공국 통치자들의 후손이었다. 이들은 모두 고대로부터의 혈통과 막대한 부로 주민들의 지도자 역할을 할 자격이 충분히 있었다. 콘스탄티 오스트로그스키 공(1526-1608)은 100여 개의 소도시와 1300개의 부락을 소유하고 있었다. 야레마 미하우 비시니오비에츠키(1612-1651)는 23만 명의 신민이 거주하는 3만 8000개의 영농지를 보유하고 있었다. 그러나 이 공후들은 폴란드 문화와 서방 문명에 매료되어 자기 주민들과 분리되었다. 고전적인 이질화 양식이 전개되었다. 즈바라스키 공은 좋은 의도를 가지고 서구로 가서 갈릴레오 수하에서 3년을 수학한 후 우크라이나로 돌아와서 자기 고향을 건설, 강화, 개선하려고 했지만, 고향 주민들은 그를 배신자로 보았다.

우크라이나 주민들은 정교회에 속했다. 정교회 지도부는 콘스탄티노플 함락과 뒤이은 오스만제국의 발칸 지역 팽창에 의해 크게 동요되었고, 16세기 말에도 여전히 혼란스러운 상태를 벗어나지 못했다. 1588년에 콘스탄티노플 총대주교가 폴란드-리투아니아 국가연합에 목회 방문을 하여 빌노와 카미에니에츠 포돌스키Kamieniec Podolski에 각각 공의회를 설치했다. 총리 얀 자모이스키는 총대주교청을 키예프에 설치하고 이곳을 정교회 신앙의 중심지로 삼을 것을 제안했다. 예수회의 영향으로 이것은 좌절되었지만, 총대주교는 모스크바공국의 치르 표도르 1세의 초청을 빋아 모스크바를 방문했다. 그곳에서 그는 1589년에 전 러시아 총대주교청을 설립했고, 모든 정교회를 그 권위 밑으로 들어오게 하려고 했다. 여기에는 폴란드-리투아니아 국가연합에 속한 정교회 일부도 포함되었다.

모스크바를 떠나기 전 총대주교는 우츠크의 테를레츠키 주교를 폴란드의 자기 대표로 임명했다. 테를레츠키는 정교회에 대한 더 확실한 인정을 받기 위해 우츠크의 가톨릭 주교와 협상을 시작했다. 이 협상은 더 큰 문제들을 논의하는 것으로 확대되었고, 예수회, 특히 피오트르 스카르가의 관심을 끌었다. 로마 교황청과 협의 후 합의가 이루어져서 1596년에 브세시치에서 교회연합Act of Union이 체결되었다. 이 교회연합으로 폴란드-리투아니아 내 정교회 주교들은 모스크바 총대주교 대신에 로마 교황을 자신들의 영적 지도자로 인정했지만, 자신들의 고대 교회 슬라브어 경전과 의례, 사제가 결혼할 권리는 계속 유지했다.

예수회는 수백만 명의 길 잃은 양들을 자신들의 품에 받아들인 것을 축하했지만, 정교회 사제들과 신도들은 자신들의 의견이 무시된 것에 격노하여 교회연합의 인정을 거부했다. 그 결과로 두 개가 아니라 로마가톨릭, 정교회, 연합교회Uniate Church 등 세 개의 교회가 존재하게 되었다. 로마 교황청의 권위를 인정한 정교도들은 연합교회 교인이라고 불렸다. 로마가톨릭과 연합교회는 서쪽을 바라보았지만, 정교회는 바라보는 방향이 달랐다. 교회연합은 우크라이나의 정교회 주민들을 폴란드에 밀착하게 하려고 만들어졌지만, 실제로 일어난 효과는 주민들을 모스크바에 더 가깝게 만들었다. 연합교회 주교들은 순응하지 않는 주교들이 교회연합을 받아들이도록 노력을 기울였지만, 모스크바의 정교회 지도부는 이들을 다른 길로 끌고 나갔다.

연합교회 구성 과정은 느리게 진행되었다. 1630년대가 되어서야 키예프와 폴라츠크에 대주교구가 설치되고, 그때 모든 문제가 다시 논의의 대상이 되었다. 브와디스와프 4세는 종교 자유의 완전히 새로운 공식 안에서 이 문제를 다시 조정하려고 했다. 그는 바르샤바 연맹 규약(1573)에 표현된 다양한 종교에 대한 관용을 종교 다양성에 대한 복음적인 합의로 대체하기를 원했다. 많은 준비를 한 다음 그는 1645년에 토룬에서 종교회의를 열었고, 여기에서 가톨릭, 루터교, 칼뱅주의 지도자들은 서로의 차이를 논했다. 이 회의는 결론 없이 끝났지만, 국왕이 말한 대로 "최소한 누구도 다른 사람에게 모욕을 주지는 않았다". 가톨릭, 정교회, 연합교회 지도자들이 참석하는 유사한 회의를 1648년에 개최하는 것으로 계획되었다. 그러는 동안 키예프의 모힐라 대주교는 브레스치 교회연합을 로마 교황청과 다시 협상했다. 그러나 이런 노력은 너무 늦게 시작되었다.

우크라이나 귀족들이 서구 문화로 이동하는 것은 대체로 이 문화의 가교 역할을 한 가톨릭으로의 개종을 수반했다. 1632년에 우크라이나에서만 거주하고, 우크라이나 언어, 문화, 전통을 고수한 마지막 우크라이나 대영주 비시니오비에츠키도 로마가톨릭으로 개종했다. 같은 해 키예프에 신학교를 설립한 모힐라 대주교의 용감한 노력에도 불구하고 연합교회는 비시니오비에츠키 같은 영향력 있는 인물들을 끌어들이지 못하고, 빠른 속도로 하층민의 종교로 변해가고 있었다. 이런 상황이 결국 봉기와 무장 반란을 일으키게 되는 원인이 된 것은 피할 수 없는 일이었다.

1569년에 우크라이나 지역이 폴란드에 병합되면서 비옥하고 주민이 적은 우크라이나 농지를 차지하려고 농지가 없는 폴란드 슐라흐타들이 쏟아져 들어왔다. 이들과 함께 가톨릭 사제들과 많은 수의 유대인이 들어왔다. 폴란드 지주들은 유대인을 농장 관리인, 대리인, 지세 수금인, 여관 주인이 되게 했고, 이로 인해 유대인은 지역 주민들에게 혐오의 대상이 되었다. 이것은 특히 코자크들의 큰 반감을 일으켰다. 이들의 상황은 19세기 미국 인디언들이 처한 상황과 크게 다르지 않았다. 코자크 공동의 땅이라고 생각했던 지역에 새로 유입된 사람들이 정착하고 영농을 하면서 코자크들은 점점 변경 지역으로 이주해가야 했다.

코자크는 부족이라기보다는 생활 방식이었다. '코자크'라는 이름은 튀르크-타타르어에서 '자유로운 병사'라는 뜻의 단어였고, 그들의 정체성과 반(半)유목적 생활 방식을 지칭했다. 서부 우크라이나 코자크의 정신적 고향은 자포리자 시치Zaporozhian Sich였다. 이곳은 드니프로강 급류 지역 너머 호르치차를 비롯한 섬들로 구성된 자포리자에서 선출된 원로들이 통치하는 공동체 생활 지역이었다. 자포리자 시치의 주민은 출신이 다양해서, 사실상 원하는 사람은 모두 코자크가 될 수 있었다.

코자크는 몰다비아공국과 크림타타르가 끊임없이 공격해오는 변경 지역에 거주했다. 몰다비아공국 통치자들은 폴란드, 오스만튀르크, 헝가리 사이에서 계속 충성 대상을 바꾸었고, 바흐치사라이Bachchisaray를 수도로 삼은 크림타타르는 '야생 평원'이라고 불린 넓은 지역에 의해 폴란드와 격리되어 있었다. 크림타타르는 명목적으로 오스만튀르크의 가신국이었다. 매년 봄 트참보울tchambouls이라고 불린 약탈원정대는 세 경로를 따라 약탈에 나섰다. 북쪽 경로는 모스크바 공국, 북서 경로는 폴란드, 서쪽 경로는 우크라이나 지역이 그 대상이었고, 이 경로를 오가며 방화와 약탈을 일삼았다. 그들은 귀중품과 가축도 약탈했지만, 가장 중요한 약탈 대상은 사람이었고, 노인과 병약자를 뺀 모두를 노예로 잡아왔다. 그런 다음 크림반도로 귀환해 부자들에게 인질을 사고팔고, 나머지 사람들은 이스탄불의 노예 시장에 팔아넘겼다.

타타르는 큰 문젯거리였지만, 타타르 스스로가 큰 위협을 제기한 적은 없었다. 그러나 때로 그들은 오스만튀르크군에 가담해 몰다비아로 진격해 폴란드의 방어선을 우회할 수 있었다. 튀르크군이 동부 지중해 지역에서 베네치아공국과 성요한기사단 세력을 몰아내고 발칸 지역 상당 부분을 차지한 후 몰다비아와 우크라이나는 영토 확장의 유혹적 대상이 되었다. 폴란드는 직접적 위협을 받았고, 이에 두 방법으로 대응했다. 1593년에 폴란드 원정군은 폴란드에 우호적인 가신을 몰다비아의 군주로 앉히고 '팍스 폴로니아pax polonia'를 이 지역에 강제하여 폴란드 남동부 지역의 안보를 개선했다.

1590년대에 취해진 다른 조치로 자포리자 시치의 코자크 공동체를 군대로 전환하기 위해 코자크 일부를 '등록' 코자크로 만들고 급여를 지급하는 방식을 도입했다. 그러나 '국왕 폐하의 자포리자 군대'는 이러한 명칭을 자랑스럽게 받아들였지만, 코자크를 통제하는 것은 어려웠다. 그들은 타타르의 약탈을 방어하는 데 그치지 않고 스스로 약탈 원정에 나섰다. 코자크는 크림반도 깊숙이 들어가 약탈하거나 '차이카chaika'라고 불리는 낮고 긴 보트를 타고 드니프로강을 내려가 흑해 연안의 오스만튀르크 도시들을 약탈했다. 1606년에 코자크는 흑해 연안 도시인 킬리아Kilia, 아케르만Akerman, 바르나를 약탈했다. 1608년에는 크림반도 북쪽 길목인 페레코프Perekop를 점령했고, 1615년에는 트레비존트Trebizond를 약탈하고 콘스탄티노플도 공격했다.

폴란드와 오스만튀르크의 관계는 점점 악화되었다. 1620년에 이스칸데르 파샤가 몰다비아를 침공했다. 헤트만 주우키에프스키가 지휘하는 소규모 군대가 가신국 몰다비아 공후를 지원하기 위해 출병했다. 폴란드군은 패배하여 주우키에프스키는 전사하고 야전헤트만 코니에츠폴스키는 포로로 잡혔다. 타타르 약탈원정대는 르부프까지 침입하여 약탈했고, 폴란드의 후방군은 호침Chocim에 포진하여 튀르크군을 방어했다. 폴란드는 오스만튀르크군을 격퇴하는 데 성공하기는 했지만, 10년 뒤 비슷한 일이 벌어졌을 때 전 지역이 오스만튀르크군 앞에 취약한 모습을 보였다.

자포리자 코자크의 창설로 우크라이나의 내부 문제는 해결되지 않았다. 코자크는 자신들을 폴란드 왕에 충성하는 신민으로 생각했고, 국왕 브와디스와프 4세를 특히 좋아했다. 그러나 코자크는 비등록 코자크를 농민 지위로 끌어내리려고 하는 지역 관리들, 지주 슐라흐타, 그들의 대리인들과 늘 불화를 겪었다. 1630년에 등록 코자크 수는 8000명으로 늘어났지만 폴란드는 코자크 세력이 너무 강해지는 것을 경계했다. 비교적 사소한 불만에서 시작된 것이 봉기로 발전되어 조직적 약탈이 자행되었다. 1637년에 이런 봉기 후 등록 코자크 수는 6000명으로 줄어들었다. 드니프로강이 꺾어지는 지역인 코다크Kodak에 요새가 건설되어 이곳에 주둔하는 폴란드 부대는 자포리자 시치 코자크들의 움직임을 감시할 수 있었다.

우크라이나는 자체 엘리트와 폴란드인에 의해 폴란드–리투아니아 국가연합의 세 번째 민족으로 대접받기보다는 일종의 식민지 취급을 받았고, 이로 인한 박탈감으로 불만이 심화되었다. 1640년대 말에 이렇게 누적된 긴장이 폭발하면서 우크라이나 민족성 수립의 꿈을 무산시키고 폴란드의 힘을 결정적으로 약화시킨 일련의 사건들이 일어났고, 이로 인해 오스만튀르크가 덕을 보고, 특히 모스크바공국이 큰 이익을 취하게 되었다.

1640년과 1644년에 종래와 다르게 대규모 타타르 약탈원정대가 포돌리아 지역과 볼리니아Volynia 지역을 약탈했다. 헤트만 코니에츠폴스키는 타타르를 격퇴하는 데 성공했지만, 많은 주민이 노예로 잡혀가는 것은 막지 못했다. 1645년 겨울 타타르는 모스크바공국으로 더 큰 규모의 약탈원정대를 보냈고, 이번에는 원수헤트만 미코와이 포토츠키가 모스크바공국을 돕기 위해 출병했다. 이것은 폴란드와 모스크바공국 사이에 화해가 이루어진 결과였다. 여기에서 폴란드와 모스크바공국이 크림칸국을 공격한다는 계획이 세워졌고 모스크바공국은 크림반도를 자신들의 영토로 병합하고, 이와 유사하게 폴란드는 몰다비아를 공격하여 병합한다는 계획을 세웠다. 그러나 두 가지 예상하지 못한 일로 인해 이 계획은 무산되었다. 하나는 나이가 거의 60세가 된 헤트만 코니에츠폴스키가 세 번째 결혼을 위해 자리를 비운 것이었다. 그의 신부인 조피아 오팔린스카는 대상속녀였을 뿐만 아니라 16세에 불과한 발랄한 소녀였다. 코니에츠폴스키는 친구에게 황홀한 신혼기라고 자랑한 짧은 기간이 지난 후 1646년 3월 10일에 과로로 사망했다.

다른 하나의 사건은 5월 브와디스와프 왕이 이스탄불을 되찾기 위한 십자군 원정을 직접 이끌고 떠나겠다고 발표한 것이었다. 그는 이것이 성취되면 오래 지속되는 영예가 자신에게 따를 것으로 생각했다. 세임은 이에 크게 반대했고, 총리 오솔린스키는 이 계획을 기각했다. 그러나 브와디스와프는 이미 코자크에게 비밀리에 자금을 건네주어 등록 코자크 수를 1만 2000명으로 늘리고, 코자크에게 원정용 보트를 건조하라고 명령을 내린 상태였다. 코자크는 사기가 충천해 원정 준비에 나섰다. 그러나 세임이 폴란드 국왕의 계획을 무산시켰다는 소식을 들은 코자크들의 분노는 매우 컸다. 코자크가 보기에 크림과 몰다비아 원정은 자신들이 직접 배를 타고 흑해 남부 연안을 약탈하도록 인가를 내주는 것보다 덜 매력적이었다. 바로 이 시점에 한 코자크와 그의 개인적 불만이 큰 폭발로 이어졌다. 그의 이름은 보흐단 흐멜니츠키였다.

흐멜니츠키는 1595년에 지주 슐라흐타 집안에서 태어났고, 정교도였지만 예수회 사제들에 의해 교육을 받았다. 그는 1620년에 몰다비아 원정에 참가했다가 체초롱 전투에서 코니에츠폴스키와 같이 오스만튀르크군에 포로로 잡혔다. 자유를 되찾은 다음 코니에츠폴스키는 그에게 자포리자 코자크의 서기 자리를 주었다. 흐멜니츠키는 아들에게 부상을 입히고 결국 죽게 만든 리투아니아 이웃 지주에 대한 개인적 복수를 하려고 했다. 지방 법원에서 정의를 구하지 못한 흐멜니츠키는 자포리자 시치로 가서 이미 분노에 차 있던 코자크들을 선동하고, 크림타타르와 협상을 시작했다.

당시 상황은 그렇게 위험하지는 않았다. 폴란드 국왕이 우크라이나에 올 예정이었고, 폴란드군이 집결하고 있었다. 모스크바공국

군대도 폴란드군과 합류하기 위해 남쪽으로 이동하기 시작했다. 그러나 헤트만 포토츠키는 폴란드군의 세력을 과시하기로 결정하고, 1648년 4월에 스물네 살인 자기 아들 스테판에게 3500명의 병력(이 가운데 절반은 코자크 병사)을 주어 자포리자 시치를 향해 진격하도록 만들었다. 스테판 포토츠키는 흐멜니츠키가 이끄는 코자크군에게 포위되었고, 헤트만 포토츠키도 코자크의 매복에 걸려 열흘 뒤 코르순Korsuń에서 포로로 잡혔다. 이 중요한 시점에 코자크를 진정시킬 수 있는 유일한 사람인 브와디스와프 4세가 갑자기 사망했다.

수석대주교이자 섭정인 마치에이 우비엔스키와 총리 예지 오솔린스키가 현명한 정치인이었던 것은 폴란드에 행운이었다. 두 사람은 상원의원 가운데 유일한 정교도였던 키예프 지사 아담 키시엘을 통해 코자크군과 강화했고, 그는 좀더 넓은 범위의 협상을 시작했다. 그러나 이러한 화해 분위기 속의 분쟁 해결 희망은 자기 사병을 이끌고 코자크와 대적하기 위해 출병한 콘스탄티 비시니오비에츠키 공에 의해 산산조각이 났다. 그는 우크라이나의 자치에 전혀 관심이 없었고, 단지 반란을 제압하고 질서를 회복하는 것만이 목적이었다. 이로 인해 코자크 진영 내에서 협상보다 전쟁을 원하는 세력의 입지가 강화되었고, 흐멜니츠키는 이 압력에 굴복했다.

대규모 폴란드군이 집결했고, 코자크군의 위협을 받는 지역에는 국민개병제에 의한 징집도 시행되었지만, 이렇게 모인 병사들은 피와브체Piławce에서의 소규모 전투 후 도망쳤고, 나머지 부대는 황급히 후퇴했다. 이러한 소식은 반란의 열기에 불을 당겼다. 사면초가에 몰린 코다크 요새의 폴란드군은 항복했고, 이로써 우크라이나 땅에 남아 있던 마지막 폴란드 세력이 사라졌다. 많은 농민이 코자크 반란에 참가했고, 동맹군인 타타르군의 사주를 받은 이들은 농촌 지역을 돌아다니며 귀족, 시제, 수녀와 특히 유대인을 살해했다. 수십 년간 축적된 긴장이 광란의 잔인성으로 그대로 드러나면서 생포된 사람을 창으로 찌르는 몰다비아 관습이 그대로 자행되었다. 흐멜니츠키는 더이상 상황을 통제할 수 없었고, 폴란드의 오솔린스키도 마찬가지였다. 비시니오비에츠키 공과 리투아니아 야전헤트만인 야누슈 라지비우가 반란을 진압하는 군대를 이끌었고, 두 사람은 각자 독자적으로 행동했다.

국민개병제의 덕도 보고 피해도 본 폴란드군은 즈바라주Zbaraż에 방어선을 구축하고 코자크와 타타르 연합군을 막아냈다. 그런 다름 즈보루프Zborów 전투에서 폴란드군은 첫 승리를 거두었고, 이 덕분에 협상이 재개되어 신속한 합의가 이루어졌다. 키예프, 브로츠와프, 체르니후프Czernyhów 세 총독주가 코자크 영토로 선언되었고, 이곳에는 폴란드군, 유대인, 예수회가 들어갈 수 없었다. 이 지역의 모든 고관과 관리 자리는 정교도 우크라이나인 슐라흐타가 맡았고, 등록 코자크 수도 4만 명으로 늘어났다.

오솔린스키와 그의 좀더 합리적인 협상 상대는 다시 한 번 불에 기름을 부었고, 우크라이나는 잠시 잠잠해졌지만, 이것은 오래 지속되지 못했다. 1650년에 흐멜니츠키는 오스만 술탄의 종주권을 인정했고, 술탄은 그를 우크라이나의 가신 공후로 임명했다. 다음해 봄 폴란드군은 우크라이나로 진격해 들어왔고, 사흘간 지속된 베레스테츠코Beresteczko 전투에서 코자크군과 동맹인 타타르군을 격파했다. 1651년 9월 28일에 비아와 체르키에프Biała Cerkiew(빌라 체르크바Bila Cherkva)에서 새로운 강화협정이 체결되어 이전에 폴란드가 제공한 모든 양보가 무효가 되었지만, 한 폴란드 부대는 이 지역을 평정하기 위해 출발했고, 흐멜니츠키의 튀르크 동맹군을 제압하기 위해 몰다비아로 출발한 또다른 부대는 패배하여 바토흐Batoh에서 대량 학살을 당했다.

브와디스와프 4세의 뒤를 이어 동생인 얀 카지미에시가 왕위에 올랐다. 그는 파란만장한 과거를 지닌 복잡한 성격의 인물이었다. 지적이고 아이디어가 많았지만, 우울증과 무기력증에 시달렸다. 사람을 끄는 매력이 없어서 슐라흐타의 신뢰를 받지 못했고, 많은 대영주는 그를 크게 혐오하게 되었다. 네버스Nevers의 공작녀이자 만토바의 공주인 왕비 루이즈 마리에 드 곤자구에도 그를 싫어했다.

마리 드 메디시스의 친구이자 협력자인 그녀의 할아버지는 앙리 드 발루와와 함께 폴란드로 왔고, 만토바의 마지막 곤자가 공작인 그녀의 아버지도 바르샤바에서 어느 정도 시간을 보냈었다. 그녀는 프랑스 궁정에서 양육되었다. 1645년에 폴란드와 프랑스의 화해의 결과로 그녀는 브와디스와프 4세와 결혼했고, 그가 죽은 후 동생인 얀 카지미에시와 결혼했다. 당시 그는 40세, 그녀는 38세였다.

그녀와 그녀가 데려온 프랑스 숙녀 집단은 프랑스 궁정문화를 폴란드에 소개했고, 마자린 추기경이 기대했던 것처럼 폴란드를 프랑스 궤도 안에 끌어들였다. 가능하다면 부르봉 왕가 사람을 폴란드 왕위에 앉히는 것을 촉진할 수 있다는 전망이 있었다. 그러나 처음부터 이들은 폴란드인의 의심을 불러일으켰다.

라지비우와 루보미르스키 가문을 포함한 대영주들 가운데 한 집단은 얀 카지미에시를 제거할 필요가 있다고 생각했고, 이를 위한 음모를 꾸몄다. 라지비우 가문의 경우 여기서 한 발 더 나아갔다. 이 가문은 지난 세기 자신들을 유사 왕족으로 생각했고, 별도의 리투아니아왕국의 왕좌를 차지한다는 꿈은 야누슈 라지비우에게 하나의 집착적 목표가 되었다. 이러한 태도로 인해 폴란드 상황은 불안정해지기 시작했다.

1654년에 라지비우 가문처럼 세습 왕권 창조를 꿈꾼 코자크 지도자 보흐단 흐멜니츠키가 페레야슬라브Pereiaslav 조약으로 폴란드에 대항하는 군사적 보호를 대가로 모스크바공국의 보호를 받았다. 모스크바공국의 차르 알렉세이는 자신을 '대러시아와 소러시아의 차르'라고 칭했다. 일부 코자크들이 이에 반발했고, 키예프의 대주교는 자신은 여전히 폴란드 왕의 신민이라고 선언했다. 알렉세이는 리투아니아를 침공하여 라지비우를 격파하고 폴라츠크, 스몰렌스크, 비텝스크Vitebsk, 모힐레프Mohilev를 점령했고, 그 사이 코자크는 루블린에 다다랐다. 다음해 알렉세이는 빌노를 점령하고 자신에게 '리투아니아, 벨라루스, 포돌리아 대공'이라는 칭호를 더했다. 라지비우 가문은 리투아니아를 차지하기는커녕 모스크바공국의 하수인이 될 긴박한 위험에 처했고, 스웨덴 왕에게 도움을 청했다.

칼 10세 구스타브는 막 스웨덴 왕위에 오른 상태였다. 스웨덴은 30년 전쟁을 치른 후 파산 상태에 처했고, 유일한 자산은 비대해진 군대였다. 스웨덴은 20년 동안 폴란드와 평화를 유지했지만, 여전히 발트해 연안을 차지할 꿈을 꾸고 있었다. 많은 폴란드 대영주의 불만, 코자크와 모스크바공국의 침입으로 인한 혼란, 마지막으로 라지비우 가문의 도움 요청은 1655년에 스웨덴의 폴란드 침공의 길을 열어주었다.

스웨덴군은 신속히 포메라니아를 점령하고 비엘코폴스카 지역으로 진격해왔다. 폴란드군은 스웨덴군의 진격을 저지했지만, 포즈난 총독인 크시슈토프 오팔린스키는 항복했고, 칼리시의 총독은 자기 지방을 스웨덴에 내주었다. 폴란드 곳곳의 얀 카지미에시의 적들은 그를 퇴위시키고, 칼 10세가 왕관을 차지할 것이라고 발표했다. 세 적국의 군대가 자국 영토를 유린하자, 폴란드는 큰 혼란에 빠졌다. 얀 카지미에시가 퇴위당했다는 소문에 당황한 폴란드군 헤트만 스타니스와프 레베라 포토츠키는 항복했다. 전투에 참여하기 위해 오던 일부 개별 슐라흐타 집단과 소부대들도 항복하거나 해산했다. 얀 카지미에시는 키예프 성주인 스테판 차르니에츠키가 지휘하는 작은 군대를 가지고 적을 맞으러 나갔다. 1655년에 이들은 자르노비에츠 Żarnowiec에서 패배해 크라쿠프로 후퇴했다. 그런 다음 국왕은 실레시아로 피난을 갔고, 차르니에츠키는 크라쿠프를 방어하려고 노력했지만 실패했다.

10월 22일에 야누슈 라지비우는 키에이다니에서 리투아니아를 폴란드에서 분리시켜서 스웨덴의 보호 아래 두는 협정에 서명했다. 스웨덴 군대가 리투아니아의 모든 지방에 나타났고, 칼 10세를 지지하는 대영주와 슐라흐타도 이들과 함께 나타났다. 바사 가문의 어느 왕을 택할 것인가 사이에 큰 차이가 없었기 때문에 많은 사람은 이미 기정사실로 보인 것을 택했다.

칼 10세는 스웨덴이 발트해 연안을 장악하는 데 필요한 포메라니아와 리보니아 지방에만 관심이 있었고, 나머지 폴란드 지역은 점령한 영토처럼 다루었다. 그와 그의 장군들은 손에 닿는 대로 모든 물건을 탈취해갔다. 그림, 조각, 가구, 도서관 전체가 약탈당했다. 스웨덴군은 가져갈 수 있는 물건은 모두 취한 다음 성당을 불태웠고, 누가 왕이 되는가에 관심이 없었던 폴란드 농민들은 이런 신성모독에는 크게 분노했다. 농민들은 따로 떨어진 스웨덴군 병사를 살해하고, 부대를 습격했다. 게릴라 전쟁이 발발했고, 슐라흐타와 농민 집단은 스웨덴 군대를 괴롭혔다.

그단스크, 르부프, 카미에니에츠, 자모시치 같은 요새들은 여전히 얀 카지미에시 편에서 성을 지켰고, 쳉스토호바Częstochowa 수도원 요새가 스웨덴군의 포위를 막아낸 그 항전은 전설로 남았다. 폴란드 전역에서 슐라흐타 집단은 무기를 들라는 왕의 신호만 기다리고 있었다.

크림타타르는 폴란드가 패배하면 모스크바공국과 코자크가 크림 반도를 침공할 것이 불 보듯 뻔하다고 느꼈고, 그래서 크림 칸 메흐메트 기레이는 얀 카지미에시와 동맹을 맺고 폴란드군을 돕기 위해 수천 명의 타타르군을 파견했다.

1656년 1월 얀 카지미에시는 자신이 모집한 군대에 앞장을 서서 공격을 시작했다. 브란덴부르크공국의 큰 병력의 지원을 받기는 했지만 스웨덴군은 사흘간 벌어진 7월의 바르샤바 전투에서 간신히 승리했다. 그러나 운은 그들 편이 아니었다. 덴마크와 네덜란드도 폴란드와 동맹을 맺었고, 6월에 네덜란드 함대는 스웨덴군의 봉쇄를 뚫고 그단스크를 해방하기 위해 들어왔다. 브란덴부르크 선출 공후와 동맹을 맺은 스웨덴군은 트란실바니아 공후의 지원도 확보하여 1657년에 바르샤바를 잠시 재점령하는 데 성공했다. 그러나 다음해 브란덴부르크가 진영을 바꾸어 폴란드와 손을 잡고, 합스부르크 왕가도 폴란드 편을 들면서 스웨덴군과 동맹군은 결정적으로 패했다. 1660년에 올리바Oliwa에서 강화조약이 체결되어 모든 것은 이전의 현상 유지로 돌아갔다.

1657년에 흐멜니츠키가 사망하면서 코자크의 위협도 끝이 났다. 그의 뒤를 이어 온건파인 비호프스키가 코자크 헤트만이 되었고, 그는 바로 협상을 시작했다. 1658년 9월 16일에 하지아치 연합Union Hadziacz이 맺어져 폴란드 연합국가는 두 민족의 연합에서 세 민족의 연합국가가 되었다. 우크라이나는 자체의 총리, 재무관, 원수, 헤트만을 갖게 되었고, 헤트만은 코자크가 제안한 후보자 중에서 폴란드 왕이 정했다. 코자크는 자체 법원, 동전, 군대를 갖게 되었다. 수백 명의 코자크가 귀족이 되었고, 키예프 총대주교와 르부프, 프셰미실, 헤움Chełm, 우츠크, 므시치스와프Mścisław의 주교는 폴란드 상원 의석을 차지했다. 폴란드군과 리투아니아군은 우크라이나의 세 총독주에 들어갈 수 없었고, 이곳에서는 정교도 우크라이나인만 공직을 맡을 수 있었다. 우크라이나에는 폴란드가 재정 지원하는 두 개의 대학과 여러 개의 학교가 세워졌다.

그러나 이 프로젝트는 아무 결과를 가져오지 못했다. 1659년에 비호프스키는 흐멜니츠키의 아들에 의해 헤트만 직을 빼앗겼고, 게오르기 흐멜니츠키는 아버지를 본받아 폴란드와 모스크바공국 양쪽에 동시에 충성을 맹세했다. 모스크바공국군이 코자크를 지원하여 침공했지만, 이들과 코자크 모두 1660년에 추트노프Cudnow와 포원카Połonka에서 폴란드군에게 패배했다. 우크라이나를 평정한 얀 카지미에시는 모스크바공국 공략에 나섰지만, 폴란드는 국력을 소진한 상태였고, 남쪽에서는 오스만 군대가 위협을 제기하고 있어 모스크바공국과 강화협정을 맺었다.

이러한 상황에서 우크라이나의 목표가 달성될 여지는 없었다. 흐

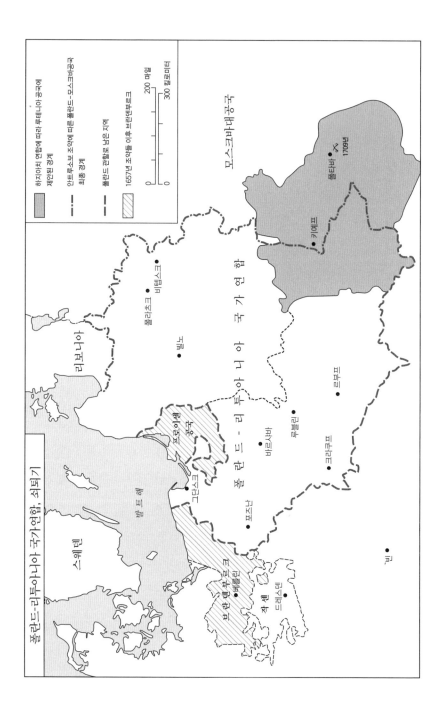

폴란드-리투아니아 국가연합, 쇠퇴기

스웨덴

발트 해

리보니아

모스크바대공국

범례

- 하지아치 연합에 따라 루테니아 공국에 제안된 경계
- 안드루소보 조약에 따른 폴란드-모스크바대공국 최종 경계
- 폴란드 관할로 남은 지역
- 1657년 조약들 이후 브란덴부르크

200 마일

0   300 킬로미터

비템스크

폴라츠크

빌노

프로이센 공국

그단스크

루브프

루블린

바르샤바

포즈난

크라쿠프

브란덴부르크

베를린

드레스덴

작센

빈

폴란드 - 리투아니아 국가 연합

폴타바
1709년

카예프

192

멜니츠키는 우크라이나의 전략적 중요성을 모든 국가에 보여주는 데 성공해서 폴란드나 모스크바공국 모두 우크라이나를 자치 지역으로 남겨놓았지만, 이것은 한 편에 의해 언제든지 무너질 수 있었다. 1667년에 양국이 체결한 안드루소보Andruszowo 조약으로 드니프로강을 경계로 우크라이나를 양분했다.

10장

세임의 전횡

폴란드 외교 사절단은 17세기 내내 유럽에서 화려한 과시로 유명했다. 대사가 외국 수도에 입성하기 전에 사병 부대와 시종 집단이 화려한 옷을 입고, 금실로 수 놓은 천과 귀금속으로 치장한 말을 끌고 오는 하인들에 둘러싸여 먼저 도착했고, 그 뒤로 현란하게 장식한 집안 시종들이 들어왔다. 1622년에 이스탄불에 도착한 크시슈토프 즈바라스키를 헝가리 보병 2개 연대가 수행했고, 체르카스 복장을 한 시종 소년, 루멜리아 복장을 한 경호원, 코자크 부대와 40명의 창기병이 그를 뒤따랐다.

1633년에 로마 사람들은 대사로 부임하는 예지 오솔린스키 일행의 화려함으로 눈이 즐거웠다. 약 300명의 기마병과 10마리의 낙타는 깃털, 금, 진주로 장식되었다. 1645년에 크시슈토프 오팔린스키가 브와디스와프 4세의 신부가 되는 루이즈 마리에 드 곤자구에를 데려가기 위해 파리에 입성했을 때, 그의 말들은 의도적으로 말굽이 느슨하게 박혀서 말굽에서 떨어져 나오는 금 조각이 포부르 생 앙트와네 Faubourg Saint-Antoine 거리 자갈길에 흩어져서 파리 시민들이 이를 주워 갈 수 있게 했다. 낙타와 금으로 만든 말굽은 이후 대사로 부임하는 사람들의 필수품de rigueur이 되었고, 그 규모는 점점 커졌다. 1676년에 모스크바 대사로 부임한 미하우 차르토리스키 공은 1500명의 심복 부대의 수행을 받았다. 다음해 이스탄불로 간 그닌스키는 그를 영접 한 튀르크 관리들에게 큰 부담을 주었다. 한 튀르크 관리는 "그는 강 화조약에 서명하는 데에는 너무 많은 병사를 데려왔고, 전쟁을 위해 서는 너무 적은 병사를 데려왔다"라고 비아냥거렸다.

그러나 폴란드의 부의 척도와 외교적 부상의 상징으로서 이러한 과 시는 아주 잘못된 인상을 심어주었다. 이것들은 폴란드가 외교 정책을 입안할 내각이 없다는 사실을 덮어버렸고, 폴란드가 엄청난 부를 소유 한 국가라는 인상을 심어주었지만, 사실과 너무 거리가 멀었다.

16세기에 자본주의가 서구 국가에 뿌리를 내리는 동안 대부분의 중유럽은 기껏해야 산업 농업이라고 기술할 수 있는 국면으로 표류 해갔다. 폴란드는 식량, 가축, 밀랍, 삼(대마), 목재, 아마, 목탄, 타르, 철광석과 기타 천연자연을 수출하고, 맥주, 밧줄, 천 같은 일부 질이 낮은 최종 산품을 수출한 대신, 거의 모든 공산품을 수입하고 특히 식민지에서 생산되는 상품을 많이 수입했다. 이것은 제3세계 국가가 산업화된 국가들의 전횡에 휘둘리는 무역 패턴과 비슷했다. 상품 운 송도 대부분 외국인이 담당했는데, 이것은 수익의 대부분이 폴란드 밖에서 형성된다는 것을 의미했다. 1585년에 폴란드 수출품을 싣고 그단스크 항구를 떠난 선박 가운데 52퍼센트는 네덜란드, 24퍼센트 는 프로이센, 12퍼센트는 영국 선박이었다. 폴란드 곡물이 거래되는 진정한 시장은 그단스크가 아니라 암스테르담이었다. 이곳에서 폴란드 곡물은 에스파냐와 그밖의 다른 나라로 재수출되었다.

목재와 기타 선박용 소재는 수요가 매우 컸고, 특히 자체적으로 생산할 목재가 거의 없는 네덜란드의 수요가 컸다. 영국과 에스파냐는 자국 내 삼림 자원을 다 써먹었지만, 서유럽 곡물 가격이 지속적으로 하락하면서 곡물 무역의 중요성도 줄어들었다. 영국이나 네덜란드처럼 국토가 작은 나라는 집중적 영농법을 배웠고, 쌀과 최종적으로 감자로 식탁을 채웠다.

17세기 중반에 20년간 진행된 전쟁은 극적인 효과를 가져왔다. 1600년대 초 그단스크를 통한 곡물 수출은 연평균 20만 톤에 달했고, 1618년에 풍작이 왔을 때는 25만 톤에 이르렀다. 3년간의 코자크 봉기 후인 1651년에 곡물 수출은 10만 톤으로 줄어들었고, 2년 후에는 6만 톤까지 줄어들었다. 이후 17세기 말까지 더이상 늘어나지 않았다. 그단스크를 통한 식민지 산품 수입은 1615년부터 1635년 사이 10퍼센트 늘었고, 1635년부터 1690년까지 기간에는 50퍼센트나 상승했다. 그단스크의 경우에만 구체적 자료가 남아 있어서 엘브롱크 같은 다른 항구를 통한 수출이나 독일, 모스크바공국과의 교역은 정확히 알 수 없다. 이 국가들과의 교역은 폴란드가 수출 초과를 보였다. 전쟁으로 폴란드-리투아니아 남동부 지역에서 주로 사육되는 소와 말 수출에도 재앙과 같은 영향을 미쳤다.

오래 지속된 전쟁은 다른 면에서도 재앙을 가져왔다. 남동부 지역을 제외하고 전쟁으로 인한 사망자 자체는 엄청나지 않았다. 타타르는 수천 명의 주민을 노예로 끌고 갔고, 모스크바공국의 차르 알렉세이는 많은 주민을 새로 정복한 시베리아 식민 정착촌으로 보냈지만, 가장 파괴적인 침략자는 스웨덴군이었다. 농작물 전체를 약탈하고, 마을과 도시를 불태우고, 가축을 약탈해가면서 기근이 발생했고, 여기에 역병까지 돌아 피해가 더 커졌다. 그 결과는 참혹했다. 1600년에 1000만 명이었던 인구는 1650년까지 23퍼센트가 증가했지만, 1650년에서 1660년 사이 4분의 1 감소해서 1000만 명 아래로 떨어졌다. 비엘코폴스카, 마워폴스카, 마조비아 같은 폴란드 중심부의 인구 밀도는 1650년에 제곱킬로미터당 26.3명이었지만, 1660년에는 19.9명으로 줄어들었다. 전쟁과 기근으로 마을이 파괴되면서 사람들은 피해를 덜 입은 지역을 찾아 시골 지역을 떠돌아다녔다. 식량 생산도 재앙과 같은 수준으로 떨어졌다. 상황이 안정된 1668년에 슐라흐타가 소유한 농지의 58퍼센트가 휴경 상태였고, 교회 토지와 왕령 토지의 휴경률은 각각 82퍼센트와 80퍼센트에 달했다.

가장 큰 피해를 입은 곳은 소도시들이었다. 16세기 초에 그단스크는 폴란드에서 가장 큰 도시로 인구가 7만 명에 달했다. 다음으로 바르샤바(3만 명), 크라쿠프(2만 8000명), 포즈난(2만 명), 르부프(2만 명), 엘브롱크(1만 8000명), 토룬(1만 2000명), 루블린(1만 명) 순으로 인구가 많았다. 이 외에 900여 개의 소도시에는 500명에서 2000명의 주민이 거주했다. 전체적으로 보아 인구의 약 4분의 1이 소도시에 거주했다. 스웨덴군은 지나가는 모든 소도시를 약탈하고 불을 질렀고, 그 결과 1650년부터 1660년 사이 폴란드-리투아니아 도시 인구의 80퍼센트가 감소했다.

주요 소도시들은 대영주나 교회에 속한 개인적 소도시의 압력에 시달려왔고, 농촌 지역 생산 농산물의 거래자나 최종 상품을 지역에 공급하는 공급자로서의 사업 영역을 많이 잃었다. 이 도시들은 대표성은 약했고, 부과되는 세금은 무거웠다. 바르샤바, 크라쿠프, 포즈난, 루블린, 빌노 등 대도시 상당 부분을 파괴한 전쟁이 끝난 후 도시들을 재건하는 것은 쉽지 않았다. 빌노는 1655년에 차르 알렉세이가 17일간 불을 지르고 살육했다. 도시 재건에 투자되는 재정은 사적으로 소도시를 소유한 사람들이 자신들에게 먼저 사용했다. 그러나 사적인 소도시들은 중요성 면에서 오래된 소도시들을 대체할 수 없었다. 사적 소도시들은 주 기능이 소유자의 이용을 위한 것이었고, 개인 상인이나 생산자가 사업을 영위하고 투자할 공간이 거의 없었다. 이런 소도시들은 금융이나 신용의 중심지로 성장하지 못해서 자체적 부와 산업을 축적하지 못했고, 오래된 소도시들은 그전과 같이 이런 기능을 수행할 수 없었다. 대영주와 교회 그리고 국왕만이 산업 발전을 지원할 수 있었지만, 그들은 이런 동기가 없거나 이런 일을 할 능력이 없었다.

선출된 국왕은 폴란드-리투아니아를 세심히 돌보고 자손을 위해 부강하게 만들어야 하는 세습 유산으로 생각하지 않고, 한가하게 누릴 수 있는 한직이자 자신의 영광과 왕조의 목표를 증진할 수 있는 수단으로 생각했다. 지그문트 3세 때가 되어서야 그의 아들이 후계자가 될 것이 분명해져서 그는 경제에 많은 신경을 썼다. 1624년에 그는 보브라Bobra와 삼소누프Samsonów에 새로운 제련소를 세웠고, 몇 년 후 왕실 소유 광산을 현대화했다. 왕조적으로 폴란드와 깊은 관계를 느낀 브와디스와프 4세는 산업 발전에 적극적 역할을 했지만, 폴란드는 적절한 재정 구조를 갖추지 못한 상태여서 그의 의지에도 불구하고 산업화를 달성할 수단은 별로 없었다.

경제 활동이 가장 활발하게 이루어진 분야는 지주 슐라흐타의 국내 판매나 수출이었고, 이것은 세금 면제 대상이었다. 대규모 유대인 공동체는 외부 감독 없이 예측할 만한 경제적 결과를 가지고 스스로 세금을 산정하고, 수합하고, 납부했다. 폴란드에서 가장 큰 재정 중심지는 그단스크였다. 이 도시도 광범위한 면세 혜택을 받았다. 다시 말하면 이러한 지역들에는 거의 세금이 부과되지 않았다.

재무성의 주된 수입원은 중세 시대부터 상속되어온 대장원이었지만, 대장원은 생산성이 낮았고 세금을 거두기도 어려웠다. 왕실에 귀속되어 있는 토지에서 나오는 수입은 행정 당국과 이익 수혜자들의 자의에 휘둘렸다. 모든 특별세와 부가세와 기존 세금 세율을 정하는 것은 전국 세임에서 찬반 투표로 결정해야 했다. 그 결과 17세기 전반 폴란드-리투아니아의 세수는 바이에른의 세수보다 조금 더 많았고, 프랑스의 10분의 1에 그쳤다. 그러나 어떠한 개혁 제안도 정치 집단인 슐라흐타의 큰 반발을 받았는데, 이것은 단지 세금을 납부하기 싫어서가 아니었다.

1650년대가 되자 유럽의 모든 곳에서 국가는 궁정이나 행정조직을 통해 권력을 집중하고, 지역 기구나 엘리트로부터 권력을 빼앗았다. 그 결과로 이들을 궁정 귀족이나 관직 귀족으로 흡수했다. 브란덴부르크, 프로이센, 덴마크, 스웨덴에서 국가 권력을 견제해온 의회와 귀족층은 점차 자신들의 권한을 점점 더 절대주의적이 되어가는 중앙 당국에 넘겨주어야 했다. 그러나 폴란드 정치 집단은 항상 국가와 모든 종류의 권력 집중을 경계했고, 자기 국가의 권력을 약하게 유지하는 것을 금과옥조로 삼았다.

국왕이 자신의 권위를 높이고 국가 권력을 강화하려고 시도하면 이것은 곧바로 슐라흐타와의 대결을 불러왔다. 이런 시도가 성공할 가능성도 아주 낮았다. 폴란드에는 지속성을 보장하고 새로운 왕에게 권력 기관을 제공할 행정조직이 없었고, 심지어 군대조차도 헤트만들이 점점 더 사적 지배 영역으로 취급하면서 통제권이 왕의 손에서 빠져나갔다. 현재 왕위에 있는 왕도 일시적인 통치자였기 때문에 왕권에 대한 충성이 꼭 왕에 대한 충성을 의미하지는 않았다. 각 왕은 자신의 지지자들과 왕에 대한 충성을 만들어나가야 했다. 16세기 말에 관습으로 굳어진 종신 재위 관행으로 새로 즉위하는 군주는 시간을 기다리며 자신이 신임하는 사람을 고위직에 앉힐 수 있었다. 왕의 고위직 임명권은 통제권을 발휘하는 수단일 뿐 아니라 왕의 영향력의 핵심 원천이었다. 그러나 대영주 과두 지배 체제가 부상하면서 국왕은 임명권을 자유롭게 사용하기가 점점 더 어려워졌다. 얀 카지미에시는 야전헤트만 자리가 공석이 되었을 때, 예지 루보미르스키가 이 자리를 탐내고 있었기 때문에 자신의 가장 유능한 장군 스테판 차르니에츠키를 그 직위에 임명하는 것이 불가능했다.

국왕은 법안을 통과시키기 위해서는 각료 신하들의 지지와 상원평의회를 구성하는 상원의원들의 지지와 세임의 동의를 얻어야 했다. 그러나 상원과 하원은 의견이 일치하는 경우가 드물었기 때문에 입법하는 것은 쉽지 않았다.

세임은 입법기구와 최고 법원 역할을 하는 것에 그치지 않고 전쟁 선포, 강화 체결, 동맹 결성 등 통상 국왕이 행사하는 최고 행정권의 상당 부분을 가지고 있었다. 세임은 또한 재무부의 재정 집행을 감사하고, 왕과 각료 신하들이 모든 분야에 책임 행정을 하도록 만들었다. 그러나 스스로 행정을 집행할 능력이 없는 세임은 대체로 부정적 역할을 했다. 헌법 구조의 이러한 결함을 16세기 후반부터 정치 저술가들은 종종 '세임의 전횡'이라고 지적했지만, 이 문제에 대한 마땅한 해결책은 없었다.

헌법을 재고하는 것은 정치 집단인 슐라흐타 전체의 강력한 이익 공동체와 정치적 감각 없이는 진행될 수 없었다. 17세기 중반이 되자 이를 달성한다는 희망도 거의 사라졌다.

대영주와 전체의 3분의 2를 차지하는 아주 가난한 슐라흐타는 서로를 '형제'라고 부르면서 동등 원칙을 말로는 표현했지만, 두 계층 사이의 간극은 매우 컸다. 또한 슐라흐타는 점점 더 구성이 다양화되었다. 다른 계층이 상향 이동하는 것을 막는 입법은 시행하기가 거의 불가능했고, 평민들은 큰 어려움 없이 결혼이나 동화를 통해 슐라흐타가 되었다. 국왕은 폴란드와 외국 병사들, 특히 스코틀랜드인과 프랑스인을 귀족으로 만들었다. 가톨릭으로 개종한 유대인은 모두 귀족이 되었다. 이로 인한 정치적 견해의 차이는 폴란드-리투아니아의 크기에 의해 더욱 심화되었다. 르부프 동부에 사는 슐라흐타의 타타르의 습격에 대한 공포는 비엘코폴스카 지역 거주자에게는 과장된 것으로 보였다. 모스크바공국의 의도에 대한 리보니아 거주 슐라흐타의 우려는 마조비아의 지주에게는 큰 걱정거리가 아니었다. 포돌리아 출신 귀족은 이스탄불보다 그단스크에서 더 국외자라는 느낌을 받았다. 세임 안 여러 정파의 지역적 정치 관점으로 인해 점점 더 국가적 이익 증진에 필요한 입법이 어려워졌다.

유권자와 의원들의 정치 문화도 과거와 달라졌고 교육 수준도 현저히 낮아졌다. 예수회 대학의 교육 범위는 학생들에게 종교적 사고틀을 주입하는 것을 벗어나지 않았고, 몇 시간씩 정치 논쟁을 끌고 나갈 수 있는 라틴어와 수사법 교육에 집중했다. 16세기 폴란드인의 만병통치약이었던 외국 여행은 시들해졌고, 그 효과도 의문스러웠다. 1550년대에 외국에 나간 사람들은 교육받고 책을 가지고 돌아왔다. 1650년대에 외국에 나간 사람들은 단지 그림들과 성병을 가지고 돌아왔다. 점차 외국 여행은 의미가 없을뿐더러 해로운 것으로 여겨졌고, 외국인들과 그들의 행동 방식은 점점 더 의심을 받았다. 수입된 양식이 넘쳐나는 폴란드 도시들도 대체로 탐욕과 박탈감이 넘치는 곳으로 여겨졌고, 돈 많은 평민들의 안식처로 여겨졌다.

시골의 순수성과 궁정·도시의 사악함의 대조는 당대 유럽 사상과 문학에서 자주 나타나는 주제였다. 폴란드에서는 농촌에 거주하는 슐라흐타의 생활 방식의 완벽성과 다른 양상과의 대조가 주조를 이루었다. 지방 세이미크는 계속 잘 유지되고 참석률이 아주 높았지만, 시간이 갈수록 비용이 많이 드는 바르샤바 여행에 나서는 의원들 수가 줄어들어, 1648년의 국왕 선출에는 3500명, 1674년의 국왕 선출에는 5000명이 참석했다.

의회 정치 과정은 이런 모든 요인에 의해 영향을 받았고, 이로 인해 소수의 대영주가 의회를 쉽게 조종할 수 있게 되었다. 특히 리투아니아의 의원들은 지역의 무장 집단이 있는 상태에서 순종적인 세이미크가 선출한 대리인에 불과했다. 리투아니아 대영주들은 세력이 막강해서 왕들이 계속해서 그들의 비위를 맞추었고, 그 결과 17세기 중반 그들의 입지는 난공불락이 되었다. 그런 다음 소수의 가문이 요구하는 관직을 거부하는 것은 불가능해졌다. 폴란드에서 점점 과두체제가 발전하게 된 것도 리투아니아의 상황이 그대로 반영된 것이었다. 폴란드에서 일부 가문은 일정 관직은 자신들의 몫이라고 생각했지만, 다른 가문의 자리를 동시에 탐내지는 않았다. 루보미르

스키 가문은 원수 직위를 네 번, 헤트만 직위를 한 번 얻었다. 자모이
스키 가문은 세 명의 총리와 한 명의 헤트만을 배출했고, 레슈친스키
가문은 세 명의 총리를, 포토츠키 가문은 네 명의 헤트만을 배출했
다. 리투아니아에서는 대영주들이 나라 전체를 차지했다. 1500년에서
1795년 사이 라지비우 가문은 원수 직위를 다섯 번, 총리 직위를 여
덟 번, 헤트만 직위를 여섯 번, 빌노 주지사 직위를 열두 번, 리투아
니아에서 두 번째로 중요한 트로키 주지사 직위를 여섯 번 차지했다.
이런 사람들은 폴란드 헌법 제도를 존중해야 한다는 부담을 거의 느
끼지 않았고, 자주 자신들의 이익을 위해 이를 사용했다.

　이러한 상황이 반영된 가장 악명 높은 사건이 1652년 3월 9일에
발생했다. 세임은 당면한 문제를 해결하기 위해 회기를 연장하는 데
동의했다. 그러자 리투아니아 트로키 출신 의원 브와디스와프 시친
스키가 자리에서 일어나 회기 연장에 대한 개인적 반대 의견을 개진
하고 의사당을 빠져나갔다. 다른 의원들과 세임 의장인 안제이 프레
드로는 한 의원의 이런 명백한 반대를 무릅쓰고 회기를 연장하는 것
이 불가능하다고 생각했다. 그날이 회기 마지막 날이었기 때문에 이
미 가결된 법들은 입법이 된 상태였지만, 회기 해산으로 그때까지 가
결된 법안 모두가 무효가 되었다. 시친스키는 리투아니아 야전헤트
만인 야누슈 라지비우의 하수인이었고, 그는 자신에게 더 높은 지휘
권을 주지 않은 얀 카지미에시 국왕에게 불만을 품고, 세임을 해산시
켜 다음 세임 회기까지 세금을 징수하거나 어떤 정책도 취하지 못하
게 보복한 것이었다. 이런 방식으로 과거의 만장일치제가 다시 적용
된 것은 처음 있는 일이었지만, 이것이 마지막은 아니었다.

　1650년대 말 얀 카지미에시는 헌법 관행 개정을 위한 계획을 준비

했지만, 스웨덴과 전쟁을 치르는 위기 상황에서 슐라흐타가 국가 권력을 강화하는 것을 받아들이지 않을 것이라고 생각했다. 특히 후계자가 없는 상황에서 그의 사후 발생할 궐위 상태는 아주 심각하고 위험한 상황을 초래할 수 있었다. 왕후의 청원을 받은 카지미에시는 자신의 후계자가 자신이 살아 있는 동안 선출되어야 한다고 제안했다.

이것은 슐라흐타로서는 받아들일 수 없는 제안이었다. 슐라흐타가 왕을 선출하는 권한은 헌법의 초석이었고, 왕이 살아 있는 동안 후계자를 선출하겠다는 것은 이 과정을 조종하겠다는 의도가 엿보이는 것이었다. 이번 경우에는 왕후가 의도한 대로 프랑스 후보자가 지명받는 것을 의미했다. 왕후의 의도를 의심한 슐라흐타뿐만 아니라 부르봉 왕가가 폴란드의 왕위를 차지하려 한다고 생각한 합스부르크 왕가는 카지미에시의 제안에 반대하는 분위기를 만들기 위해 모든 수단을 동원했다.

이전에도 제안되었던 3분의 2 다수결로 의사 결정을 하고, 지방 세이미크가 자신들이 선출한 세임 의원에 행사하는 통제권을 제거하고, 항구적 연세를 부과하고, 왕이 살아 있는 동안 후계자를 선출하는 의회 개혁안이 1658년에 세임에 제안되었다. 그러나 이 개혁안은 사소한 문제 때문에 좌절되었다. 궁정파는 이후에도 개혁을 계속 추진했으나 성공을 거두지 못했다. 이 모든 것이 실패하면 쿠데타를 일으키려고 생각했던 왕후는 군대의 주요 자리에 프랑스인을 앉혔다. 이와 동시에 합스부르크 왕가와 손을 잡고 있던 예지 루보미르스키 원수는 궁정파가 계속 개혁을 주장하면 반란을 일으킬 것이라고 위협하기 시작했다. 세임에서 그를 탄핵하려는 시도가 있고 난 후 그는 급료를 받지 못한 군대와 불만을 품은 슐라흐타 집단을 선동하여

1665년에 젭시도프스키가 시도한 것과 같은 반란을 일으켰다. 궁정파는 이를 격퇴하기로 결정했고, 1666년에 몽트비Mątwy 전투에서 그의 군대는 패배했다.

얼마 지나지 않아 예지 루보미르스키는 국왕에게 와서 용서를 빌었고, 그는 사면을 받았다. 이 모든 일이 젭시도프스키 반란처럼 한 차례 소동으로 끝났고, 왕권과 얀 카지미에시의 권위를 심각하게 훼손했다. 루이즈-마리에는 1667년에 사망했고, 자신을 가장 지지했던 사람이 사라진 카지미에시는 2년 뒤 하야했다. 그 직후 그는 프랑스로 가서 성 제르만-드-프레St. Germain-des-Pres 수도원장으로 자신의 생을 마감했다.

이후 진행된 국왕 선출 과정에서 처음으로 심각한 소요가 일어났다. 두 명의 핵심 국왕 후보자 가운데 하나는 노이부르크Neuburg의 왕자인 필립 빌헬름으로 합스부르크 왕가가 가장 선호한 후보자였고, 다른 후보자는 롱그빌의 대공인 부르봉 왕가의 샤를이었다. 바르샤바에 모인 슐라흐타들은 외국인 주군을 뽑고 싶은 마음이 없었다. 그들은 코자크 출신으로 혈기 왕성한 싸움꾼인 야레마 공의 아들인 미하우 코리부트 비시니오비에츠키를 압도적 다수로 국왕으로 선출했다. 실망한 친합스부르크 성향의 대영주들로부터 배척당하고, 공개적으로 '원숭이'라고 불린 새 국왕의 유일한 권력 기반은 자신을 국왕으로 선출해준 슐라흐타였다. 그러나 슐라흐타가 그에게 투표한 것은 자신들의 자유를 제한하려는 시도와 외국 간섭자들에 대한 항의 표시였지, 그에 대한 신뢰의 투표는 아니었다. 그는 국왕으로 재위하는 것 외에 할 수 있는 일이 별로 없었다.

대규모 타타르 원정대가 거리낌 없이 폴란드 여러 지역을 약탈하고 다녔다. 이것은 남동부 지역을 진정시키려고 최선을 다하던 얀 소비에스키의 경고를 세임이 무시한 탓이 컸다. 1667년에 그는 1만 4000명의 병력을 가지고 2만 5000명의 타타르-코자크 연합군과 전투를 벌여 포트하체Podhace 전투에서 승리를 거두었다. 소비에스키 병력의 절반 이상은 그가 데리고 있던 개인 병사들이었다. 그러나 이것은 오스만튀르크 궁정이 유럽에 새로운 살육 전쟁을 벌이려고 준비하고 있던 위기 상황을 가볍게 보게 만들었다.

1672년에 오스만튀르크 술탄 메흐메트 4세는 대규모 군대를 직접 이끌고 침공해왔고, 폴란드는 난공불락의 요새로 생각했던 카미에니에츠 포돌스키가 튀르크군에 함락되자 비상이 걸렸다. 이 요새는 불과 200명의 보병과 소수의 기마병이 방어하고 있었다. 포수도 네 명밖에 되지 않아 대부분의 대포는 발사되지 못했다. 이런 식의 기강해이는 곳곳에 만연해 있었다. 폴란드에는 튀르크 대군의 진격을 저지할 군대가 전혀 없었고, 그래서 폴란드는 강화를 요청할 수밖에 없었다. 오스만 술탄은 치욕스러운 부차치Buczacz 조약 체결을 강요했고, 이 조약으로 카미에니에츠와 우크라이나, 포돌리아 전체가 폴란드에서 떨어져 나왔다. 오스만은 매년 조공을 바칠 것도 요구했다. 이에 자극을 받은 세임은 새 군대를 구성할 자금을 승인했고, 이에 오스만튀르크는 강하게 항의했다. 그리고 실리스트리아Silistria의 후세인 파샤 재상Grand Vizir의 지휘 아래 군대를 모았다.

폴란드의 미하우 왕은 병을 앓았고, 그가 바르샤바 궁전에서 죽음을 눈앞에 두고 있을 때 후세인 파샤의 예니체리는 드네스트르강을 건너 국왕 선출을 해야 하는 폴란드 땅으로 진격할 준비를 하고 있었다. 1673년 11월 10일에 미하우 국왕이 사망하자 그날 저녁 헤트만 얀 소비에스키는 호침의 튀르크군 진영 외곽으로 자신의 부대를 출동시켰다. 다음날 그는 뛰어난 작전을 펼치며 튀르크군을 공격하여 격멸했고, 이 소식은 순식간에 바르샤바로 전해졌다. 주요 국왕 후보였던 로레인의 샤를, 콩티 공 프랑수아 루이 드 부르봉, 요크 대공 제임스 스튜어트(그는 장차 영국의 제임스 2세가 된다)는 개선하는 영웅의 광휘에 묻혀버렸다. 선거 들판에 모인 슐라흐타는 압도적 다수로 얀 소비에스키를 국왕으로 선출했다.

1674년 5월에 얀 3세로 왕위에 오른 얀 소비에스키는 활력이 넘치는 45세의 장년이었다. 짧게 깎은 머리에 보석이 박힌 모피 모자에서부터 은 굽이 박힌 부드러운 노란 장화에 이르기까지 그는 사르마티아 대영주였고, 이 계급이 가진 모든 덕과 악을 소유했다. 1651년에 첫 전투를 치른 후 그는 폴란드의 적들과 돌아가며 전쟁을 치렀다. 1656년에 스웨덴과의 전쟁에서 3000명의 타타르군을 지휘했었지만, 그의 가장 끈질기고 잔학한 적이 된 것은 타타르군과 튀르크군이었다. 그의 조상인 주우키에프스키는 체초롱 전투에서 전사했고, 그의 형은 바토흐Batoh 학살로 사망했다. 이교도를 상대로 한 그의 십자군 여정은 그의 생 자체였다. 그는 타타르어와 튀르크어를 구사했고, 동방 산품을 좋아했다.

이와 동시에 이탈리아식 궁전을 짓고 유럽의 예술품을 무차별적으로 사들였다. 그는 이탈리아와 프랑스 작품을 많이 읽었고, 폴란드에서 가장 편지를 잘 쓰는 사람 가운데 하나였다. 그는 20년 동안 궁정에 있든 원정 중이든 프랑스인 부인인 마리에 카시미레 드 라 그랑제 다르퀴엔에게 매일 또는 이틀에 한 번 편지를 썼다. 그의 편지는 시문과 용맹으로 가득 찼고, 자신을 '셀라돈', 부인을 '아스트레' 또는 프랑스 문학 작품의 다른 여주인공 이름으로 불렀다. 그에게는 사르마티아식 용맹이 특이하게 결합되어 있었다. 그는 경건했고, 거의 미신적 수준으로 그랬지만, 강한 냉소주의의 소유자이기도 했다. 사생활에서는 탐욕스러웠고 늘 조심스럽지는 않았지만, 공적인 영역에서는 결점을 찾기 어려울 정도로 바르게 행동했다. 그는 다른 대영주와 마찬가지로 야심이 컸고, 왕조적으로 사고했다. 그에게는 로마 복장과 소비에스키 가문 문장과 "이 문양으로 너를 정복할 것이다"라는 문장이 새겨진 방패에 몸을 기대고 있는 아들의 초상화를 가지고 있었다(그가 콘스탄티라는 세례명을 받은 것도 다 이유가 있었다). 그러나 무자비하게 자신의 목적만을 추구하지는 않았다.

얀 소비에스키는 뛰어난 전사였고, 개인적 용맹성과 대범함에 전술적 재능과 현명한 전략적 감각을 가지고 있었다. 그는 나이가 들어 비만해졌지만, 강인하고 민첩했으며 말 안장이나 별 아래서 잠을 잘 수 있었다. 정치에서도 그는 주도권과 비전을 놓치지 않았다. 그는 국내 문제를 다루는 데 필요한 권위를 얻는 방법은 성공적인 외교 정책을 수행하는 것이라고 생각하고 자신만의 외교 정책을 만들어나가기 시작했다.

정치 집단인 슐라흐타가 자신들의 국제적 역할에 대한 목표를 생각해내지 못하면서, 폴란드에는 적극적인 외교 정책 없이 단지 반동적인 정책만 있었고, 동맹 체제도 없었다. 폴란드가 강하고 이웃 국가들이 약한 동안에는 문제가 없었지만, 이 방정식은 근본적으로 변하게 되었다.

남쪽과 동쪽에서, 과거에는 작은 말썽거리에 불과했던 코자크와 타타르가 튀르크군이나 모스크바공국군과 연합하여 심각한 위협을 제기하고 있었다. 북쪽에서는 스웨덴이 더 큰 위협으로 다가오고 있었다. 스웨덴은 과거에는 발트해 지배권을 놓고 덴마크, 네덜란드와 겨루었고, 동부 해안을 놓고 폴란드, 모스크바공국과 대결했다. 30년 전쟁이 끝난 후 스웨덴은 국제 정세에서 중요한 국가로 부상했다.

스웨덴 국왕 구스타브 아돌프는 발트해의 동부와 남부의 스웨덴 소유지를 방어하기 위해 1630년에 전쟁에 뛰어들었고, 그 과정에서 해안 지역 전체를 장악했다. 그의 후계자인 칼 10세 구스타브는 개신교의 수호자를 자처하고 독일에서 합스부르크의 영향력에 도전하며 프랑스의 지지와 지원을 이끌어냈다. 스웨덴이 지그문트 3세를 발트해 지역에서 합스부르크 음모의 하수인으로 본 것이 스웨덴이 폴란드를 침공한 주요 이유였다.

또다른 위협은 브란덴부르크공국이었다. 척박하고 모래가 많은 땅에 쓸 만한 천연자원 없이 해안선도 가지고 있지 못하고, 통제할 수 있는 강도 없던 이 공국은 외교적으로 중요성이 전혀 없었고, 통치 가문인 호엔촐레른 가문은 유럽의 유서 깊은 통치 가문과 비교할 수 없었다. 이 공국의 유일한 자산은 네덜란드와 국경을 맞대고 있는 서부에 있는 작지만 풍요로운 왕실 영지와 동쪽에 있는 과거 튜튼기사단의 영지였다.

튜튼기사단의 마지막 대원수는 선거로 선출된 브란덴부르크 호엔촐레른 가문 공후의 사촌이었고, 1520년에 기사단이 세속화된 다음에도 그는 공국령 프로이센이라고 알려진, 폴란드의 가신국이 된 이 지역을 계속 통치했다. 그의 아들과 손자가 후계자가 되었고, 이들은 공후 직을 계승한 다음 폴란드 왕을 찾아가 경의를 표했다. 브란덴부르크 선출 공후는 호엔촐레른 가문이 끊기는 경우 공국령 프로이센의 후계를 이을 수 있는 권리를 폴란드 왕으로부터 부여받았다. 1618년에 실제로 그런 일이 일어나자, 지그문트 3세는 스웨덴과 전쟁을 벌였고, 브란덴부르크 공후의 적극적 지원을 받아 공국을 자기 가문의 소유로 만들었다. 1641년에 요한 지기스문트의 손자 프리드리히 빌헬름(그는 후에 위대한 선출자로 알려지게 된다)은 공국령 프로이센의 통치자로 즉위하면서 바르샤바 성으로 찾아와 브와디스와프 4세에게 경의를 표했다. 16년 후에 그는 스웨덴과의 전쟁에서 군사 지원을 한 대가로 절박한 상황에 처한 얀 카지미에시로부터 주권적 공후로 통치할 권한을 얻어냈다. 브란덴부르크공국 내에서도 이에 대해 많은 저항이 있었다. 자신들의 권리를 잃게 될 것을 우려한 브란덴부르크 귀족들은 바르샤바에 보호를 요청했지만, 합스부르크의 지원을 받은 프리드리히 빌헬름은 주권적 공후로 인정할 권한을 확보했고, 이것은 1660년의 올리바Oliwa 조약으로 확인되었다. 이렇게 해서 브란덴부르크공국은 폴란드 왕관과 폴란드 국가연합으로부터 분리되었다. 그러나 브란덴부르크–프로이센 통치자들은 자신들의 통치령을 합치기 전까지 마음을 놓을 수 없고, 폴란드 영토의 상당 부분을 차지하고 폴란드를 해양에서 분리시키기 전까지 마음을 놓을 수 없는 것은 분명했다. 그들은 폴란드의 영토와 권위를 차지하기 위해 이미 30년 전쟁과 스웨덴의 폴란드 침공이 만들어준 가능성을 이용했고, 두 공국이 증강한 군대 덕분에 많은 나라가 이들과 동맹을 맺으려고 했다.

폴란드가 다른 나라의 동맹이 될 잠재력은 폴란드의 정책이 기본적으로 평화적이고, 제공할 군대가 마땅치 않다는 점에서 크게 제약되었다. 합스부르크 왕가는 18세기 초 폴란드를 자신의 궤도에 끌어들여서 스웨덴에 대항하는 동맹으로 사용하기 위해 많은 노력을 기울였지만, 친프랑스적인 폴란드 궁정 집단은 이 일이 일어나는 것을 막았다. 30년 후 프랑스의 루이 14세는 합스부르크 왕가와의 경쟁에 뛰어들어 폴란드에 희망을 걸었다. 얀 3세는 여기에서 폴란드의 위력을 확인하고 재정적 개혁을 달성할 기회뿐만 아니라 자신의 왕조적 야망을 계속 추진할 기회를 발견했다.

1675년에 얀 3세는 프랑스와 야보로프Jaworow 조약을 체결하여 폴란드 동맹국인 스웨덴이 브란덴부르크를 침공하는 사이 공국령 프로이센을 침공할 재정을 제공받았다(얀 3세는 자기 아들을 이곳의 공후로 앉혀 세습적 가신공후국으로 만들려고 했다). 프랑스는 합스부르크 왕가가 중립을 지키게 만들고 오스만제국이 부차치 조약으로 양도받은 카미에니에츠와 다른 지역을 반환하도록 설득에 나섰다. 예상대로 스웨덴은 브란덴부르크를 침공했지만, 오스만튀르크가 카미에니에츠 반환을 거부하고 새로운 공세를 취하면서 폴란드는 프로이센을 침공할 수 없게 되었다. 소집한 폴란드 대군은 프로이센 공격이 아니라 튀르크군을 상대해야 했고, 1676년에 주라브노Żurawno 전투에서 튀르크군을 패퇴시켰다. 그러나 이 시점에 전쟁은 끝났고, 스웨덴은 브란덴부르크와 강화조약을 맺었고, 폴란드의 기회는 사라져버렸다.

이후 10년 동안 오스만 술탄은 새로운 성전을 선언하고 유럽으로 진군해 들어왔다. 튀르크군은 합스부르크령 헝가리 지방을 침공하고 1683년에는 빈을 포위했다. 이 사건은 합스부르크에 대한 오스만튀르크의 공격을 환영하고, 합스부르크가 패배하도록 폴란드가 공모하기를 바라는 프랑스의 지원을 얻을 수 있는 새로운 기회를 제공해주었다. 그러나 폴란드는 오스만튀르크가 중유럽을 정복하고, 폴란드 남쪽 국경 전역을 위협하도록 방관할 수 없었다.

오스만 재상 카라 무스타파가 빈을 향해 진격해오자 얀 3세는 오스트리아 황제와 협정을 맺고, 세임은 폴란드에서 3만 6000명, 리투아니아에서 1만 2000명의 병력을 동원하는 세금 징수를 허락했다 (리투아니아는 헤트만 얀 사피에하가 얀 3세를 도울 의도가 전혀 없었기 때문에 전장에 나타나지 않았다). 8월 말에 54세의 얀 3세는 군대를 직접 이끌고 원정에 나섰다. 9월 초에 오스만튀르크군과 대결하면서 오스트리아제국 여러 지역에서 출병한 동맹 군대 전체를 지휘했고, 9월 12일에 빈 성벽 아래에서 카라 무스타파를 격파했다.

튀르크군은 대열을 갖추지 못한 채 퇴각했고, 전투는 끝나지 않았다. 얀 3세는 튀르크군을 헝가리까지 추격했다. 그러나 반反합스부르크 감정을 가진 헝가리인 대부분은 튀르크 진영으로 돌아섰고, 얀 3세는 헝가리를 오스트리아에서 분리시켜 폴란드의 새 동맹으로 만들 수 있는 기회를 발견했다. 10월 7일에 얀 3세는 파르카니Parkany에서 생애 첫 패배를 맛보았다. 그는 이틀 후 튀르크군을 물리쳤지만 원정을 마무리하기는 어려웠다. 그러는 동안 폴란드에서는 전쟁을 더 이상 끄는 것에 반대하는 의견이 거세졌고, 자신의 나이를 느끼고 담석증으로 고통을 받은 얀 3세는 자신의 계획을 포기했다.

얀 3세는 1688년에 상원에서 "그런 놀라운 승리 후에, 그런 국제적 위협과 영광 후에 우리가 영구적인 수치와 되돌릴 수 없는 상실을 감내해야 하는 것을 미래 세대는 크게 의아해할 것이다. 왜냐하면 우리는 지금 자원도 없고, 도움도 받지 못하고, 스스로 통치할 능력이 없어 보이기 때문이다"라고 한탄했다.

11장

무정부 상태

17세기 후반기인 1675년 이후 폴란드-리투아니아 국가연합은 이 나라를 둘러싼 주변 국가들과 아주 다른 정치적 단위이고, 이 국가들이 추구하는 종류의 정치적 관행을 따르지 않는다는 것을 사람들이 알게 되었다. 논평가들은 이것을 '폴란드 무정부 상태'라고 불렀다. 또한 이 신기한 정치제는 유럽 나머지 국가들과 점점 이질적이 되어가는 문화의 표현이라는 것도 분명해졌다.

그러나 어떤 면에서는 폴란드 사회도 다른 나라들과 크게 다르지 않았고, 똑같은 문학·경전이 문화의 기초가 되었다. 왕국 재무관인 안제이 모르슈틴(1620-1693) 같은 대영주에게는 다른 나라 귀족들과 특별히 다른 점이 없었다. 그는 힘들이지 않고 성애적 시와 경구를 썼고, 종교적 시와 서정적 시도 쓰고, 코르네유와 타소의 작품을 멋지게 폴란드어로 번역했다. 반동적인 원수 예지 루보미르스키의 아들인 스타니스와프 헤라크리우시 루보미르스키(1642-1702)는 공직을 시작하기 전에 외국을 두루 여행했고, 공직 취임 후 1676년에 얀 3세에 의해 원수 지위에까지 올랐다. 그는 용감한 전시였고 안목 있는 예술 후원가였다. 그는 1668년에 음악과 수학에 열정을 가진 진취적 여자인 조피아 오팔린스카와 결혼했다. 두 사람은 기계공학에서부터 천문학에 이르기까지 다양한 분야에 관심을 기울였다. 그는 이탈리아식 희극을 썼고, 17세기 최고로 꼽힐 수 있는 폴란드어 시를 썼다. 또한 현안에 대한 논문과 문학적 성향의 소논문을 쓰고 많은 외국 작품을 번역했다.

그를 비롯한 많은 대영주는 예술을 후원하고, 소도시와 시골 지역에 바로크식 궁전과 성당을 지었다. 이 바로크 양식은 이탈리아와 오스트리아뿐 아니라 프랑스와 네덜란드식을 결합한 것이었다.

르네상스식 건축이 16세기 폴란드인의 양식과 사고에 맞았다면 바로크식 건축은 17세기 폴란드인이 선택한 양식이었다. 이것은 즉각적 만족을 찾는 형태, 장식, 화려함에 대한 감각적 평가 수준을 일깨웠고, 점점 늘어나는 동양과의 접촉을 보충했다. 이것은 평화 시기 무역뿐만 아니라 전쟁에서도 이익을 취했다. 오스만 군대는 안락함과 영광을 중시했고 그 결과 오스만과의 전쟁 전리품은 대단했다. "천막과 모든 마차가 내 손 안에 떨어졌소. 그리고 천 개의 아주 빛나고 멋진 훈장들도 노획했지만, 나는 아직 그것들을 제대로 살펴보지 못했소"라고 승리를 거둔 얀 3세는 전투 몇 시간 후에 빈 성곽 외부 튀르크군 진영에서 부인에게 편지를 썼다.

1600년대 초반 폴란드 기병은 튀르크군이 사용하는 무기 대부분과 그들의 전술을 채택했다. 헤트만들은 튀르크군의 지휘봉을 사용했고, 튀르크군이 계급을 나타내는 데 사용한 말꼬리 장식도 기마병 말에 붙었다. 폴란드 군인들은 점점 더 적군인 튀르크군 같은 복장을 했고, 머리를 밀어버리는 타타르 관습도 원정 중에 널리 시행되었다. 모방이 너무 심해서 빈 전투 직전에 국왕은 유럽 동맹군이 폴란드군을 튀르크군으로 착각하지 않도록 모든 폴란드군에게 밀집 모표를 달도록 명령했다. 이 정도로 폴란드군을 튀르크군과 구별하는 것은 쉽지 않았다. 소비에스키가 국왕이 된 후 군대식 복장은 궁정에까지 침입하여 일상화되었다. '사르마티아식' 의복은 건강하고 직선적인 폴란드 애국주의의 상징이 되었고, 프랑스와 독일식 의복은 외국의 음모와 동일시되었다.

폴란드 대영주의 외투는 시장성이 높은 물품이었다. 외투는 너무 웅장해서 금실로 꿰맸다. 모든 단추는 보석이었고, 목깃 장식과 모피 모자 깃털 장식은 예술품이었다. 프랑스 여행자인 베르둠은 얀 3세가 평일 20만 텔러가 나가는 보석을 달고 있었고, 큰 행사가 있는 날에는 자신의 몸무게에 달하는 금을 장식으로 치장했다고 기록했다. 1640년에 많은 수의 후손이 유산을 놓고 갈등을 벌였던 우루슐라 시에니아브스카는 자신의 보석보관함에 5000개나 되는 다이아몬드, 루비, 에메랄드, 사파이어를 남기고 죽었다. 베우스 총독 부인인 마리얀나 스타드니츠카는 8760개의 진주를 남겼다. 1655년에 루보미르스키 영지인 비시니츠를 약탈한 스웨덴은 노획물을 운송하기 위해 150대 이상의 마차를 동원해야 했다. 주요 가문의 컬렉션은 방대해서 이러한 약탈은 큰 인상을 남기지 못했다. 1707년에 표트르 1세가 직접 작성한 소비에스키 가문의 일원인 주우키에프의 목록을 보면 성 안에 보관된 그림만 700점이 넘었다.

이 궁정들은 사람들로 넘쳐났다. 시중드는 사람이 많을수록 더 중요한 사람이라는 믿음이 있었다. 가난한 친척, 토지가 없는 친구들, 덜 부유한 심복의 아들들, 여러 형태의 보호자들이 대영주를 둘러싸고 궁정을 형성했다. 이뿐만 아니라 대영주는 자녀들을 위한 교사, 음악 연주가, 발레단, 광대, 난쟁이, 사제, 비서, 경영자와 기타 관리들을 고용했다. 그다음으로 하인, 물품관리자, 부엌 하녀, 매 관리자, 사냥꾼, 오르간 연주자, 안무가, 나팔수, 기병대, 보병, 포병을 거느렸다. 화려함을 보여주기 위한 수행원으로 수십 명의 헝가리 제복을 입은 하이두크hajduks, 튀르크의 예니체리 복장을 한 파유크pajuks, 이탈리아 오페라에서 바로 튀어나온 듯한 타조 날개를 단 라우퍼laufers 등이 있었다. 이 수행원들은 관저 앞에 서 있거나 주인보다 먼저 말을 달려 나가는 역할 이외에 다른 할 일이 없었다. 그 수는 엄청났다. 1635년에 라파우 레슈친스키는 부인이 사망했을 때 2000명이 넘는 하인의 상복을 준비해야 했다. 여기에는 눈에 보이지 않는 요리사나 부엌 하녀는 포함되지 않았다. 카롤 라지비우의 군대는 6000명이 넘는 정규군으로 구성되었다.

주요 가문의 수장은 자신을 대단하게 생각했고, 이러한 화려함은 자존감을 나타내기 위해 필요했다. 한번은 누군가가 카롤 라지비우에게 당신의 삶이 왕보다 더 나아 보인다고 말하자, 라지비우는 이렇게 답했다. "나는 라지비우답게 살고 있는 것이다. 왕이 자기가 하고 싶은 대로 하는 것처럼 말이다." 가문의 모든 큰 행사는 화려하게 진행되었고, 모든 기념식도 마찬가지였다. 아이가 태어나면 포병은 축포를 쏘고, 오케스트라가 음악을 연주했다. 주인이 전쟁에서 귀환하면 개선문이 세워지고, 폭죽이 터졌다.

이는 단순한 과시를 넘어서는 것으로, 모든 행동에 의식을 도입하고, 그 의미를 눈에 띄는 행동으로 바꾸는 행위 양식이었다. 종교의 식보다 이것이 더 선명하게 드러난 분야는 없었다. 이는 부분적으로 17세기 신앙인들의 기호의 영향 아래 발달했고, 폴란드 생활의 모든 부분을 자신의 통제 아래까지는 아니더라도 자신의 영역 내에 두려는 교회의 지속적 정책의 결과였다.

통제는 카롤 라지비우 같은 사람들에게 행사될 수 있는 방식은 아니었다. 그는 1764년에 안나 야브워노브스카에게 보낸 편지에서 자신의 태도를 다음과 같이 요약했다. "나는 주를 찬양한다. 나는 악마를 믿지 않는다. 나는 법을 존중하고, 자유로운 목소리를 가진 귀족이라 왕은 알지 못한다." 자신의 이상이 제한 없는 자유라는 신앙인 사람은 예를 들어 폴란드의 법률보다 더 애매한 법이 제약하는 자신의 성적 자유를 받아들일 수 없었다. 교회가 사회를 구속하는 것은 종교를 모든 사람의 일상적 행동의 한 부분으로 만드는 데 성공한 의례와 생의 대조에 바탕을 두고 있었다.

반종교개혁 운동의 지도자들은 교회가 하나의 제도로서 폴란드 국가라는 제도와 분리될 수 없고, 신앙은 애국주의와 분리될 수 없다고 주장했다. 국가가 그들에게 속한 것처럼 가톨릭교회는 많은 폴란드 사람들에게도 '속했다'는 인식을 주입시키는 데 대체로 성공했다. 교회는 세이미크 장소로 사용되었고, 지방 법원 장소로도 사용되었다. 국가적 기념행사나 축일은 종교적 축제와 혼합되었다. 다른 나라에서 공직이나 군대가 귀족들의 직업이 된 것처럼 사제직은 귀족들이 차지하는 자리가 되었다. 이것은 유일하게 귀족이 가질 수 있는 직업이었고, 상류 계급의 따분함에서 벗어날 수 있는 길이었다.

신앙의 외부적 표식은 모든 방면에서 장려되었다. 종교개혁 시기에 사라졌던 성모 마리아와 성인 숭배는 당당하게 다시 살아났다. 모든 도시, 마을, 기관, 길드, 형제단은 수호성인을 갖게 되었다. 기적이 발생했다고 주장되는 성모 마리아 초상에 왕관이 씌워졌고 기적의 성모상으로 선언되었다. 1717년 9월 8일에 쳉스토호바의 검은 성모 마리아의 성스러운 대관식이 15만 명의 신도가 지켜보는 가운데 거행되었다. 1772년 기준으로 기적으로 지정된 성모상이 약 400개 있었고, 각 성모상은 순례의 중심지가 되었으며, 보석, 현금, 작은 탁자, 상징적 날개 같은 봉헌물이 헌정되었다.

이러한 의례는 순수한 종교적 영역에서부터 다른 모든 곳으로 퍼져나갔다. 상당한 재산을 가진 사람이 사망하면, 그의 관의 덮개로 '고통의 천막'이라는 거대한 건축물이 세워졌고, 이것은 그의 지위 장식, 초상, 문장, 그를 기리는 섬세한 명문銘文이 새겨졌다. 이 의례에는 망자가 가문의 마지막 사람이면 그의 지위 상징을 부수고, 그의 문장을 산산조각 내는 오래된 폴란드 관습이 행해졌다. 이웃, 친구, 가족, 하인, 병사들은 다소 연극적인 방식으로 자신들의 마지막 예를 표하고, 수도자와 수녀 집단은 애가를 부르고 긴 기도문을 암송했다. 1751년에 헤트만 유제프 포토츠키의 장례식은 2주 동안 진행되었고, 6일 동안 총 120발의 조포가 발사되었다(총 4700통의 화약이 사용되었다). 10명이 넘는 상원의원, 수백 명의 친척과 연대 전체가, 거대한 건물 전체가 검은 천으로 싸인 스타니스와보프Stanisławow의 성당 안에서 램프, 촛대, 포토츠키의 초상화들, 노획한 군기, 피라미드처럼 쌓인 무기들과 여타 그의 지위와 성취의 상징물로 장식되고 금실로 장식된 자색 벨벳 천이 덮인 관대 앞에서 자신들의 마지막 예를 표했다.

이러한 사르마티아식 생활양식은 가톨릭 고급 바로크 양식과 오스만 문화가 뒤섞여 만들어진 것이었다. 이와 관련된 모든 것은 연극적이었고, 웅변조였으며 웅장했다. 이것은 서유럽을 지배하기 시작한 검소, 투자, 자기 개선, 규율이라는 부르주아 윤리에 반하는 것이었고, 그 결과 후세의 폴란드인에게서조차 경멸받았다. 사르마트주의는 최악의 상황에 처했을 때 어리석고 파괴적이었고, 광기 어린 행위와 환각을 가져오는 태도를 조장했다. 그러나 이것은 서로 융합할 수 없는 사람들이 일종의 화합에 도달하는 것을 허용했다. 얀 3세의 주치의였던 영국 의사 버나드 코너는 "우리 영국에서 폴란드가 누리는 자유의 3분의 1만 있었더라도 우리는 서로의 목을 치지 않고는 살아갈 수 없었을 것이다"라고 평했다.

이것은 폴란드가 어떻게 논리로 이해가 되지 않는 평행적 세계 속에서 계속해서 기능을 할 수 있었는지를 설명하는 데 도움을 준다. 이것이 만들어낸 환각적 환경은 헌법이 파괴되고, 폭발할 수밖에 없었고, 점점 강력해지는 이웃 국가 가운데 하나인 러시아에 정복당한 상태에서 폴란드가 하나의 정치체로서 생존하는 데 기본적인 구성 요소였다.

1696년에 얀 3세 사망 후 진행된 국왕 선출은 대재앙이었다. 가장 유력한 후보는 얀 3세의 아들인 야쿠프, 콩티 공 프랑수아 드 부르봉과 작센의 선출 제후 프리드리히 아우구스트 베틴이었다. 야쿠프는 작센 군대에 의해 후보 명단에서 바로 사라졌다. 1697년 6월 27일 국왕 선출 들판에 모인 슐라흐타는 압도적으로 콩티 공을 국왕으로 선출했고, 수석대주교는 그를 왕으로 선포했다. 그날 저녁에 이 결과에 불만을 품은 소수의 슐라흐타는 프리드리히 아우구스트를 왕으로 선출했고, 그는 작센 군대의 선두에 서서 폴란드에 들어왔다. 9월 15일 콘티 공이 발트해를 항해하고 있는 동안 프리드리히 아우구스트는 쿠야비아 주교에 의해 크라쿠프에서 왕관이 씌어졌다. 9월 말 폴란드 해안에 상륙한 콘티 공은 자신의 왕위를 탈취당한 것을 알았다. 그의 지지자들은 내전을 벌일 정도로 용기가 있지 않았고, 그는 다시 배에 올라 프랑스로 돌아갔다. 이것은 사망한 국왕의 아들이 후계자가 되어 왕으로 선출되지 않고, 국왕으로 선출된 후보가 무력에 의해 왕위에 오르지 못한 채 새로운 국왕이 이미 다른 나라의 통치자였던 첫 사례였다.

스물일곱 살의 아우구스트는 겉만 번지르르했다. '강한 아우구스트'라고 일반적으로 알려지고, 한 신하가 '절반은 황소, 절반은 암탉'이라고 부른 그는 한 손으로 발굽을 부술 수 있고, 놀라울 정도로 정확한 사격 능력을 가졌으며, 엄청나게 술을 마셨고, 밥 먹듯이 간통을 했다. 그는 멍청한 사람은 아니었고, 폴란드를 중앙집권적인 군주국으로 변형시킬 생각을 가지고 있었다. 얀 3세와 마찬가지로 그는 전쟁이 위엄을 얻고 자신의 계획을 수행하는 가장 확실한 방법이라고 믿었다.

1698년에 스웨덴 정복군을 피해 자기 지방에서 도망쳐 나와야 했던 요한 파트쿨이라는 리보니아 귀족이 아우구스트 2세를 찾아와 리보니아 귀족들의 지원 요청을 전달했다. 그들은 폴란드 국가연합에 다시 가담하고 싶어했고, 아우구스트는 이 지역을 본인이 차지할 수 있는 기회가 왔다고 보았다. 얼마 후 그는 러시아에서 서유럽으로 가고 있던 차르 표트르 1세(후에 표트르 대제로 알려진다)를 만났다. 밤새 술을 마신 두 사람은 스웨덴을 상대로 한 공동 전쟁을 계획했다.

아우구스트는 자신의 삼촌인 덴마크의 크리스티안 5세 왕에게 자신들에게 가담하고 브레멘Bremen과 베르덴Werden을 보상으로 받을 것을 요청했다. 1699년에 표트르 1세, 덴마크의 프레데리크 4세(그는 아버지인 크리스티안 5세를 계승했다), 아우구스트 2세 사이에 협정이 체결되었다. 아우구스트는 폴란드 왕으로 이 동맹에 참여할 수 없었다. 다음해 러시아, 작센, 덴마크는 스웨덴을 상대로 전쟁을 벌였다.

동맹국들은 열여덟 살에 불과한 스웨덴 왕 칼 12세를 쉽게 격파할 수 있을 것이라고 생각했지만, 젊은 왕은 탈인간적인 에너지, 무모한 용맹성, 자신의 운명에 대한 신념을 가지고 있었다. 그의 신념은 곧 그는 패배하지 않는다는 민중 신화가 되었다. 그는 덴마크군을 가볍게 격파하고 리가를 점령하려는 작센군을 패퇴시킨 다음 러시아와 전쟁을 벌여서 나르바Narva 전투에서 큰 승리를 거두었다. 아우구스트는 강회 중개를 위해 나선 때가 되었다고 판단했다.

칼 12세는 이에 아랑곳하지 않고, 폴란드가 침공당하지 않으려면 폴란드인들이 아우구스트를 하야시켜야 한다고 요구했다. 폴란드는 공식적으로는 어느 국가와도 전쟁 상태에 있지 않았지만, 국내적 분열로 인해 이 상황을 해결하는 것이 더 어려워졌다. 1702년에 사피에하 가문은 리투아니아를 스웨덴 보호령으로 만들었고, 4월에 칼 12세는 빌노로 진입했다. 리투아니아의 사피에하 가문 경쟁자들은 표트르 1세에게 도움을 요청했고, 러시아 군대가 이 세력을 지원하기 위해 리투아니아에 진입했다. 그러나 칼 12세는 이미 아우구스트를 추격하여 폴란드에 진입한 상태였다. 이 침공에 격노한 슐라흐타는 1703년에 루블린에서 긴급 세임을 열고 스웨덴과의 전쟁을 요구했다. 다음해 아우구스트 2세에게 충성하는 세력은 스웨덴에 대항해 러시아와 손을 잡았다. 이 시점에 칼 12세는 자신이 크게 존경하는 스물일곱 살의 지적인 인물인 포즈난 총독 스타니스와프 레슈친스키를 만나 약 800명의 슐라흐타가 모인 회의에서 그가 왕으로 선출되도록 만들었다. 이렇게 해서 폴란드에는 두 명의 왕이 존재했지만 두 사람 모두 지지 세력이나 군대를 가지고 있지 못했다. 그리고 이들은 폴란드를 놓고 보조를 맞춘 표트르 1세와 칼 12세의 약속 위반에 의해 제거되었고, 칼 12세는 작센을 침공했다. 그곳에서 그는 드디어 아우구스트를 잡아 폴란드 왕에서 하야하도록 만들었다. 이제 칼 12세가 선택한 스타니스와프 1세가 폴란드 왕이 되었다.

칼 12세는 표트르 1세와 결전을 벌일 때가 되었다고 생각했다. 그는 스타니스와프와 우크라이나의 이반 마제파(원래 이름은 얀 코워딘스키)를 자신의 편으로 만들고 자기 계획을 실행했다. 이반 마제파는 과거 얀 카지미에시의 시종이었다가 지금은 드니프로강 동안 러시아 지역의 코자크 아타만이었다. 코자크의 독립은 러시아에 의해 침식당했고, 그들은 우크라이나를 다시 통일할 꿈을 가지고 있었다. 독립된 우크라이나의 미래에 기초한 러시아에 대항하는 동맹과 폴란드와의 동맹이 결성되었지만, 1709년 7월 8일에 치러진 폴타바Poltava 전투에서 칼 12세와 이반 마제파는 표트르 1세에게 대패했다.

전쟁은 끝났고, 아우구스트는 다시 폴란드 왕위에 올랐다. 그는 조금 더 현명해졌지만, 지난 10년간 훨씬 상황이 악화되었다. 1698년에 그와 표트르 1세가 북방 전쟁을 계획했을 때 그는 훨씬 더 강한 파트너였다. 10년간의 무능한 통치 후 그는 러시아 차르의 가신이 되어 그의 지원과 보호에 의지해야 했다. 그와 폴란드가 현재의 고난에서 벗어날 뾰족한 방법은 없었고, 동유럽의 세력 균형은 이 10년 동안 극적으로 변했다.

스웨덴은 폴타바 전투에서의 패배로 강대국 대열에서 이탈했다. 오스만튀르크도 폴란드(헤트만 펠릭스 포토츠키가 승리를 거둔 포들라이체 전투는 마지막 폴란드-타타르 전투였다)에게 크게 패배하여 1699년 1월 카를로비츠Karlowitz 조약을 맺었고, 폴란드는 카미에니에츠와 드니프로강 서안을 모두 되찾았다. 동쪽에서 잠재적 동맹이 될 수 있었던 오스만, 스웨덴, 폴란드가 모두 패배한 것에 실망한 프랑스는 전장을 옮겨 에스파냐와 이탈리아에서 합스부르크 왕가와 대결했다. 합스부르크 왕가는 에스파냐 왕위 계승 전쟁에 신경을 쓰느라 당시의 북방 전쟁을 자신들에게 이롭게 활용하지 못했다.

다른 한편으로 프로이센은 자국의 군사·외교 입지를 강화하는 데 이 기회들을 최대한 이용했다. 1701년 1월 18일에 브란덴부르크 선출 공후이자 프로이센 대공인 프리드리히 3세는 자신을 '프리드리히 1세, 프로이센 안에 있는 왕'이라고 불렀지만, 자신을 프로이센의 왕으로 부를 수는 없었다. 그 이유는 프로이센은 왕국이 아니었기 때문이다. 또한 브란덴부르크는 신성로마제국의 일부였기 때문에 브란덴부르크의 왕이라는 호칭을 사용할 수 없었다. 이 속임수는 유럽 궁정에서 많은 조롱을 받았다.

이와 유사한 맥락에서 모스크바공국의 표트르 1세는 전全 러시아 황제라는 호칭을 스스로 부여했다. 그러나 아무도 이를 비웃을 수 없었다. 그 당시의 전쟁으로 러시아는 세력이 강성해지는 국가일 뿐만 아니라 전략적으로 공격하기 힘든 국가라는 것을 보여주었다. 표트르 대제는 영향권을 서쪽 폴란드로 확대함으로써 자신이 유럽 문제에 적극적 역할을 한다는 것을 분명히 했다.

1712년에 세임은 아우구스트 2세가 제안한 개혁안을 놓고 교착 상태에 빠졌고, 그는 이를 위해 작센의 군대를 불러왔다. 이것은 반대파를 단합시켰고, 1715년에 그에게 대항하는 동맹이 결성되었다. 표트르 대제는 이 문제를 중재하려고 나섰다. 잠시 주저가 있었지만 표트르의 제안은 수락되었고, 러시아 사절이 1만 8000명의 군대 호위를 받으며 도착하여 바르샤바의 질서를 잡았다. 1717년에 소집된 세임은 벙어리 세임Dumb Seim이라고 불렸다. 의원들은 러시아 병사들이 둘러싼 회의장에 앉았고, 의원들은 발언이 금지되었다. 러시아 중재인이 해결책을 밀어붙여서 바르샤바 조약을 통과시켰다.

이 조약에 규정된 것 가운데 하나는 아우구스트는 작센공국 경비병을 폴란드 땅에 1200명 이상 불러들일 수 없다는 것이었다. 폴란드군은 최대 1만 8000명, 리투아니아군은 6000명으로 한정되었다. 러시아가 보호자 역할을 하고, 폴란드 땅에 러시아군이 주둔할 것이므로 이 정도면 충분하다고 강요되었다. 어떤 대가를 치르더라도 러시아군이 철수하기를 바란 아우구스트는 비밀리에 러시아에 영토 양보를 제안했다. 다른 군주 같으면 이를 받아들였겠지만, 표트르 대제는 이 제안을 거부하고 아우구스트의 제안을 공표하며, 자신이 폴란드의 영토적 통합성의 보호자임을 다시 한 번 내세웠다.

1733년 2월 1일에 아우구스트는 알코올 중독으로 바르샤바에서 사망했다. 그는 남긴 마지막 말은 "나의 전 생애는 끊이지 않는 죄악이었다. 신께서 내게 자비를 베푸시기를"이었다. 그는 자기 아들 아우구스트가 폴란드 왕위를 이어받기를 바랐지만, 딸이 프랑스의 루이 15세와 결혼한 스타니스와프 레슈친스키가 국왕 후보로 나서 쉽게 선출될 것이 확실해 보였다. 러시아, 프로이센, 오스트리아는 왕으로 선출될 경우 러시아에 리보니아를 양도하기로 약속한 젊은 작센 공을 왕으로 만드는 데 힘을 합치기로 합의했다.

선출 의회에 모인 1만 3000명의 대의원은 만장일치로 아무도 모르게 바르샤바로 들어온 레슈친스키를 왕으로 선출했다. 파리에서 볼테르는 환희의 송가를 작시했지만, 러시아군은 이미 움직이고 있었다. 10월 5일에 2만 명의 러시아 병력이 바르샤바 외곽에서 1000명의 슐라흐타를 포위하고 그들로 하여금 작센의 아우구스트를 왕으로 선출하도록 강요했다. 5일 후 프랑스는 오스트리아를 상대로 전쟁을 선포하면서 폴란드 왕위 계승 전쟁이 시작되었다. 스타니스와프 왕의 지지자들은 폴란드 전역에서 동맹을 결성하여 모였고, 그단스크는 이를 위해 상당한 규모의 군대를 모았다. 2년간 산발적 전투가 벌어졌지만, 프랑스는 이탈리아에서 필요한 양보를 오스트리아로부터 얻어낸 후 강화를 맺었다. 스타니스와프는 자기 사위인 프랑스 왕으로부터 위로로 로레인 대공이라는 칭호를 받았고, 아우구스트 3세가 폴란드 왕위에 올랐다.

폴란드는 1718년에 러시아가 '보호령'으로 만들면서 사실상 주권 국가의 막을 내렸다. 또한 정치적 유기체로서의 기능도 중단되었다. 북방 전쟁이 진행되던 1703년부터 1710년 사이 세임은 소집되지 않았고, 이로 인해 어떤 법률도 통과되지 않았고, 세금도 부과되지 않았다. 세임이 다시 소집되었을 때 제 기능을 하기는 거의 불가능했다. 아우구스트 재위 시절 소집된 열여덟 번의 세임에서 열 번의 회기는 거부권 행사로 해산되었다. 국왕은 좀더 강력한 정부를 세우려고 시도했지만, 그의 정책은 영민하지 못하게 수립되었다. 그는 작센 군대를 이용한 힘의 과시가 변화를 가져오는 데 필요한 전주곡이 될 수 있다는 불운한 확신을 가지고 있어서 이것은 그렇지 않았으면 그의 정책에 동의했을 사람들까지도 저항하게 만드는 결과를 가져왔다. 재위 말기 그는 일부 대영주와 슐라흐타 집단의 지지를 얻는 데 성공했지만, 이들의 개혁 프로그램은 1733년에 그의 죽음으로 계속 추진되지 못했다.

그의 아들인 새 폴란드 군주 아우구스트 3세는 몸이 비대하고 게을렀다. 그는 가위를 가지고 종이를 자르면서 하루를 보내거나 창가에 앉아 피스톨로 길 잃은 개에게 상처를 남기는 일을 하며 시간을 보냈다. 그는 엄청나게 술을 마셨다. 아우구스트는 30년을 재위했다. 이 기간 그는 단 24개월만 폴란드에 있었고, 작센을 고향처럼 생각했다. 그러나 그는 슐라흐타가 생각한 만큼 인기가 없었던 것은 아니었다. 그는 그들의 특권을 축소하고 자신의 권한을 강화하려고 시도하지 않았다. 그의 통치 기간 중에 세임은 단 한 번 소집되었고, 군대는 예정된 규모의 절반으로 줄어들었으며, 국가 전체 행정조직은 사라져버렸다.

이러한 상황은 대영주들에게 유리하게 작용해서 10여 명의 대영주는 부와 권력의 정상에 서서 거의 주권적 군주 같은 지위를 누렸다. 외국 정부들이 사절이나 돈을 보내는 곳도 바르샤바나 드레스덴의 왕궁이 아니라 이 주요 가문의 영지였다. 포토츠키 가문, 라지비우 가문과 여타 가문들은 유럽의 여러 문제에 관여했고, 이들의 행동은 베르사유, 포츠담, 상트페테르부르크, 카세르타에서 관찰되었다. 젊은 조피아 시에니아브스카의 결혼 과정도 이러한 상황을 잘 보여주는 사례 가운데 하나였다.

크라쿠프 성주이자 헤트만인 미코와이 시에니아브스키와 엘주

비에타 루보미르스카의 외동딸인 조피아는 대단한 상속녀였다. 1724년에 그녀는 폴라츠크 총독인 스타니스와프 도엔호프와 결혼했다. 재산이 바닥나고 가문의 마지막 남자였던 그는 4년 후 사망했다. 폴란드의 모든 가문은 엄청난 유산을 얻을 생각으로 조피아에게 접근했다. 상황을 재빨리 파악한 프랑스의 루이 15세는 이 젊은 미망인을 베르사유로 초청했다. 그는 왕위를 찾고 있던 부르봉 왕가의 콩트 드 사롤레를 그녀와 결혼시키기를 원했다. 아우구스트 2세는 그녀에게 청혼하는 사람들을 면밀하게 관찰했다. 홀스타인 대공은 스스로 그녀와 결혼하고 싶어했다. 합스부르크 왕가는 왕위 욕심을 가지고 바라간자 대공을 뒤에서 밀었다. 러시아는 사절과 금전을 보내 조피아의 선택에 영향을 주려고 시도했다. 이 미망인에 대한 여러 나라의 관심은 당연했다. 1731년에 그녀는 모든 청혼자 가운데 가장 가난한 아우구스트 차르토리스키 왕자를 택했고, 그의 가문은 이후 100년 이상 폴란드에서 가장 강력한 가문이 되었다.

이 가문들의 권력은 부와 하위 귀족들을 다루는 힘에 있었고, 점점 더 커지는 빈부 격차를 반영했다. 루블린주의 통계는 지난 200년간의 부의 배분의 극적인 변화의 예를 보여준다. 1550년대에 슐라흐타의 54퍼센트가 1500헥타르 이하의 토지를 소유했지만, 1750년대에는 슐라흐타의 10퍼센트만이 이 정도 중간 크기의 토지를 소유했다. 1650년대에는 슐라흐타의 16퍼센트만이 7500헥타르 이상의 토지를 소유했지만, 1750년대에는 50퍼센트의 슐라흐타가 이런 큰 토지를 소유했다. 큰 영지는 더 커지고, 작은 영지는 더 작아져서 18세기 중반이 되자 약 10여 가문이 엄청난 규모의 영지를 소유했고, 300여 가문이 영국이나 독일 지주와 버금가는 토지를 소유했다.

12만 슐라흐타 가문은 토지를 전혀 소유하지 못했다. 나머지 슐라흐타는 가족과 일가를 먹여 살릴 만한 토지만 소유했다.

전쟁의 폐해, 구식 영농법, 투자 부족과 농산물 가격의 지속적 하락으로 가난한 사람은 가난의 굴레를 벗어나지 못했다. 1500년부터 1800년 사이 영국과 네덜란드의 평균 수확량은 200퍼센트, 프랑스는 100퍼센트 늘어났으나, 폴란드에서는 겨우 25퍼센트 늘어났다. 이 시기의 자료를 보면 잘 정리된 비엘코폴스카 같은 지역에서도 소규모 영지는 황폐화되어 건물들이 낡아 무너지고, 농기구들은 쓸모없게 되고, 가축은 줄어들었다.

근본적인 문제는 폴란드에만 한정되지 않았고, 중유럽 전체에 영향을 미쳤다. 농지를 소유한 귀족과 소작 농민 간의 오래된 소유관계는 좀더 이익을 창출할 수 있는 자본주의적 해결책을 채택하는 데 큰 장애가 되었다. 이 문제는 농민 해방과 농민의 사유 재산 보유와 결부되어 있었고, 그런 경우에만 농민들은 지주와 계약 관계를 수립할 수 있었다. 그러나 이와 관련된 소요는 양측 모두에 파멸적 결과를 가져왔다. 그 결과 지주가 생산을 늘리는 방법은 단지 소작인을 한계까지 수탈하는 것이었고, 소작인들이 택할 수 있는 유일한 길은 자신들을 농노로 만드는 이 과정에 수동적으로 참여하는 것이었다.

폴란드에는 공식적으로는 농노제도 같은 것은 없었다. 아무도 농민을 소유하고 있지 않았다. 농민은 가족 농지나 임대료가 없는 농지를 소유한 경우 영주와 계약 관계에 있었다. 모든 농민은 빈한하기는 했지만 모든 법적 거래를 수행할 권리를 가진 독립적 존재였다. 그러나 정의를 실행하는 모든 기구는 지주가 통제하고 있었고, 농민의 권리는 추상적이었다. 17세기가 되자 지주들은 자신의 소작인에 대해 거의 제한 없는 권력을 행사했다. 지주가 얼마나 권력을 남용할 수 있는가는 지역에 따라 크게 차이가 났지만, 농민의 교육 수준이나 의지보다는 지주의 도덕성에 크게 좌우되었다. 러시아는 말할 것도 없고 독일, 헝가리, 영국의 대부분 지역과 다르게 중세 이후 폴란드에서는 농민 반란이 없었고, 도망자를 추적하는 기관도 없었다. 지주와의 대결은 궁정에서 해결되었다. 그러나 1700년대 농민은 가난의 굴레에 갇혔고, 이로 인해 농민들은 이론적 권리를 행사할 여지가 없이 가난한 선조의 길을 따르는 수밖에 없었다.

주민 가운데 가장 가난한 집단은 유대인이었다. 유대인은 1648년에 코자크, 1650년대에 러시아군에 의한 대량 학살로 큰 충격을 받았다. 유대인 공동체는 상업 침체로 인해 경제적으로 일어나기가 어려워졌고, 기독교 상인들과의 갈등도 심화되었다. 유대인 제도는 제대로 작동하지 않았다. 카할kahals(유대인 공동체 관리 조직)의 재정을 감독하는 주들은 전쟁과 소요가 일어날 때만 감독을 강화해, 매관제와 엽관제가 판을 쳐서 이것이 관행이 되었다. 왕령 위원회가 카할의 재정 상태를 점검한 결과 대부분의 유대인 공동체가 파산 직전에 처한 것을 발견했다. 대규모 횡령과 예수회와의 비정상적 은행 거래를 한 것이 이러한 결과를 가져왔다. 이로 인해 국가 안의 국가와 같았던 유대인 공동체는 1764년에 와해되었다.

대부분이 궁핍에 시달리던 폴란드의 유대인은 적대적 환경 속에서 살았다. 이러한 상황에서 하시디즘Hasidism이 탄생했다. 이것은 고통스러운 현실을 부인하고 영적인 일시 처방을 제공하여 황홀경에 빠지게 하는 숭배로 폴란드의 지방 유대인 밀집 거주지역shtetls의 가장 가난한 유대인을 대거 끌어들였다. 이 종파는 포돌리아에서 바알 셈토프라는 이름으로도 알려진 이즈라엘 벤 엘리에제르(1700-1760)가 만들었다. 카리스마가 강한 그는 신은 모든 곳에 존재하기 때문에 모든 사물과 모든 행동이 경건해야 하고, 심지어 먹고 마시는 것, 춤추는 것도 여기에 해당한다고 주장했다. 환희에 찬 행사는 가장 가난한 유대인에게 좋은 반응을 얻었지만, 정통 랍비들의 분노를 불러일으켰다. 그들은 또한 1600년대 자신을 메시아라고 선언하고 상당한 추종자를 거느린 사바타이 제비라는 이단과 경쟁해야 했다. 그의 제자 가운데 한 명이 유대인 공동체에서 가장 큰 소란을 불러일으켰다. 야쿠프 프랑크(1726-1791)는 자신이 메시아라고 선언하고 폴란드가 약속된 땅이라고 설파했다. 그의 추종자들은 급격히 늘어났다. 정통파 랍비들은 이단을 제어하는 종법을 만들었고, 이것은 공개적 문제로 확대되었다. 르부프의 주교는 탈무드 전문가와 프랑스 종파 사이의 공개 논쟁을 주선했다. 프랑크는 자신을 비난하는 사람들을 난타했고, 자신과 자신의 종파는 가톨릭으로 개종한다고 선언했다. 프랑크는 1759년에 세례를 받았고, 국왕이 직접 그의 대부가 되었다. 개종한 사람 모두가 귀족이 되었다.

이러한 종교적 열정의 분출은 탈출의 가망이 보이지 않는 상태에서 생겨난 심리적·물질적 바빌론이었다. 낙담한 유대인 거주지역과 도시의 유대인 슬럼은 폴란드를 방문한 외국 여행자에게 흉물처럼 보였다. 그러나 이것은 궁핍과 가난의 암울한 전경 가운데 가장 어두운 부분이었고, 가난은 가끔씩 보이는 막대한 부의 과시와 엄청난 규모의 새로운 건축물들과 더욱 대비되었다.

새로운 종류의 웅장한 시골 저택들이 생겨나기 시작했다. 이것은 더이상 방어적이 아니었고, 외양을 과시하고 궁전처럼 지어졌다. 종종 베르사유 궁전이나 독일 공후들의 거처를 흉내 냈다. 파리의 불레, 메이소니에, 카피에리, 리제너 같은 건축 장인들은 폴란드에서 쏟아져 들어오는 주문을 감당해야 했다. 그러나 이러한 웅장함과 후원은 더 깊은 예술적·지적 반향을 만들어내지 못했다. 이 건물들은 어떤 수준 높은 취향이나 목적과 연결되지 않은 일시적 기형물에 불과했다. 비아위스토크Białystok에 있는 브라니츠키 궁전은 400석의 좌석을 갖춘 극장을 갖추고, 폴란드 배우 한 팀과 프랑스 배우 한 팀, 발레단을 운영했고, 마구간에는 200필의 말이 있었고, 도서관에는 170권 이상의 책이 진열되었다. 헤트만 브라니츠키는 헌법을 개정할 사람이 아니었다.

슐라흐타는 폴란드 헌법이 기초하고 있는 원칙들을 진정으로 믿었다. 개인의 자유, 대의제, 책임성, 사법권의 독립 등이 그 원칙이었다. 그들은 헌법이 제대로 작동하지 않고 있다는 것을 알고 있었지만, 이것은 당연히 헌정을 권력집중적인 군주제로 바꾸려고 하는 대영주들의 잘못과 여러 왕의 고압적인 행동 때문이라고 문제를 어느 정도 정당화했다. 국왕이나 상원평의회가 제안하는 모든 개혁 노력에는 중앙 권위를 강화하는 조치들이 포함되어 있었고, 이로 인해 슐라흐타의 반대를 받았다. 슐라흐타는 절대주의에 대해 거의 집착적 공포를 가지고 있었고, 자신들의 특권 존중에 적극적인 방어적 입장을 취했다. 1690년대와 1700년대 첫 10년 동안 슐라흐타는 '승마 세임mounted Sejm'을 고려했다. 이것은 상원의 대영주들에게 도전하기 위해 국민개병제의 모든 병사가 바르샤바에 모여 동등한 입장에서 세임 회의를 진행하는 아이디어였지만, 실행하기에는 너무 어려움이 많았다. 자신들의 권리와 면책권에 대한 조그만 위협이라도 생기면 그들은 자신들의 마지막 무기인 거부권을 행사했다.

단 한 명의 의원의 반대가 세임의 결정을 막는 전통은 입법이 진정한 힘을 가지려면 만장일치로 통과되어야 한다는 원칙에서 나온 것이었다. 다수결과 내려진 결정을 무효화하는 데 거부권을 사용하는 것은 법의 정신에는 상반되었지만, 기술적으로는 합법적이었다. 이 권리는 1652년에 처음 사용되었고, 17년 동안 사용되지 않다가 한번 사용된 후 10년 동안 사용되지 않았다. 1696년부터 1733년 기간 동안 이것은 의회 생활에 전염병처럼 퍼져나갔고, 의회가 제 기능을 못하게 된 가장 큰 이유가 되었다.

거부권을 사용한 사람들은 주로 리투아니아나 우크라이나 같은 변방 지역 출신 의원들이었고, 종종 지방 대영주나 외국 세력을 대리하여 그렇게 행동했다. 이 제도는 너무 편리해서 1667년에 브란덴부르크와 스웨덴은 필요한 경우 '폴란드의 자유 수호'(즉, 폴란드인이 거부권을 철폐하는 것을 막기 위해)를 위해 전쟁을 벌이는 데 동의했다. 이후 100년 이상 동일한 문구가 폴란드 이웃 국가들 사이에 체결하는 거의 모든 조약에 들어갔다.

많은 사람이 거부권의 남용을 탄식했지만, 그들은 거부권을 행사하는 동료들의 권리를 옹호하려고 나섰다. 개혁에 앞장선 가톨릭 신자들은 신성모독으로 유죄 선고를 받는 사람들의 처형을 허락하지 않았다. 이것은 무엇보다도 자유의 문제였다. 혼란스러운 국정 파행과 궁극적으로 폴란드의 정치적 무기력의 상징으로 여겨진 거부권이란 현상은 특별한 목표, 즉 폴란드가 절대 군주정이 되는 것을 막기 위한 것이었다. 17세기 말이나 18세기 초처럼 불안정한 분쟁의 시기에 폴란드는 쉽게 절대 군주정이 될 수 있었다. 슐라흐타 입장에서는 정부의 부재가 자의적 정부보다는 나았다. 그리고 많은 사람은 정부가 필요하지 않다고 생각했다.

폴란드가 1650년대 코자크, 타타르, 스웨덴, 브란덴부르크, 모스크바공국의 동시다발적 공격을 받았을 때 슐라흐타는 가장 중요한 문제를 다루기 위해 지방 세임을 열었다. 이러한 형태의 행정은 효과적일 뿐만 아니라 중앙집중적 정부보다 더 책임성이 있었고, 비용이 덜 들었다. 그 결과 지방 토지 문제를 다루는 세이미크인 세이미키 지엠스키sejmiki ziemski, 지방의 법과 질서를 다루는 세이미키 보니 오르디니스sejmiki boni ordinis가 지방 행정의 중심 조직이 되었다. 이 조직은 판사, 치안 관리, 민병대 지휘관 선출과 세금 수합, 병력 동원, 행정관리 지명을 책임졌다.

국가 세임 없이도 생활은 정상적으로 진행되었기 때문에 슐라흐타는 국가 세임이 필요 없다는 것을 정당화할 수 있다고 느꼈다. 사람들은 문자 그대로 '정부가 없는 상태'인 무정부 상태가 이상적인 국가에 가깝다고 생각했다. 국왕과 대영주가 슐라흐타의 자유를 제한하는 수단으로 정부를 사용하는 것을 막을 수 있기 때문에 이런 생각이 지배적이었다. 이것은 특히 18세기 첫 10년처럼 전쟁과 불안정의 시기에 더욱 그랬다. 국가 세임은 국가 위기 상황을 이용해 유해한 입법을 할 수 있었다.

그 이후 폴란드는 왕의 개인적 수입에서 비용을 지불하는 행정조직 외에는 중앙 조직이 없고, 영장 발부를 할 수 없는 상원평의회를 제외하고는 정부가 없는 가사假死 상태에 빠졌다. 폴란드의 내정과 외치는 러시아가 주로 담당했고, 이보다는 덜하지만 프로이센과 오스트리아도 담당했다. 세 강대국은 폴란드 영토를 점점 더 주인이 없는 땅으로 보았다. 러시아는 마치 자국의 훈련 영토인 것처럼 자국군을 폴란드에 마음대로 들여보냈고, 프로이센 군대와 오스트리아 군대도 전쟁 중에 폴란드 영토를 가로질러 이동하고 폴란드 도시에 편한 대로 창고와 병영을 지었다.

12장

두 번째 르네상스

폴란드가 정치적 유기체로 작동하는 것이 중지되면서, 폴란드의 역사는 폴란드가 국가로서 살아남을 수 있다는 것을 믿고 국가를 재생하기 위해 분투하는 소수의 이야기가 되었다. 그것은 전쟁, 조약, 법령이 아니라 사상과 사회동원이라는 맥락에서 다루어져야 한다.

헌법적 개혁 욕구는 사그라진 적이 없었고, 스타니스와프 코나르스키(1700-1773)에 의해 처음으로 행동으로 옮겨졌다. 그는 파리와 투린에서 수학한 피아리스트파piarist(1597년에 로마에서 설립된 로마가톨릭의 학교 교육에 종사하는 단체의 회원) 사제였다. 1732년에 안제이 자우스키 주교의 지원을 받은 그는 14세기 이후 채택된 모든 법률을 《법률모음》이란 개요서로 출간하기 시작했다. 그는 의원들은 법률을 개정할 생각을 하기 전에 헌법을 잘 알아야 한다고 생각했다. 1740년에 코나르스키는 귀족 학교Collegium Nobilium를 개설했는데, 귀족 자제를 가문이라는 배경으로부터 분리시킨 후 그들에게 계몽사상을 주입하는 것을 목적으로 했다. 코나르스키의 다음 행동은 폴란드 국가연합 내에 20개의 학교를 개혁하는 것이었다. 예수회는 경쟁 교육기관의 개혁으로 자신들의 교육기관이 밀려날 것을 염려하여 뛰어난 교사를 초빙하고 교육과정을 확대하여 예수회 교육기관을 개혁했다.

코나르스키의 친구인 자우스키 주교는 책과 필사본을 열정적으로 수집하는 장서가였고, 그의 동생 유제프도 같은 취향을 가지고 있었다. 두 사람은 각자 수집한 책을 모은 후 바르샤바에 궁전 하나를 사들여 유럽 본토에서 최초의 공공 열람 도서관을 만들었다. 세임이 출판업자들은 모든 책의 초판본을 지정된 도서관에 기증하도록 하는 규정을 통과시키면서 도서관의 수장본은 점차 커져서, 1795년에 러시아에 의해 도서관이 약탈당할 때 장서 수는 50만 권까지 늘어났다(이 장서는 러시아 제국도서관의 기초가 되었다).

정치적 수준에서 폴란드 국가의 재탄생은 또다른 형제인 미하우 차르토리스키와 아우구스트 차르토리스키가 이끌었다. 두 사람은 매제인 스타니스와프 포냐토프스키와 친척들의 지원을 받았다. 두 사람은 개인적 야망도 있었지만 폴란드를 구해야 한다는 시급한 바람으로 서로 단합했다. 두 사람은 한 팀으로 일했고, 통상 단순히 '가족Familia'이라고 불렸다. 두 사람은 상당한 추종 세력을 모았고, 아우구스트가 1733년의 국왕 선거에서 후보자가 될 것이라는 말이 돌았다. 그러나 이러한 가능성은 스타니스와프 레슈친스키가 나타나면서 사라졌고, '가족'은 그를 지지했다. 두 사람이 1734년에 희망 없는 전쟁에서 레슈친스키를 위해 그단스크를 방어하는 동안 아우구스트는 아들 아담 카지미에시를 얻었다. 그는 이 아들은 왕이 되도록 양육될 것이라고 선언한 목걸이를 달고 다녔다. 그는 브와디스와프 야기에우워 동생의 후손이어서 왕족 혈통을 이어받고 있었다.

아담 카지미에시 공이 태어나기 두 해 전 '가족'에게는 또다른 아들 스타니스와프 안토니 포냐토프스키가 탄생했다. 그의 어머니인 콘스탄차 차르토리스카는 아들이 왕이 될 것이라는 야망을 갖기 힘들었지만, 그의 교육에 큰 노력을 기울였다. 그는 외국으로 나가 교육을 받았다. 스무 살이 되어 폴란드로 돌아왔을 때 그는 빈, 파리, 런던을 방문했고, 6개 언어를 능숙히 구사하고 폭넓은 취향과 관심을 발전시켰다. 1755년에 그는 상트페테르부르크로 보내져 영국 공사인 찰스 한버리-윌리엄스 경의 집에 머물며 그와 친밀한 우정을 발전시켰다. 찰스는 그를 26세의 조피 프레데리케 아우구스테 폰 안할트체르프슈트(대공녀 예카테리나 알렉세예브나)에게 소개했고, 두 사람은 연인이 되었다. 이것은 이후 일어나는 일에 큰 영향을 미쳤다.

'가족'은 아우구스트 3세를 전복할 계획을 세웠으나, 그들은 므니셰호 가문이 이끄는 작센 집단과 정치적으로는 단합되지 않았지만 무정부 상태를 유지하려는 헤트만 브라니츠키, 프란치셰크 포토츠키, 카롤 라지비우가 정권 전복을 반대할 것을 우려하여 행동에 나서지 못했다. 1762년에 러시아에서는 쿠데타가 발생해 대공녀 예카테리나 알렉세예브나가 황제의 자리에 올랐고, '가족'은 자신들의 계획에 대한 러시아의 지원을 기대했다. 다음해 아우구스트 3세가 사망하자, 이들이 자신들이 선택한 사람을 왕좌에 올리는 것을 막을 수 없는 것처럼 보였다. 그러나 후보자인 아담 카지미에시는 정치보다 책을 더 좋아했다. 그러는 동안 여제 예카테리나 2세는 자신의 전 애인이었던 포냐토프스키가 폴란드의 왕이 되기를 바란다는 뜻을 널리 알렸다.

포냐토프스키는 1764년에 무난히 국왕에 선출되어 스타니스와프 아우구스트 2세라는 호칭을 썼다. 이 국왕 선출과 함께 폴란드에는 새로운 시대의 여명이 밝아왔다. 변화의 바람은 아담 카지미에시 차르토리스키가 의장을 맡은 소집 세임을 통해 불어왔다. 세임은 연방제를 취했고, 이것은 다수결 투표로 법안을 통과시키는 것을 의미했다. '가족'의 개혁 프로그램에 포함된 여러 조치가 실행되었다. 다수결 투표제는 지방 세이미크에서도 법령이 되었고, 이것은 거부권 폐지를 위한 작지만 중요한 진전이 되었다. 재정위원회와 군사위원회가 설립되었다. 재정위원회가 제시한 모든 제안은 세임의 재가를 받아야 했지만 세임에서는 거부권을 행사할 권리가 없었다. 국가 관세제가 수립되고 도시 개혁도 시작되었다. 이뿐만 아니라 국왕은 자신의 생각 몇 가지를 실행에 옮겼다. 1765년에 그는 '기병 대학'을 의미하는 슈코와 리체르스카Szkoła Rycerska를 설립했다. 이 기관은 군사, 행정 요원을 양성하는 아카데미였다.

다음해 총리 자모이스키는 거부권 폐지를 포함한 헌법 개정안을 세임에 제출했다. 이 움직임은 상트페테르부르크와 베를린에서 즉각 거부 반응을 일으켜 이것을 철회하지 않거나 국가연합 세임이 즉각 해산하지 않으면 전쟁을 벌일 것이라고 위협했다. 이에 순응하는 것 외에 다른 방법은 없었다. 폴란드에서 진행되는 계획을 크게 우려한 예카테리나 여제와 프리드리히 대왕은 보수적인 무정부적 요소와 혼란스러운 정치 분위기를 자극하기로 결정했다. 두 사람은 폴란드에서 (러시아와 프로이센을 포함한 다른 모든 유럽에서도 마찬가지이지만) 종교적 소수집단이 완전한 시민권을 누리지 못한다는 사실을 문제 삼았다. 러시아는 모든 정교도 주민이 가톨릭교도와 같이 공직에 취임할 권리를 요구했고, 프로이센은 루터교도들에게 같은 권리를 요구했다.

이러한 권리를 부여하는 것은 국왕과 '가족'의 프로그램에 들어 있었다. 이것에 반대한 것은 이들의 보수적 반대자들이었다. 그러나 이 문제가 제기된 방식은 이 사안을 포기하게 만들었다. 러시아군이 폴란드로 진입해 두 연방 세력을 지원했다. 하나는 토룬의 루터교도들이었고, 다른 하나는 우치의 정교도들이었다. 러시아와 프로이센이 한 편을 드는 상황에서 보수주의자든 진보주의자든 떠나서 많은 애국주의자는 서로 다른 편을 들었다.

이로 인해 국왕과 그의 지지자들은 운신의 공간이 없었다. 1767년 10월에 세임은 러시아군이 집결한 수도에 모여 방청석에 앉은 러시아 대사가 보는 앞에서 회의를 진행했다. 두 명의 주교와 헤트만은 반란자들의 석방에 강하게 반대했다. 그들은 그날 밤 잠자리에서 끌려 나와 러시아 군인들의 호송을 받으며 러시아로 보내졌다. 세임은 러시아의 요구에 굴복했고, 여기에는 에카테리나 여제가 폴란드의 자유를 보호한다는 명목으로 만든 '영구적이고 변경할 수 없는' 5원칙이 포함되어 있었다(자유로운 국왕 선거, 거부권, 왕에 대한 충성을 번복할 권리, 슐라흐타만이 독점적으로 공직과 토지를 차지할 권리, 농민에 대한 지주의 생사 결정권). 이것은 더이상의 개혁을 막는 효과적인 장애물이었다.

1768년 2월 29일 우크라이나의 소도시 바르Bar에서 유제프 푸와스키, 카지미에시 푸와스키 형제와 카미에니에츠 주교인 아담 크라신스키가 동맹을 결정했다. 이 동맹은 이름 있는 지도자를 가지고 있지 못했고, 동맹 프로그램은 신앙과 국가 자유에 대한 장황한 말로 구성되었다. 러시아는 국왕에게 동맹에 대항하도록 압력을 넣었지만, 사태를 악화시키지 않기 위해 왕은 애매모호한 태도를 취했다. 이 시점에 프랑스가 개입하여 동맹주의자들에게 자금을 보내고 오스만튀르크로 하여금 러시아에 전쟁을 선포하도록 촉구했고, 1768년에 양국 간 전쟁이 발발했다. 국왕에 반대하는 몇 명의 대영주가 동맹에 가담했고, 여기에는 파츠, 사피에하, 포토츠키 가문과 카롤 라지비우도 포함되었다. 1770년 7월 프랑스는 두무리에 대령을 연맹의 군사 고문으로 파견했다. 임시 정부가 수립되었고, 두무리에는 이 정부에 좀더 결연한 입장을 취하도록 촉구했다. 카롤 라지비우 같은 인물은 이러한 고무가 필요하지 않았고, 1770년 10월 바르연맹은 스타니스와프 아우구스트의 퇴위를 선언했다.

국왕의 군대에 수보로프 장군이 이끄는 러시아군이 가담했고, 란츠코로나Lanckorona 전투에서 동맹군을 격파했다. 러시아군의 간섭으로 동맹에 대한 지지가 커졌고, 폴란드 동남부 전역에서 게릴라 전쟁이 발생했다. 1771년 11월 3일 밤에 동맹군 집단이 바르샤바 중심부에서 국왕의 마차를 포위하고 그를 납치했다. 그러나 이 계획은 엉성하게 수립되었고 성급하게 실행되었다. 납치자들은 길을 잃었고, 그 중 한 명이 마음을 바꾸어 왕을 탈출시켰다. 다음날 아침에 스타니스와프 아우구스트는 궁전으로 돌아왔지만, 그의 권위는 심각하게 훼손되었다.

동맹군은 점차 러시아군에 의해 소탕되었고, 마지막 동맹군은 1772년까지 쳉스토호바에서 저항했다. 동맹에 가담했던 대영주들은 해외로 도망갔고, 체포된 5000명의 슐라흐타는 시베리아로 유형을 당해 이 운동에 순교의 광휘를 더했다. 이 저항에서 순수한 애국주의와 민권 정신의 표현을 본 루소와 마블리도 이 운동을 지지했다.

폴란드로서 바르동맹은 가장 나쁜 시기에 일어났다. 슈와쇨Choiseul 내각이 장악한 프랑스는 러시아와 프로이센에 대항하는 프랑스-튀르크-오스트리아-작센 동맹을 결성하려고 애를 썼다. 프로이센은 동맹에 관심이 있었던 반면 러시아는 단순히 폴란드가 순종하게 만들기를 원했다. 그러나 프로이센의 프리드리히 2세 대왕은 폴란드의 여러 지역을 '국화의 한 잎, 한 잎처럼' 먹어 치울 의도를 공표했다. 프리드리히는 오스트리아를 프랑스에서 멀어지게 하고 러시아와 프로이센에 끌어들여, 폴란드를 3분해서 정복하는 데 유인하는 작업을 해오고 있었다. 그는 1771년에 이 문제를 놓고 러시아와 협상을 시작했고, 1772년 2월에 러시아와 협정을 체결했다. 오스트리아의 마리아 테레지아 여제도 이에 동의하여 1772년 8월 5일에 폴란드 1차 분할이 합의되었다. 프로이센은 3만 6000제곱킬로미터의 영토와 58만 명의 주민을 획득했고, 오스트리아는 8만 3000제곱킬로미터의 영토와 265만 명의 주민, 러시아는 9만 2000제곱킬로미터의 영토와 130만 명의 주민을 차지했다. 프로이센이 차지한 몫이 가장 가치가 있었다. 가장 발전된 지역을 차지했고, 동서로 나뉜 프로이센 두 지역을 연결하고, 폴란드가 외부 세계로 연결되는 생명선인 비스와강을 차지했다. 이 지역의 세력 균형은 극적으로 변했다. 프로이센은 영토가 80퍼센트 정도 늘어났고, 인구의 3분의 1을 상실한 폴란드는 국토도 3분의 1 정도 줄어들었다.

국토 분할은 폴란드 사회 여러 부문에 경종을 울렸다. 또한 이것은 유럽 전역의 여론에 충격을 주었다. 폴란드 국가연합은 러시아와 동맹 상태였고, 국토 분할이 진행될 때 나머지 두 나라와 전쟁 상태가 아니었다. 여기에다가 러시아는 스스로 폴란드 독립의 보장자이자

1차 폴란드 분할, 1772년

발트 해

프로이센
그단스크
동프로이센

빌노
스몰렌스크
민스크

러시아

포즈난
바르샤바
브셰시치

크라쿠프
르부프
바르키예프
바르

오스트리아

튀르키예

- - - 폴란드의 경계
프로이센이 점령한 영토
오스트리아가 점령한 영토
러시아가 점령한 영토

영토 통합성의 보호자라고 자처하고 있었다. 이러한 비우호적인 인상을 바로잡기 위해 예카테리나 여제와 프리드리히 대왕은 프랑스 철학자들의 글을 빌려 폴란드의 이미지를 자신들 같은 계몽주의 군주에 의해 해방되기를 갈망하는 몽매한 후진 지역으로 그렸다. 그들은 또한 3국 분할 조약이 폴란드 세임에서 비준될 것이라고 주장했다.

불만을 품은 사람들, 작센 왕 밑에서 번영을 누리던 대영주들, 자신의 농지가 러시아나 오스트리아에 포함된 슐라흐타들이 러시아군과 프로이센군의 위협 앞에서 선출되어 아담 포닌스키가 의장을 맡은 연맹 세임을 구성했다. 그럼에도 일부 의원들은 의사당에서 소요를 일으키며 조약 비준을 거부했다. 국왕과 '가족'은 지연 전술을 쓰며 모든 외교적 연줄을 동원해 세 강대국을 압박하려고 시도했다. 프로이센이 발트해 지역을 지배하게 되는 것을 우려한 영국은 강력한 항의를 제기했지만, 어느 나라도 여기서 더 나아가려고 하지 않았다. 러시아와 프로이센은 추가적으로 영토를 획득하려고 위협하면서 세임은 영토 분할 조약을 비준하는 것 외에 다른 선택의 여지가 없었고, 1773년 9월에 이를 비준했다. 프로이센은 이 기회를 이용해 위협적으로 폴란드와 무역 협정을 체결하여 비스와강으로 운송되는 폴란드 옥수수에 중과세를 매겼다.

러시아가 강요한 5개 '영구 원칙'은 헌법 개혁의 모든 가능성을 없애버렸고, 러시아와 프로이센 모두 폴란드에서 일어나는 일로 인해 자신들의 이익이 침해되는 것을 허락하지 않았다. 그럼에도 이후 20년 동안 폴란드는 완전히 탈바꿈했다. 1775년부터 폴란드는 영구평의회Permanent Council에 의해 통치되었고, 이 기구는 과감한 개혁 정책을 수행했다. 더이상 증강할 수 없는 군대는 현대화되었다. 재무부는 정상적 방법으로 기능하기 시작했다. 경찰국은 법률을 집행하고, 소도시의 행정을 재조직하고, 도로에서 감옥에 이르기까지 모든 부문에 권위를 행사했다.

1776년에 폴란드 왕은 안제이 자모이스키 총리에게 법률을 성문화하는 과제를 맡겼고, 그 결과 폴란드를 그 뿌리로 다시 데려가서 18세기 현실에 맞게 조정되고 재해석된 원형헌법proto-constitution이 작성되었다. 이 헌법은 국왕의 권력을 분명히 확인하고, 모든 관리가 세임에 책임을 지게 만들고, 사제와 그들의 재정은 국가의 감독을 맡게 만들고, 도시와 농민들의 권리를 증진하고, 가장 큰 논쟁거리이기는 했지만 토지가 없는 슐라흐타의 법적 면제권과 정치적 특권을 박탈했다. 1778년에 이 헌법이 발표되자 하층 슐라흐타들은 무력으로 저항했고 사제들은 큰 충격을 받았다. 자모이스키의 협력자였던 요제프 비비츠키는 지방 세이미크에서 몸이 갈기갈기 찢겨 죽을 뻔했다. 반대 여론이 들끓자 개혁주의자들은 이 헌법의 채택을 1780년 세임 개회 때까지 연기했고, 그때가 되자 헌법 통과를 포기해버렸다. 그럼에도 이것은 중요한 문서였으며 진보주의자들 사이에서 미래의 정치 개혁의 기초로 받아들여졌다.

비상한 개혁이 공공 생활에서 진행되었는데, 이것은 르네상스 때와 다르게 자연적 진보나 인쇄물과 사람들의 말, 전범에 의해 점차 아이디어가 확산되는 과정이 아니었다. 이것은 단합된 노력이었고, 교육에 바탕을 두고 국가의 사회적·정치적 재탄생을 목표로 하는 소수의 집단에 의한 무지몽매와의 전쟁이었다. 1773년에 국왕의 제안으로 세임은 국가교육위원회를 설립하여 사실상 교육부의 역할을 하게 했다. 이 위원회는 계몽된 귀족인 이그나치 마살키 주교, 요아힘 흐렙토비치, 이그나치 포토츠키, 아담 카지미에시 차르토리스키, 안제이 자모이스키로 구성되었고, 첫 서기는 프랑스의 중농주의자 뒤퐁 드 네무르가 맡았다. 이 위원회는 1773년에 교황에 의해 해체된 예수회의 재산 일부를 재정 기반으로 했고, 종교 기구나 제도에 상관없이 폴란드의 모든 학교를 통제했다. 이 위원회는 학교 교과 과정을 만들고, 교과서 편찬과 출판을 의뢰하고, 교육 기준과 교사를 감독했다. 또한 위원회는 광범위한 권한과 자원을 가지고 야기에우워대학과 빌노대학의 개혁도 시도했다.

이러한 움직임은 문학 활동과 교훈적 저술의 놀라운 부활을 가져왔다. 이러한 자극은 외국에서 왔는데, 볼테르, 루소, 디드로, 달렘베르트와 백과사전학파같이 정치적·사회적 저술이 폴란드가 겪고 있는 고난에 특별히 적용될 수 있는 저명인사들의 영향이 컸다. 그러나 소귀족 슐라흐타 대부분은 이것을 민족 혐오가 가미된 의심스러운 눈으로 보았다. 러시아에서 100년 후 발생한 서구주의자와 슬라브주의자 사이에 발발한 것과 유사한 논쟁이 벌어졌다. 국가를 나머지 유럽에 맞게 가져가려는 사람들과 외국의 영향이 민족적 자질을 오염시킨다고 보는 사람들 사이의 논쟁이 폴란드에서 시작되었다. 진보주의자들은 논리와 이성을 적용하려고 한 반면, 국수주의와 무지가 폴란드의 복식과 거부권 같은 낡은 제도를 방어하는 데 힘을 모았다.

1765년에 스타니스와프 아우구스트는 애디슨의 《스펙테이터》를 모방한 주간지 《모니터》를 창간하고, 다음으로 국립 극장을 만들었다. 《모니터》의 편집자인 프란치셰크 보호몰레츠는 학교와 국립 극장에서 공연되는 희곡을 쓰면서 이 분야에서도 개척자적 역할을 했다. 그의 희곡은 주로 사르마티아적 몽매주의나 사회 하층 계급에 대한 억압 같은 주제를 풍자하는 방식으로 도덕적 가치를 전달했다.

이 두 번째 르네상스는 위대한 시인 이그나치 크라시츠키(1735-1801)를 배출했다. 그는 영적 지도자가 현세의 통치자이기도 했던 바르미아 지역의 공후-주교였다. 계몽주의의 영향을 받은 그는 무지몽매를 혐오하고, 아름답고 재치가 넘치는 언어로 풍자와 조롱을 하는 시와 소설을 썼다. 당대 어느 폴란드 시인도 그와 견줄 수는 없었지만 재능 있는 작가들이 여럿 나타났고, 그중 일부는 감상주의적 민족주의의 첫 낭만적 작품을 썼다. 1774년에 국왕의 요청을 받은 스몰렌스크 주교인 아담 나루셰비치가 쓴 《폴란드 민족의 역사》가 이런 경향을 드러냈다.

당대 작가들이 쓴 작품을 관통하는 주제는 폴란드 국가 재건의 시급성이었다. 일군의 계몽된 대영주들은 자기 재산과 영향력을 이용해 이 목표에 헌신했고, 사제들을 포함한 덜 열정적인 인물들도 이것을 증진하기 위해 꾸준히 노력했다.

국왕 자신도 이런 변화의 최전선에 섰다. 그는 허영심이 있고 쾌락을 탐닉했지만, 그의 세속적 경박성 뒤에는 강력한 목적의식과 국가에 대한 깊은 사랑이 자리잡고 있었다. 그는 개인적 재산이 별로 없었고 자랑할 만한 조상도 없었다. 예카테리나의 애인이었다는 사실로 하루아침에 왕좌에 오른 인물로 경멸당했고, 과음하는 남자들보다는 여자들과 어울리는 것을 좋아했지만, 이국적 복장과 기호를 따르는 사르마티아적 관습을 거부했다.

초기에 그는 '가족'의 지원을 받았지만, 1770년대 '가족'은 강력한 반대 세력의 중심을 이루어서 국왕으로 하여금 러시아의 지원에 더욱 의존하게 만들었다. 그의 자산은 오로지 개인적 매력과 지력, 인내심이었다. 여섯 번 세임 의원을 역임한 그는 세임의 의사 진행 방식을 잘 알았고, 세임을 지배하는 태도도 잘 알고 있었다. 그는 또한 다른 선출 국왕들과 다르게 상당한 영향력과 권력을 국왕이 사용할 수 있다는 것도 알았다. 능수능란하고 외교적인 그는 타협할 줄 알았고, 시간을 기다려 한 가지 프로젝트를 수행한 다음 또다른 프로젝트를 시작했다.

그는 정책보다는 미래의 목표에 관심이 많았다. 젊었을 때부터 그의 말에 따르면 그는 폴란드 세계를 '완전히 재창조하는' 것을 꿈꿨다. 한편으로는 폴란드 국가연합의 이상으로 돌아가고, 다른 한편으로는 사르마티아적인 슐라흐타를 유럽적 민족으로 만드는 방식을 모색했다. 그의 독서와 여행, 특히 영국 여행은 그에게 하나의 제도로서 국가의 가치를 가르쳐주었다. 1772년에 러시아 – 프로이센의 간섭으로 정치적 개혁이 중단되자 자기 프로그램의 이런 면에 집중했다.

1780년이 되자 두 세대가 개혁된 학교에서 교육받았고, 계몽사상에 노출되었다. 전통적 정치 민족의 18세기 새로운 버전이 많은 수의 예술가, 관리, 상인이 왕에 의해 귀족이 되면서 효모처럼 자라나기 시작했다.

1764년의 국왕 선출 세임은 정치적 태도에서뿐만 아니라 의원들에 대한 위협에서도 혁명적이었다. 총리의 연설은 많은 정치 개혁을 예고했을 뿐만 아니라 "천연자원을 팔고 완제품을 사는 나라는 가난해지고, 천연자원을 사고 완제품을 판매하는 나라는 부유해진다"라는 뼈 있는 말도 했다. 1730년대와 1740년대 많은 대영주가 공업에 관심을 갖고 이를 시작했다. 라지비우 가문은 유리공장, 가구공장, 포탄공장을 만들었고, 의복, 카펫, 옷 장신구를 만드는 공방을 자신들의 니에시비에서 영지와 다른 영지에 만들었다. 생산하는 물품은 특화되지 않아 생산품의 질은 떨어졌다. 비텝스크 인근 크라스와프Krasław에 루드비크 플라테르가 세운 공장도 마찬가지였다. 이 공장에서는 벨벳, 다마스크직damask, 카펫, 마차, 칼, 총을 생산했다. 브로디Brody와 부차치에 있는 세워진 포토츠키의 공장은 고품질의 카펫, 벽걸이용 카펫, 천막, 벽지, 창틀, 천을 생산했다. 이 기간 동안 넓은 영지를 가진 크라쿠프의 주교청은 몇 개의 제철소를 만들었고, 이 지역은 후에 폴란드 산업 중심지가 되었다.

1775년에 세임은 슐라흐타가 상업에 종사하는 것을 금하는 법을 철폐했고, 20년 후 대영주와 슐라흐타 사이에 상업과 자본 활동이 활발하게 진행되었다.

1764년부터 1768년 사이에 바르샤바에는 왕립 동전주조소가 만들어져서 화폐 유통이 안정되고, 무게와 측량이 표준화되었고, 국가 우편제도가 시작되었다. 1771년에 비스와강을 바르타강과 연결하는 운하가 개통되었고, 1775년에 국왕은 부그강과 프리페트강을 연결하는 운하 건설 프로젝트를 시작했다. 1767년에 미하우 오긴스키 공은 니에멘강과 드니프로강을 연결하는 운하를 파기 시작했다. 이것이 완성되면 발트해에서 흑해로 항행이 가능해져 수출을 위한 대안적 시장을 개척할 수 있었다.

산업 활동은 장식 예술의 부활과 같이 진행되었다. 1774년에 국왕은 벨베데르Belweder 세라믹 공장을 만들어서 고급 화병과 식기를 생산했다. 차르토리스키 가문은 코제츠Korzec에 도자기 공장을 만들어서 1790년대에는 이 공장에서 1000명에 달하는 직원이 일했고, 세브르에서 온 전문가들의 감독하에 고급 실용 제품들이 생산되었다. 콜부쇼바Kolbuszowa에 만들어진 새로운 가구 공장도 마찬가지였다. 일부 산업 기업도 만들어졌다. 국가는 바르샤바 교외에 대포 공장을 만들었고, 군대에 보급하는 것을 목적으로 한 대규모 천 공장도 만들었다. 1767년에 모직 생산 합영기업도 설립되었다. 리투아니아의 재무관인 안토니 티젠하우스는 왕의 요청을 받고 흐로드나Grodno에 다양한 산업화 프로그램을 시작했다. 대영주 가운데 가장 사업 감각이 뛰어난 안토니 프로타니 포토츠키는 폴란드 주요 도시에 은행을 설립하고, 폴란드 여러 지역에 공장들을 설립했다. 우크라이나의 헤르손에 설립한 무역회사를 통해 그는 흑해와 지중해를 운항하는 선단을 운영했다.

제조업의 상당 부분은 소도시나 대영지에 기반을 잡았다. 농민들은 자주 값싼 노동력으로 사용되었고, 그래서 도시 프롤레타리아의 성장은 없었다. 유일한 예외는 바르샤바였다. 1764년에 3만 명이던 인구가 1792년에는 12만 명으로 늘었고, 정치를 빼고는 당대 다른 유럽 국가의 수도를 닮아갔다. 바르샤바에는 자기 의견을 내는 대규모 장인 계급이 있었고, 점점 더 영향력을 발휘하는 귀족이 있었다. 이런 귀족에는 시장 얀 데케르트와 1790년대에 중요한 역할을 한 은행가이자 기업가인 표트르 페르구손 테페르가 포함되었다.

폴란드 사회의 변형은 여기서 끝나지 않았다. 1760년에 총리 안제이 자모이스키는 자기 영지의 농민들을 노동 의무와 세납에서 해방시켰고, 모든 소작제를 현금 계약으로 바꾸었다. 다른 지주들도 이를 따랐고, 일부는 이보다 더 나아갔다. 시치보르 마르호츠키는 자기 영지를 농민 협동농장으로 만들었고, 파베우 브조스토프스키는 1769년에 파브워프Pawłow에 농민 공동체를 만들었다. 이 공동체는 학교, 병원, 시민 민병대가 있는 자치적 마을이었다. 폴란드 세계는 국왕이 바랐던 대로 재창조되었다.

역설적으로 이런 과정에서 그가 한 가장 중요한 공헌은 그의 사후 자신의 경박성의 유산에서 드러난 것처럼 예술에 대한 아낌없는 후원이었다. 이렇게 된 데에는 충분한 이유가 있었다. 젊은 시절부터 그는 프랑스 건축을 숭앙했고, 헤르쿨라네움Herculaneum에서 진행된 고고학 발굴에 관심이 있었다. 1764년에 왕위에 올라 스타니스와프 아우구스트가 된 그는 왕궁을 대대적으로 재건축하기로 했고, 후에 팔레-로얄Palais-Royal을 건축하는 빅토르 루이에게 이 작업을 맡겼다. 몇 몇 장인이 이 건물의 설계, 내부 장식, 가구에 대한 복안을 제시했다. 1767년에 그는 정치적 문제에 부닥쳤고, 이어 재징직 문제도 닥쳤다. 그래서 이 프로젝트는 중단되었다. 그가 궁전 건축을 재개했을 때 프랑스 양식 대신 이탈리아 양식을 택했고, 여기에 영국과 프랑스의 양식이 가미되어 이 건축물은 스타니스와프 시기의 건축의 특징을 잘 나타냈다. 왕궁은 군주와 세임의 멋진 대의적 장소로 바뀌었고, 병영, 세관, 다른 공공건물들이 바르샤바에 현대적 도시의 특징을 더해주었다.

바르샤바가 중요한 음악 중심지로 바뀐 데에도 국왕의 후원이 큰 역할을 했고, 이것은 다음 세기 첫 10년에 열매를 맺었다. 국왕은 폴란드의 미술을 부흥하는 데에도 큰 역할을 했다. 그는 이탈리아 화가들을 고용했지만, 동시에 재능 있는 토착 화가들을 외국으로 보내거나 외국인과 함께 작업하게 했다. 예술에 많은 돈을 쏟아부어서 많은 나라에 부채를 졌지만, 단지 흥청망청 돈을 쓰는 탐미주의자는 아니었다. 예술의 교육적 기능을 믿었고, 예술에 노출된 사람들을 고양시키기를 원했다. 그는 또한 메시지를 전달하고 유산을 남기려고 노력했다.

그와 예술가들 사이에 오간 상세한 편지를 보면, 그는 예술품 창작에 밀접하게 관여했다. 자신이 작업을 맡긴 모든 건물과 그림의 주제에 대해 놀랄 정도로 깊은 생각을 제시했다. 왕궁의 상원 홀을 설계하면서 이것을 일종의 폴란드 명예의 전당으로 만들 생각을 하고, 과거의 어느 인물들을 여기에 들일 것인가를 놓고 오랫동안 고심했다. 이 인물들은 유화, 대리석상, 청동상으로 제작되었고, 인물들을 어떤 관계에 놓을까도 세심하게 신경썼다.

아담 나루셰비치에게 말한 대로 그는 미래를 이해한 건축을 하고 있었고, 자신의 사후 미래 세대에게 영감을 줄 폴란드의 과거를 재현하려고 노력했다. 이것은 지적으로 재탄생하고 물리적으로 재단장된 폴란드 목표의 일부였다. 바르샤바에는 새 대학, 폴란드 박물관, 과학 아카데미, 예술 아카데미를 세울 예정이었다. 그 계획의 일부만이 그의 생애에 실현되었지만, 폴란드의 마지막 순간까지 폴란드의 장점과 성취를 기억에 오래 남을 형태로 재생하고 유지하는 데 성공했다.

13장

신사 혁명

1787년에 러시아의 예카테리나 여제는 자신의 남부 통치령에서 제국 시찰 여행을 시작했다. 그녀가 드니프로강을 따라 남방 순찰을 하는 동안 군중들이 포툠킨 공과 함께 강변에 나와 그녀를 환영했다. 스타니스와프 아우구스트는 그녀를 맞기 위해 바르샤바를 떠나 폴란드 지역 끝으로 나갔다. 5월 6일에 예카테리나를 태운 배는 카니우Kaniow에 정박했고, 스타니스와프 아우구스트는 배에 올랐다. 공식 인사가 끝나자, 두 사람은 내밀한 회담을 가졌다.

두 사람은 불과 30분 만에 다시 모습을 드러냈다. 그 자리에 모인 궁정 신하들과 외교관들은 일이 잘되지 않은 것을 알아차렸다. 예카테리나는 아우구스트를 성대히 환영했지만, 그가 강안에 화려하게 준비한 연회에 참석하는 것은 거부했다. 아우구스트는 당황했다. 단지 자신의 감정이 상해서가 아니었다. 그는 임박한 오스만튀르크와 러시아의 전쟁에서 러시아에 동맹을 제안하러 온 것이었다. 폴란드는 상당한 군사력을 제공하고 이와 동시에 프로이센과 스웨덴의 군사적 행동을 막을 수 있었다. 이에 대한 대가로 폴란드는 몰다비아를 획득하고 흑해 항구를 얻을 수 있었다. 폴란드는 군대를 동원하여 전력을 시험할 수 있을 뿐만 아니라 바르샤바에서 점증하는 긴장을 완화하고 국왕의 입지를 강화할 수 있었다. 하지만 예카테리나가 그의 계획을 거부하면서 그는 중요한 순간에 적절한 정책을 갖지 못하게 되었고, 적국의 손에 놀아나게 되었다.

폴란드 왕은 1772년의 국토 분할 후 러시아가 강요한 조건에 굴복했지만, 많은 사람은 이러한 상황을 받아들이지 않았고, 국왕이 순응적으로 이를 받아들인 것에도 불만이 많았다. 1780년대 말의 폴란드인, 특히 민족의 권리에 대한 루소의 낭만적 사상을 교육받은 젊은 세대의 감정은 점점 끓어올랐고, 개혁이나 현대화에 대한 모든 시도를 가로막는 러시아의 보호와 제약에서 벗어날 때가 되었다고 생각했다. '가족'의 일부 귀족을 포함한 대영주들, 즉 이그나치 포토츠키, 스타니스와프 마와호프스키, 미하우 카지미에시 오긴스키, 스타니스와프 포토츠키와 카롤 라지비우처럼 불만을 품은 대영주들은 자신을 '애국자'라고 부르고 왕의 협조 정책에 대한 반대를 주동했다.

무정부 상태를 축복받은 상태로 보았던 사람들은 국토 분할로 자신들의 주장이 파괴되는 것을 보았다. 그들은 주변을 돌아보았다. 국가 재정의 3분의 2를 군대에 쏟고, 점점 더 군사적 성공의 철학에 추동되는 것처럼 보인 러시아나 프로이센(이곳의 군주들은 군복을 입었다)을 보고 나서는 대부분의 사람은 폴란드의 유일한 생존 가능성은 폴란드의 화려한 자유를 버리고 적절한 군대를 보유하고 있는 현대 국가로 탈바꿈시키는 데 있다고 보았다.

당시에 영국, 네덜란드와 동맹을 맺은 프로이센은 러시아의 팽창을 견제하는 것을 목표로 하고, 폴란드가 러시아와의 연계를 끊으면 프로이센의 군사적 지원을 받을 수 있다는 것을 분명히 했다. 러시아가 오스만튀르크, 스웨덴과 전쟁에 돌입하고, 프로이센이 우호적 태도를 보이며 러시아와 오스트리아에 적대감을 보인 상태에서 폴란드 이웃 국가들의 위협적 합의는 이견을 드러낸 것처럼 보였다.

1788년에 스타니스와프 마와호프스키가 의장을 맡고 개회된 대세임Great Sejm이라고 알려진 세임은 애국주의자들이 주도했다. 세임은 바로 군대의 증강을 의결했고, 군대를 세임 위원회의 통제 아래에 두기로 결정했다. 외교 정책 수행도 또다른 세임 위원회가 관장하기로 했다. 1789년 1월에 세임은 1775년 이후 폴란드를 통치해온 영구평의회를 철폐하고 자신들의 회기를 무기한 늘리기로 했다. 3월에 세임은 도지소득세를 슐리흐디에게는 10퍼센트, 교회에는 20퍼센트를 부과하기로 했고, 이것은 최초로 부과된 직접세였다.

애국주의자들은 별다른 반대에 직면하지 않았다. 국왕 지지자들은 혼란에 빠졌다. 보수파와 친러시아 의원들은 이러한 움직임에 위협을 느꼈고, 이것을 1789년 여름에 프랑스에서 발생한 혁명에 비추어서 불길한 의미로 받아들였다. 1789년 11월 25일 밤, 바르샤바에는 스타니스와프 아우구스트의 즉위 25주년을 기념하여 곳곳에 불이 밝혀졌고, 많은 사람은 이것이 폭도들에게 도발로 보일까봐 우려했다. 거리에서의 소요는 비판적 풍자로 제한되었지만, 진정한 혁명은 다른 곳에서 준비되고 있었다. 1799년 9월에 세임은 폴란드 국가연합의 새 헌법을 준비하기 위해 이그나치 포토츠키가 이끄는 위원회를 구성했다.

개혁에 대한 논쟁은 점점 더 급진화되었고, 이제 두 정치 사상가가 지배했다. 한 사람은 스타니스와프 스타시츠이고 다른 한 사람은 휴고 코웡타이였다. 스타시츠(1755-1826)는 평민 출신 사제였고, 유제프 비비츠키와 친분을 쌓아왔고, 안제이 자모이스키가 출세를 도왔다. 그는 독일을 거쳐 파리로 여행했고, 그곳에서 부퐁의 친구가 되어서 그의 저작 《자연의 역사》를 번역하여 폴란드에서 출간했다. 그는 로마로 가서 자신의 신앙을 잃었다. 폴란드에 돌아온 후에는 정치를 주제로 한 서술에 집중했다. 몇 년에 후인 1800년에 그는 사업으로 모은 돈으로 지식동호회를 설립했고, 1815년에는 카르파티아산맥의 지리적 형성에 대한 기념비적 저술을 완성했으며, 《일리아드》 번역을 계속했다.

스타시츠는 세임의 주권을 믿는 공화주의자였지만, 전제 국가들에 둘러싸인 폴란드는 강력한 행정권이 필요하다는 것을 인식했고, 그래서 세습 군주제를 옹호했다. 그는 국가를 폴란드의 슐라흐타, 농민, 도시민, 유대인 등을 망라한 모든 시민으로 구성된 '도덕적 집합체'로 보았고, 모든 시민은 자신의 개인적 의지를 더 큰 선에 종속시켜야 한다고 주장했다.

휴고 코웡타이(1750-1812)는 아주 다른 경향의 인물이었다. 그는 야기에우워대학과 이탈리아에서 수학한 후 이탈리아에서 사제가 되었고, 이후 국가교육위원회 설립을 위해 노력했다. 그는 야기에우워대학 개혁 임무를 맡았을 때 자신의 조직 능력을 보여주었고, 1782년에는 그 대학 총장이 되었다. 대세임이 소집되자 그는 체제 전체의 개혁을 추진하는 '대장간Kuźnica Kołłątajowska'이라 불리던 집단을 구성했다. 그 스스로는 이 집단을 '신사 혁명'이라고 불렀다. 〈스타니스와프 마와호프스키에게 익명으로 보내는 몇 통의 편지〉(1788)에서 그는 세임 의장과 의원들에게 "폴란드는 과연 무엇인가?"라는 질문을 제기하고, "이것은 한 사람이 작동할 수 없고 모든 사람이 함께 작동할 수도 없지만, 한 사람이 멈출 수 있는 보잘것없고 쓸모없는 기계다"라고 비판했다. 스타시츠와 마찬가지로 그는 강력한 세습 군주제, 세임의 우위와 투표권의 확대를 주장했다. 그는 그 전해의 파리의 일반정부ÉTas généraux처럼 검은 옷을 입고, 1789년 12월 2일에 얀 데케르트가 이끈 141개 소도시의 대표들이 국왕에게 보내는 비망록을 작성한 주인공이었다. 소도시 대표성을 만들어내기 위한 위원회가 구성되었고, 수백 명의 상인이 귀족이 되었다.

애국주의자들이 주도하는 움직임의 힘을 인식한 국왕 스타니스와프 아우구스트는 자기 입장을 바꾸어 그들과 함께 일하기 시작했다. 그는 이그나치 포토츠키, 코윙타이, 마와호프스키를 초빙해 새 헌법을 만드는 자신과 함께 일하도록 했다. 그들은 비밀리에 작업했고 국왕의 비서인 스치피온 피아톨리가 초안을 작성했다. 최종안이 만들어지자, 다양한 개혁가 집단들이 초빙되어 최종 문안이 작성되기 전에 헌법 초안을 논의했다.

이들의 개혁안은 너무 많은 전통적 권리와 자유를 철폐하는 것이어서 세임에서 격렬한 반대에 부닥칠 것은 분명했다. 그래서 그들은 의회 쿠데타와 비슷한 행동을 취했다. 주요 도시에 22명의 의석을 배분하는 1791년 4월 18일의 입법으로 바르샤바 시민들의 지원은 확보되었다. 이와 동시에 토지가 없는 슐라흐타의 투표권을 제한하는 법률도 통과되었다.

부활절 휴가 후 많은 의원과 상원의원이 바르샤바로 돌아오는 시점으로 거사 날이 잡혔고, 그 결과 1791년 5월 3일에 단 182명의 의원만 세임에 출석했고 너머지 100명은 나타나지 않았다. 의회 밖에서 이 계획을 위해 소집된 군중이 왕궁을 에워쌌다. 제안된 헌법은 압도적 찬성으로 통과되었고, 그런 다음 국왕은 군중들에 의해 목마가 태워져 성 요한 성당으로 갔고, 거기서 국가나 마찬가지인 찬양Te Deum이 불렸다.

1791년 5월 3일에 성문화된 문서는 포토츠키의 공화주의와 코윙타이의 급진주의, 국왕의 영국식 입헌군주제 타협안이었다. 이 헌법의 앞부분은 의도적으로 온건했다. 가톨릭은 국가 종교로 선언되었지만, 모든 국민은 편견 없이 다른 종교를 신봉할 수 있었다. 슐라흐타는 국가의 근간으로, 농민은 국가의 생명선으로 성스럽게 선언되었다. 피아스트와 야기에우워 왕조 국왕들이 부여한 특권은 침해되지 않았다. 스타니스와프 아우구스트는 적자嫡子가 없었기 때문에 작센의 프리드리히 아우구스트가 새 왕조의 시조로 지정되었다. 세임은 폴란드 국가연합의 핵심 입법, 행정 권력이 되었고, 표결은 엄격한 다수결 제도로 진행되었다. 거부권과 연맹권은 폐지되었다. 폴란드 정부는 왕이 직접 관할했고, 상원평의회는 국가법률보호자라는 명칭으로 불렸다. 여기에는 폴란드 수석대주교, 5명의 장관, 두 명의 비서가 포함되었고, 모두 2년 임기로 국왕이 임명했다. 국왕은 정책을 감독할 수 있었지만, 그의 행위는 최소한 각료 1명의 서명 없이는 정당화되지 않았고, 세임에 대해 직접 책임을 졌다.

헌법 자체는 혁명적이랄 게 없었다. 진정한 개혁을 수행하기 위해 헌법은 여러 위원회와 기타 기구를 만들었다. '국왕은 국민과 함께, 국민은 국왕과 함께'라는 구호와 코윙타이와 그의 수하가 양산해내는 프로파간다가 큰 도움을 주며 국가를 변형시키는 자신들의 일을 해나갔다. 경제 헌법은 소유 관계, 노동 보호, 투자, 국립은행 설립과 지폐 발행을 담당했다. 코윙타이는 농민들의 모든 노동소작제를 현금소작제로 바꾸었고, 왕과 피아톨리는 유대인 공동체 원로들과 대화를 나누며 유대인 해방과 통합을 계획했다.

폴란드에서 일어난 일은 여러 곳에서 칭송받았다. 파리의 정치 클럽은 투표를 통해 스타니스와프 자모이스키를 명예회원으로 받아들였다. 콘도르세와 토머스 페인은 폴란드 헌법을 현상 돌파breakthrough라고 칭송했고, 에드먼드 버크는 인류에게 제공된 '가장 순수한' 공공선이라고 불렀다. 같은 이유로 폴란드의 이웃 국가들은 경계에 들어갔다. 프로이센의 각료인 헤르츠베르크 백작은 "폴란드인은 영국보다 훨씬 좋은 헌법을 채택해서 프로이센 군주정에 대한 명예 쿠데타를 일으킨 것"으로 확신하고, 폴란드인은 조만간 영토 분할로 상실한 땅을 되찾을 뿐만 아니라 프로이센도 차지할 것이라고 보았다.

2년 전 파리에서 바스티유 감옥이 무너진 것은 상트페테르부르크, 포츠담, 빈에 경종을 울렸고, 이곳의 통치자들이 두 번째 혁명의 횃불로 본 바르샤바에서 일어난 일은 공포를 안겨주었다. 이 통치자들은 자신들 국가에 혁명가들이 있다는 것에 위협을 느꼈고, 이 세 나라에서 도망친 사람들은 새로운 자유를 찾아 폴란드로 건너갔다.

헌법이 통과되기 1년 전인 1790년 3월, 폴란드는 프리드리히 2세에 뒤이어 왕위를 승계한 프리드리히 빌헬름 2세가 프로이센과 조약을 체결했다. 이 조약의 첫 목표는 양국이 오스트리아를 상대로 전쟁을 벌이는 것이었다. 폴란드는 이 전쟁으로 갈리치아(오스트리아인이 이 폴란드 땅에 붙인 명칭)를 되찾길 바랐고, 만일 폴란드가 동부 이웃 국가의 공격을 받는 경우 프로이센은 군사적 지원을 하기로 했다. 그러자 프로이센은 폴란드에게 그단스크를 할양할 것을 요구했다. 그단스크는 폴란드를 가로지르는 프로이센 회랑으로 인해 이미 폴란드의 나머지 지역과 차단되어 있었다. 이에 대한 대가로 폴란드는 비스와강에서 면세 운송권을 얻을 수 있었다. 폴란드-프로이센 동맹의 막후에 있고, 가을에 발트해에 함대가 들어갈 예정이던 영국은 폴란드가 이 조약에 동의하도록 촉구했으나, 세임에서는 반대가 심했다.

1791년 2월에 오스트리아에서는 요제프 2세의 뒤를 이어 레오폴트 2세가 황제가 되었고, 그는 프로이센에 대해 화해 노선을 취했지만, 국제 상황은 여전히 폴란드에 유리했다. 레오폴트와 총리 카우니츠는 폴란드의 헌법 채택은 위협이기는커녕 중유럽에서의 혁명을 막을 수 있다고 보았다.

그러나 헌법이 통과된 지 1년도 지나지 않아 국제 상황은 다시 한번 변했다. 1792년 1월 9일에 러시아는 오스만튀르크와 야시Jassy 조약을 맺고, 남부 전선에서 군대를 철수하기 시작했다. 2월 14일에 폴란드에서는 헌법이 채택된 후 처음 실시된 선거에서 지방 세이미크들이 압도적으로 헌법을 찬성했다. 폴란드의 자유 상실에 대해 한탄하고, 특권을 상실한 토지가 없는 슐라흐타와 보수주의자들은 이런 결과에 크게 낙담했고, 헌법을 거부하도록 의원들과 보수주의자들에게 뇌물을 살포한 러시아의 예카테리나는 격노했다. 3월에 예카테리나는 군대를 폴란드 쪽으로 이동시키기 시작했다. 3월 초에는 오스트리아의 레오폴트 황제가 사망하고 프란츠 2세가 뒤를 이었다. 4월에 프랑스 혁명 정부는 오스트리아를 상대로 전쟁을 벌였고, 며칠 후인 4월 27일에 예카테리나는 세베린 제프스키, 펠릭스 포토츠키, 크사베리 브라니츠키 등 많은 폴란드 보수주의자를 충동해 상트페테르부르크에서 연맹을 결성하도록 했다. 이것은 곧바로 알려지지 않았다가 5월 14일에 국경 도시 타르고비차에서 공식 선언되었다. 타르고비차 동맹은 '1791년 5월 3일, 군주적·민주적 혁명에 대항하여 폴란드의 영광스러운 자유'를 방어한다는 구호를 내세웠다. 나흘 뒤 동맹군은 9만 7000명의 러시아군의 후미가 아니라 맨 앞에서 국경을 넘어왔다.

대對튀크르 전쟁 참전용사로 구성된 러시아군에 대항해서 폴란드는 훈련받지 못한 4만 5000명의 병력을 전장에 내보냈다. 프로이센 국왕 프리드리히 빌헬름 2세는 1791년 5월에 폴란드 국왕 스타니스와프 아우구스트에게 쓴 편지에서 폴란드의 자유와 독립을 '지원할' 의사를 밝혔지만, 1792년 6월에 폴란드의 도움 요청을 거부해서 폴란드는 단독으로 전쟁을 치러야 했다. 폴란드 왕의 조카인 유제프 포냐토프스키가 지휘하는 한 군단은 지엘렌체Zieleńce 전투에서 승리를 거두었고, 타데우시 코시치우슈코가 지휘하는 다른 군단은 두비엔카Dubienka에서 적군의 후방을 성공적으로 공격했다. 그러나 러시아군의 진격을 막아낼 희망은 없었다.

스타니스와프 아우구스트는 예카테리나와 직접 협상을 벌이려고 시도했다. 폴란드를 러시아의 패권 아래 다시 두고, 자신의 왕좌를 예카테리나의 손자인 콘스탄틴에게 넘겨주겠다고 제안했다. 예카테리나는 아우구스트가 타르고비차연맹에 가입할 것을 요구했다. 위기를 벗어나서 폴란드의 통합성과 헌법을 유지할 길을 절망적으로 찾고 있던 폴란드 국왕과 참모들은 예카테리나의 요구에 굴복했다.

이러한 모욕적 굴복도 아무 소용이 없었다. 11월 발미Valmy에서 벌

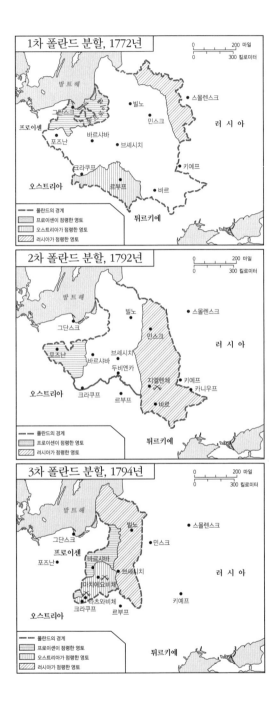

1차 폴란드 분할, 1772년

0 _____ 200 마일
0 _____ 300 킬로미터

발트해

프로이센

그단스크

포즈난

바르샤바

브세시치

빌노

민스크

스몰렌스크

러 시 아

키예프

크라쿠프

르부프

바르

오스트리아

뤼르키에

--- 폴란드의 경계
▨ 프로이센이 점령한 영토
▥ 오스트리아가 점령한 영토
▧ 러시아가 점령한 영토

2차 폴란드 분할, 1792년

0 _____ 200 마일
0 _____ 300 킬로미터

발트해

그단스크

포즈난

바르샤바

브세시치

두비엔카

빌노

민스크

스몰렌스크

러 시 아

지엘렌체

키예프

카니우프

오스트리아

크라쿠프

르부프

바르

뤼르키에

--- 폴란드의 경계
▨ 프로이센이 점령한 영토
▧ 러시아가 점령한 영토

3차 폴란드 분할, 1794년

0 _____ 200 마일
0 _____ 300 킬로미터

발트해

그단스크

프로이센

포즈난

바르샤바

브세시치

마치에요비체

라츠와비체

빌노

민스크

스몰렌스크

러 시 아

키예프

크라쿠프

르부프

오스트리아

뤼르키에

--- 폴란드의 경계
▨ 프로이센이 점령한 영토
▥ 오스트리아가 점령한 영토
▧ 러시아가 점령한 영토

264

어진 전투에서 프랑스군에게 패배한 프로이센 왕은 혁명적 프랑스를 제어한 노력의 보상으로 폴란드 영토 일부를 요구했다. 러시아와 프로이센 사이에 2차 폴란드 분할이 합의되었고, 1793년 1월 3일에 상트페테르부르크에서 협정이 서명되었다. 예카테리나는 25만 제곱킬로미터의 폴란드 영토를 얻었고, 빌헬름은 5만 8000제곱킬로미터의 땅을 획득했다. 이제 폴란드 영토는 21만 2000제곱킬로미터에 인구는 400만 명으로 줄어들었다. 폴란드의 민족적·역사적 중심부인 비엘코폴스카와 마워폴스카 대부분은 잃어버렸고, 가늘고 길고 경제가 빈약한 지역만 남게 되었다. 이것마저도 허수아비 왕이 앉아 있고 러시아 병영이 설치된 완충 국가에 지나지 않았다.

1차 분할 후 예카테리나는 폭발성이 있는 바르샤바 대신에 리투아니아의 그로드노에서 소집되는 세임에서 이 영토 분할을 인정할 것을 요구했다. 스타니스와프 아우구스트는 처음에는 협력하기를 거부했지만, 결국 압박을 받고 이에 굴복하여 그가 바르샤바를 떠나면서 모든 희망과 의지가 사라져버렸다.

러시아 대사는 세임 의원 후보들을 세심히 골랐고, 뇌물에서부터 물리적 공격 등 모든 수단을 동원하여 이들이 선출되도록 만들었다. 세임이 그로드노에서 소집되었을 때 의사당에 러시아군이 들어와서 고집을 피우는 의원을 끌어내어 구타하는데도 불구하고 일부 의원들은 협조적 자세를 보이지 않았다. 한 시점에는 사격 훈련이 건물 안에서 진행되었다. 3개월간의 완강한 지연 끝에 세임은 굴복하여 이 조약을 비준했다.

국왕은 바르샤바로 돌아왔다. 그러나 폴란드를 통치하는 것은 러시아 대사였고, 국가 치안을 러시아군이 통제했다. 애국주의자들이 행동할 가능성은 거의 없었고, 이들 대부분은 자발적 망명의 길을 택해서 빈, 이탈리아, 작센으로 갔고, 일부는 파리로 갔다. 코시치우슈코는 프랑스가 프로이센과 오스트리아를 상대로 승리를 거둔 다음에 군사 행동 계획을 짜기 시작했다. 코웡타이와 이그나치 포토츠키는 민중이 주도하는 민족 봉기를 생각했다.

예카테리나는 의도하지 않게 혁명을 위한 완벽한 조건을 만들고 있었다. 그녀는 폴란드군을 1만 2000명으로 축소하고 나머지는 해산했다. 약 3만 명의 건장한 병사들이 군복을 벗어야 했고, 이 애국적 부랑자들은 바르샤바로 몰려들어 모든 혁명적 소요의 주요 세력이 되었다. 폴란드가 국토를 상실한 양태는 폴란드가 스스로를 지탱할 여지를 남겨두지 않았다. 도시들은 농업 배후 지역에서 차단되었고, 교역 파트너들은 분리되었다. 경제 활동은 사실상 정체 상태에 들어 갔고, 1793년에 폴란드에서 가장 큰 은행 여섯 개가 파산했다. 폴란드는 4만 명 병력의 러시아 주둔군의 비용과 급여를 담당해야 했고, 프로이센이 적용한 높은 관세를 감당해야 했다. 수천 명의 실업자들이 바르샤바로 몰려들었다. 군대는 불만의 진원지였다. 1794년 2월 21일에 러시아는 추가적 군대 축소와 전복적 행동을 할 의심이 있는 사람들의 체포를 명령했다. 이제 혁명은 불가피하게 되었다.

3월 12일에 마달린스키 장군은 자신의 여단을 출동시켜서 크라쿠프로 진격했다. 망명자들이 다시 폴란드로 몰려들었고, 3월 23일에 코시치우슈코가 크라쿠프에 도착했다. 다음날 그는 반란을 공식 선포했다. 그는 전권을 얻어 군대를 지휘하고 폴란드 전역에 봉기를 촉구하면서 행정권을 긴급권력을 가진 최고국가평의회에 위임했다. 반란이 완료되면 모든 권력은 세임에 넘겨주기로 했다.

코시치우슈코는 크라쿠프에서 북쪽으로 진격했다. 4월 4일에 그는 4만 명의 병력과 쟁기로 무장한 2만 명의 농민군을 지휘하여 라츠와비체에서 러시아군을 격파했다. 4월 17일에 바르샤바의 신발 수선공 얀 킬린스키는 혁명의 깃발을 올렸다. 24시간 전투 후 러시아군은 4000명의 전사자를 시내에 남기고 바르샤바에서 퇴각했다. 4월 22일 밤에 빌노에서는 열성적 자코뱅 당원인 야쿠프 야신스키 대령의 주도로 반란이 일어났고, 타르고비차연맹 추종자 여러 명이 폭행을 당했다. 그는 "수백 명을 교수형에 처하고, 600만 명을 구하기를 원한다"라고 코시치우슈코에게 보고했지만, 집정관은 이를 허락하지 않았다. 바르샤바에서도 일부 폭행 행위가 있었지만, 코시치우슈코는 바르샤바에 도착하자 이를 중지시켰다.

이 반란은 주민들 가운데 현상에 만족한 사람들에게는 낙관주의를 불러일으키지 못했고, 이 반란의 정치적 성격에 대한 불확실성을 심어주었다. 국왕이 폭도들의 도전을 받지 않고 왕궁에 남아 있고, 반란 지도부가 그를 인정하고 있는 상황에서 많은 자코뱅 당원들은 권력을 잡을 기회를 기다리고 있었다. 재무부를 장악한 코웡타이는 여러 가지 혁명적 조치를 취했다. 그는 단계적 세금제를 실시하고, 교회에서 몰수한 재산을 바탕으로 은화와 함께 지폐를 발행했다. 조국 방어를 위해 나선 모든 농민에게 자유와 토지 소유권을 인정한다는 5월 7일 포와니에츠Połaniec에서 발표된 코시치우슈코의 포고령을 지주들은 큰 도발로 받아들였다.

일부 대영주들도 반란을 선언했고, 국왕은 자신의 모든 은제 식기를 이를 위해 희사했지만, 대부분의 슐라흐타는 조심스러운 태도를 보였다. 또한 이들은 농민들이 포와니에츠 포고령의 내용을 전달받지 못하게 노력했다. 도시에서만 시민들이 대규모로 나섰고, 바르샤바의 유대인 공동체는 베레크 요셀레비치 대령의 지휘 아래 자체 연대를 구성했다. 이것은 성서 시대 이후 최초의 유대인 군대였다.

국왕 프리드리히 빌헬름 2세가 지휘하는 프로이센 군대를 맞기 위해 진격한 코시치우슈코는 수적 열세에 처해 5월 6일에 슈체코치니Szczekociny에서 패배했다. 6월 15일에 프로이센군이 크라쿠프에 입성했다. 7월에 4만 명의 러시아-프로이센 연합군은 바르샤바를 포위했지만, 코시치우슈코는 토성과 포병을 이용하여 적군을 물리쳤고, 두 달간의 포위 후 적군은 물러났다. 빌노는 8월 중순에 러시아군에 떨어졌지만, 일주일 후 반란군은 비엘코폴스카를 돌파하여 나왔고, 얀 헨리크 동브로프스키 장군이 지휘하는 군단은 바르샤바를 지원하기 위해 진격했다. 그는 비드고슈치Bydgoszcz 인근에서 프로이센군을 격파하고 프로이센을 향해 진군했다.

오스트리아군이 프로이센군과 러시아군에 합세하면서 희망은 사라졌다. 오스만튀르크의 중립 약속을 받아낸 예카테리나는 수보로프 장군의 군대가 남동쪽에서 폴란드로 진군하도록 명령했다. 코시치우슈코는 수보로프와 대결하기 위해 나아갔으나 다른 지원 부대에서 떨어져 고립된 그는 10월 10일에 마치에요비체Maciejowice에서 패배했다. 그의 패배 자체는 큰 손실이 아니었지만, 그는 부상을 입고 다른 폴란드 장군들과 함께 포로가 되었다.

코시치우슈코가 포로가 되면서 정치적 불안정이 발생했다. 그의 후임 총사령관을 선택하는 데 타협의 필요성이 크게 고려되어 결국 토마슈 바브제츠키가 후임 사령관이 되었다. 겨울 숙영지로 물러나려던 러시아군은 유리한 상황을 이용하기로 했고, 11월 4일에 수보로프는 바르샤바를 공격했다. 그는 프라가Praga 외곽 비스와강 동안東岸은 어려움 없이 점령했다. 1400명의 폴란드 수비대 가운데 400명만이 살아남았다. 주로 유대인 주민들이 바르샤바에 대한 경고로 학살당했다. 이 경고는 효과를 발휘했고, 폴란드군은 후퇴해서 바르샤바는 적군에 항복할 수밖에 없었다. 11월 16일에 바브제츠키는 포위당하고 포로가 되었고, 반란은 사실상 막을 내렸다.

러시아군이 바르샤바 시내로 진입했고, 곧 프로이센군이 이들을 대신했다. 세 강국은 폴란드를 분할하기로 결정했고, 수도인 바르샤바는 그들 손에 떨어졌다. 1795년에 새 분할 조약이 체결되어 폴란드를 지도에서 완전히 지워버렸다. 왕은 마차에 태워져 그로드노로 보내졌고, 그곳에서 하야해야 했다. 폴란드 궁정에 주재하는 외교관들은 바르샤바를 떠나라는 명령을 받았다. 교황청 대사, 영국 공사, 네덜란드, 스웨덴, 작센 공사대리는 유럽의 국가 가운데 하나가 치욕스럽게 사라진 것에 항의하기를 거부했다. 이 국가들의 대사관에는 망명을 원하는 사람들로 넘쳐났다. 세 점령국이 혼란을 수습하는 데 2년 이상이 걸렸고, 1797년 1월이 되어서야 세 국가는 폴란드 국왕과 국가의 채무를 소멸하는 조약을 체결하는 데 동의했다. 그런 다음 그들은 앞으로 모든 문서에서 폴란드라는 이름을 지우고, 외교 행위에서 폴란드라는 이름이 망각되도록 모든 수단을 동원하기로 합의한 협정에 서명했다.

예카테리나의 뒤를 이은 차르 파벨은 어머니에 대한 기억을 지우기 위해 1797년에 코시치우슈코와 다른 폴란드 포로들을 석방하고, 연로한 스타니스와프 아우구스트를 상트페테르부르크로 불렀다. 이후 몇 달 동안 그는 폴란드 국가연합을 복원한다는 자신의 계획을 아우구스트에게 반복했고, 왕은 1798년 2월 12일에 사망했다. 파벨은 그를 국장으로 예우하고 직접 장례를 주도했다.

그러나 폴란드의 부활을 보장한 것은 그저 파벨의 기행이 아니었다. 스타니스와프 스타시츠는 "물론 위대한 국가도 무너질 수 있지만, 경멸받을 만한 국가만이 소멸된다"라고 썼다. 폴란드인은 스스로를 경멸받을 대상으로 보지 않았다. 그들은 주변국들의 존중을 이끌어내기 위해 죽어가는 자기네 정치체의 정치적 유언과 같은 5월 3일 헌법을 끄집어낼 필요가 있었다. 수십 년 후 카를 마르크스는 이를 다음과 같이 요약했다.

모든 결점에도 불구하고 이 헌법은 동유럽이 프로이센, 러시아, 오스트리아의 야만성 한가운데서 실행된 유일한 자유의 행위다. 이뿐 아니라 특권계급인 귀족들이 독자적으로 주도한 것이다. 세계의 역사는 귀족에 의한 이런 고귀한 행위의 다른 사례를 알지 못한다.

14장

무장 투쟁

폴란드-리투아니아 국가연합의 해체는 폴란드를 다루는 역사학자들에게 딜레마를 제공한다. 이제부터 그 영역에 거주하는 고아와 같은 각 민족, 즉 리투아니아인, 우크라이나인, 벨라루스인, 유대인, 독일인, 기타 소수민족의 발전 과정을 다루어야 하는가 아니면 폴란드인에게만 집중해야 하는가? 후자가 합리적인 접근으로 보이지만, 바로 다음과 같은 문제가 발생한다. 어느 폴란드인을 다루어야 하는가? 민족적 폴란드인의 90퍼센트 정도는 문맹인 농민이고, 이들은 아무런 민족의식이 없었다. 반면에 폴란드의 '정치적 민족political nation'이라 할 수 있는 슐라흐타와 교육받은 새 중산층은 국가연합 내의 모든 민족으로 구성되어 있었다.

농민 대부분에게 자신이 어느 왕국이나 제국에 거주하는가는 중요한 문제가 아니었다. 일요일에 교회에 나가 오스트리아 황제를 위해 기도할 수도 있고, 폴란드 국왕을 위해서도 기도할 수 있었다. 이것은 새로운 주인에게 자신의 충성을 옮기는 데 전혀 주저하지 않는 유대인에게도 마찬가지였다. 독일인 소수민족은 프로이센 왕이나 오스트리아 황제, 심지어 러시아 차르의 충성스러운 신민이 되는 데 아무런 어려움을 느끼지 않았다. 리투아니아인, 벨라루스인, 우크라이나인은 러시아의 지배 아래에서 밝은 미래를 기대하기 어려웠다. 그 이유는 러시아의 지배는 문화적·종교적 동화를 수반할 것이 분명했기 때문이다. 그러나 이것이 그들로 하여금 자신들이 속했던 폴란드 세계에 대한 충성의 연대를 유지하게 만들기도 했지만, 다른 사람들에게는 자신만의 새로운 정체성을 찾게 만들었다.

1791년 5월 3일에 채택된 헌법은 다른 것과 마찬가지로 폴란드 프로젝트의 새로운 시작에 대한 신의와 약속을 부활시키는 행동이었다. 이것은 앞으로 점진적으로 다문화 국가연합을 좀더 동일성이 강하고 공유된 정치적 가치들로 함께 묶인 다민족 국가로 만들 터였다. 헌법과 국가가 모두 사라졌지만, 이것을 존재하게 한 정치적 계급은 여전히 그 이상에 충실하게 남아 있었다. 그 결과 폴란드 국가의 재건을 위한 그들의 투쟁은 폴란드 민족에 기반한 것이 아니라 과거 국가연합의 모든 주민을 기반으로 했다.

이것은 이 프로젝트를 지지하는 폴란드인과 리투아니아인, 벨라루스인, 우크라이나인 같은 민족 집단 사이에서뿐만 아니라 이 집단 내부에서 긴장을 유발했다. 이 민족 집단의 일부는 새로운 주인에 대한 충성을 받아들였지만, 다른 사람들은 폴란드가 러시아와 구별되는 자신들만의 민족정체성을 갈망했다. 이러한 긴장이 역사의 한 부분이 되는 것은 당연하지만 폴란드 주권 국가가 존재하지 않았던 기간 동안 폴란드의 역사는 자신이 국가연합의 이상과 정치적 서약의 수호자라고 생각한 사람들의 노력과 투쟁의 역사가 되어야만 했다. 특히 1792년과 1794년의 사건에서 유래한 투쟁에서 흘러나온 이상과 서약이 중요했다.

폴란드의 이상을 수호하려는 사람들은 3국 분할 조약의 잉크가 채 마르기도 전에 3국에 대한 투쟁을 시작했다. 파리의 유제프 비비츠키는 프랑스가 오스트리아를 공격하자 폴란드에서 봉기를 계획했다. 크라쿠프에서는 비밀 동맹이 조직되었다. 1796년에 데니스코 대령은 교황청의 암묵적 보호 아래 몰다비아에서 1000명의 병력을 모았고, 이들을 오스트리아에 대한 저항에 동원했다. 1797년에 프랑스의 후원 아래 정규 폴란드군이 편성되었다.

코시치우슈코의 반란 붕괴 후 혁명이 일어난 프랑스로 피신한 수천 명의 폴란드 병사들은 프랑스군에 흡수되었지만, 프랑스군의 이탈리아 원정에서 생포한 많은 포로가 갈리치아에서 오스트리아에 의해 징집된 폴란드인이라는 것이 밝혀지자, 나폴레옹은 이들을 별도의 부대로 편성했다. 1797년에 밀라노에서는 얀 동브로프스키의 지휘를 받는 폴란드 병단Polish Legion이 편성되었다. 병사들은 폴란드군 군복에 이탈리아군 견장, 프랑스군 모자 표식을 달고 요제프 비비츠키가 만든 군가에 맞추어 행진했다. 이 군가는 20세기에 폴란드의 국가가 되었다. 1798년에 이탈리아에서 두 번째 폴란드 병단이 편성되어 자용체크 장군의 지휘를 받았고, 1800년에는 도나우 강안에서 세 번째 부대인 비스와 병단이 편성되어 크냐지에비치 장군의 지휘를 받았다.

이 병단에 소속된 폴란드 병사들은 북부 이탈리아가 오스트리아의 통치로부터 해방된 다음 자신들은 헝가리를 거쳐 갈리치아로 진격하고, 그곳에서 폴란드 전역에 걸쳐 반란을 일으킬 수 있을 것으로 믿었다. 그러나 프랑스가 오스트리아와 기타 동맹국들과 강화를 한 캄포 포르미오Campo Formio 조약과 뤼네빌Lunéville 조약이 서명된 후 이 병단들은 불편한 존재가 되었다. 동브로프스키 병단은 일시적으로 새로 탄생한 국가인 롬바르디Lombardy의 군대가 되었다. 일부 폴란드 부대는 해산되었고 나머지는 프랑스군 여기저기에 흩어졌다. 병력 6000명의 한 부대는 세인트 도밍고의 원주민 반란을 진압하는 데 파견되었다. 많은 폴란드 병사는 나폴레옹 때문에 실망했지만, 이것이 폴란드가 기대한 나폴레옹에 대한 꿈의 끝은 아니었다.

먼 곳에서 폴란드의 자유를 위해 투쟁한 폴란드 병단의 이미지는 젊은이들에게 매력적이었지만, 폴란드 독립에 대한 좀더 실용적인 지지자들은 외교적 해결에 노력을 경주했다. 이들 가운데 대표적 인물은 아담 카지미에시의 아들인 아담 차르토리스키 왕자였다. 1794년 반란에 참가했던 그는 반란 진압 후 상트페테르부르크에 가문의 올바른 행동을 담보하는 인질로 파견되었다. 그곳에서 그는 동년배인 알렉산드르 대공의 친구가 되었다. 알렉산드르는 계몽사상이라는 이상에 사로잡힌 젊은이였고, 폴란드 분할이라는 잘못된 상황을 바로잡아야 한다고 생각했다. 1801년에 그가 차르에 오르자 자신의 가까운 친구 5명으로 '공공 구원위원회Committee for Public Salvation'를 구성하여 러시아를 근대적 입헌군주정으로 바꾸는 논의를 하게 만들었다. 차르토리스키는 외교 업무를 맡았고, 전 폴란드 지역과 러시아제국 서부 8개 지방의 교육 책임자로 임명되었다.

차르토리스키는 조만간 러시아가 프로이센이 차지한 폴란드 영토를 회복하여 이것을 러시아에 합병한 다음 러시아와 느슨하게 연결된 폴란드 국가를 만들 수 있다는 희망으로 알렉산드르의 프로이센에 대한 혐오감을 자극했다. 그러나 1806년에 프로이센을 패배시킨 것은 나폴레옹이었다. 예나-아우어슈테트Jena-Auerstadt 전투 후 나폴레옹 군대는 포즈난에 입성했고, 동브로프스키가 지휘하는 폴란드 군단이 그 선두에 섰다. 나폴레옹은 동브로프스키의 봉기 선동문 발표를 허용하며, "나는 폴란드인이 하나의 민족의 자격이 있는지 보고 싶다"라고 자신의 비웃음을 덧붙였다. 조심스러운 태도를 취하는 사람도 많았지만, 많은 자원자가 나왔다. 11월 28일에 무라트 원수가 바르샤바로 행진했고, 몇 주 후 나폴레옹도 개선 아치와 열광하는 군중들의 환영을 받으며 바르샤바에 입성했다.

나폴레옹은 설사 폴란드인이 민족으로서 자격을 갖추지 못하더라도 많은 훌륭한 병사들을 공급해줄 수 있다고 확신했다. 폴란드는 나폴레옹의 거대한 구상에 부수적 요소에 불과했고, 그에게 가장 시급한 과제는 러시아가 영국에 대항하는 동맹에 가담하도록 만드는 것이었다. 그는 1807년에 틸시트Tilsit에서 차르 알렉산드르 1세를 만나서 이것을 성취했고, 여기서 이뤄진 하나의 타협이 폴란드였다. 2차, 3차 폴란드 분할에서 프로이센이 획득한 땅은 바르샤바공국Duchy of Warsaw으로 재편성하고 작센의 프리드리히 아우구스트를 수장으로 앉힌다는 것이었다(그는 1791년 5월 3일의 헌법에서 후보자로 추천된 적이 있었다).

바르샤바공국은 전혀 주권적 폴란드 국가가 아니었지만, 폴란드 애국주의자들은 이것을 향후 발전의 기초로 보았다. 이제까지 나폴레옹의 의도를 의심하고 있던 사람들도 새 정부에서 일하는 데 동의했다. 여기에는 마와호프스키와 스타니스와프 포토츠키도 포함되었고, 마지막 왕의 조카인 유제프 포냐토프스키는 총사령관 겸 전쟁장관이 되었다. 마와호프스키는 1792년 세임과 유사한 제도를 구성하려고 했지만, 나폴레옹은 전혀 그럴 생각이 없었다. 나폴레옹은 바르샤바를 떠나기 전 비귀족 유권자를 포함한 일반 선거로 구성되는 양원제를 비롯한 헌법을 직접 구술했지만, 이것은 실제로는 입법권이 없었다. 그는 또한 나폴레옹 법전을 도입하여 농민들에게 가해진 제약을 제거했고, 모든 사람을 법 앞에 평등하게 만들었다.

나폴레옹은 바르샤바공국을 자신의 목적 달성에 이용했고, 주로 재정과 군사적 목적에 이용했다. 1792년에 프로이센에게 빼앗긴 재산과 토지를 프랑스는 엄청나게 높은 가격에 바르샤바공국에 재매각했다. 나폴레옹의 대륙 봉쇄로 곡물 수출이 제약받으면서 폴란드 경제는 어려움을 겪었고, 바르샤바공국은 6만 명에 달하는 상비군 비용을 지불해야 했다. 이뿐만 아니라 비스와 병단에 소속된 총 1만 명에 달하는 보병 6개 연대와 기병 2개 연대를 동원했고, 폴란드 수비대를 왕실 경비대로 사용했다. 바르샤바공국이 파산하자 프랑스는 자금을 빌려주고, 그 이자를 총알받이 병사들로 받았다.

1809년에 오스트리아가 바르샤바공국을 침공하자 포냐토프스키는 반격을 가해 크라쿠프와 갈리치아를 점령했다. 그러나 쇤브룬Schönbrunn 조약으로 프랑스와 오스트리아 사이에 강화가 맺어지자, 폴란드인은 자신들이 점령한 땅 대부분을 내놓아야 했다. 영역이 커진 바르샤바공국은 러시아에게 경계 대상이 되었다. 러시아는 바르샤바공국을 조만간 과거 폴란드 땅 전체를 끌어들일 자석으로 보았다. 그러다가 1812년에 나폴레옹이 '2차 폴란드 전쟁'이라고 부른 전쟁으로 큰 위기가 닥쳤다.

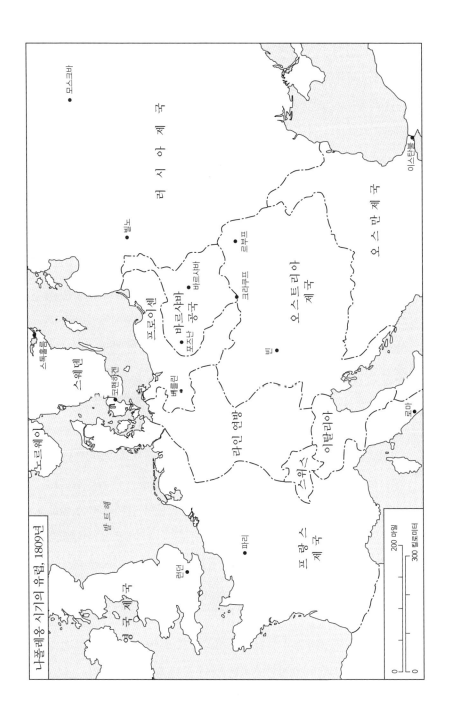

나폴레옹 시기의 유럽, 1809년

무스크바

러 시 아 제 국

빌노

오스만 제국

이스탄불

노르웨이

스웨덴

스톡홀름

프로이센

포즈난

바르샤바 공국

바르샤바

르부프

크라쿠프

포르이센

오스트리아 제국

빈

코펜하겐

덴마크

베를린

발트 해

라인 연방

스위스

이탈리아

로마

파리

프랑스 제국

런던

영국 제국

| 200 마일 |
| 300 킬로미터 |

나폴레옹이 의도한 것은 러시아를 점령하는 것이 아니었고 알렉산드르 1세를 압박하여 복종적 동맹에 들어오도록 만드는 것이었다. 나폴레옹은 강력한 폴란드 재수립을 위협으로 사용하려고 했고, 알렉산드르 1세가 복종하는 경우를 대비해 자신의 선택지를 열어놓고 있어야 했다. 그래서 나폴레옹은 폴란드-리투아니아 국가연합 모든 지역에서 모인 대표들이 대기하고 있던 바르샤바를 우회해서 러시아로 진격했다. 나폴레옹은 빌노에서 리투아니아인이 무기를 들도록 선동했지만, 리투아니아 독립에 대해서는 말을 아꼈다.

전쟁은 폴란드에 재앙이 되었다. 약 9만 6000명의 폴란드 병사가 나폴레옹의 대육군Grand Armée에 소속되어 러시아로 진격했다. 이 병력은 비프랑스 군대로서는 가장 큰 병력이었다. 이 외에도 수많은 병사들이 리투아니아와 과거 국가연합 변경 지역에서 대육군에 합류했다. 이들은 러시아 원정에서 중요한 역할을 했다. 폴란드 창기병들이 선두에서 니멘강을 헤엄쳐 건넜고, 가장 먼저 프랑스 삼색기를 들고 러시아 땅에 들어갔다. 우민스키 대령의 창기병이 모스크바에 처음 입성한 부대였고, 왕실 경비대는 습격해온 코자크로부터 나폴레옹의 목숨을 구했다. 비스와 병단은 베레지나Berezina강 도하를 엄호했다. 최소한 7만 2000명의 폴란드 병사가 살아 돌아오지 못했고, 이후 몇 달 동안 더 많은 수가 부상 후유증과 장티푸스로 사망했다. 그러나 재앙과 같은 퇴각 과정에서 폴란드 부대만이 대포를 한 대도 잃거나 포기하지 않고, 모든 부대 깃발을 보존한 유일한 외국인 부대였다.

대육군의 패잔병들이 물결처럼 서쪽으로 퇴각하고 나폴레옹이 파리로 귀환하면서 바르샤바공국은 방어 수단 없이 남겨졌다. 동브로프스키는 프랑스군을 따라 독일로 들어갔고, 포냐토프스키는 1만 6000명의 병력과 함께 뒤처져 크라쿠프에 남았다. 알렉산드르 1세는 징벌을 가하지 않았고, 1813년 봄과 여름에 러시아 편에 남은 사람들을 이용해 포냐토프스키와 그의 군대가 나폴레옹에 대한 충성을 철회하도록 설득을 시도했다.

포냐토프스키는 알렉산드르 1세의 제안을 거부하고 군대를 데리고 작센에 있는 나폴레옹과 합류했다. 10월 19일 라이프치히 전투 마지막 날, 프랑스군을 엄호하기 위해 마지막 다리를 파괴하고 중상을 입은 포냐토프스키는 엘스터Elster강을 헤엄쳐 건너다 사망했다. 폴란드 병사들은 계속 나폴레옹을 따라갔다. 나폴레옹이 엘바섬에 유형을 갈 때 그를 따르는 상징적 경비대의 절반은 폴란드 부대였다.

폴란드의 독립 열망에 대한 나폴레옹의 태도는 처음부터 냉소적이었고, 이 모든 전쟁과 노력은 폴란드의 목표에 전혀 이익이 되지 않았다. 그러나 나폴레옹의 영웅적 서사는 폴란드인에게 중요했다. 1683년의 빈 해방 전투 이후 군사적 영광은 폴란드인이 직접 경험하지 못한 것이었다. 1797년부터 1815년까지 폴란드인은 자신들의 용맹, 충성, 정신을 유럽 전역의 전장에서 발휘할 수 있었다. 1808년 11월 30일에 소모시에라Somo Sierra 협곡을 공격한 왕실 경비대의 용맹스러운 위업(일개 중대 125명의 병력이 7분 동안 83명의 희생을 치르며 9000명의 보병과 4개 포대를 협곡에서 격퇴하고 군기 10개와 대포 16문을 포획했다)은 전설처럼 전해져 내려왔다. 셀 수도 없는 이런 위용으로 폴란드 군대는 적들의 경외의 대상이 되었다. 이베리아반도에서 팔라폭스 장군이 이끄는 에스파냐 병사들이 '비스와 창기병'에 대해 두려움을 가지고 말했고, 러시아 내륙 깊숙한 곳에서 경비기병대의 콜베르

장군은 모든 프랑스 병사에게 초병 근무에 나가기 전에 폴란드 기병 망토와 모자를 쓰도록 해서 코자크들이 먼 곳에서 접근해오지 못하게 만들었다.

이러한 영웅담은 자체 국가와 군대가 없는 여러 세대를 위로하는 신화를 제공해주었고, 나폴레옹은 20세기까지 영광에 대한 꿈의 초점으로 폴란드의 예술과 문학에 계속 등장했다. 나아가 가장 강한 국가라도 작은 국가들의 동맹에 의해 패배할 수 있다는 것을 보여준 나폴레옹의 몰락은 자신들의 목표가 냉소적인 결탁에 의해 무너진 폴란드인에게 위로의 근원이 될 수 있었다. 쇠사슬에 묶인 프로메테우스 같은 낭만적 이야기는 많은 불편한 현실을 덮어줄 수 있었다.

폐위된 나폴레옹은 자신의 폴란드 군대를 차르의 자비에 맡겼고, 알렉산드르 1세는 보복하지 않았을 뿐 아니라 폴란드 문제Polish question에 새로 나타난 가능성을 무시하지도 않았다. 나폴레옹을 격파하고 1814년에 최고의 입지에 있던 알렉산드르 1세는 과거 폴란드-리투아니아 국가연합 영토 대부분을 자신의 주도하에 재통합할 것이라는 기대를 키웠고, 차르토리스키를 빈 회의 협상 대표단의 일원으로 파견했다. 그러나 그의 이러한 희망은 오스트리아, 영국, 프랑스에 의해 저지되었다. 이 국가들은 프로이센에게 폴란드에 넘겨준 땅에 대한 보상으로 독일 땅을 줄 수도 없고, 러시아가 지배하는 폴란드의 탄생으로 러시아의 세력이 서쪽으로 크게 확장되는 것을 허용할 수도 없었다. 완전히 독립한 폴란드의 재건을 영국과 프랑스가 잠시 논의했지만, 진지하게 고려되지는 않았고, 알렉산드르 1세도 자신의 좋은 의도에도 불구하고 국내적으로 이를 내세울 수 없었다. 러시아 내에서 그의 폴란드 계획에 격렬한 반대가 일어났다.

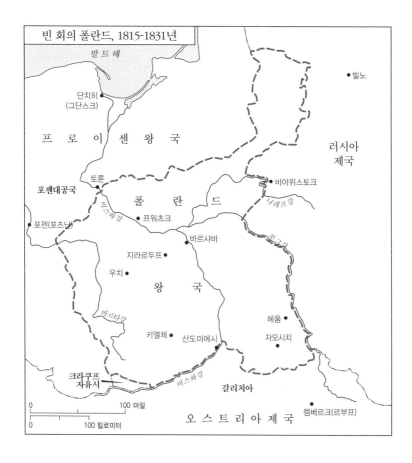

빈 회의 폴란드, 1815-1831년

발트해

단치히
(그단스크)

프 로 이 센 왕 국

포젠대공국

토룬

프스와강

폴 란 드

포젠(포즈난)

프워츠크

러시아
제국

빌노

비아위스토크

나레프강

지라르두프

우치

왕 국

바르샤바

부그강

바르타강

키엘체

산도미에시

헤움

자모시치

크라쿠프
자유시

비스와강

갈리치아

0   100 마일

0   100 킬로미터

오 스 트 리 아 제 국

렘베르크(르부프)

결국 분할 점령한 세 국가 지역에서 잘라내어 12만 7000제곱킬로
미터의 면적에 330만 명의 인구를 가진 폴란드왕국을 만들었다. 크
라쿠프와 도시 주변 작은 지역은 자유시로 변신했다. 러시아의 차르
가 폴란드 왕을 겸했고, 분할 점령한 세 국가가 크라쿠프자유시의
보호자가 되었다. 오스트리아가 관할하던 나머지 폴란드 땅은 갈리
치아-로도메리아왕국으로 별도의 행정 체계와 고분고분한 의회를
갖게 되었다. 프로이센이 차지했던 폴란드 영토의 상당 부분은 포젠

대공국으로 별도의 지위를 갖게 되었다. 분할 점령한 세 국가의 군주들은 폴란드 신민을 자비롭게 대하고, 그들의 제도를 존중하겠다는 형식적인 선언을 했다.

통상적으로 빈 회의 폴란드Congress Poland라고 불린 새 폴란드 국가는 이상한 정치체였다. 차르토리스키가 만든 헌법은 중유럽에서 가장 자유주의적이었다. 128명의 의원으로 구성되는 양원 의회가 있었고, 이 가운데 77명은 슐라흐타에 의해 선출되고, 51명은 비귀족 자산 소유자들이 선출했다. 상원은 64명으로 구성되었다. 이 의회는 입법권은 전혀 갖지 못했고, 그 기능은 주로 행정, 규제, 사법이었다. 외교 정책과 경찰 행정은 러시아가 수행했다. 알렉산드르 1세의 동생인 콘스탄틴 대공이 폴란드군 총사령관으로 바르샤바에 주둔했고, 과거 폴란드 병단에 복무했던 자용체크 장군이 알렉산드르 1세의 총독으로 임명되었다. 러시아인인 니콜라이 노보실체프가 폴란드왕국 정부의 감독관이 되었다.

거대하고 전제적인 러시아와 아주 작고 입헌적인 빈 회의 폴란드 사이의 밀접한 관계는 부자연스러운 면이 있었다. 폴란드가 러시아의 자유화를 위한 발판이 되거나, 러시아가 점차 작은 위성국을 삼켜서 소화하는 것을 피할 수 없었다. 처음에는 앞의 시나리오가 더 가능성이 큰 것처럼 보였다. 나폴레옹 전쟁의 결과로 러시아 사회의 많은 부문이 외국의 영향력 아래 있었고, 변화를 위한 문이 열린 것처럼 보였다. 폴란드 영토의 상당 부분을 흡수한 결과 1815년에 로마노프 왕가가 지배하는 지역의 귀족 64퍼센트가 폴란드계였고, 문자 해독률도 폴란드가 러시아보다 높았기 때문에 제국 안에서 읽고 쓸 줄 아는 사람도 폴란드인이 러시아인보다 더 많았다. 세 번째로 큰 도시인 빌노는 완전히 폴란드식 도시였고, 제국 최고의 대학을 보유하고 있었다.

1818년 4월의 폴란드 세임 개회 연설에서 알렉산드르 1세는 폴란드인에게 달콤한 당근을 제시했다. "당신들의 의무에 맞게 살아가라. 당신들의 노력의 결과는 내가 이미 당신들에게 한 양보를 더 많이 하려고 하는 나의 의도를 실천하게 만들 것이다." 그러나 자유주의에 대한 그의 열정은 줄어들었고, 폴란드인의 바람에 아무 관심이 없었으며, 차르토리스키를 혐오하는 노보실체프는 폴란드의 자치를 훼손할 수 있는 일을 적극적으로 찾아서 했다. 그는 알렉산드르 1세와 콘스탄틴 대공 사이의 알력, 또 두 사람과 여러 폴란드 정치인 사이의 갈등을 이용하여 폴란드인은 자신들이 받은 혜택에 감사할 줄 모른다는 러시아의 기존 관념을 강화시켰다. 1820년에 세임이 공개적으로 정치적 문제를 논의하기 시작하고, 알렉산드르와 그의 관리들이 위반해온 헌법 수호를 위해 일어나자, 그는 세임을 해산했다. 1825년에 그는 세임의 모든 논의는 의사당 안에서만 가능하다고 주장하고, 체제에 반기를 든 의원들을 모두 해임했다.

1792년부터 1815년까지 폴란드-리투아니아 지역에 가해진 폭력과 이 기간에 여러 지역이 복속된 국가 정부들이 교체되었지만, 이 모든 것은 놀라울 정도로 폴란드 민족의 생활에 큰 영향을 끼치지 못했다. 폴란드인의 마음속에 국경은 단지 행정적 장애물이었고, 이것을 단지 '오스트리아 회랑' 또는 '프로이센 회랑'이라고 불렀다. 1820년대 바르샤바에서 포즈난이나 빌노로 여행하는 사람들은 다른 나라로 들어가는 것이었지만, 여행자나 여행자를 맞는 사람이나 다 자기 나라 안에서 돌아다니는 것으로 생각했다.

서로 반대편에서 싸웠던 사람들도 세임과 상원에 같이 앉아 일했다. 알렉산드르 1세의 폴란드 총독은 자코뱅 당원으로 일했고, 1794년에 코시치우슈코의 군대에서 싸웠고, 이탈리아의 폴란드 병단을 지휘했고, 보로디노 전투에서 나폴레옹을 위해 싸우다가 부상을 입었다. 코시치우슈코를 위해 싸웠던 아담 차르토리스키는 아버지가 1812년에 나폴레옹이 만든 임시 정부의 수장이었지만, 빈 회의 폴란드의 중요한 기둥 가운데 하나였다. 1780년대 저명한 애국주의자였고, 바르샤바공국의 장관이었던 스타니스와프 포토츠키는 교육장관이 되었다. 1819년에 검열감독관으로 임명된 유제프 칼라산티 샤냐프스키는 1794년에 자코뱅 당원이었다.

어떤 면에서 폴란드-리투아니아 국가연합은 정치적 경계를 거부하고 계속 존재했고, 그 전통은 세심하게 양육되었다. 빌노대학은 아담 차르토리스키의 감독하에 크게 발전했고, 학문 세계의 중심을 차지했다. 타데우시 차츠키가 설립한 크셰미에네츠고등학교 같은 새로운 교육기관은 수준 높은 폴란드식 교육을 제공했다. 자우스키 도서관은 1811년에 러시아군에 의해 약탈당했지만, 스타니스와프 자모이스키는 바르샤바에 있는 자신의 대형 개인 도서관을 일반인에게 공개했다. 푸와비Puławy에 있는 차르토리스키 역사박물관은 과거의 영광을 보존했고, 그 안의 문서고는 역사학자들의 연구에 큰 도움을 주었다. 오스트리아 당국이 렘베르크Lemberg(르부프를 이렇게 개명했다)에 독일 대학을 설립한 해인 1817년에 유제프 오솔린스키는 이 도시에 폴란드 문서고와 도서관인 오솔리네움Ossolineum을 설립했다. 1829년에 에드바르트 라친스키는 포즈난에 이와 유사한 시설을 만들었고, 이 도시에 미엘진스키 가문이 희사한 박물관이 건립되었다.

아담 티투스 쟈윈스키는 포즈난 학술교우회를 조직했고, 이 단체는 1840년대부터 쿠르니크Kórnik에 있는 그의 도서관 소장 자료를 출간하기 시작했다. 그는 1828년에 자신의 도서관을 일반에게 공개했다. 고대 동전부터 민요에 이르기까지 모든 민속자료 유물이 수집되어 기록되고 연구되었다.

18세기 말 문학의 부활은 새로운 시인 세대의 등장으로 촉진되었다. 음악 세계도 크게 융성하여 음악 천재인 프레데리크 쇼팽이 나타났다. 스타니스와프 아우구스트의 건축술은 19세기 초 성숙기에 달했고, 이후 30년 동안 바르샤바와 여러 지역을 신고전 양식의 건축물로 장식했다. 그 결과 1820년대의 바르샤바는 위엄 있고 활력 있는 모습을 보였고, 사라진 폴란드-리투아니아의 국경으로 정의되는 폴란드 세계의 수도 역할을 계속 수행했다.

그러나 포스트-나폴레옹 세대는 기질적으로 기성세대의 타협에 잘 맞지 않았다. 학생들 사이에 뜨거운 논쟁이 벌어졌고, 특히 빌노 대학의 열기가 뜨거워서 비밀결사가 여러 개 생겨났다. 이러한 논의가 정부에 해악을 끼치는 것은 아니었지만, 러시아 정부는 모든 논의를 의심에 찬 눈으로 감시했다. 1821년에 발레리안 우카신스키 소령이 바르샤바에서 애국회Patriotic Society를 조직하자 비밀경찰은 사찰 활동을 강화했다.

1823년에 빌노대학의 역사학 교수 요아힘 렐레벨이 해임되고, 많은 학생이 체포되었다. 이어 다른 학생들도 체포되었고, 이 중에는 과거 이 대학 학생이었다가 현재 코브노Kowno에서 교사로 일하는 젊은 시인 아담 미츠키에비치도 포함되었다. 그는 〈청년 송가〉를 썼는데, 이 작품의 비유적 표현을 검열관들은 이해하지 못했지만 문제가 있는 것으로 판단했다. 빌노대학은 대학 감독관인 아담 차르토리스 키의 해임으로 숙청이 강화되었고, 이어서 스타니스와프 포토츠키 도 교육장관 직위에서 해임되었다. 이러한 강경 조치들은 젊은이들과 지금까지 현상 유지에 만족했던 많은 사람을 분노하게 만들었다. 토 론과 음모는 군대로도 확산되었고, 1825년에 러시아에서 콘스탄틴 대공을 황제로 추대하려는 데카브리스트 반란이 실패한 후 경찰은 이 사건의 배경 조사를 바르샤바로까지 확대했다. 새로 차르가 된 니 콜라이 1세가 자유주의적 사고를 탄압하자, 폴란드의 그의 하수인 들은 충실히 추종했다.

폴란드 경찰은 음모 집단의 지도자들을 다수 체포했고, 니콜라이 1세의 지시를 받은 노보실체프는 이들을 러시아의 형법 절차에 따라 처리할 것을 요구했다. 폴란드 정부는 헌법적 근거로 이의를 제기했 고, 세임이 지명한 법관들이 이들을 재판하도록 했다. 이들의 행위는 폴란드 법률로는 범죄가 아니었기 때문에 1829년에 사건은 각하되었 다. 이에 격분한 니콜라이 1세는 법관들을 체포하고 수감자들에 대 한 판결을 스스로 내렸다.

바르샤바 정부는 점점 국내에서 권위를 상실하고 러시아 후원자들 에 의해 권위가 훼손되면서 더욱더 지탱하기가 어려워졌다. 이것을 혁명적 요소들이 이용했고, 1830년 초반 내내 긴장이 고조되었다. 7월에 프랑스에서 혁명이 일어났고, 9월에 벨기에서도 혁명이 일어났 다는 소식으로 상황은 긴박해졌다. 니콜라이 1세는 벨기에 반란의 진압을 위해 사실상 폴란드인으로 구성된 원정군을 파견한다는 자 신의 의도를 공표했고, 1830년 11월 19일에 동원령이 내려졌다.

15장

반란

1830년 11월 29일 밤에 일군의 사관생도들이 콘스탄틴 대공을 암살하기 위해 벨베데레 궁전에 잠입했다. 다른 무리는 인근의 러시아 기병대 막사를 공격했다. 하지만 모든 게 잘못 진행되었다. 러시아군에는 제시간에 경보가 발령되었고, 콘스탄틴은 암살단의 공격을 피했다. 무기고 습격은 좀더 성공적이어서 중대한 결과를 가져왔다. 무기고에서 탈취한 무기로 무장한 집단이 거리를 돌아다니며 러시아인과 폴란드인 부역자를 폭행했고, 착오로 폴란드 최고위 장군 두 명도 폭행했다.

폴란드 당국은 상황을 통제하고 러시아와 충돌을 피하기 위해 재빨리 움직였다. 재무장관인 프란치셰크 크사베리 드루츠키-루베츠키는 차르토리스키와 다른 주저하는 인물들을 설득해 국가평의회에 가담시켰다. 군대가 동요하지 않게 하고 질서를 회복하기 위해 대중의 인기가 높은 흐위피츠키 장군이 12월 5일에 집정관으로 임명되었다. 그는 모든 상황을 폴란드의 국내 문제로 다룰 수 있기를 희망했다. 콘스탄틴이 수행원과 부대, 심지어 경찰 정보원과 정치범들을 이끌고 안전하게 바르샤바를 빠져나가게 도와주었고, 협상을 위해 루베츠키를 상트페테르부르크에 파견했다.

그러나 차르는 루베츠키와의 접견을 거부하고, 1831년 1월 7일에 그에게 협상의 전제 조건으로 무조건 항복을 요구하는 문서를 보냈다. 이로 인해 폴란드 전역에서 애국적 열정이 불붙었다. 러시아의 요구를 수용할 것을 주장하는 사람은 패배주의자로 낙인찍혔고, 해결책을 찾을 수 없었던 흐위피츠키 집정관은 사임했다. 세임은 반란 상태를 공식 인정하고, 아래로부터의 압력에 의해 1831년 1월 25일에 니콜라이 1세의 폴란드 왕위로부터의 하야를 의결하여 러시아와의 관계는 돌이킬 수 없는 국면으로 접어들었다. 차르토리스키가 이끄는 새 정부가 구성되었고, 미하우 라지비우가 군사령관으로 임명되었다. 폴란드왕국은 러시아로부터의 분리를 선언했다.

1831년 2월에 디에비치 장군이 이끄는 11만 5000명의 러시아 병력이 폴란드로 진군해왔다. 3만 명의 폴란드 병력은 2월 25일에 그로후프Grochów에서 러시아군의 진격을 저지하는 데 성공했다. 3월 말에는 얀 스크시네츠키 장군이 공격을 개시하여 바베르Wawer, 뎅베 비엘키에Dębe Wielkie, 이가니에Iganie 세 곳의 전투에서 러시아군을 섬멸하여 디에비치 장군을 동쪽으로 퇴각하게 만들었다. 디에비치 부대가 고립되면서 러시아군은 위험한 상황에 처했고, 그를 지원하러 오는 근위대도 폴란드군이 쉽게 차단했다. 드베르니츠키 장군은 볼히니아에서 봉기를 주도하기 위해 적은 병력과 함께 파견되었고, 흐와포프스키 장군과 기에우구트 장군도 같은 목적으로 리투아니아에 파견되었다. 폴란드군은 원정에서 승리할 여건이 갖추어졌다. 8만 명의 예비군이 동원되었을 뿐 아니라 리투아니아 부대와 다른 타국 부대를 포함하면 총 20만 명의 병력이 모였다. 러시아군은 약 25만 명의 병력을 보유했지만, 폴란드 병사들의 사기가 훨씬 높았고, 장교들도 전투 경험이 많았다. 반란은 또한 소중한 해외 자원자들을 끌여들였다. 수백 명의 나폴레옹군 장교들이 폴란드군에 참여했고, 이 중에는 란느 원수의 아들인 라모리노 장군도 포함되어 있었다(그루히 원수도 참여하고 싶어했지만, 더 높은 지위를 요구했다). 다음으로 큰 외국인 부대는 독일인 부대였고, 100명 이상의 군의관도 참여했다. 헝가리, 이탈리아, 영국에서도 자원병들이 왔다.

그러나 폴란드 수뇌부 가운데 누구도 반란을 승인하거나 성공 가능성을 믿는 사람은 없었다. 차르토리스키는 유일한 해결 방법은 외교적 방법이라고 확신했다. 그는 지원과 재정을 확보하기 위해 런던, 파리, 빈에 대표단을 보냈고, 폴란드 왕위를 합스부르크 왕가 대공이나 영국 왕실의 왕자에게 제공하는 것을 대가로 제안했다. 사령관인 얀 스크시네츠키는 협상이 시작될 때까지 병사들의 피를 덜 흘릴수록 좋다고 생각했다. 그래서 시간을 끌면서, 러시아 근위대를 차단하지 않았다. 근위대가 디에비치 부대와 합류했을 때 디에비치는 러시아 군대에 창궐한 콜레라로 사망했지만, 스크시네츠키는 이 기회도 활용하지 못했다. 파슈케비치 장군이 러시아 군대의 지휘권을 맡았고, 새로운 진격 작전을 준비했다.

파리에서 루이-필리프 왕이 프랑스의 군사적 지원 가능성을 언급한 기분 좋은 연설을 했고, 차르토리스키의 외교적 노력이 결실을 가져올 것처럼 보였다. 폴란드에서 일어난 일은 강한 국제적 동정심을 일으켰고, 시적 환상을 자극했다. 독일에서 이것은 폴란드 시Polenlieder라는 장르를 탄생시켰다. 미국에서 나단 파커 윌리스는 폴란드 송가를 썼고, 젊은 테니슨은 '폴란드를 주제로 수백 줄 길이의 아름다운 시'를 썼다(이 시는 하녀가 불쏘시개로 썼다). 프랑스에서 델라비뉴, 베랑제, 무세, 비그니, 라마르틴, 위고가 폴란드인의 투쟁을 찬양하는 시를 썼다. 1831년 5월 23일에 뉴욕 시의원들과 평의회는 폴란드를 지지하는 강력한 성명을 발표했고, 보스턴은 폴란드 연대들의 군기를 제작해 보냈다. 파리에서 제임스 페니모어 쿠퍼는 폴란드의 봉기를 돕기 위한 지원금을 모금하는 폴란드-미국위원회를 조직했다.

시간이 더 주어졌더라면 이러한 감정은 결실을 가져올 수도 있었다. 그러나 최고위층의 정치적 결단력이 없는 상태에서 파슈케비치 장군이 선공을 했다. 그는 서쪽으로 진격하며 바르샤바를 우회하여 가장 방위가 약한 서부 방면을 공격하는 작전을 택했다. 스크시네츠키 장군은 이동하는 러시아군의 측면을 공격하는 대신에 두 군단을 러시아군의 주의를 돌리기 위한 작전에 투입했다. 1831년 9월 6일에 파슈케비치는 바르샤바를 공격했다. 이틀간의 결사적이지만 많은 희생을 낸 전투 후에 새 사령관 크루코비에츠키는 공격에 굴복했고, 남은 병력을 데리고 바르샤바에서 철수했다. 폴란드군은 아직 7만 명의 야전 병력을 보유하고 있었지만, 여러 곳에 분산되어 있어서 계속 항전하는 것은 무의미해 보였다. 10월 5일에 폴란드 주력군은 러시아군에 사로잡히는 것을 피해 프로이센으로 들어갔고, 다른 부대들은 정치 지도부 대부분과 함께 오스트리아 회랑 너머로 피신했다.

니콜라이 1세는 폴란드왕국의 헌법을 철폐했고, 빌노대학과 바르샤바대학을 폐교시켰다. 이와 함께 바르샤바 공과대학, 크셰미에네츠고등학교, 학술애호가협회와 기타 교육기관도 폐쇄했다. 더불어 바르샤바에 요새를 건설했는데, 다시 소요가 일어나면 이 요새에서 포격해 도시를 잿더미로 만들어버리겠다는 위협도 전달했다. 파슈케비치 장군이 바르샤바 공으로 임명되었고, 러시아 장군들과 장교들은 폴란드 가문으로부터 몰수한 영지를 하사받았다.

차르토리스키를 필두로 10명의 인사에게 참수형이 선고되었고, 추가로 350명에게는 교수형이 선고되었다(이들 대부분은 이미 폴란드를 떠난 상태였다). 러시아는 세계를 향해서는 너그러운 사면을 선전했지만, 1만 명의 장교들이 강제 노동에 처해지거나 캅카스에 주둔하는 러시아 연대에 사병으로 배속되었다. 800명 이상의 고아(아버지가 전사하거나 유형에 처해진 아동들)가 어머니 품을 떠나 러시아 보병 부대에서 성장하도록 맡겨졌다. 폴란드왕국에서 수많은 소귀족 슐라흐타가 지위를 박탈당했고, 이들 가운데 3176명은 재산을 압수당했다. 포돌리아에서는 5000여 소귀족 슐라흐타 가족이 모든 것을 몰수당하고 농민으로 지위가 격하되어 캅카스 지방으로 강제 이주를 당했다. 몇 년 후 리투아니아와 볼히니아의 4만 슐라흐타 가족은 시베리아로 이주당했다. 류리크 왕가의 혈통을 이어받아서 함부로 다루어지지 말아야 할 로만 산구슈코 공도 시베리아 종신 노역형에 처해져 다른 범죄자와 함께 쇠사슬에 묶인 채 그곳까지 걸어가야 했다. 러시아 황후의 친구이자 황제의 시녀였던 그의 어머니가 황후에게 탄원하자, 아들과 함께 시베리아로 가도 된다는 답이 돌아왔다.

망명자들의 운명도 이에 못지않게 힘들었지만, 부러워할 만한 면도 있었다. 약 8000명의 고위 장교, 정치인, 작가, 예술가들이 미래에 희망을 걸 수 없는 상황에 처했다. 그들은 전술적 후퇴를 하지 않을 수 없었다. 실전 태세를 유지하기 위해 많은 병사는 새로 구성된 벨기에 군대에 복무했고, 프랑스도 같은 목적을 위해 가능한 한 많은 폴란드 병사를 모아 외국인 병단을 만들었다. 많은 망명자가 파리로 모여들어서 이 도시는 폴란드 정치·문화 생활의 중심지가 되었다. 이곳에서 고통과 상호비난 속에서도 폴란드를 되찾기 위한 다음 투쟁을 위한 계획이 세워지고 논의되었다.

프랑스에서는 두 핵심 집단이 부상했다. 하나는 차르토리스키당이고 다른 하나는 폴란드민주회였다. 차르토리스키당은 외교에 희망을 걸었다. 반대파로부터도 사실상의 폴란드 왕이라고 불린 아담 차르토리스키는 영국 의원들과 프랑스 의원들에게 로비했고, 비망록과 청원서를 쓰며, 바티칸과 오스만제국 궁정과 비공식 관계를 유지했다. 그는 유럽 여러 나라의 수도에 세워진 사무실과 네트워크를 구성했다. 이 도시들에서는 유럽에 위기가 발생할 때마다 격렬한 운동이 일어났다.

중앙집권적 지도부를 구성한 폴란드민주회는 베르사유에 본부를 두고 가능한 한 빠른 시점에 폴란드에서 민중 봉기를 일으키려고 했다. 이 조직은 이탈리아의 주세페 마치니가 이끄는 청년이탈리아당 같은 다른 나라의 유사한 운동과 강한 연대를 구축했다. 1790년대의 프랑스인과 같이 자신들을 자유의 보편적 수호자로 생각했던 폴란드인은 자매 국가들의 투쟁을 지원할 의무가 있다고 느꼈고, 수천 명의 폴란드인이 타국인과 같이 싸우며 자유를 위해 목숨을 바쳤다.

1837년에 러시아 당국은 폴란드민주회가 세심하게 폴란드왕국과 리투아니아 전역에 네트워크를 구성한 것을 발견하고, 무자비하게 가담자를 체포하여 총살하거나 교수형에 처하고 시베리아로 강제 유형을 보냈다. 이렇게 되자 민주회는 조금 덜 위험한 오스트리아와 프로이센 점령 지역에 노력을 집중했고, 1840년대에는 정치적으로 수동적인 태도를 보이는 농민들의 지지를 얻기 위해 반反장원 감정을 선동했다.

1846년 2월 22일에 갈리치아와 포즈나니아에서 농민 반란이 계획되었다. 그러나 조급한 행동으로 오스트리아 당국의 경계심을 자극해서 신속한 역공세만 불러일으켰다. 오스트리아 당국은 갈리치아 농민층에게 폴란드 지주들이 농민들을 노예화하는 반란 음모를 꾸미고 있다고 역선전하고, '음모자'를 잡아오거나 죽이는 사람에게 현금으로 보상한다고 포고했다. 사흘 동안 농민 폭동이 이어져 무법 집단들이 약 700채의 농가를 불태우고 약 1000명의 주민을 살해했다. 3월 4일에 오스트리아 병력과 러시아 병력이 지금까지 크라쿠프에 유지되어온 사회주의적 공화국을 탄압하고, 이 도시의 자유 지위를 박탈한 후 오스트리아에 병합했다. 포즈나니아에서 프로이센 당국은 계획된 봉기가 시작되기 전에 지역 지도부 전체를 체포했다.

1848년의 '민족들의 봄' 시기 폴란드인의 혁명 열기가 다시 분출되었다. 그해 2월에 프랑스의 파리에서 봉기를 일으킨 군중은 루이-필리프 왕정을 전복했고, 3주 후 빈과 베를린에서 시민군 바리케이드가 설치되었다. 여름이 되자 민중 소요로 영향을 받지 않는 유럽 국가가 거의 없는 상황이 전개되었다. 폴란드인은 각 수도에서 일어난 혁명과 봉기에 가담했고, 폴란드 내부에서 일어나는 사건들에도 적극 참여했다.

크라쿠프와 르부프에서 봉기가 일어나 베르사유의 중앙 집행부가 지명한 혁명위원회가 결성되었다. 이 위원회는 자치와 농민 해방을 위한 요구 사항을 내걸었다. 어려운 상황에 처한 오스트리아 정부는 현 상황을 받아들이는 것 외에 다른 선택의 여지가 없었다.

베를린의 폭동 군중은 1846년 봉기로 체포된 모든 폴란드 음모자를 감옥에서 석방했고, 그들은 포즈난에 이미 형성된 민족위원회의 통제권을 장악하기 위해 그곳으로 갔다. 프로이센 정부는 다급한 위기를 넘기기 위해 모든 것을 기꺼이 양보했고, 민족위원회도 인정했다. 프로이센 당국은 포젠대공국을 폴란드인 거주 지역을 따라 '민족적 재조직'을 하겠다고 약속했다. 그다음 시선은 프랑크푸르트로 옮겨갔다. 이곳에서는 범유럽 자유주의 물결 속에 범독일의회가 열리고 있었다. 러시아의 니콜라이 1세가 중유럽의 질서를 회복하기 위해 군대를 파견할 수 있다는 우려로 인해 러시아령 폴란드를 해방시키고 차르의 전제정을 후퇴하게 만드는 공동십자군의 구성에 대한 논의가 활발히 이루어졌다.

유럽 전역의 폴란드인이 포즈나니아로 몰려왔다. 아담 차르토리스키도 파리에서 왔고, 오는 도중에 미래의 폴란드 왕과 같은 환호를 받았다. 포즈나니아에서 민족위원회는 루드비크 미에로스와프스키가 지휘하는 2만 명의 병력을 편성했고, 포즈나니아 개혁 프로그램의 실현을 준비하고 있었다.

1846년 여름에 독일과 프랑크푸르트 의회의 분위기는 국제적 자유주의에서 멀어지기 시작했고, 포즈나니아, 실레시아, 포메라니아 출신 의원들은 반反폴란드 의견을 내기 시작했다. 자유주의 열정이 소진되자 프로이센 정부는 위기 상황을 장악했다. 당국은 포즈나니아에서 '민족적 재조직' 계획을 지킬 것이라고 약속했지만, 폴란드 민병대의 해산을 요구했다. 민족위원회는 협상을 벌이려고 했지만, 프로이센 병력이 폴란드의 한 부대를 공격하자 폴란드인은 반격했다. 폴란드인은 미워스와프Miłosław와 소코워보Sokołowo에서 벌어진 프로이센 군대와의 두 번의 불리한 싸움에서 승리를 거두었지만, 프로이센군의 집중 포격 앞에 무릎을 꿇을 수밖에 없었다. 재조직과 자치를 위한 협상은 중단되었고, 프랑크푸르트 의회는 최종적으로 포젠 대공국을 독일과 병합하기로 결정했다. 당시 프리드리히 엥겔스는 이 결정을 보고 "폴란드인을 위한 우리의 열정은 포탄 파편과 녹슨 철로 바뀌었다"라고 말했다.

11월에 오스트리아군은 크라쿠프와 르부프를 포격하여 굴복시켰다. '민족들의 봄'은 폴란드 애국주의자들에게 다시 한 번 추운 겨울로 바뀌었다. 봉기로 자신들의 목표를 달성하기는커녕 크라쿠프자유시와 포젠대공국에 남아 있던 특권조차도 소멸시키는 결과를 가져온 것이다.

폴란드인은 빈과 베를린의 시민 바리케이드 제일 앞에 섰었다. 시인 아담 미츠키에비치가 롬바르디아에서 조직한 폴란드 병단은 로마, 제노바, 밀라노, 피렌체에서 전투를 치렀다. 미에로스와프스키는 시칠리아에서 반反부르봉 왕조 세력을 지휘했고, 그다음으로 바덴의 독일 혁명 세력을 지휘했다. 흐자노프스키 장군은 노바라Novara에서 피에몽 세력을 지휘했다. 러시아든 프로이센이든 오스트리아든, 자신들의 동맹국과 싸우는 군대에는 항상 폴란드인이 있었다. 폴란드인이 가장 크게 기여한 것은 헝가리인의 투쟁이었다. 1831년에 오스트로웽카에서 폴란드인에게 큰 승리를 안겨준 벰 장군은 1848년에 빈에서 혁명 세력을 지휘했고, 다음으로 트란실바니아에서 러요시 코슈트의 군대를 지휘했다. 뎀빈스키 장군은 헝가리군의 총사령관이 되었다. 그들과 수백 명의 폴란드 장교들은 테메스바르Temesvar에서 마지막 순간까지 피를 흘리며 싸웠고, 차르토리스키는 외교와 물질적 자원으로 헝가리인을 지원했다.

이 모든 것이 유럽인의 마음에 폴란드의 목표를 혁명과 연계시켰고, 유럽은 혁명에 겁을 먹었다. 1853년에 발발한 크림전쟁은 폴란드인에게 하늘에서 내려준 기회가 되어야 했다. 폴란드의 독립에 동정적인 모든 국가가 폴란드의 숙적인 러시아를 상대로 싸웠다. 영국 외무장관으로 앞으로 총리가 되는 파머스턴 경은 차르토리스키를 개인적으로 잘 알았고, 폴란드 문제가 거론될 때마다 우호적인 발언을 많이 했다. 나폴레옹 3세도 정치적 정점에 오르면서 폴란드의 독립에 대한 지지를 잃지 않았다. 그 밑에서 외무장관으로 일한 발레프스키는 나폴레옹 1세의 아들로 폴란드계 혼혈이었다. 폴란드인은 영국-프랑스 연합군이 리투아니아에 상륙하는 것을 꿈꾸었다. 그러나 파머스턴과 나폴레옹 3세는 크림전쟁에서 오스트리아와 프로이센의 중립을 확보하기 위해 폴란드 문제를 덮어두고, 단지 폴란드인 부대들이 오스만튀르크의 깃발 아래 캅카스와 크림에서 공동의 적에 대항해 싸우는 것을 허용했다.

크림전쟁에서 러시아가 패배하고 1855년에 니콜라이 1세가 사망했지만, 이것은 폴란드의 여건에 직접적 영향을 미치지 못했다. 새로차르가 된 알렉산드르 2세는 바르샤바를 방문하여 개혁안에 귀를 기울였지만, 정치적 환상에 대해서는 경고했다. "꿈에 불과합니다. 신사 여러분, 꿈에 불과합니다!" 이것은 일종의 조롱이었다. 이후 몇 년간의 상황이 보여주듯이 폴란드인의 지위를 개선하려는 모든 노력은 상트페테르부르크에서는 '꿈'으로 보였다.

조심스러운 낙관을 가지고 바르샤바의 은행가이자 산업자본가인 레오폴드 크로넨베르크와 농업회의 안제이 자모이스키는 개혁 가능성에 대한 논의를 시작했다. 가장 큰 주목을 받은 것은 자모이스키가 개혁을 시도한 분야, 즉 농민 문제였다. 1850년대 말이 되자 모든 농민의 소작은 지주들의 자발적인 변화 수용으로 현금 소작제로 바뀌었다. 그러나 작은 농지들은 과거와 마찬가지로 노동 소작 체계를 유지했다. 1858년에 러시아 정부는 농업회에 농지개혁 프로그램을 준비하도록 청원했다. 러시아에서 농노 해방 문제가 논의되고 있었기 때문에 이 문제는 정치적 성격이 강한 개혁이었다. 폴란드 농민들이 자신들의 해방에 대해 차르와 폴란드 지주들에게 감사할지는 지켜보아야 할 문제였다.

농업회는 소작 보장과 함께 모든 노동 소작을 현금 소작으로 전환하는 안을 만들었다. 또한 지주와 소작인 사이의 협상으로 소작에서 자유 영농으로 전환될 수 있었다. 폴란드는 이 논의 과정을 지켜보았고, 1860년에 농업회는 사실상의 세임으로 간주되었다. 이 회의는 런던의 《타임스》 신문에도 보도되었다. 그러나 이 논의는 곧 러시아 당국의 경계와 점점 더 강화되는 바르샤바 급진파의 요구 사이에 갇혔다. 상트페테르부르크에서 이 문제에 대해 강경한 주장을 내세운 인물은 러시아인이 아니라 폴란드인인 알렉산데르 비에폴스키였다. 그는 1830년 봉기를 지지했던 지식인이자 도시 귀족이었으나 이후 이러한 영웅적 행위의 무의미함을 깨닫고 입장을 바꾼 사람이었다.

1860년에 비에폴스키는 차르가 수용할 수 있는 개혁안을 제시했다. 이것은 기본적으로 1820년대의 빈 회의 폴란드로 조심스럽게 되돌아가는 것이었지만, 러시아는 폴란드왕국 정부의 행정 개혁을 허용하는 양보를 하고 자문 기구를 만드는 안이었다. 교육에 대한 탄압도 완화되고 농민 문제는 비에폴스키에게 그 해결이 맡겨졌다. 그는 1862년에 민간 정부의 수장이 되었다. 알렉산드르 2세의 동생인 콘스탄틴이 폴란드에 총독으로 파견되었다. 비에폴스키는 질서를 유지하고 폴란드의 정치적 야망을 통제하는 책임을 맡았다.

이것은 쉬운 과제가 아니었다. 폴란드 주민은 비에폴스키의 오만과 러시아에 대한 굴종을 혐오했다. 그의 라이벌인 안제이 자모이스키는 지적 수준은 비에폴스키에 비해 떨어졌지만, 훨씬 인기가 높았고 아래로부터의 지지로 인해 권위를 얻고 있었다. 콘스탄틴 대공이 그에게 정부 업무에 참여하도록 요구했을 때 그는 이를 거부하고 반대파에 남기로 했다. 자유화 약속은 주민들 가운데 급진적 계층에 강장제처럼 작용했다. 많은 회합이 진행되었고, 격렬한 토론이 벌어져 개혁, 농민 해방, 자치 등 모든 사안에 대한 인쇄물이 쏟아져 나왔다. 러시아와 타협하는 것은 불가능하다는 결론이 그렇지 않은 경우보다 많았다. 경찰은 치밀하게 사찰했고, 주민들은 심문받았으며, 성당에는 수천 명이 아니라 수백 명씩만 모였다.

1861년 2월 25일에 1830년 봉기를 기념하는 모임이 경찰에 의해 강제 해산되었다. 이틀 후 진행된 종교 행진에 총격이 가해져 두 명이 사망했다. 4월 8일에 유사한 행진에서 100명이 넘는 사람이 사망했다. 바르샤바와 여러 도시에서 상호 도발에 의해 폭력적 소요가 일어났다. 계엄령이 선포되고, 10월 15일에는 러시아 병사들이 시위대가 피난처로 택한 바르샤바 성당 두 곳을 습격하여 약 1500명이 성당에서 끌려나왔다. 이에 대한 항의로 모든 성당과 시나고그가 문을 닫았고 주교, 사제, 랍비들이 연행되었다.

'적색파'라고 알려진 급진주의자 집단이 시위원회를 구성했고, 1862년에 대중 봉기를 조율하기 위해 전국적 임시정부를 조직했다. 크림전쟁에서 드러난 러시아의 군사적 취약성과 당시 이탈리아에서 가리발디가 거둔 성공은 폴란드의 봉기도 성공할 수 있다는 가능성을 보여주었다. 자유주의자들은 차르토리스키에게서 폴란드의 카부르를 찾을 수 있었지만, 급진주의자들은 미에로스와프스키에게서 폴란드의 가리발디를 찾았다. 그는 나폴레옹 왕자의 친구였고, 프랑스 황제의 조카였다. 시위원회가 지명한 군사령관 야로스와프 동브로프스키는 봉기가 일어날 때 군사적 대응을 무력화시키기 위해 러시아군의 폴란드 장교와 러시아 장교들을 접촉했다. 계획은 잘 진행되었으나, 1862년 여름에 봉기 계획에 대한 첩보를 입수한 러시아 경찰은 동브로프스키를 포함한 많은 장교를 체포했다.

그러는 사이 비에폴스키는 농민 문제에 대해 자신이 만든 해결책을 적용하려고 시도했다. 그의 계획은 1859년에 자모이스키가 만든 것과 비슷했다. 그러나 이 시점에 자모이스키와 농업회는 이미 입장을 바꾸었다. 그들은 '적색파'를 압도하기 위해 좀더 급진적 조치를 압박하고 나섰다. 자모이스키는 상트페테르부르크로 소환되어 차르에게 견책을 받고 유형에 처해졌다. 농업회는 철폐되었고, 크로넨베르크의 시의회는 해산되었다. 이제 '백색파'로 알려진 온건파가 지하에서 음모를 시작했다.

폴란드인은 자신들이 겪은 경험에서 많은 것을 배워서 전복을 꾀하는 조직을 구축하는 데 대단한 전문성을 보여주었다. 시위원회는 민족중앙위원회가 되었고 스테판 보브로프스키가 의장을 맡았다.

이 조직에는 다섯 개의 부처와 외교 담당 부서가 있었다. 여기 속한 사람들은 위조 문서를 가지고 각지를 자유롭게 돌아다니며 유럽 왕실을 출입했고, 러시아 망명자들도 접촉했다. 재무부는 폴란드에 동정적인 인사들로부터 기부금을 받고, 미약하나마 '세금'을 걷고, 국제적 차관도 얻어냈다. 또한 병참 책임도 맡아 무기와 보급품을 밀수했다. 내무부는 농민과 유대인의 해방 과제를 맡았다. 법무부는 자체 '단검 경찰stiletto police'을 조직했다. 정보부는 러시아군 내의 모든 조직에 침투했고, 요새뿐만 아니라 광장과 거리에 배치된 러시아군의 코앞에서 비밀 활동을 펼쳤다. 콘스탄틴 대공으로부터 음모를 조사하라는 명령을 받은 러시아 장군 베르크는 몇 주 후 "내가 발견한 유일한 것은 나는 그 조직에 속하지 않는다는 것입니다"라고 보고했다. 이어서 잠시 생각에 잠겼다가 "그리고 각하도 거기에 속하지 않았습니다"라고 말했다.

비에폴스키는 봉기를 무산시키려고 노력했다. 그는 러시아 군대로 연차 징병을 실시했지만, 지주와 정착한 농민은 징병 대상에서 제외했다. 3만 명의 징집 대상자는 교육받은 젊은이와 도시에 집중해서, 이 과정에서 음모자 대부분을 걸러낼 수 있을 것으로 생각했다. 의도적으로 징병을 기피하는 사람은 자신의 정체를 노출하는 셈이었다. 그러나 징병 날짜가 다가오면서 많은 대상자는 집에서 빠져나와 은신했다. 1863년 1월 22일에 민족중앙위원회는 봉기를 선언했고, 그날 밤 곳곳의 작은 러시아 병영들을 공격했다.

그러나 이 봉기는 실패할 수밖에 없었다. 봉기 참여자는 2만 명에 불과했고, 무기도 제대로 갖추지 못했으며 50-100명 사이의 소부대로 전국에 분산되어 있었다. 봉기 참여자 수는 계속 늘어 이후 18개월 동안 10만 명이 싸웠지만, 이들은 30만 명에 달하는 러시아 정규 군에 상대가 되지 못했다. 봉기군은 뛰어난 정찰 활동, 시기 선택, 농촌으로 은신해 들어가는 능력 덕분에 러시아군을 괴롭히고, 보급선을 차단하고, 때로 이동하는 러시아군에 승리를 거두기도 했다. 그러나 봉기군은 소도시조차 하나도 점령하지 못하고, 포병이 없어 사단 단위의 적군과 대등한 싸움을 벌일 수 없었다. 산도미에시, 포들라시에, 키엘체 같은 오지에서만 약 2000명이 봉기군이 공개적으로 활동하는 것이 가능했다. 지속적인 지휘부도 없었다. 봉기 전체의 지휘를 맡은 루드비크 미에로스와프스키는 포즈나니아에서 이동 중에 패배했다. 이후 전체 지휘를 맡는 데 성공한 마리안 란기에비치도 얼마 지나지 않아 패배하여 갈리치아로 퇴각했다.

세계 여론은 완연히 폴란드에 동정적이었고, 신문들은 러시아를 비난하는 기사를 실었다. 아일랜드, 영국, 프랑스, 독일, 그리고 무엇보다도 이탈리아의 많은 젊은이가 폴란드로 몰려갔다. 가리발디의 친구인 프란체스코 눌로도 폴란드 군복을 입고 싸우다가 전사했다. 놀랍게도 가장 큰 외인부대는 러시아인 부대였다.

하지만 외국 정부들은 폴란드를 도우려고 하지 않았다. 비스마르크는 필요한 경우 러시아를 돕겠다는 뜻을 분명히 밝혔다. 오스트리아는 폴란드로 보급되는 유일한 통로인 자국 국경 지역에서 벌어지는 일에 냉담했다. 1863년 4월 17일에 영국, 프랑스, 오스트리아는 상트페테르부르크에서 러시아가 1815년의 빈 협약을 위반한 것에 항의하기 위해 공동의 교섭을 벌였다. 비공개적으로 나폴레옹 3세와 그의 각료들은 폴란드인에게 계속 항전할 것을 촉구하며 무기와 필요한 경우 군대를 보내겠다고 은밀히 알려왔다. 바로 이 덕분에 파리에 정치적 동지를 두고 있는 '백색파'가 2월에 봉기 가담을 결정하고, 봉기의 주도권을 잡겠다고 나서게 되었다.

이후 봉기 지도부는 여러 번 바뀌었고, 1863년 10월에 봉기 지휘는 리투아니아 지주인 로무알트 트라우구트의 손에 떨어졌다. 35세로 두 아이를 가진 신실한 신자인 그는 러시아군 대령 계급까지 승진했으며 크림전쟁에도 참전했다. 그는 민족위원회와 군사 지휘부를 재조직했다. 봉기가 1863년 가을에 부활하고 작전 영역을 넓힌 것은 주로 그의 지도력 덕분이었다.

장래 폴란드의 국경은 봉기군이 흘린 피만큼 넓어진다는 말이 돌았다. 당연히 예상할 수 있었던 바와 같이 그 국경은 폴란드 슐라흐타만 봉기에 참여한 우크라이나 쪽으로 멀리 확장되지는 못했다. 벨라루스에서는 과거 국가연합 지역의 농민뿐만 아니라 핀스크 같은 도시의 유대인이 대거 봉기에 참여했다. 리투아니아와 남부 리보니아에서 활동 영역은 1772년의 국경과 거의 일치했고, 모든 계층이 대거 봉기에 참여했다. 이런 상황은 폴란드 1차 분할 때부터 이 지역에 펼쳐진 러시아 정책에 큰 모욕이었다.

1864년 3월 2일에 차르는 농민 해방과 농지의 완전한 소유를 가능하게 만드는 포고령을 발표하여 봉기의 김을 뺐다. 4월에 트라우구트는 체포되었다. 이후 6개월 동안 산발적 전투가 이어졌지만, 봉기는 사실상 종결되었다. 차르는 폴란드왕국의 명칭을 '비스와 지방Vistula Province'으로 바꾸는 칙령을 발표했다. 모든 폴란드 제도는 철폐되었고, 집중적 탄압이 시작되었다. 러시아에서 '참수자'로 알려진 무라비예프 장군은 서부 지방들을 샅샅이 수색하여 반정부 요소를 걸러냈고 철저한 압제를 시행했다. 이제까지 볼 수 없었던 잔인한 탄압이 가해졌다. 수만 명의 젊은이들이 쇠사슬에 묶여 시베리아로 유형 길에 올랐고, 이들은 다시는 고향으로 돌아오지 못했다. 나라 전체가 큰 슬픔에 빠졌다.

슬픔에 빠진 이유는 이번 봉기의 실패뿐만 아니라 그간 이어져 온 봉기의 전통 때문이기도 했다. 1863년 봉기는 대단한 성취였다. 10만 명의 지식인, 귀족, 노동자, 농민이 세계에서 가장 큰 군대를 상대로 18개월 동안 싸움을 지속한 것은 대단한 일이었다. 슐라흐타만이 외롭게 싸운 것이 아니라 농민의 마지막 집단도 싸웠다. 그럼에도 이로써 폴란드 역사의 한 시대가 막을 내리게 되었다.

16장

폴란드 문제

'폴란드 문제'는 양심의 가책처럼 19세기 세계 외교를 쫓아다니며 폴란드의 적뿐만 아니라 우호국에도 많은 불편을 안겼다. 영국은 폴란드인을 대신해 많은 외교적 교섭을 벌였다. 오스만튀르크도 3국 분할에 동의하지 않는다는 것을 기회가 있을 때마다 밝혔다. 프랑스 의회는 1830년에 회의가 열릴 때마다 폴란드의 해방을 염원하는 선언을 낭독했다. 그러나 폴란드 문제가 유럽의 안정을 위협하기 시작할 때면 이 문제는 몇 마디의 거룩한 문구 아래 묻혀버렸다.

유럽 여러 나라 궁정에서 폴란드의 독립에 대한 지원이 약해질 때 사회 다른 부문에서 이것은 강화되었다. 1841년에 런던에서 열린 폴란드 기념집회에서 아이티에서 온 원주민이 연설자였던 사실이 이런 것을 잘 반영해준다. 엥겔스가 지적한 바와 같이 19세기 모든 노동자 운동은 자기 이익의 범위를 과감히 넘어서서 폴란드 문제에 대한 동정이나 선언을 포함했다. 1848년에 파리의 군중은 '폴란드 만세'를

외치며 오텔 드 빌Hôtel de Ville로 행진했고, 이들의 감정은 영국의 차티
스트들Chartists과 공명했다. 베를린에서는 노동자들이 모아비트Moabit
감옥에서 석방된 미에로스와프스키를 어깨에 메고 행진했다. 마치니
에서 가리발디에 이르기까지 모든 이탈리아 활동가도 폴란드의 독립
을 지지하고 나섰다. 1831년에 폴란드군 군기에 "당신들의 자유가 우
리의 자유다"라는 문구가 새겨진 것은 괜한 제스처가 아니었다. 폴란
드 민족은 군주들의 신성동맹에 대항해 결성된 '민족들의 인터내셔
널Internationale of peoples'의 창립 멤버였다.

　1차 인터내셔널 중앙위원회에 제출한 결의안에서 카를 마르크스
는 폴란드인의 자유를 위한 투쟁은 공동의 이익을 위해 수행된 것이
라고 말했다. 그 이유는 독립국 폴란드가 없으면 유럽 전체가 러시
아 전제정의 위협을 받게 되고, 폴란드에서 일어난 일은 다른 곳에서
일어나는 사건에 직접적이고 중대한 영향을 미치기 때문이라고 설
명했다. 1792년에 예카테리나 여제가 혁명이 진행되는 프랑스에 투
입하려 했던 러시아 군대는 프랑스가 아니라 폴란드에 투입되었다.
1830년에도 같은 일이 일어났다. 라파예트가 "우리에 대한 전쟁이 준
비 중이었다. … 폴란드가 그 전위를 형성했다"라고 프랑스 의회에 설
명했다. 만일 폴란드가 독립했더라면, 오스트리아는 북구 이탈리아
에 패권을 유지하는 것이 힘들었을 것이고, 러시아는 발칸으로 영향
력을 확장하기 어려웠을 것이며, 프로이센은 독일에서 주도적 국가로
부상하지 못했을 가능성이 컸다. 이와 동시에 폴란드는 세 분할 점령
국 사이에 지속적 공모와 상호 이익에 기반한 협력 관계를 구축하게
만들어서 어떤 종류의 변화에도 큰 장애가 되었다.

　폴란드 국내에서 폴란드인이 적극적 공공 생활을 수행할 수 없게

되면서 다른 여러 곳에 영향을 미치는 방랑자 집단이 나타났다. 폴란드인의 존재감은 전쟁과 혁명 때 가장 확연히 드러났다. 폴란드인은 프랑스 식민 전쟁과 에스파냐 내전에서 싸웠고, 가리발디와 파리 코뮌을 위해 투쟁했다. 그들은 북반구와 남반구에서 싸웠고, 대서양 양안에서 싸웠다. 1860년에 미국의 남부군에서 처음 전사한 장교는 폴란드인인 블란도프스키 대위였다. 4000명의 폴란드 병사가 남부군에서 싸웠고, 58뉴욕연대 또는 크시자노프스키의 연합소총부대에서 싸운 병사의 상당수도 폴란드인이었다. 이외에도 1000명의 병사가 북부군에 가담해 싸웠다. 오스만튀르크에서는 폴란드인이 참모장교, 포병, 공병, 지도제작자, 군의관으로 복무했다. 이들이 이슬람교를 수용하면 고위직에 오를 수 있었고, 실제로 많은 폴란드인이 그렇게 되었다.

해외에서 군인으로 활동한 대표적인 예로는 알렉산데르 일린스키를 꼽을 수 있다. 부유한 귀족이었던 그는 1830년 봉기에서 싸웠고, 그런 다음 망명길에 올랐다. 그는 포르투갈군에서 벰 장군이 조직한 폴란드 병단에 근무했고, 에스파냐 내전에 참전했다(그는 부업으로 투우사를 했다). 또한 프랑스군으로 알제리 원정에 참여하여 이때 세운 공훈으로 레지옹 도뇌르 훈장을 받았고, 이후 아프가니스탄, 인도, 중국에서 복무했다. 1848년에는 헝가리에서 벰 장군 편에서 싸웠고, 이곳에서 오스만튀르크로 갔다. 이곳에서 이슬람으로 개종한 다음 이스켄데르 파샤 장군으로 크림전쟁에 참여했다. 후에 그는 바그다드의 튀르크 총독이 되었고, 1861년에 이스탄불에서 사망했다.

폴란드의 인적 자원이 이렇게 여러 곳에 흩어지면서 폴란드 민족의 멸절 가능성이 제기되었다. 특히 폴란드 민족은 종족, 영토, 종교,

또는 정치적 연계성에 기반한 적이 없었기 때문에 더욱 그랬다. 국가가 존재하지 않게 되자, 국가를 구성한 많은 요소가 궤도의 중심을 상실한 위성들처럼 산산이 날아가 버릴 것으로 우려되었다. 그러나 폴란드 민족은 구성 요소로 분해되는 대신에 다소 바뀐 형태로 계속 살아남았고, 이후 형태를 바꾸어나갔다. '폴란드성Polishness'은 폴란드 민족을 정의하는 조건이 되었다.

폴란드-리투아니아 국가연합은 인구의 90퍼센트를 적극적 공공 생활에서 제외했기 때문에 폴란드 민족이라는 프로젝트를 추진하려는 사람들은 인구의 상당 비율을 차지하는 다른 민족의 마음을 얻어야 했고, 이들에게 새로운 형태를 제공해야 했다. 효율적인 중앙집권 국가가 바람직해 보이는 시기에 폴란드는 당시 기능이 정지된 신성로마제국처럼 시대착오적이고 큰 결함이 있는 것으로 보였다. 폴란드의 가장 큰 성취인 최소한의 중앙 권력이 행사되는 다문화 민주주의는 19세기 상황에서는 생존 가능성이 없어 보였다. 만일 폴란드 애국주의자들이 수동적인 주민들과 농민들로 하여금 자신들이 주장하는 목표를 수용하게 하려면, 그들은 더 나은 모습을 제시해야 했다.

이런 면에서 폴란드인은 분할 점령 국가들, 특히 러시아의 무능력에 적지 않은 도움을 받았다. 투쟁을 통해 새로운 민족이 형성되었다고 말하는 것은 무리가 있지만, 연이어 일어난 봉기는 만일 봉기가 없었다면 의미 없는 말 잔치가 되었을 사상과 자기 발전의 과정에 중요한 역할을 했다. 그들은 또한 이론을 실험했고, 환상을 파괴하는 데 일조했다.

1794년의 경험은 농민들 사이에는 민족의식이 거의 없다는 것을 분명히 일깨워주었다. 1797-1815년의 군사적 활동에 더 많은 주민,

최소한 25만 명이 참여하여 귀족과 농민이 연합하는 운동이 되었고, 사회 하층 계급의 상당수 사람이 민족적 목표를 숭배하게 만들었다. 1830-1831년 봉기는 다양한 사회집단의 서로 다른 이해관계를 보여주었고, 1846년과 1848년 봉기는 사안을 급진화하여 이러한 차이를 제거하려고 했다. 그러나 실상을 보면 이 두 번의 봉기는 구호라는 무기 외에는 별로 가진 것이 없는 아마추어들이 제국들에 대항한 의미 있는 투쟁을 보여주었다. 1863년 봉기는 좀더 깊은 전문성과 전술적 감각에 주목할 만했고, 농민, 노동자, 리투아니아인, 벨라루스인, 유대인이 대거 참여한 것이 괄목할 만했다. 이것은 또한 전쟁이 거대한 기술적 진보를 이루고 있다는 것도 보여주었다.

각 투쟁은 폴란드가 겪고 있는 고난의 다양한 함의를 크게 부각시켜주었고, 점점 더 무자비해진 탄압은 더 많은 사람을 활동에 참여시키는 결과를 가져왔다. 이들은 처음에는 이런 봉기를 아무 의미 없고 무책임한 것으로 본 사람들이었다. 소귀족 슐라흐타는 원래 주민들 가운데 가장 반동적인 요소였지만 점점 더 혁명적 과격주의자로 변해갔다. 저항에 아주 간접적으로만 연루되었던 지주들의 재산을 박탈한 점령 당국의 정책으로 폴란드 공동체의 가장 순종적인 계층이 격렬한 반대 계층으로 변하게 되었다. 귀족들에게도 징벌을 가하자, 이들도 저항 세력에 가담하게 되었다. 1820년대에 자신들의 이익은 러시아나 오스트리아 당국과 동맹을 유지하는 것이라고 생각했던 가문들도 산구슈코 공이 범죄자들과 같이 쇠사슬에 묶여 시베리아로 걸어가는 모습과, 1846년에 갈리치아의 잔악한 살해 행위를 보고 다른 확신을 갖게 되었다. 특권 공유로 형성된 슐라흐타의 연대는 부정행위에 대항하는 연대로 바뀌었고, 이것은 폴란드 정체성을 자각한 모든 사람을 포용하여 계급 간 대화의 새 채널을 열었다. 그리고 이러한 대화는 두 가지 핵심 사안에 집중되었다. 하나는 무엇이 잘못되었나를 탐문하는 것이었고, 다른 하나는 미래를 위한 건설적 프로그램을 만드는 것이었다.

'가족'과 대세임의 애국주의자 전통을 이어받은 차르토리스키 정파는 5월 3일에 선포된 헌법이 중병에 든 나라의 병을 치유했다고 주장했다. 그들은 폴란드의 쇠망은 국내적 실패가 아니라 성공적인 외교가 제대로 작동되지 않은 결과라고 믿었다. 1831년 이후 이들이 기울인 노력은 유럽의 정치인들로 하여금 폴란드를 유럽에 복원시키는 것이 세력 균형을 위해 바람직하다는 것을 깨닫게 하는 데 집중되었다.

망명자들 사이에서 사회주의적 요소는 역사학자이자 애국회의 지도자이며 1831년 반란 정부의 일원이었던 요아힘 렐레벨의 저술에서 영향을 받았다. 렐레벨은 기독교 도입 이전의 고대 슬라브 사회의 사회·정치 구조는 농민 공동체에 바탕을 두고 있었다는 이론을 발전시켰다. 이것은 후에 러시아 역사학자들이 선호한 농촌 민주주의의 목표였고, 정치 지형에서 좌파에 위치한 많은 사람의 관심을 끌었다. 렐레벨에 의하면 5월 3일 헌법은 폴란드 사회의 정신과 맞지 않는 서구 자유주의의 파편이었다.

1836년에 발표된 폴란드민주회의 강령은 농민들에게 농지를 돌려주는 것, 즉 그들을 소자본가로 만드는 자유주의적 사고를 거부했다. "재산의 문제는 우리 시대의 문제다"라고 강령은 선언했고, 그 기저에는 "토지와 그 소산은 모든 사람의 것이다"라는 사고가 깔려 있었다. 그래서 강령은 "사적 재산은 공동 재산으로 전환되어야 한다"

라는 결론을 내렸다. 민주회 구성원의 다수는 모든 것을 잃은 소귀족 슐라흐타였다. 런던과 파리에서 목격한 번영과 물질주의에 상처를 입은 그들은 정치적 혁명 못지않게 정신적 혁명도 갈망하고 있었다.

1834년에 포츠머스에서 설립된 폴란드민주회의 영국 지부는 다음 해 폴란드인 공동체로 발전했다. 부유한 슐라흐타였고, 상원의원의 아들인 스타니스와프 보르첼이 쓴 이 조직의 강령에는 "재산은 모든 악의 근원이다"라는 문구가 들어 있었다. 이 조직은 포츠머스와 저지Jersey섬에 정착촌을 건설하고 농민과 노동을 통해 거듭나 회개하려는 귀족들로 구성된 농촌 코뮌을 운영했다. 대부분의 망명객은 이런 극단적 생활을 택하지는 않았지만, 런던의 지하실이나 추운 파리의 다락방, 아니면 차르주의와 연계된 갱단이나 오스트리아 감옥에서 자신의 이론과 신념을 실현했다.

폴란드인이 세 제국에 나뉘어 살고 망명자로 흩어지면서 인쇄된 주장이 엄청난 중요성을 갖게 되었다. 문학적 재능이 넘쳐나던 시기에 포츠머스와 저지섬에 코뮌을 형성한 사람들은 자신들의 농지를 경작하기 위해 폴란드에 남은 사람들과 절연되지 않았다.

폴란드 문학에서 낭만주의의 첫 흔적은 1790년대에 나타났다. 유린당한 조국이 노예화되면서 가슴이 이성을 지배하기 시작했다. 폴란드의 낭만주의적 가슴은 더이상 도달할 수 없는 사랑의 대상을 향해 맥박칠 수 있었다. 당대의 시인들은 사라져가는 조국을 사랑의 대상으로 삼아 글을 썼다. 그들의 후계자들은 사라진 조국의 위대함을 찬양하는 노래를 불렀고, 자신들의 생에 영적 의미를 부여했다.

당대 최고의 시인인 아담 미츠키에비치(1798-1855)는 바로 그러한 화신이었다. 빌노대학의 학생 시절 미츠키에비치는 서정적 시를 쓰기 시작했다. 1822년에 그는 〈발라드와 로맨스〉를 써서 비평가들의 호평을 얻었다. 다음해 〈그라지나〉와 〈조상 제사 전야〉의 일부를 썼다. 〈그라지나〉는 역사적 민담에서 소재를 모은 자기희생과 명예에 관한 이야기이고, 〈조상 제사 전야〉는 만령절 전날에 죽은 사람들을 불러내는 리투아니아 원시 신앙에 기반한 희곡 작품이었다. 이것은 여러 명의 고문을 겪은 영靈들이 자신들의 잘못과 고통을 회고하며 이야기하는 내용이었다. 같은 해 미츠키에비치는 투옥되었다. 그는 상트페테르부르크로 유형에 처해졌고, 1825년에는 오데사로 유형 보내져서 그곳에서 〈크림반도 소네트〉를 썼다. 오데사에서 그는 러시아 남부지방 경찰국장의 부인과 염문을 뿌렸고, 그녀 덕에 다시 모스크바로 돌아올 수 있었다. 모스크바에서 미츠키에비치는 푸시킨을 비롯한 많은 러시아 작가를 알게 되었고, 러시아 국가의 본질에 대해 이해하고 그 어느 때보다 이를 두려워하게 되었다. 1828년에 보란 듯이 첫 정치적 시집인 《콘라드 발렌로드》를 출간했다.

　이 작품은 어느 리투아니아 어린이가 튜튼기사단에 사로잡혀서 기사로 양육되어 기사단 대원수에까지 오른 후, 기사단을 이끌고 원정을 와서 자기 동포들에게 패배당하는 역사적 이야기로, 적과의 협력을 통한 애국적 행동이라는 사고를 탐구하고 있다. 〈조상 제사 전야〉 3부(1832)에서 미츠키에비치는 사로잡힌 폴란드인이 당면한 도덕적·윤리적 문제 전반과 정치 생활에서의 선과 악을 다루고 있다.

　1834년에 그는 리투아니아의 유사영웅적 시골 생활을 묘사한 〈판 타데우시〉를 출간했다. 미츠키에비치가 파리에서 이미 폴란드의 가치를 비난하고 망명자 정치의 좌파에 심하게 경도된 때에 쓴 이 작품은 많은 시사점을 내포하고 있었다. 당면한 문제에 대한 답을 구하는 사람들은 과거를 갈망하지 않을 수 없었다. 16세기부터 폴란드 문학에 나타난 상실된 순수함에 대한 갈망은 상실된 조국에 대한 갈망과 뗄 수 없게 연계되었고, 조국과 함께 사라진 존재성에 대한 갈망과 연계되었다. 이상향Acardia은 폴란드와 동일시되었다.

이와 동시에 미츠키에비치는 감옥이나 망명지에서 고난을 받는 사람들과 자신을 동일시했다. 망명자들은 자신들에게 무관심한 세계에서 폴란드 독립을 위해 고통받고 있었다.《폴란드 국가의 서書》(1832)에서 그는 폴란드가 정의를 위해 십자가에 못 박힌 것으로 묘사했다. 십자가형으로 세상의 정치적 죄가 사함을 받고 부활로 이어질 수 있었다. 그리스도도 십자가에서 울부짖었지만, 침묵의 답만 들었다. 그러나 그의 죽음으로 그는 죽음 자체를 정복했다. 폴란드인도 자신들의 희생으로 징벌을 정복했다.

이런 이야기를 말 그대로 믿을 정도로 순진한 사람은 거의 없었지만, 잠재의식 어느 부분에는 메시아적 관점이 고통받는 모든 폴란드인을 치유하는 향유가 되었다. 폴란드인은 자신들의 열망을 부정하는 현실을 본능적으로 회피했다. 그러나 이런 갈망에서 폴란드인만 예외적이었던 것은 아니었다. 마치니와 프랑스 역사학자 줄 미셸레도 이탈리아와 프랑스가 자신들의 십자가형을 통해 세계를 구원하는 시각을 발전시켰다. 이것은 현실 도피주의가 아니라 좀더 깊은 지리에 대한 탐구였다.

헤겔의 제자인 철학자 브로니스와프 트렌토프스키(1808-1869)는 행동에 대한 국가적 철학을 발전시켰고, 폴란드의 '재탄생'을 위한 실제적 프로그램을 만들었다. 그와 아주 유사한 입장을 취한 사람은 유제프 마리아 호에네–브룬스키(1776-1853)였다. 당혹스럽게도 그는 마치에요비체에서 4년이란 짧은 기간 동안 코시치우슈코를 위해 싸운 다음, 수보로프 장군(매우 탁월했던 18세기의 러시아 지휘관)의 참모로 일했으며, 동브로프스키의 병단에서도 싸웠다. 프랑스에 정착한 그는 1804년에 '절대선'이란 통찰력을 갖게 되고 이에 대해 엄청난 글을 쏟아냈다. 그의 글 일부는 순수하게 수학적이었지만, 대부분은 과학과 생명의 관계를 재구성하는 주제를 다루었다. 그는 폴란드의 역사가 핵심 역할을 하는 정교한 역사 체제를 만들려고 노력했다.

1854년에 미츠키에비치는 폴란드 병단을 구성하기 위해 로마로 갔다. 이 군대의 군복에는 큰 십자가가 표시되어 있었다. 그는 롬바르디에서 오스트리아군에 대항하여 싸운 후 파리로 돌아와 국제 사회주의자 잡지인 《인민의 잡지》를 편집했다. 헌신적이면서 때로 반항적인 기독교인인 미츠키에비치는 기독교 사회주의의 통합에 도달하려고 노력했고, 역사적 순간에 맞는 행동 프로그램을 만들려고 시도했다.

1840년대 말이 되자 미츠키에비치와 그의 동료인 율리우시 스워바츠키(1809-1849)의 사고는 점점 더 협소해지고 거의 병적으로 되어갔다. 이것은 헤어날 수 없는 그들의 곤경에서 피할 수 없는 것이었고, 부분적으로는 빈곤과 개인적인 불행의 결과였다. 스워바츠키는 파리에서 폐결핵으로 죽어가고 있었고, 정신병을 앓는 아내와 일곱 명의 자식을 뒷바라지하면서 가난에 찌든 미츠키에비치는 비통한 견해 외에는 아무것도 기대할 수 없었다.

파리의 웅장한 오텔 람베르Hôtel Lambert에서 궁정 같은 역할을 하던 차르토리스키 파벌 주변에는 좀더 귀족적인 폴란드인들이 모여들었다. 그리고 유럽 문화와 사교계 생활의 주류에 자리잡을 수 있게 된 쇼팽 같은 예술가들은 극단적인 고통을 겪지 않았기 때문에 좀더 균형 잡힌 입장을 취할 수 있었다. 3대 낭만주의 시인 중 한 사람인 지그문트 크라신스키(1812-1859)가 이런 면에서 가장 돋보였다. 대육군의 장군이었던 그의 아버지는 그에게 나폴레옹 스타니스와프 지그문트라는 세례명을 주었지만, 이 이름 중 첫 부분은 그가 빈 회의 폴란드의 저명한 반동주의자이자 차르의 신임 받는 종복이 되면서 삭제되었다. 그의 학창시절은 아버지에 대한 세간의 비호감으로 인해 망가졌고, 결국 학업을 마치기 위해 제네바로 떠나게 되었다. 그는 그곳에서 1830년 봉기를 맞았다. 그는 봉기에서 동료들에게 가담하고 싶은 마음과, 상트페테르부르크에서 그것을 막으려는 아버지에 대한 순종 사이에서 고통스럽게 갈등했다.

대부분의 폴란드인들은 그 상황을 민족에 대한 압제로 보았고, 사회주의자들은 혁명과 반동 사이의 투쟁으로 보았지만, 크라신스키는 다른 시각에서 보았다. 그가 보기에 정치적 상황은 부정직하고 도덕적으로 변명할 수 없는 현실을 반전시켜, 러시아를 정당성의 수호자로 자리매김하고 프로이센에게는 폴란드를 억압해도 되는 문명화임무를 준 셈이었다. 세 강국은 교묘하게 폴란드 대의를 혁명과 관련한 것으로 바꾸어 놓았고, 오스트리아 총리 메테르니히는 폴란드 대의가 "폴란드 영토를 차지한 군주정에 대한 전쟁 선포가 아니라, 사회의 근간을 형성하는 모든 기초를 파괴하려고 하는 세력과 움직임에 대한 전쟁 선포"라고 세계를 설득하려고 했다.

크라신스키에게 러시아 체계는 교황 비오 9세에게 보낸 편지에 표현한 것처럼 "밤낮 가리지 않고 매 순간 수천 명의 가슴과 정신을 부수는 거대한 기계"이자 "모든 영적 독립에 화해할 수 없는 적"이었다. 유럽 문명에 진정한 적은 경찰국가의 관료적 제도이고, 이것이 유럽 문명의 수호자로 위장하면서 더욱 위험해졌다. 왜냐하면 그것은 이에 못지않게 파괴적인 혁명의 힘을 비뚤어지게 고무하고 강화하기 때문이었다. 그는 폴란드를 두 나라에 대한 유일한 대항마로 보았다. 그는 프랑스 국왕 루이 필리프의 장관인 프랑수아 귀조에게 보낸 편지에서 "폴란드를 자유롭고 입헌적이고 현대적인 국가로 만드는 것은 폴란드만이 아니라 세계를 구하는 것"이라고 주장했다. "이것은 차르의 모든 희망과 민중선동자들의 파괴적인 희망을 일격에 제거하게 될 것이다. 그들의 실제적 힘은 현 유럽 체계의 뿌리 깊고 흉측한 불의에 기반하고 있다."

그는 궁극적으로 폴란드 국가연합의 반국가적 가치라는 대의를 논한 것이었다. 당시 그가 쓴 뛰어난 희곡 〈불경한 희극〉에서 그는 국가가 개인에 우선한다는 주류의 신념은 더 큰 압제로 이어져서 결국 혁명을 가져오게 되고, 이 혁명은 대중선동적인 폭군을 전복할 것이라고 보았다. 그의 희곡에 등장하는 폭군 주인공은 스탈린과 히틀러에 대한 암울한 예언이나 다름없었다.

크라신스키의 인식이 동료들보다 냉정했다면, 그것은 미츠키에비치를 최후까지 지탱한 그런 확신이 그에게는 결여되어 있었기 때문일 것이다. 미츠키에비치는 팔레스타인 해방을 위해 유대인 군대를 양성하려고 하다가 1855년 튀르키예에서 콜레라로 사망했다. 크라신스키는 어떤 계획이나 운동에서도 희망을 볼 수 없었다. 그도 메시아적 영혼의 고양 단계를 거쳤다. "고통이 있는 곳에 생명이 있고, 부활이 있다"라고 그는 스워바츠키에게 썼다. 궁극적으로 시인들과 철학자들은 폴란드 문제에 아무런 해답이 없다는 것을 인정해야만 했다. 아무런 정치적·철학적 해답이 존재하지 않았다. 그것은 신념과 희망의 문제로 남았다. 폴란드인들이 할 수 있는 유일한 일은 자신들의 폴란드성을 고수하는 것이었다. 중요한 것은 애국주의나 폴란드 부활에 대한 정치적 희망이 아니라 폴란드성이라는 마음 상태였다. 크라신스키는 자신의 대표적인 마지막 시인 〈여명〉에서 이렇게 설파했다. "너는 더이상 나의 나라가 아니다. 더이상 나의 지역, 집, 삶의 방식이 아니다. 더이상 국가의 명멸이 아니다. 너는 신앙이다. 법이다!"

17장

포로 상태

폴란드-리투아니아 국가연합의 영토는 1772년부터 반복적으로 분할되고 다시 붙여지면서 영토의 모든 부분이 이웃 국가들의 지배 아래 들어갔고, 바르샤바 인근 지역은 세 분할 점령국뿐만 아니라 프랑스의 지배 아래에도 들어갔다. 하지만 비물질적임에도 불구하고 실제적 폴란드 세계는 분할 기간 내내 계속 존재했다. 같은 맥락에서 자신을 폴란드인이라고 생각한 대부분의 사람은 자신이 세금을 내는 나라가 아닌 폴란드 세계와 자신을 동일시했다. 그러나 그들은 자신이 사는 국가에 순응해야 했고, 대부분은 그렇게 하는 길을 택했다. 이것은 먹고, 일하고, 자식을 낳는 것과 같은 일상적 활동을 위해 그렇게 한 것이었지, 대부분의 기간 사람의 마음을 차지하는 정신적 문제에서 그렇게 한 것은 아니었다.

폴란드 지방들을 폭발적 상황에 처하게 만든 것은 정상적 생활의 틀을 만들지 못하고 최소한의 문화적 열망도 수용하지 못한 세 분할 점령국의 무능력 때문이었다. 영국과 프랑스 같은 국가들이 거대하고 인구가 많은 식민지를 경영한 19세기에, 유럽 본토의 세 강대국은, 작고 인구가 많지 않으며 자신들 사이에 끼인 국가를 통제하기 위해 군대, 재정, 거대한 관료제에서 상당한 자원을 투입했지만, 그 결과는 한심했다. 폴란드가 식민화되기 어려운 국가인 이유는 폴

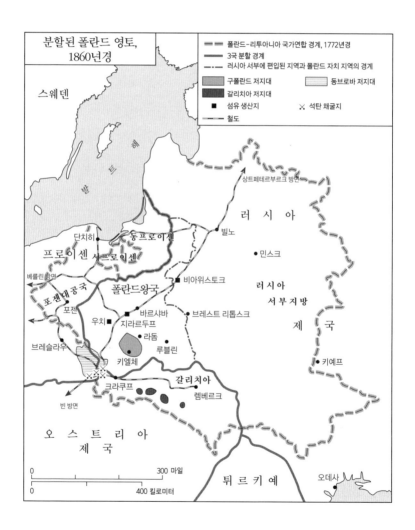

란드-리투아니아 국가연합의 유산에는 토착적 민간 통제기구나 경찰력이 없었기 때문이다. 사회 통제의 모든 기구는 수입되어야 했고, 그 과정에서 당국은 이국적 색채를 벗어버릴 수가 없었다.

분할 점령으로 실질적 면에서 가장 많은 것을 얻은 나라는 프로이센이었고, 그것을 소화하는 데 큰 어려움을 겪지도 않았다. 프로이센의 점령 지역은 크지 않았고, 3면이 프로이센 땅으로 둘러싸였으며, 독일계 주민 상당수가 그 안에 거주했다. 1차 분할에서 프로이센이 차지한 땅은 프로이센왕국으로 병합되었고 포즈난이 포함된 비엘코폴스카 지역은 1815년에 포젠대공국이 되어 상징적이기는 하지만 대의기관과 안토니 라지비우가 차지한 총독청이 있는 반*자치 지역이 되었다.

이러한 상황은 1830년에 많은 젊은이들이 봉기에 참여하기 위해 국경을 넘어 폴란드왕국으로 들어오면서 바뀌었다(프로이센군에 복무하던 약 1000명도 봉기에 참여했다). 1831년에 폴란드 부대 일부가 프로이센 땅에서 피난처를 찾자, 독일인과 폴란드인 모두 그들을 따뜻하게 맞았다. 그러나 프로이센군은 무장 해제한 폴란드군을 박해해서 이들은 프랑스나 영국으로 떠났다. 폴란드왕국에서 일어난 봉기로 프로이센 당국은 경각심을 갖게 되었고, 일부 분할 점령 지역은 자치권 일부와 총독청을 상실했다. 기본 정책으로 동화 정책이 화해 정책을 대신했다. 그러나 1840년에 프리드리히 빌헬름 4세가 왕으로 즉위하면서 이런 압제 조치는 완화되었다.

1848년에 포즈나니아 지역의 독일인은 폴란드인의 봉기로 위협을 느꼈고, '독일성Germandom의 방어'라는 요구로 표현된 이런 두려움은 독일에서 발아하던 민족주의의 호응을 받았다. 프랑크푸르트 의회에서 한 의원이 폴란드인을 '문화적 교양이 부족한 민족'으로 낙인찍었고, 이후 정책은 독일화Germanisierung 정책으로 바뀌었다. 폴란드 지방에 남아 있던 모든 자치의 잔재는 해체되었다. 그럼에도 폴란드인은 프로이센 제국의회의 30석을 차지하는 포즈나니아 그룹의 다수파를 형성했다.

1863년 봉기는 폴란드인은 위험한 말썽꾼이라는 프로이센 당국의 인식을 강화시켜주었다. 이것은 1870년에 벌어진 프랑스-프로이센 전쟁으로 더 강화되었다. 수만 명의 폴란드 징집병들이 프로이센 군인으로 싸웠지만, 주민들은 친프랑스 시위를 벌였고 프로이센의 승리를 축하하지 않았다.

1871년에 독일이 통일되고 프로이센 왕이 황제로 승격되면서 폴란드인은 이상하면서도 어려운 상황에 처했다. 이전까지는 프로이센 왕의 외국 신민이었던 폴란드인은 갑자기 독일인이 절대다수를 차지하는 독일제국의 소수민족이 되었다. 이와 동시에 과거 폴란드 지방들이 독일제국에 병합되면서 폴란드 의원들은 독일 제국의회로 흡수되었다. 이들은 의원 전체의 5퍼센트를 차지하며 프로이센 의회에서보다 훨씬 높은 비중을 차지했다. 이제까지 주변적 식민지 문제였던 폴란드 문제가 제국의 국내 문제가 되었다.

비스마르크가 가톨릭과 제국 내 지역적 경향을 대상으로 한 '문화투쟁Kulturkampf'을 선언하자 폴란드계 의원들은 바이에른과 베스트팔렌 가톨릭 주민들에게서 새로운 동맹을 찾았다. 가톨릭주의를 '외국성foreignness'과 동일시한 것은 포즈나니아와 포메라니아에 거주하는 가톨릭 신봉 독일인으로 하여금 폴란드인과 정체성을 동일시하게 만들었다. 이와 유사하게 자신이 독일인인지 폴란드인인지 몰랐지만,

가톨릭 신자라는 것은 알고 있던 포메라니아의 농민들로 하여금 자신들을 폴란드인으로 선언하게 만들었다. 그 이유는 폴란드인과 가톨릭은 동의어였기 때문이다.

프로이센 당국은 애초에 폴란드 귀족들과 사제층이 무력화되기만 하면 농민 대중은 충성스러운 독일인으로 바뀔 것이라고 예측했다. 실제로 교구 사제와 소지주들은 민족주의적 성향이 강했지만, 가톨릭교회 지도부와 귀족은 프로이센의 통치라는 현실에 순응했고 독일의 압력을 이유로 자신들의 입장을 바꾸기만 하면 되었다. 포즈난과 그니에즈노 대주교 미에치스와프 레두호프스키는 전형적인 친독일적 태도를 보였고, 이로 인해 폴란드 애국주의자들과 폴란드 교수, 사제 대부분으로부터 경원시되었다. 그는 1872년에 비스마르크가 가톨릭 학교들을 독일 국가 관할하에 두었을 때 이에 강하게 항의하지 않았다. 그러나 새로운 조치에 순종하지 않는 사제들이 모두 징벌을 당하자 스스로 분명한 입장을 밝혔다. 그 결과 그는 1874년에 투옥되었고, 하루아침에 민족적 영웅이 되었다. 이후 폴란드 민족주의자들과 가톨릭교회는 공동전선을 형성했다. 반항하는 사제들을 체포하려는 당국의 시도는 성난 농민들에 의해 좌절되었다. 민족주의와 교회의 연합은 강력한 동맹이었고, 독일의 식민 정책의 강압적 추진을 상당 부분 막아냈다. 독일 식민 정책의 핵심 대상은 폴란드 언어였다.

프로이센 통치 초기 폴란드어는 포즈나니아 지방 폴란드 학교의 교육 언어 기능을 계속 수행했다. 1870년대에 폴란드어는 점진적으로 독일어로 대치되었고, 1874년에 폴란드어로 기술된 교과서의 사용이 금지되었다. 1876년에 독일어가 유일한 행정 언어가 되었고, 다른 언어는 법정에서부터 우체국에 이르기까지 사용이 허용되지 않았다. 1887년에 제2 언어로 폴란드어를 공부하는 것도 교육 체계 전역에서 금지되었다. 1900년에 종교 교육에서도 폴란드어를 독일어로 대체하는 법률이 입안되면서 많은 학교에서 파업이 발생했다. 독일 경찰이 교회에서 아동들이 폴란드어로 기도하지 못하도록 교회로 난입한 것은 해외에도 널리 알려졌고, 여러 면에서 역효과를 냈다. 교구 사제들은 비밀 수업을 진행하며 폴란드어를 보존하는 데 핵심 역할을 했고, 폴란드어에 어느 정도 성스러움을 부여하는 효과도 가져왔다.

사제들은 다른 방법으로도 농민들을 도왔다. 사제들은 농업에서부터 세금 납부에 이르기까지 조언해주었고, 1871년에 포즈나니아에 협동조합 운동을 시작한 것도 사제들이었다. 1866년에 비스마르크는 폴란드 지주들의 농지를 매입한다는 결정을 발표했다. 이 발표에서 그는 지주들이 자신의 농지를 경작하느라 고생하는 것보다 몬테카를로에서 현금을 사용하는 것이 더 행복할 것이라고 말했다. 이 과업을 위해 1억 마르크의 재원을 가진 식민위원회가 설립되었다. 폴란드 지주들도 농지은행을 설립하여 어려움에 처한 지주들의 재정을 지원했다. 포메라니아에서 프로이센 지주들은 농지 소유 전투에서 폴란드인을 앞섰지만, 포즈나니아에서 폴란드인은 자신들의 농지를 잘 지켰고 입지가 더 강해졌다.

이 지역들은 집중적이고 경쟁력이 강한 농업 산업을 지탱하고 있었기 때문에 이것은 의미가 큰 성취였다. 1895년까지 농장의 약 40퍼센트가 농기계를 보유했다. 이러한 경쟁력 덕분에 농촌 주민들이 잉여 인력이 되었고(전체의 60퍼센트), 이로 인해 대규모 해외 이주, 특히 미국으로 이주가 진행되었다. 초기 이주자들은 종종 사제가 이

*끄*는 집단으로 이민하여 1854년에 텍사스의 파나마리아Panna Maria 에 폴란드인만의 정착촌을 세웠고, 후에 텍사스의 쳉스토호바, 폴로 니아Polonia, 코시치우슈코 같은 정착촌과 네브래스카에 뉴포젠New Pozen, 버지니아와 위스콘신에 정착촌을 세웠다. 이러한 해외 이주는 국내에서 농지에 대한 압박을 덜어주었다. 1870년대 이후 새로운 이 민 물결이 더 큰 이익을 가져왔다. 후기 이민자들은 일자리를 찾아 이민을 갔고, 그들은 펜실베이니아, 뉴저지, 미시간, 일리노이 등의 산업 중심지나 광업 중심지에서 일자리를 찾았다. 폴란드인은 월급 의 일부를 떼어서 사제들을 지원하고 자신들의 교회를 건설하는 데 사용했다. 고향의 가족에게도 송금했다. 이와 대조적으로 시카고 통 조림 공장에서 20년을 일한 무농지 농민들은 충분한 돈을 벌어서 귀 국하여 작은 농지를 구입할 수 있었다.

1890년에 비스마르크 시대가 끝이 났다. 새로 총리에 취임한 레오 폰 카프리비는 제국의회 투표에서 지원받는 조건으로 폴란드인에게 양보를 했다. 그러나 이러한 분위기는 오래 지속되지 않았다. 독일 지 주들은 동방에서 독일의 이익을 증진할 목적으로 독일 동방협회를 설립했다. 이 조직은 슬라브인의 열등성과 다산성을 선전하는 유사 과학 이론을 만들어내어 지배 계층의 지지를 받았다. 마리엔부르크 를 방문한 황제 빌헬름 2세는 이미 사멸한 튜튼기사단의 영을 불러 내어 "폴란드인의 무례함과 사르마티아인의 뻔뻔함에 대항하는 투쟁 에 힘을 모을 것"을 주문했다.

온갖 문화적·경제적·정치적 압제가 다시금 폴란드인에게 가해졌 다. 정부 투자와 독일 관리들이 포즈나니아에 쏟아져 들어와서, 독일 제국 내에서 두 가지 모두가 가장 높은 비율을 차지하는 지방이 되었다. 포즈나니아에서 근무하다 은퇴하는 관리와 경찰은 더 높은 연금을 받았다. 식민위원회는 농지를 대거 매입하여 독일인 식민정착자들에게 나누어주었다. 지명도 독일어로 바뀌었다. 1898년에 폴란드인을 2등 시민으로 만드는 일련의 특별법이 제정되었다.

압박이 거세질수록 폴란드인은 더 효율적이고 창의적이 되었다. 폴란드인이 토지를 구입하는 것이 불법화되자 협동조합을 만들었고, 1897년에는 토지구매 은행을 설립했다. 이 은행은 농지를 구입하여 농민들에게 임대해주었다. 1904년에 새 법으로 폴란드인이 자신의 땅에 집을 짓는 것이 금지되자 농민인 미하우 드시마와는 이동서커스 차에 자신의 집을 만들어 큰 유명세를 탔다. 모든 계층의 폴란드인이 기발한 방법으로 되살아나자, 1908년에 결국 독일 정부는 폴란드인의 토지를 독일인이 필수적으로 매입하는 공개적 징발법을 만들 수밖에 없었다.

포즈나니아에 있던 산업은 모두 독일인 수중에 들어가 있었지만, 1870년대에 폴란드인이 이를 인수하기 시작했다. 히폴리트 체기엘스키는 농기계를 만드는 공장을 설립했고, 다음으로 제당 공장을 만들고, 결국은 포즈난에 거대한 산업단지를 만들었다. 다른 폴란드인도 뒤를 따랐다. 폴란드 농민들을 도와야 할 필요가 생겨나면서 폴란드인은 가축 시장과 곡물 시장에 뛰어들어 독일인과 유대인 중개인들의 이권을 잠식했다. 양측 간의 경쟁은 첨예하게 발전되어 1900년부터 1910년까지 양측은 상대의 사업장이나 상점을 보이콧하기에 이르렀다. 시장의 상당 부분은 폴란드인 손에 있었기 때문에 결국 독일인이 패배하여 손을 들었다. 편파적인 입법이 계속되었지만, 독일인은 포즈나니아 지역에서 벌어진 전투에서 승리할 수 없었다.

1860년부터 1890년 기간 동안 포즈난에서 독일어를 사용하는 인구 비율은 41퍼센트에서 34퍼센트로 감소했고, 단치히에서는 75퍼센트에서 72퍼센트로 감소했다. 시골 지역에서의 감소 비율은 훨씬 컸다. 독일의 전술은 폴란드 요소를 질식시키기는커녕 강화했고, 여기에 동맹을 제공해주었다. 카슈비아인Kashubians(포메라니아 토착민인 소규모 발트해 민족)과 마주리아인Mazurians(동프로이센 남부 토착민)을 독일인으로 만들려는 시도는 대실패로 끝났고, 1890년대에 두 지역은 폴란드계 의원들을 다시 선출해 제국의회에 보냈다. 1903년에 14세기 이후 폴란드 국가에서 단절되어 있던 상부 실레시아도 폴란드인인 보이치에흐 코르판티를 의원으로 뽑아 제국의회에 보냈다.

　　처음에는 프로이센, 다음에는 독일의 통치 아래 들어간, 과거 폴란드 땅의 유대인 주민들은 폴란드의 대의에 동화되거나 일체성을 찾지 않은 경우 이러한 열정을 보이지 않았다. 대부분의 유대인은 큰 주저 없이 자기 충성의 대상을 폴란드 왕에서 프로이센 왕으로 바꾸었다. 그들은 독일 주요 도시에 만든 작은 유대인 공동체에서 차별과 일부 사회적 배제에 시달렸다. 그러나 19세기 말이 되면서 그들은 자신들을 받아준 국가에서 좀더 적극적 역할을 하려고 노력했다. 유대인은 다양한 제약을 당했고, 특히 공공 부문에서 더욱 그랬다. 유대인은 교사나 군 장교가 될 수 없었다.

　　사실 전제주의적이고 군사주의적인 루터교 국가인 프로이센이 통치한 폴란드 지역은 애초 혼란스러운 상황이 펼쳐질 것으로 보였지만, 세 분할 점령국 가운데 유일하게 가톨릭 국가인 오스트리아는 자신의 통치 지역을 흡수하는 데 큰 어려움을 겪지 않을 듯했다. 그러나 3국 분할의 엄격한 규율을 도입한 오스트리아의 요제프 2세 황제의 개혁과 맞물리면서 생활의 모든 부문에 엄격한 관료주의가 도입되었고, 이것은 최소한의 행정 간섭에 익숙한 폴란드 사회에 충격을 주었다. 또한 오스트리아 정부는 천문학적 수준의 과세를 시행했다.

1817년에 르부프(렘베르크)에 대의기관이 설립되었지만, 행정관들이 다수를 차지하는 바람에 제 기능을 하지 못했다. 이 행정가들은 폴란드인과 이 지역 350만 인구의 절반을 차지하는 우크라이나인, 유대인 사이에 적대감을 조장했다. 유대인은 오스트리아 군대에 대규모로 징집되면서 큰 고난을 겪었다. 군에 징집된 유대인은 면과 혼합된 모직으로 된 군복을 입고, 비非코셔 음식을 먹으면서 계율을 위반해야 했다. 농민과 지주 관계에 대한 개혁은 농민들의 지위를 거의 개선하지 못했고, 양쪽을 복잡한 재정적·법적 의무 체계 안에 묶어 놓아서 관계는 더 악화되었다.

1841년에 레온 사피에하가 이끄는 부유한 지주들이 토지신용회를 조직했고, 1844년에는 저축은행과 기술학교가 세워졌으며, 1845년에는 갈리치아 경제협회가 조직되었다. 그러나 사피에하의 주도로 렘베르크 의회가 빈 당국에 영지-농가 관계의 개혁 가능성을 탐구하는 것을 허가해줄 것을 요구하자 이것은 거부되었다. 오스트리아의 총리 메테르니히는 폴란드 엘리트와 농민 간의 협력을 허용할 생각이 없었다. 오스트리아의 정책은 1846년에 갈리치아 총독 스타디온 백작이 농민들을 선동하여 지주들에게 대항하도록 부추기면서 그 교활성을 드러냈다. 그해에 아무 위협도 되지 않는 렘베르크 의회는 해산되었다. 1848년에 오스트리아 당국은 농민들에게 개인적 자유와 농지 소유권을 부여했지만, 이와 동시에 동부 갈리치아에서 폴란드인의 영향력을 훼손하기 위해 그곳의 우크라이나인 사이에 민족

운동을 격려했다.

1848년 봉기 때 시행된 계엄령은 1854년까지 지속되었다. 폴란드인인 아게노르 고우호프스키를 총독에 임명한 것은 보여주기식 선처에 지나지 않았다. 그는 빈에서 신임받는 황제 추종자였다. 그러나 1859년 이후 상황은 변하기 시작했다. 오스트리아가 이탈리아에서 전쟁에 패배하면서 장기간 지속되는 위기가 시작되어서 합스부르크 군주정의 구조를 변화시켰다. 이러한 상황을 이용한 폴란드인은 자신들의 개혁을 시작해 1864년에는 오스트리아 정부로 하여금 폴란드인 세임과 총독청을 허용하도록 만들고, 폴란드 의원들을 빈의 의회에 파견할 수 있는 권리를 얻어냈다. 빈의 의회에서 폴란드인은 의석의 15퍼센트를 차지했다. 폴란드어는 갈리치아의 공식 언어가 되었고, 지방 교육은 렘베르크 세임의 손에 맡겨졌다. 1846년에 오스트리아에 의해 철폐된 크라쿠프자유시를 갈리치아에 추가하여 이 지방의 영향력을 확대하고 문화적으로 갈리치아를 풍요롭게 했다.

이후 50년 동안 갈리치아 주민들은 자치적으로 통치할 권한을 누렸다. 갈리치아 폴란드인은 많은 각료와 총리를 배출했다. 알프레드 포토츠키, 카지미에시 바데니, 아게노르 고우호프스키 2세, 줄리안 두나예프스키가 빈 정부 내각에 진출했다. 갈리치아의 부유한 슐라흐타는 영향력 있는 보수적 인텔리겐치아의 지원을 받았고, 두 계층은 함께 좀더 급진적 요소를 통제할 수 있었다. 그들은 주어진 제약 안에서 활동했고, 자신들의 애국적 노력을 교육 같은 분야에 집중했다.

경제적 면에서 보았을 때 갈리치아는 폴란드에서 가장 낙후된 지역이었다. 대영지는 전통적 방식으로 경작되고 있었고, 작은 농장들은 많은 농민 가족을 간신히 먹여 살리고 있었다. 이것은 소요를 야기했고, 1895년에 농민당의 설립을 가져왔다. 1902년에는 농장 노동자들이 파업을 일으켰다. 이는 또한 미국으로의 이민 물결을 촉진시켰고, 이로써 농촌 마을의 상황은 개선되었다(1900년대 초반에 미국 이민자들이 고향으로 보낸 송금액은 연 5000만 달러로 추산된다). 인구가 많은 유대인 주민은 특히 취약한 환경에 놓여 있었고, 그들이 사는 움막은 빈민가를 이루었다. 오스트리아제국에서 좋은 환경이 갖추어진 보헤미아 지방에 의해 갈리치아의 산업 발전은 저해되었다. 유일한 예외는 석탄과 원유 채굴이었다. 1850년에 보리스와프Bory sław에서 석유가 발견되었고, 1910년이 되자 갈리치아는 세계에서 가장 큰 석유 공급지가 되어 당시 세계 시장 수요의 5퍼센트를 감당했다. 그러나 이것은 러시아가 분할 점령한 지역에서 일어난 일에 비하면 아무것도 아니었다.

러시아가 안고 있는 폴란드 문제는 훨씬 더 광범위하고, 다른 두 분할 점령국에 비해 자국 국내 문제에 훨씬 더 중요한 함의를 가지고 있었다. 러시아는 폴란드 문제에 대해 다양한 해결책을 제공할 수 있었다. 하나는 폴란드 땅 전체를 러시아제국에 병합시키는 것이었다. 또다른 해결책은 폴란드 땅을 반半자치 단위로 놓아두고, 미래 어느 시점에 프로이센이나 오스트리아와 전쟁을 벌여 포즈나니아와 갈리치아를 회복하게 해준다는 약속으로 러시아에 충성하게 만드는 것이었다.

러시아는 이 두 가지 방안을 교대로 시험했다. 러시아에 병합된 폴란드 땅은 원래 두 범주로 나뉘었다. 광활한 리투아니아, 벨라루스, 우크라이나 지역은 러시아의 서부지방으로 통합되었고, 나머지 지역인 폴란드왕국은 별도의 행정·정치 단위로 취급받았다. 1815년부터 1830년까지, 그리고 1855년부터 1863년까지는 좀더 낮은 수준이기는 했지만, 러시아는 폴란드 땅의 행정을 폴란드인에게 맡겼다. 19세기 나머지 기간 동안 러시아는 이 지역을 다양한 수준의 강압적 수단을 사용하며 직접 통치했다. 러시아 서부지방이 행정적으로 폴란드왕국에 근접한 적도 있었고, 폴란드왕국이 철폐되고 러시아의 한 지방으로 바뀐 다음에는 다른 지역과 행정적으로 근접했다. 이러한 일관성의 결여는 러시아의 이익에 도움이 되지 않았다. 그리고 경제적 관점에서 보면 폴란드왕국은 전체적으로 이 지역에 불이익을 주려고 취한 여러 조치에 의해 이익을 얻었다.

과거 농업 경제에 머물렀던 빈 회의 폴란드의 변형은 1815년 이후 진행되기 시작했다. 1816년에 산업부 책임자로 임명된 스타니스와프 스타시츠는 광업의 발전을 장려하고, 키엘체 인근 구폴란드 저지대 Old Polish Basin에서 철강 생산을 재개했다. 그는 첫 아연 공장과 철강압연 공장을 만들었고, 놀라운 보상과 연금 체계를 갖춘 반半군사적 조직인 광업군단Mining Corps을 조직했다. 철강, 구리, 아연 생산이 늘어났다. 증기기관을 이용한 석탄 채굴은 1824년부터 1836년 사이에 두 배로 늘어났다. 정치적 문제에도 불구하고 1830년대와 1840년대에 산업은 꾸준히 발전했고, 새로운 산업단지가 동브로바 저지대Dąbrowa Basin에 형성되었다. 이곳의 후타 반코바Huta Bankowa는 세계에서 가장 큰 제철소가 되었다.

이러한 과정은 프란치셰크 크사베리 드루츠키-루베츠키가 이끌었다. 그는 재무부 책임자가 되었고, 이 부처는 핵심 사업가가 되었다. 그는 산업적으로 자급자족할 수 있는 방식으로 폴란드의 경제를 구축하려고 노력했다. 그의 노력은 1830년 봉기로 중지되었지만, 1828년에 설립한 폴란드 은행처럼 그가 만든 제도들은 계속 기능했다. 그는 폴란드 경제에 직접적 간섭, 신용, 보호를 포함해서 새로운 아이디어를 도입했다. 1825년에 토지신용회를 설립하여 개인 영농자들이 부채를 청산하고, 영농법 개선과 새로운 사업을 개척하는 것을 도왔다. 이러한 새 사업 가운데 핵심적인 것은 양 사육, 사탕무 정제와 설탕 생산이었고, 1826년에 첫 제당 공장이 만들어져서 농업 산업에 새로운 지평을 개척했다.

루베츠키가 추진한 정책 가운데 가장 뛰어난 것은 방직 산업이었다. 1821년에 정부는 우치 마을에 방적기 공장을 설립하는 것을 도와주었다. 1830년에 우치에는 4000명의 주민이 거주했고, 많은 증기 방적기가 가동되었다. 모직 생산은 1823년부터 1829년 사이에 세 배 늘어났고, 면직 생산은 1825년부터 1830년 사이에 네 배 늘어났다. 우치는 면방직 생산품을 러시아와 심지어 중국에까지 수출했다. 1845년에 바르샤바까지 철로가 부설되자, 우치는 러시아 시장에 면방직 물품을 수출하는 핵심 공급자가 되었다. 그 시점에 우치의 인구는 2만 명에 달했고, 1833년에 비아위스토크와 지라르두프Z·yrardów에 세워진 새로운 면방직 공장들과 경쟁해야 했다. 1865년부터 1879년 사이 폴란드의 동력 직기織機는 20배나 늘어났다. 면화 생산 가치는 1869년에 500만 루블에서 1889년에 2500만 루블로 늘어났다. 1900년이 되자 우치에는 30만 명의 인구와 1000개 이상의 공장이 들어섰다.

이러한 산업 혁명은 유럽의 기준으로 보면 대단해 보이지 않을 수 있지만, 그 속도는 대단했다. 1853년부터 1888년 사이에 폴란드에서 사용되는 증기기관 수는 25배 늘었다. 1864년부터 1885년 사이에 산업 전체 생산량은 여섯 배 늘어났다. 우치, 바르샤바(1880년대에

50만 명이 넘는 인구 보유), 동브로바 저지대 등의 산업 중심지에는 노동 인구가 1869년대 이후 두 배 이상 늘어 15만 명에 달했다. 경제 활황이 진행되면서 투기적 사업으로 큰돈을 버는 사람이 생겨나고, 큰돈을 잃는 사람도 있었다. 폴란드에 정착한 프랑스, 독일, 영국, 벨기에, 이탈리아 등의 외국 기업인들이 주로 가져온 외국 투자는 전체 산업 자본의 40퍼센트를 차지했다. 새로운 폴란드 갑부들이 탄생했고, 주로 도시 지역의 유대인이 큰 부자가 되었다. 크로넨베르크 가문, 로트반트 가문, 바벨베르크 가문, 엡슈타인 가문이 큰 부를 축적했고, 폴란드 사회에 동화되고 귀족 가문과 결혼했다.

이러한 발전은 러시아의 정책과 밀접한 연관이 있었다. 1819년부터 1822년까지 폴란드왕국은 러시아와 동일 관세 지역이었는데, 1831년에 두 국가 사이에 관세 장벽이 세워졌다. 이 관세 장벽은 주로 정치적 이유로 여러 차례 시행되었다가 철폐되기를 반복했고, 폴란드 산업에 큰 문제를 안겼다. 1870년대에 러시아는 보호 정책으로 전환했고, 여기에 폴란드왕국도 포함되었다. 이 덕분에 이후 수십 년 동안 폴란드 산업은 번성할 수 있었다. 1880년대 우치에서 생산된 면직품의 4분의 3은 러시아로 수출되었다. 특히 바르샤바와 구폴란드 저지의 철강 산업은 주로 러시아의 철로 확장 덕분에 1875년부터 1900년 사이 생산량이 30배 늘어났다. 바르샤바의 릴포프Lilpop 철도 차량 공장은 러시아제국 내에서 가장 큰 공장이었고, 러시아의 철도망 확충으로 크게 성장했다. 1890년대가 되자 러시아는 폴란드 교역의 90퍼센트를 차지해서 거대한 전속시장이 되었다.

1890년대 말, 러시아에서도 자체 산업 혁명이 일어나서 폴란드에서 훈련받은 기계공학자와 기술자들은 자기 재능을 발휘할 수 있는 새로운 영역을 갖게 되었다. 수백 명의 폴란드 기술자들이 러시아로 가서 다리를 건설하고, 철로를 깔고, 우랄산맥과 만주 지역에 이르는 광산과 공장을 감독했다. 이 과정에서 일부는 엄청난 부를 쌓았다. 알폰스 코지에우-포클레프스키는 시베리아횡단철도의 터널을 굴착한 이후에 러시아제국에서 가장 부유한 사람이 되어 금광, 다이아몬드 광산, 제강 공장, 양조장과 여러 사업을 일구었다. 혁명적 활동으로 시베리아에 유형 당한 사람 가운데 몇 명도 톰스크나 이르쿠츠크 같은 도시에서 큰 재산을 모았다. 경제적 면에서 보면 식민지 관계는 뒤바뀌어서 러시아인보다 폴란드인에게 유리하게 작용했다.

그러나 농업은 상황이 매우 달랐다. 슐라흐타의 경제적 기반인 농업은 정치적 고려 대상이었다. 여기에는 폴란드 목표를 위해 슐라흐타가 동원할 수 있는 인적 자원인 농민들과 농민-슐라흐타 관계가 관련되어 있었다. 1864년에 도입된 농민 해방은 전적으로 이런 고려를 바탕으로 기획되었다. 포고령에는 '당신들을 압제하는 지주들' 같은 문구가 많이 들어가 있어서 농민들을 슐라흐타로부터 해방하는 것은 차르라는 인상을 농민들에게 심어주려고 했다. 그러나 핵심은 농민과 슐라흐타 사이에 쐐기를 박고, 폴란드 사회에서 가장 애국심이 강한 계층인 소귀족 슐라흐타를 파산시키는 것이었다.

농민 해방 포고령이 다룬 다섯 분야는 다음과 같았다. 노동 소작제 폐지, 현금 소작제를 농토 소유로 전환하는 것, 농토를 무농지 농민에게 분배하는 것, 영지 토지에서의 방목권과 벌목권, 마지막으로 차르 행정 체제의 감독을 받는 농민위원회를 구성해 부락 문제에 대한 지주의 영향력을 종식시키는 것이었다.

그러나 이러한 형식적 개혁의 문제가 드러나는 데는 오랜 시간이 필요하지 않았다. 무농지 농민들에게 배분된 농지는 너무 작아서 이 것으로 생활을 영위할 수가 없었다. 지주들에 대한 보상은 러시아처럼 현금 보상이 아니라 가치가 유동적인 채권이었고, 채권의 가치는 즉시 엄청나게 하락했다. 수천 명의 소지주들은 채권을 팔고 도시로 이주해야 했다. 대영지는 큰 영향을 받지 않았다. 대영지 소유자들은 진작에 현금 소작제로 전환했고, 농업노동자를 고용하고 지방 관리들에게 뇌물을 줄 충분한 자금을 보유하고 있었다. 그들은 목초지와 방목권을 놓고 법정 소송을 벌일 수도 있었다.

부유한 농민들은 작은 농지를 소유한 농민들의 땅을 매입했다. 농민 해방령 이후 25년 동안 농민들이 소유한 농지 면적은 10퍼센트 정도 늘어났지만, 농지가 없는 농민 수는 같은 기간 400퍼센트 늘어났다. 20세기 후반 인구가 배로 늘어나면서 농지 부족 현상은 더욱 심화되었다.

수천 명의 슐라흐타 가족이 경제적으로 파산하면서 그들이 기대했던 결과를 가져오지 못했다. 농촌 지역에 남은 많은 슐라흐타는 좀 더 부유한 자작 농민으로 동화되어 농촌 지역의 저항 심리를 강화했다. 도시로 유입된 슐라흐타는 결혼으로 진입한 도시 중류층에 자신들의 가치와 애국심을 전파했다.

러시아의 종교 정책도 반생산적이었다. 국가 분열로 교회의 교구 구조도 조각이 났다. 오스트리아령 폴란드에 여섯 개 교구가 설립되었고, 르부프 대주교의 감독을 받았다. 바르미아(에름란트Ermland), 브로츠와프(브레슬라우Breslau)는 로마 교황청에 직속되었다. 프로이센에 병합된 지역의 나머지 교구들은 프로이센의 개신교 관할하에 들어갔다. 러시아 서부지방의 교구들은 모길례프의 대주교가 관할했고,

폴란드왕국 내 교구들은 바르샤바에 새로 만들어진 대교구청이 관할했다. 1830년 이후에는 수석대주교도 존재하지 않았다.

교황청은 날로 약해지는 권위를 의식하여 분할 점령국들을 자극하려 들지 않았고, 1794년 봉기와 1830년 봉기를 비난하기까지 했다. 교황청은 폴란드 땅의 교회 지도부를 보호할 수 있는 상황이 아니었다. 오스트리아에서는 프란츠 요제프 황제의 개혁으로 사제단이 국가의 관할하에 들어갔고, 이것은 갈리치아 지방에도 적용되었다. 프로이센은 19세기 동안 점진적으로 교회 재산을 압류하고, 주교 임명권도 정부가 가져갔지만, 러시아가 택한 정책보다는 조금 덜한 수준으로 가톨릭교회를 압박했다.

1801년에 러시아령 지역의 폴란드 교회는 상트페테르부르크의 행정 기관이 관할했다. 1831년 이후 수녀원과 수도원 절반이 문을 닫았다. 1864년 이후 모든 교회 재산은 압류되었고, 수도사 집단도 해산되었다. 사제들은 로마 교황청에 직접 편지를 쓰는 것이 금지되었다. 신학교와 기타 교회 기관들도 경찰 감시를 받았고, 설교는 검열 대상이 되었다. 1870년에 정부는 가톨릭 예배는 러시아어로 진행되어야 한다는 포고령을 발표했다. 이에 저항하는 사제들은 체포되어 시베리아 유형에 처해졌고, 반항하는 농민들도 경찰로부터 위해를 당했다. 그러나 저항이 너무 크자 당국은 일부 후퇴를 하여 1882년에 로마 교황청과 협약을 체결하여 가톨릭 신도들이 신앙생활을 하는 기본 조건을 합의했다. 그렇다고 당국의 근본적인 태도 변화가 일어난 것은 아니었다. 1897년에 젊은 니콜라이 2세 황제가 바르샤바를 방문했을 때 그는 시 중심부 광장에 성 알렉산드르를 기리는 정교회 성당을 짓도록 지시했다.

연합교회 신도들에 대한 러시아의 정책은 훨씬 가혹했다. 폴란드 1차 분할 후인 1773년에 예카테리나 여제는 연합교회 신도 농민들을 정교회로 개종시키기 위해 시골 마을로 병력을 보냈다. 그녀가 사망한 후 압제는 다소 완화되었지만, 니콜라이 1세는 복수심을 가지고 정교회를 위한 십자군 운동을 펼쳤다. 1826년부터 1838년 사이에 스탈린의 숙청에 비견할 만한 거대한 탄압이 진행되었다. 연합교회 신도 농민들은 자신들의 신앙을 부인하도록 강요받았고, 이를 거부하는 경우 자녀들이 엄마가 보는 앞에서 사지가 절단되거나 살해당했다. 이런 조치가 제대로 효과를 발휘하지 못하는 곳에서는 학살과 강제 이주가 시행되었다. 1870년대에 이런 조치가 추가로 시행되었지만, 연합교회를 뿌리 뽑지는 못했다. 연합교회 신도들은 지하나 갈리치아 국경 너머에서 은밀히 예배를 드렸다. 이러한 압제는 상트페테르부르크에 대한 충성을 유도하기보다는 종교적 관용이 있는 폴란드나 오스트리아로 눈을 돌리게 만들었고, 우크라이나 민족주의의 발흥을 가져왔다.

우크라이나인이든 폴란드인이든 농민들은 다른 무엇보다도 종교와 언어로 자신의 정체성을 정의했다. 농민들은 계속 자신의 교회에 충성했지만, 이것은 전적으로 종교적 이유에서만은 아니었다. 19세기 동안 마을 사제는 농민들의 조언자였고, 압제와 불의에 대한 항거를 도와주었다. 그들은 교육, 특히 학교 언어에 대한 정부의 간섭에 큰 불만을 표현했다.

러시아 서부지방의 교육 체제는 1831년에 러시아화되었다. 1864년부터 새로운 칙령들이 발표되어 폴란드어로 된 출판이 금지되었고, 공식 서한은 물론 상점 진열장이나 광고판에도 폴란드어 사용이 금지되었다. 어느 시점에는 유아 세례에서 폴란드식 세례명을 주는 것도 불법화되었다.

폴란드왕국에서는 처음에는 이만큼 가혹하지 않았다가, 1831년에 폐교된 대학 대신에 1862년에 설립된 바르샤바중앙학교가 1869년에 폐쇄되어 러시아 대학으로 대체되었고, 1885년에 폴란드어 대신에 러시아어가 학교 교육 언어가 되었다. 학교 아동들은 학교 내에서는 서로 러시아어로만 대화를 나누도록 규정되었다.

차르 정부의 압제가 심해지자, 비밀 수업이 조직되어 폴란드어와 역사, 종교 교육을 담당했다. '지하 대학flying university'이 비밀 장소에서 수백 명씩 학생들을 모아 강의를 하고 시험을 치렀다. 러시아 정보 자료에 의하면 1901년에 폴란드왕국 인구의 3분의 1이 여러 수준의 비밀 교육을 받고 있었다. 음모와 불법 출판, 서적 밀수가 다시 한번 폴란드 사회 일상의 일부가 되었다.

폴란드인은 지속적인 혼란과 이탈 상태에서 19세기를 살아냈다. 당대 영국, 프랑스 또는 독일과 유사한 상황에서 생활은 계속되고, 아이들이 태어나고, 돈을 벌고 잃고 했지만, 이러한 생활은 간헐적으로 대부분 비합리적이고 명분이 없는 위로부터의 잔학한 압제와 아래로부터의 전복에 의해 크게 흔들렸고, 체제와 사회에 대한 시각과 입장이 변화될 수밖에 없었다. 이로 인한 정신적·감정적·심리적 압박은 폴란드 사회가 이런 현실을 받아들이려고 하지 않고, 계속 자신의 운명에 대한 통제권을 되찾으려고 하면서 폴란드 사회에 더 큰 영향을 미쳤다. 그리고 이러한 갈망은 합리적 수단, 언어, 출판물 그리고 가능한 경우 행동을 통해 나타났다.

18장

민족국가 건설

파리 코뮌의 마지막 단계 지휘관은 폴란드 망명자인 야로스와프 동브로프스키였다. 그는 1863년 봉기의 첫 군사 지도자였다. 프랑스군이 코뮌군에 대한 포위망을 좁혀오자, 그는 수병들을 선동하여 영웅적이지만 자살에 가까운 공격을 이끌었다. 파리의 다른 지역에서는 또다른 폴란드 망명자인 플로리안 트라빈스키가 코뮌이 루브르궁을 불태워버리기 위해 궁 곳곳에 설치한 통에 들어 있는 파라핀을 남모르게 빼내고 있었다. 동브로프스키의 시신은 완전한 의례를 갖추고 장례식이 치러지기 전까지 오텔 드 빌에 임시로 안치되었다. 그리고 오늘날까지 폴란드 모든 도시에는 그의 이름을 딴 거리가 있다. 트라빈스키는 후에 루브르궁의 관장이 되었고, 레지옹 도뇌르 훈장을 받고 프랑스 박물관협회 사무총장이 되었다.

그 당시 폴란드에서 이 두 가지 행동 가운데 어느 것이 더 큰 가치가 있는지를 결정하는 데 주저한 사람은 거의 없었다. 1848년 모든 혁명 노력의 자명한 무모함과 1863년 봉기의 실패는 무장 투쟁에 반대하는 사람들에게 강력한 주장의 근거를 제공해주었고, 그 시기에 낭만적 행동과 쓸모없는 희생에 반대하는 강한 반작용이 이미 자리 잡았다.

이것은 1860년대 중반부터 크라쿠프의 야기에우워대학의 역사학자 집단에 의해 지적으로 뒷받침되었다. 이들은 폴란드-리투아니아 국가연합의 쇠퇴는 죄 없는 사람들의 순교가 아니라 시민들의 맹목盲目과 정치제도의 비효용성으로 인해 기능을 멈춘 국가에 합당한 붕괴라고 주장했다. 그들은 봉기 전통도 같은 방식으로 보았다. 여기에서부터 독립에 이르는 길은 봉기가 아니라 스스로의 정진과 사회적 진보 앞에 놓여 있다는 결론이 나왔다.

이것은 새로운 사고는 아니었다. 1841년에 폴란드로 귀국한 망명자인 카롤 마르친코프스키는 포즈난에 과학지원협회를 설립하여 젊은 폴란드인이 독일 최고 대학으로 가서 수학하는 것을 돕는 장학금을 제공해주었다. 2년 뒤 그는 경영 학교인 포즈난 바자르Bazaar를 설립했다. 그는 모든 계층에게 자기 발전과 교육을 설교하고, 모든 사람은 자신이 겪고 있는 고난에 차이를 만들 수 있다는 것을 강조했다.

마르친코프스키 같은 사람들의 영향과 교구 사제들의 적극적 참여로 포즈나니아의 폴란드 주민들은 민족 생존을 위한 투쟁을 수행하는 '유기적 노동' 프로그램을 시행했다. 그들은 집을 깨끗하게 유지하고, 가축을 잘 키우고, 좀더 노력을 기울여 작물을 키우고, 더 열심히 일하며 자신과 아이들 교육에 힘을 쏟음으로써 독일인에게 맞설 수 있었다. 그러나 이러한 사고가 이론의 지위를 얻는 것은 19세기 후반이 되어서야 가능해졌다.

아우구스트 콩트, 존 스튜어트 밀, 찰스 다윈의 저작은 폴란드 상황에 특별한 의미를 갖는 것으로 많은 사람이 생각했고, 이들의 영향으로 민족을 정신으로 보는 낭만적 개념은 민족을 유기체로 보는 사고에 자리를 내주었다. 이러한 실증주의 운동의 최고 이론가는 알렉산데르 시비엥토호프스키였다. 1880년대에 그는 바르샤바에서 발행되는 주간지 《프라우다(진리)》를 편집했고, 이 잡지는 많은 에세이 작가와 언론인을 배출한 여러 잡지 가운데 하나였다. 그들은 오래된 사고 습관을 비판하고, 성스러운 가치에 의문을 제기하며, 일상생활의 물질적 면에 주의를 기울였다. 작가인 엘리자 오제슈코바의 말에 의하면 새로운 문학의 구성 요소는 '도시 주민, 은행가, 공장 소유자, 상인, 양복상, 모자, 기계, 외과 의사, 기구, 기관차'였다. 정기간행물 다음으로 이러한 시각의 핵심 설교단은 무대였다.

미츠키에비치, 스와바츠키, 크라신스키의 희곡 작품들은 무대 공연을 위해 쓴 것은 아니었다. 이 작품들이 공연될 수 있는 연극무대는 없었다. 이 작품들은 윤리적·정치적 주장을 담았고, 상징주의에 크게 의존했기 때문에 유럽 희곡에서 독특한 환상적이고 현실에서 유리된 형태를 취하고 있었다. 1860년대에 포즈난, 르부프, 크라쿠프, 후에 바르샤바에 나타난 새 극장들은 좀더 사실주의적 희곡 전통을 촉진했고, 일상적인 주제를 다루었다.

소설도 이에 많이 뒤처지지 않았다. 낭만적 역사 소설 전통과 단절하고 소설을 사회적 실태의 수단과 윤리적 변증으로 발전시킨 것은 엘리자 오제슈코바(1841-1910)였다. 리투아니아 출신으로 영감에 가득 찬 그녀는 1863년 봉기에 적극 가담했고, 그후 집필 활동에 몰두했다. 열성적인 페미니스트인 그녀는 가난과 편견의 덫에 갇힌 다른 집단들, 특히 유대인의 이익을 저해하는 지속적인 제약을 타파하려고 노력했다. 다른 여성 작가인 가브리엘라 자폴스카(1857-1921)는 사회에 의해 착취당하는 여성들을 다룬 소설과 희곡을 썼다. 당대의 가장 재능 있는 여성 작가는 마리아 코노프니츠카(1842-1910)였다. 그녀는 집필에 몰두하기 위해 10년간의 결혼생활을 청산하고 남편과 헤어졌다.

남자들이 자주 투옥되고 유형을 당하면서 여성들은 남겨진 가족의 생존을 책임지는 역할을 맡게 되었고, 음모와 심지어 게릴라 활동에 여성들이 참여하면서 남성들과 동등한 위치를 차지하게 되었다. 그 결과로 여성들은 영국이나 프랑스에서도 다음 세기에나 제기되었던 양성평등과 자유라는 주제에 대한 시각과 요구를 표현했다.

젊은이들의 새로운 조류를 형성하는 데 가장 크게 기여한 인물은 노벨문학상 수상자 헨리크 시엔키에비치(1846-1916)였다. 실증주의자로 볼 수 있는 그는 사회 병폐의 진단과 치유를 다룬 작품을 썼다. 시엔키에비치는 당대의 이념을 완전히 추종하지는 않는 낭만주의적 민족주의 경향도 보였다. 그는 3부작 작품인 《불과 검》, 《대홍수》, 《판 보워디요프스키》에서 이런 주제를 다루었다. 이 작품들은 17세기에 일어난 코자크 반란, 대對스웨덴 전쟁, 대對튀르크 전쟁을 다루었고, 폴란드인을 위로하고 사기를 돋우기 위해 이런 작품을 썼다. 이 소설들은 큰 성공을 거두었고, 다음 세대 폴란드인이 자신들과 민족적 운명을 보는 시각에 큰 영향을 미쳤다.

좀더 전형적인 인물로 19세기 최고의 폴란드 작가는 알렉산데르 그와바츠키(1847-1912)다. 그는 볼레스와프 프루스라는 필명으로 작품을 썼다. 그는 가난한 슐라흐타 집안에서 태어났다. 무일푼인 그의 아버지는 하급 공무원이었고, 그의 교육은 돈이 없어 중간에 중단되었다. 그는 1863년 봉기에 참여했다가 부상을 입었고, 봉기에 참여한 죄로 얼마 동안을 감옥에서 보냈다. 젊은 시절 다닌 바르샤바중앙학교에서 수학과 자연과학에 매료되었고, 그후에는 생계를 유지하기 위해 잡지에 풍자 글을 실었다. 그는 폴란드 문학사에 남는 두 편의 위대한 소설을 썼다. 또한 폴란드 사회가 당면한 존재론적이고 민족적 주제의 주요 문제들을 사고에 영감을 주는 회의를 가지고 탐구했다.

실증주의와 이에 수반된 유기적 노동 프로그램은 인상적인 결과를 만들어냈다. 위생에서부터 교육까지 모든 것이 영향을 받았다. 영민한 사람들은 가망이 없는 봉기를 계획하는 데 열정을 낭비하지 말고 특정한 목표를 추구하도록 장려되었다. 폴란드가 비록 국경은 상실했지만, 이러한 노력 덕분에 유럽의 지적 지도에서는 사라지지 않았다.

폴란드인은 다른 유럽 민족에 비해 19세기 과학 발전에 큰 기여를 하지는 못했다. 이그나치 우카시에비치는 갈리치아의 원유를 정제하는 데 성공했고, 1853년에 최초의 등유 램프를 개발했다. 야기에우워 대학의 지그문트 브루블레프스키와 카롤 올셰프스키는 산소의 액화에 최초로 성공했다. 1898년에 마리 스크워도프스카-퀴리는 폴로늄 Polonium을 발견했고, 방사선에 대한 선구적 연구를 해나갔다. 유기화학자 야쿠프 나탄손, 생화학자 마르첼리 낸츠키와 다른 학자들도 여러 방법으로 인간 지식의 보고에 기여했다. 과학은 정치적으로 중립적인 분야였다.

반면에 예술은 민족적 목표 또는 사회적 진보에 깊이 관여하는 특징을 보였다. 폴란드-리투아니아 국가연합에 재앙이 몰려오자 예술가들은 현재가 아니라 이상화된 과거에 천착하기 시작했다. 애국적 화풍이 일어나서 과거의 영광을 재현하는 초병 임무를 수행하는 창기병, 돌진하는 폴란드 후사리아(기병)와 같은 모습들이 화폭에 담겼다. 낭만주의적 시인들이 사라진 후 이러한 미술의 기능은 특별한 의미를 갖게 되었다. 아르투르 그로트거(1837-1867)와 같은 예술가들은 이런 주제에 탐닉하여 1863년 봉기를 일련의 상징적 그림으로 표현했고, 얀 마테이코(1838-1893)는 폴란드 역사의 위대한 순간들을 기념비적 그림으로 표현해 지나간 시절의 신화와 영웅들을 영구히 방부화했다. 또다른 예술가들은 농민이나 유대인 같은 주제에 몰두하며 사회적·민족적 문제를 제기했다. 이것은 낭만적 역사파뿐만 아니라 유럽 예술의 주류를 따라가며 인상주의를 수용한 작가들과 이들을 구분지었다.

각 세대는 새로운 작가들을 배출했고, 소설가 스테판 제롬스키(1864-1925) 같은 일부 작가들은 정치적 논쟁을 진일보시켜서 생의 모든 문제를 샅샅이 다루고, 역사적 과거에서 사회 제도, 자선적 행위, 협동조합 운동에 이르는 모든 것을 평가했다. 농촌 유기 노동자의 아들인 브와디스와프 레이몬트(1867-1925)는 재단사 보조, 수도사, 점원 등 여러 직업을 거친 후에 작가가 되어 노벨문학상을 받았다. 급격히 확장되는 산업 중심지 우치를 배경으로 한 에밀 졸라 스타일의 소설인 《약속의 땅》은 물질적 진보를 통한 재탄생을 확신하는 실증주의에 대한 자신의 평결을 보여주었다.

마을은 버려지고, 숲은 잘려 나가고, 땅은 보물을 잃고, 강물은 마르고, 사람들은 태어났다. 이 모든 것이 '약속의 땅'을 위한 것이었다. 그

것들을 빨아들이고, 사람과 사물, 하늘과 땅을 부수고 씹어버리는 종
양은 몇 사람과 수백만 명을 맞바꾸고 배고픔과 중노동을 대중에게 제
공한다.

이러한 작가들에 뒤이어 새로운 문학, 문체적 신조를 따르는 작가
들이 나타났다. 그러나 어떤 방향을 지향하든 이들 모두는 계속 진
행되는 민족국가 건설 과정에 기여했다. 이들은 러시아제국, 독일제
국, 오스트리아-헝가리제국뿐만 아니라 서유럽, 미국, 남아메리카에
까지 퍼져 있는 깊은 사고를 하는 폴란드 독자들을 모으고 독자층
을 확대했다. 그리고 이런 독자층에게는 어떤 폴란드 세계를 건설해
야 하는가가 아주 시급한 문제였기 때문에 과거의 영광이나 복잡한
현대 경향에 시간을 낭비할 수 없었다.

이들 대부분이 '폴란드'라고 이해하고 있는 것은 폴란드-리투아니
아 국가연합 영토와 그 영토가 포용하고 있는 주민 공동체였다. 그
러나 이 국가연합에 포함된 고아와 같은 다른 민족들이 폴란드의 이
상에 동참하도록 많은 노력이 기울여지고 일부 성공을 거두었지만,
1863년 봉기가 보여주었듯이 이들은 새로운 민족 운동으로 인해 다
른 방향으로 끌려갔다.

리투아니아인이 그런 경우였다. 그들은 자신들의 언어, 자신들의
문화와 긴 역사를 가지고 있었고, 13세기에 리투아니아 통치자들은
벨라루스와 우크라이나의 광대한 지역으로 영토를 확장해 리투아니
아인이 소수민족이 된 리투아니아대공국을 건설했다. 리투아니아 귀
족들이 처음에는 러시아 문화, 다음으로 폴란드 문화를 포용하면서
이러한 소수민족도 더 작아졌다. 리투아니아어를 사용한 마지막 대

공은 콜럼버스가 미 대륙을 발견한 해(1492)에 사망했다.

리투아니아의 민족 재건은 19세기 초반 시작되었다. 리투아니아 지지자들은 처음에는 폴란드 애국주의자들과 공동의 목표를 추구했지만, 이후 두 그룹 사이에는 지속적인 충돌이 있었다. 폴란드인과의 동맹으로는 아무것도 얻을 수 없다는 것을 깨닫게 해준 1863년 봉기 실패는 서로 간 진로의 분기점이 되었다. 자신들만의 독자성을 모색하는 리투아니아 민족주의는 자신들의 정체성을 폴란드와 폴란드 문화에 대항해서 정의하고, 특히 국가연합의 포괄적 문화를 거부하는 입장을 취했다.

또한 리투아니아 민족주의는 비뚤어진 시각으로 인구 대부분이 벨라루스인과 우크라이나인이고, 엘리트 대부분은 폴란드인이었던 리투아니아대공국 유산에 대한 권리도 주장했다. 이것은 폴란드계 주민뿐만 아니라 새로 일어나는 벨라루스 민족주의와 충돌하게 되었다. 벨라루스 민족주의도 리투아니아대공국 전체에 대한 권리를 주장했다. 이제 러시아 도시 빌나Vilna가 된 도시 빌노(현재의 빌뉴스)는 이런 문제를 담고 있는 소우주였다. 빌노 인구의 절대다수는 폴란드인이었고, 인구의 단 2퍼센트만이 리투아니아어를 사용했다. 그러나 역사적 이유로 인해 리투아니아인과 벨라루스인 모두 폴란드인의 주장을 백안시하고 이 도시에 대한 권리를 주장했고, 인구의 3분의 1이 유대인이란 사실도 무시했다.

유사한 문제가 새로 떠오르는 우크라이나 민족주의를 괴롭혔다. 우크라이나 민족주의는 문화적·종교적 자기장을 형성한 폴란드의 영향과 러시아의 영향 모두와 경쟁 관계에 있었다. 키예프 루스의 유산에 대한 우크라이나 민족주의의 권리 주장은 러시아 민족주의자들의 비난을 받았다. 러시아 민족주의자들은 우크라이나어를 러시아의 방언으로 폄하했다. 키예프 루스 시기부터 내려온 남아 있는 주요 가문들 대부분은 오래전부터 폴란드와 연줄을 맺어서 우크라이나 민족주의자들의 민족주의 운동에 장애가 되었다.

근대 우크라이나 민족주의의 탄생 때부터 강한 반유대주의가 드러났다. 이러한 경향의 뿌리는 우크라이나 지역에 정착한 많은 수의 유대인이 폴란드 영주의 하수인, 여관 주인, 상인으로 일했던 16세기 말까지 거슬러 올라간다. 이러한 경향은 우크라이나인의 에너지를 반유대인 포그롬으로 분출시키려는 19세기 말의 차르 정권의 조종에 의해 더욱 강화되었다.

유대인은 민족적 주장을 전혀 내세울 수 없는, 폴란드-리투아니아 국가연합 내의 고아와 같은 민족이었다. 이전에 유대인을 받아들이지 않았던 러시아는 1772년에 폴란드 경계 지역을 동쪽 끝 유대인 거주 허가 지역pale of settlement으로 정하고, 그 외 지역에서는 유대인이 거주하거나 여행하지 못하게 만들었다. 유대인은 충성의 대상을 바로 바꾸고, 1812년에 프랑스가 러시아를 침공했을 때 차르에 대한 충성을 계속 보여주었지만, 그들은 큰 차별 대우를 받았다. 니콜라이 1세는 유대인에 대한 제약을 강화했다. 유대인을 군역 대상으로 삼고, 종종 정교회로 강제 개종시켰다. 그의 후계자인 알렉산드르 2세(재위 1855-1881)는 이러한 제약의 상당 부분을 철폐하고, 유대인이 러시아 전역을 자유롭게 여행하도록 허락했다. 그러나 알렉산드르 2세가 암살되자 유대인은 러시아가 기독교도 아동들을 희생양으로 살해한 일을 막지 못한 것을 비롯하여 모든 문제의 책임을 뒤집어썼고, 정부가 인정하는 포그롬의 희생양이 되었다. 1882년에 유대인에게는 다시 한 번 거주 제한 조치가 내려졌고, 더 많은 제약이 가해졌다. 거주 허가 구역에 정착할 수 없는 극도로 가난한 수십만 명의 유대인이 서쪽으로 이동해 폴란드로 들어왔다. 리트와크Litwaks라고 불린 이 유대인 대부분은 아무 재산이 없었다. 그들은 폴란드인뿐만 아니라 폴란드의 유대인 형제들로부터도 환영받지 못했고, 이들로 인해 새로운 반유대주의가 성장했다.

폴란드-리투아니아 국가연합 지역 내의 다른 민족들에게서 이런 경향과 민족주의의 근대적 다원주의 성향이 부상하면서 폴란드 애국주의자들은 딜레마에 직면했다. 국가연합 모델은 물론 최근에 다듬어진 국가에 기반한 다민족주의조차도 이곳에 적용될 수 없었다. 앞으로 나아가는 가장 좋은 방법은 다른 유럽 국가들처럼 민족적 핵심과 언어를 민족의 기초로 삼는 것이었다. 그러나 이는 국가연합의 포용성과 관용성을 거부하고 대신에 배타적 민족 중심주의적 순응을 택하는 것을 의미했고, 비관용적 태도와 국가 내에서 외국인의 존재를 제거할 필요성의 부상으로 이어질 수밖에 없었다. 새로운 폴란드 민족의 정치적 모습을 형성한 것은 바로 이 딜레마였다.

근대 폴란드의 첫 정당은 1870년대에 갈리치아에서 번성했던 농민 협동조합과 자조 집단에서 나왔다. 가장 일찍 출현한 정당은 농민당(1893), 인민당(1895), 폴란드인민당(1903)이었다. 도시 지역의 노동자들도 노동조합을 조직했고, 1882년에 사회주의 노동자당인 프롤레타리아당이 루드비크 바린스키에 의해 설립되었다. 그러나 1884년에 러시아 경찰이 당 지도부를 체포하면서 이 당은 좌절을 맞게 되었다. 바린스키는 16년의 강제노동형을 선고받았고, 그의 동료 네 명은 교수형에 처해졌다. 다른 구성원들은 투옥되거나 유형에 처해졌다. 스타니스와프 멘델손은 당의 잔존세력을 규합하여 1892년에 폴란드사회당PPS으로 변형시켰다.

1893년에 로자 룩셈부르크와 율리안 마르흐레프스키가 이끄는 또다른 사회주의 집단은 폴란드왕국사회민주당SDKP을 창당했다. 이 당은 민족주의를 배격했고, 곧 해체의 길에 들어섰다가 1900년에 펠릭스 제르진스키에 의해 재건되었고, 당명에 리투아니아를 첨가했다(SDKPiL). 이 당은 규모를 상당히 키웠지만, 폴란드의 정치 무대보다는 러시아 무대에서 더 큰 역할을 수행했다('유혈의 펠릭스'는 NKVD와 KGB의 전신인 체카Cheka의 첫 책임자가 되었다). 다른 한편으로 폴란드사회당은 분할 점령된 세 지역에서 빠르게 영향력을 키워나갔다.

1894년에 폴란드사회당은 비밀 간행물인 《노동자》를 발행하기 시작했다. 편집자인 유제프 피우수트스키(1867-1935)는 재능이 뛰어난 음모자였고, 그의 전반기 생은 소설처럼 전개되었다. 그는 시베리아에서 5년을 보내며 레닌의 형인 알렉산드르 울리아노프를 도왔고, 1887년에 차르에게 투척된 폭탄의 폭약을 만들었다. 그는 동료들의 도움을 받아 러시아 감옥에서 두 번이나 탈옥했다. 1900년에 꾀병으로 수용된 상트페테르부르크 병원 감옥에서 탈출한 후 탈린, 리가를 거쳐 키예프로 갔고(그는 이곳에서 《노동자》 잡지를 계속 편집하고 발행했다), 다음으로 르부프를 거쳐 런던으로 간 다음 위조 서류로 다시 러시아에 입국했다. 그는 장소를 옮겨가며 교묘하게 《노동자》를 계속 만들었고, 읽기에 흥미로운 잡지로 만들어서 1899년에는 10만 부나 배포하게 되었다. 이 잡지를 자신의 주장을 홍보하는 발판으로 이용했기 때문에 그는 폴란드사회당의 지도자가 될 수 있었다.

폴란드의 사회주의에는 민족주의적 문제가 큰 영향력을 발휘했다.

폴란드사회당의 첫 강령은 1772년 국경 내 독립 폴란드 국가가 그 안에 거주하는 모든 민족들의 고향이라고 선언했다. 이것은 사실상 폴란드-리투아니아 국가연합의 재건을 목표로 삼은 것이고, 리투아니아인, 벨라루스인, 우크라이나인의 민족적 열망을 무시하고 폴란드 패권을 주장하는 것이었다.

이것은 또한 이 영역 내에 거주하는 500만 명의 유대인도 무시하는 것이었다. 유대인은 러시아 서부 지방에서 대거 이주해온 덕분에 폴란드왕국 전체 인구의 14.6퍼센트를 차지했다. 많은 유대인은 폴란드어를 할 줄도 몰랐다. 그들은 폴란드 독립을 갈망할 이유가 전혀 없었고, 이들은 1897년에 스위스 바젤에서 시작된 시온주의 운동에 가담하고, 이보다 더 자주, 같은 해에 빌노에서 출범한 유대인사회주의 연맹인 분트Bund에 가담했다. 분트는 1898년에 러시아사회민주당과 동맹을 맺으면서 폴란드사회당과 폴란드 독립 목표에 등을 돌렸다.

이 모든 정치 운동에 균형추가 될 보수 정치 집단은 전혀 없었다. 그 이유는 대부분의 보수주의자는 현상 유지에 만족하고 체제 전복 정치에 가담하는 것을 자제했기 때문이다. 사회주의 정당과 농민당은 폴란드 정치 생활에서 완전히 새로운 요소에 의해 도전받았다. 1887년에 제네바에서 설립된 폴란드연맹은 10년 뒤 민족연맹으로 이름을 바꾸었고, 궁극적으로 민족민주당이 되었다. 보수주의 정당도 아니고 혁명 정당도 아닌 이 당은 수동적 순응을 거부하고 실증주의를 혹평했지만, 현실적 저항을 신봉했다. 부르주아와 몰락한 슐라흐타, 농민층 일부가 여기에 가담했다. 이 당은 폴란드사회당보다 덜 귀족적이었고, 그 주장이 덜 낭만적이었다. 이 당은 로만 드모프스키(1864-1939)가 주도했다. 그의 정치 철학은 실용적이고, 논리적이며, 타협이 없었다.

1903년에 그는 《현대 폴란드인의 사고》를 출간하여 전통적 폴란드 가치를 비판하고, 다문화주의와 관용 같은 개념에 반대하며, 좀더 단일한 민족에 기반한 민족 개념을 지지했다. 그는 '건강한 민족적 이기주의'를 선호했다. 그는 이 프로젝트에 가담하고 동화되려는 사람은 모두 포용하려고 했다. 종교나 민족 차이에 의한 소수민족은 민족 내부에서 이질적 존재로 여겨져야 했다.

민족연맹에서 드모프스키는 폴란드인 전체의 압력 집단을 수립하려고 했다. 이것은 같은 생각을 가진 폴란드인을 규율이 잡히고 이념적으로 단일한 세력으로 통합시킬 수 있는 지하 정치 기구였다. 1899년에 민족연맹은 민족교육회를 설립했고, 이것은 점차 문화 협회들과 농민 정당, 공장 노동자들, 노동조합을 포함한 정치 집단에 영향력을 확대해나갔다. 드모프스키의 방법과 시각은 피우수트스키와 달랐다.

마음속으로는 폴란드민주회의 후계자였던 피우수트스키는 적극적인 체제 전복을 신봉했고, 1904년에 파괴 공작과 시선 전환 행동을 수행하기 위한 보유프키Bojówki라고 알려진 테러특공대를 조직했다. 이 해에 러일 전쟁이 발발한 것은 그에게 행동에 나서라는 신호나 마찬가지였다. 폴란드인은 러시아가 전쟁에서 치욕적 패배를 당한 것을 기뻐했지만, 수천 명의 폴란드인 징집병이 극동 전투에서 전사한 것에 안타까움을 나타냈다. 피우수트스키는 다양한 제안을 가지고 도쿄를 방문했다. 그는 폴란드 출신 러시아 포로들로 폴란드 여단을 구상할 것을 제안하고, 러시아 병력을 묶어두기 위해 일본이 폴란드에서 게릴라 전쟁을 지원할 것을 요구했다. 이에 대한 대가로 평화 회담에서 독립 폴란드 출범을 일본이 요구하기를 원했다. 일본은 폴란드 문제에 개입하는 것을 꺼렸다.

1904년 10월 13일에 폴란드사회당은 바르샤바에서 대규모 민중 시위를 조직했다. 경찰이 시위대에 발포하자 피우수트스키의 무장 민병대는 응사했다. 사회민주당의 사격부대는 차르 정부 관리들에 대한 공격을 시작했다. 양측의 적대 행위가 폴란드왕국에서 가열되는 동안 러시아 자체도 소요에 휩싸였다. 1905년 연초에 상트페테르부르크에서 유혈 참사*가 일어나자, 폴란드사회당은 총파업을 선동하여 두 달 동안 파업이 지속되었고, 차르 정부의 잔혹한 보복 탄압에도 불구하고 폴란드왕국 전역에서 40만 명의 노동자가 파업에 참여했다.

1905년 5월에 러시아 해군은 대한해협에서 일본 해군에 참혹한 패배를 당하여 위기 국면에 이르렀고, 흑해에 정박 중인 포툠킨호 수병들은 반란을 일으켰다. 6월이 되자 우치에 바리케이드가 세워지고 노동자들은 사흘 동안 병력과 경찰과 대치했다. 10월에 차르는 폴란드왕국에 헌법을 보장하는 칙령을 발표했지만, 이를 축하하는 군중 행사에 차르 병력이 사격을 가했다. 11월 11일에 계엄령이 선포되었다. 12월에 모스크바에서 혁명이 발생했고, 12월 22일에 폴란드사회당은 폴란드왕국 모든 노동자에게 봉기를 촉구했다.

• 러일 전쟁 패배 후 러시아에서는 광범위한 노동자 시위가 일어났고, 1904년 12월에 시위가 격화되었다. 1905년 1월 9일에 가폰 신부가 이끄는 시위 행렬이 차르에게 편지를 전하기 위해 평화로운 행진을 하던 중에 경찰이 발포해 약 1000명이 사망하고, 약 3000명이 부상을 입은 '피의 일요일' 사건이 발생했다. 이 사건 후 니콜라이 2세는 두마를 설치하는 등 일부 양보 조치를 취했지만, 이 사건은 1917년에 차르 체제의 붕괴를 가져온 원인 가운데 하나가 되었다.

폴란드에서 벌어지는 일은 사회당과 민족민주당이 서로 통제하려 했다. 1905년에 우치에서 소요 사태가 일어나자, 폴란드사회당은 주민들에게 행동을 촉구했고, 민족민주당이 주도하는 노동자연맹은 여기에 반대하며 두 세력 사이에 충돌이 일어나고 유혈 사태도 일어났다. 러시아제국을 입헌군주국으로 전환하고, 의회인 두마 선거를 실시한다는 황제 칙령이 발표되자 민족민주당은 여기서 이익을 얻으려고 한 반면, 폴란드사회당은 이것이 폴란드의 러시아 정부를 인정한다는 근거를 들어 선거를 보이콧했다.

1차 두마 선거에서 민족민주당은 폴란드인에게 배정된 55석(전체 의석의 10퍼센트) 가운데 34석을 차지했다. 드모프스키는 영향력을 확보했다고 생각했지만 잘못된 판단이었다. 새로운 질서가 수립되고 12개월 동안 2010명이 군대와 경찰에 의해 살해되었다. 3년 동안 바르샤바 총독 게오르기 스칼론은 1000명 이상에게 '정치적' 사형 선고를 내렸다. 드모프스키는 정부와 협상하려고 했지만, 아무것도 얻지 못했고, 폴란드 내의 반대파는 그가 나라를 팔아먹고 있다고 비난했다. 그럼에도 그는 두마 내에 폴란드 로비 그룹을 조직하려고 계속 노력했다. 자신이 저술한 《독일, 러시아, 폴란드 문제》(1908)에서 그는 독일이 폴란드에게 더 큰 위협이기 때문에 폴란드는 양 국가 사이에 충돌이 일어나는 경우 러시아 편을 들어야 한다고 주장했다.

1905년에 소요가 가라앉아 폴란드사회당은 문제에 당면한 것을 발견했다. 이 당은 무장봉기를 일으키는 데 실패했고, 외곽으로 밀려나 항의하는 상황에 처했다. 폴란드사회당은 내분에 휩싸여 1907년에 두 정파로 분열되었다. 피우수트스키는 큰 정파를 통제하는 데 성공했고, 그의 주장이 주도권을 잡았다. 그러나 이것도 다가오는 전쟁으로 퇴색되었고, 이 정파는 드모프스키의 민족민주당과 정면으로 대적했다.

피우수트스키는 크라쿠프에 준準군사학교를 설립했고, 1906년 여름이 되자 750명의 병력이 5인 분대를 구성하여 폴란드왕국 전역에서 활동했다. 1906년 한 해 동안 이 무장 세력은 1000명 가까운 차르의 관리와 장교들을 살해하거나 부상을 입혔고, 감옥, 세무서, 우편열차를 습격했다. 가장 이목을 집중시킨 공격은 1908년 9월에 러시아로 운송되는 세금 열차를 베즈다니Bezdany에서 습격한 것이었다. 그해에 무장세력 '보유프키'는 적극투쟁연맹으로 대체되었다. 이 조직은 폴란드사회당의 세 인물, 즉 카지미에시 소슨코프스키, 마리안 쿠키엘, 브와디스와프 시코르스키가 만든 비정치적 폴란드 '군대'였다. 갈리치아에서는 오스트리아 당국의 비공식 승인을 얻은 많은 스포츠클럽이 생겨났고, 크라쿠프와 르부프에서는 '소총연맹'이 구성되었다. 1912년에 피우수트스키는 이 조직들을 군사 조직으로 재편성했고, 1914년 6월에 그는 전장에 투입할 수 있는 1만 2000명 가까운 병력을 통제하게 되었다. 1차 세계대전이 발발하자 피우수트스키는 폴란드 독립을 위해 무기를 들었다. 1914년 8월 2일에 기병 순찰대가 폴란드왕국으로 진입했고, 나흘 뒤 소총 대대가 진입했다. 그들은 러시아군에 의해 퇴각될 때까지 폴란드의 이름으로 키엘체를 잠시 점령했다.

8월 27일에 오스트리아 당국은 피우수트스키의 병력을 인정해 이 부대를 고유한 복장과 격식을 갖춘 두 개의 폴란드 여단으로 편성하고, 폴란드인인 오스트리아 장교들의 지휘를 받게 했다. 이 부대의 병력은 곧 2만 명으로 늘어났고, 이후 2년 만에 전설 같은 존재가 되었다. 병사들은 장교를 '시민'이라고 불렀고, 신비할 정도로 존경과 사랑을 받는 피우수트스키는 단순히 '사령관'이라고 불렀다. 피우수트스키는 병사들이 오스트리아 병사가 아니라는 것을 강조했고, 동맹국과 동맹을 맺은 것도 아니라는 것을 주지시켰다.

분할 점령 3국 모두 전반적으로 폴란드인의 민심을 얻기 위해 신경을 썼고, 특히 자국이 통제하는 폴란드 신민들의 충성을 확보하기 위해 노력했다(1914년부터 1918년까지 수백만 명의 폴란드인이 이 세 국가에 징집되어 각각 러시아, 프로이센, 오스트리아 군대에서 전투를 치르면서 약 45만 명이 전사하고, 90만 명이 부상을 입었다). 1914년에 러시아의 니콜라이 대공은 폴란드왕국의 자치를 약속했고, 러시아군이 점령한 갈리치아와 포즈나니아가 폴란드왕국에 포함될 것이라고 말했다. 그러나 구체적 실행 방안은 제시되지 않았다. 드모프스키는 러시아 내에 폴란드인 부대를 구성할 것을 요청했지만, 러시아 당국은 이 말을 듣지 않았다.

1915년 8월에 폴란드왕국 영역 전체가 독일군에 점령되었지만, 독일군은 이 지역의 장래에 대해 계획이 없었다. 여러 가지 구상이 베를린과 빈 사이에서 오고 갔고, 1916년 11월 5일에 양국 황제는 러시아로부터 빼앗은 지역에 반+자치 왕국을 건설할 것을 약속하는 포고령을 발표했다. 독일군이 왕국 수립을 제안한 핵심 목적은 총알받이 역할을 할 폴란드국방군 구성을 위해 폴란드인을 징집하기 위한 것이었다. 그러나 독일 당국은 피우수트스키의 도움이 없이는 이것이 불가능하다는 것을 깨달았다.

피우수트스키는 폴란드가 도덕적 힘뿐 아니라 군사적 힘도 가지고 있다는 것을 보여줌으로써 자신이 시작한 일의 상당 부분을 성취했다. 그러나 그는 독일의 계획에 이용당하고 싶은 생각은 없었다. 그는 새로운 왕국 국가평의회에 군사책임자로 가담했지만, 자신의 군대가 자신이 만든 말처럼 독일의 '식민 군대'가 아니며 영국과 프랑스에 대항하는 작전에 투입되지 않아야 한다고 주장했다. 독일 당국은 이것을 받아들이려고 하지 않았고, 피우수트스키는 사임했다. 1917년 7월에 그는 독일 당국에 체포되었다. 이미 동원된 폴란드인 부대 병사 대부분은 충성 선서를 거부했고, 부대는 해산되었다. 폴란드군사조직POW에 가담하려는 자원자가 넘쳐났다. 이 조직은 2년 전 피우수트스키가 폴란드-리투아니아 국가연합 전 지역에 만든 지하 조직으로 그의 신호가 떨어지기만을 기다렸다.

드모프스키는 1915년에 폴란드를 떠나 영국과 프랑스에서 폴란드의 독립 목표를 위해 노력을 기울였다. 많은 그의 동료들이 처음부터 이 작업에 같이 참여했고, 이 가운데 가장 유명한 인물은 작가 헨리크 시엔키에비치로 그는 1916년에 사망할 때까지 이 활동에 관여했다. 또다른 인물로는 미국에서 대단한 성공을 거둔 피아니스트이자 작곡가인 이그나치 얀 파데레프스키를 꼽을 수 있다. 미국의 우드로 윌슨 대통령이 1917년 1월 22일에 미 상원에서 "모든 곳의 정치인들은 통합되고 독립되고 자치적인 폴란드가 있어야 한다는 데 동의한다"라고 선언한 데에는 그의 활동이 큰 역할을 했다.

1917년 6월에 프랑스는 자국 내에 프랑스군의 동맹인 폴란드 군대가 조직되는 것을 허용했다. 프랑스는 드모프스키의 민족위원회를 장래 폴란드의 임시정부로 인정했고, 영국, 이탈리아, 미국이 그 뒤를 따랐다. 이렇게 해서 1917년 가을이 되자 폴란드 정부와 폴란드군이 서방 연합국의 명칭인 협상국Entente의 정식 동맹은 아니더라도 동맹

교전국co-belligerents으로 인정되었다.

이것이 가능했던 것은 협상국의 일원인 러시아가 혁명의 소용돌이에 빠지고, 알렉산드르 케렌스키의 임시정부도 독립 폴란드 출범에 원칙적으로 동의했기 때문이다. 그러나 1917년 10월에 볼셰비키가 러시아의 정권을 잡으면서 동부 전선이 붕괴되었고, 독일군은 폴란드-리투아니아 국가연합의 영역 전체를 점령할 수 있었다. 1918년 3월에 볼셰비키는 브레스트-리톱스크 조약을 독일과 맺어 이런 상황을 인정했다.

이러한 새로운 강화에 대한 항의로 할러 장군은 오스트리아 편에 남은 마지막 전투 부대인 폴란드 병단 제2여단을 이끌고 국경을 넘어가 해체되는 러시아군을 떠난 폴란드 부대들과 세력을 합치려고 했다. 이후 2년 동안 이러한 부대들은 폴란드 독립을 위해 싸울 날을 기다리며 전투 잠재력을 유지하기 위한 처절한 노력을 벌였고, 치열하게 벌어지는 러시아 내전 이곳저곳에서 활약했다. 그들은 자주 패배당하고, 해산되고, 때로 협상국의 요청에 의해 백군 장군의 지휘를 받았다. 할러 장군은 파리로 나와서 그곳에서 조직된 폴란드군의 지휘를 맡았다.

독일령 폴란드왕국에는 왕이 없었고, 폴란드인으로 구성된 섭정위원회가 통제했다. 혁명으로 먼저 합스부르크 왕가가 붕괴되었고, 다음으로 호엔촐레른 왕가도 전복되었지만, 독일과 오스트리아는 제국적 야망을 버리지 않았다. 독일은 잠시 소규모의 민족적 리투아니아 국가를 독일의 위성국으로 만드는 방안을 고려했다. 또한 독일은 벨라루스 민족주의자들에게 자신들의 국가를 출범시키도록 독려했다. 오스트리아는 우크라이나-합스부르크왕국 설립을 고려하고 있었다. 1918년 11월 1일에 우크라이나 국기가 르부프 공공건물에 걸렸고, 우크라이나에서 징집된 병사들로 구성된 오스트리아 연대가 르부프를 장악했다. 피우수트스키의 폴란드군사조직 부대와 폴란드계 주민들은 반격을 가해 르부프의 통제권을 되찾았지만, 이들은 작은 지역에 포위되었다. 새로 수립된 리투아니아는 빌노와 과거 리투아니아대공국 지역의 영유권을 주장했고, 이로 인해 벨라루스 민족주의자들과 충돌이 일어났다.

1918년 11월 7일에 사회주의자인 이그나치 다신스키는 루블린에서 폴란드 임시정부 설립을 발표했다. 서방 국가들이 휴전하기 전날인 11월 10일에 피우수트스키가 독일 감옥에서 석방되어 바르샤바에 도착했다. 기차역에서 3인 섭정위원회 소속의 즈지스와프 루보미르스키와 대주교 알렉산데르 카코프스키가 피우수트스키를 영접했고 섭정위원회의 권한을 그에게 넘겼다. 피우수트스키의 병사들과 전 폴란드 병단 소속 병사들이 전 지역에서 독일군을 무장 해제시키고 통제권을 확보했다. 피우수트스키는 전 세계에 "민족 전체의 뜻에 의해 폴란드 국가가 일어섰다"라고 통보했다.

협상국 지도자들은 이런 사태 발전을 기뻐하지만은 않았다. 그들은 폴란드에 독립을 부여하는 것은 자신들에게 달렸다고 생각했다. 그들은 새 국가에 설치할 임시정부를 파리에 가지고 있었고, 피우수트스키를 신뢰하지 않았다. 그리고 만일 그가 폴란드에서 주도권을 잡는다 해도 부활된 폴란드 국가의 지위는 파리에서 열리는 강화회의에 많은 것이 달려 있었다. 폴란드가 절대적으로 필요로 하는 식량에서부터 폴란드를 방어할 무기까지 협상국의 지원 의지에 달려 있었다. 신속히 타협이 이루어졌고, 파데레프스키는 폴란드로 귀국해 연정 정부에서 총리직을 맡았고, 피우수트스키는 국가 원수직과 총사령관직을 맡았다.

1919년 1월에 과거 폴란드왕국 지역과 갈리치아에서 선거가 진행되었다. 독일에 속했던 지역에서는 폴란드군과 독일군 사이에 전투가 진행되고 있어서 선거를 치를 수 없었다. 독일제국의 마지막 연방의회에서 의석을 차지한 18명의 의원은 340명으로 이루어진 폴란드 세임에 의석을 제공받았다. 6개월 후 다른 곳을 포함해 이곳에서도 선거가 진행되어 세임은 432명의 의석으로 구성되었다. 이를 시작으로 국가 행정 초석을 놓은 힘겨운 작업이 시작되었고, 파데레프스키와 피우수트스키에게는 아직 전혀 확정되지 않은 폴란드의 국경을 획정하는 작업을 맡겼다.

폴란드와 독일의 국경은 전적으로 협상국이 내리는 결정에 달려 있었고, 이것은 폴란드의 주장을 제외한 모든 사항을 고려해야 했다. 지역 주민들이 독일에 대항해 봉기를 일으킨 실레시아에서만 폴란드인은 이 규칙을 깰 수 있었다. 프로이센과 포메라니아는 독일에 할양되었다. 그단스크는 국제연맹이 관할하는 자유시가 되었고, 독일 영토를 통과하는 회랑으로 폴란드와 연결되었다. 남서쪽에서 새로 탄생한 체코슬로바키아가 프랑스의 비공식 승인을 받고 석탄 자원이 풍부한 치에신Cieszyn(테셴Teschen) 지역을 침공했다. 이 지역 주민 비율은 폴란드인이 체코인보다 두 배 많았다. 그러나 폴란드와 러시아 국경은 파리에서가 아니라 전장에서 결정되었다.

리투아니아인과 우크라이나인과의 대화는 총성이 울린 다음에야 시작되었다. 폴란드를 의심하는 리투아니아인과 합의에 이르는 것은 불가능했다. 우크라이나인과는 공감대가 더 넓었고, 협상은 르부프를 놓고 벌인 전투가 끝난 다음에 시작되었다. 그러나 러시아에서 일어난 사건들과 연관 없이 우크라이나, 벨라루스, 리투아니아 문제를 해결하는 것은 불가능했다.

1918년에 볼셰비키는 모든 국가 분할 조약이 무효임을 선언했다. 그렇다고 그들이 폴란드가 1772년 당시의 국경을 가지고 재탄생하는 것을 바란 것은 아니었다. 1918년과 1919년에 볼셰비키는 백군의 공세를 막느라고 너무 정신이 없어 폴란드와의 국경에 신경을 쓸 수 없었다. 피우수트스키도 백군의 성공에 큰 우려를 하지 않을 수 없었다. 백군 지도자인 데니킨 장군은 하나의 러시아, 즉 분할될 수 없는 대러시아를 계획하고 있다는 것을 분명히 했다. 피우수트스키는 그가 연합국의 지원을 받아 모스크바에서 정권을 잡는 것을 지켜볼 수 없었다. 그렇게 되면 폴란드의 동부 국경은 물론 폴란드의 독립적 지위도 모스크바와 파리 사이의 협상 결과에 달리게 될 터였다. 그래서 피우수트스키는 데니킨을 도우라는 영국과 프랑스의 간청에도 불구하고 백군을 돕는 결과를 가져오는 것을 피하기 위해 볼셰비키에 대한 공격을 자제했다.

1919년 겨울에 백군이 최종적으로 패하자 볼셰비키는 폴란드를 통해 독일로 혁명을 수출할 준비를 시작했다. 피우수트스키는 자신의 계획을 실행할 때가 왔다고 판단했다. 볼셰비키는 이미 우크라이나에 대거 쏟아져 들어와서 시몬 페틀류라의 민족주의 군대를 키예프에서 몰아냈다. 서쪽으로 후퇴한 페틀류라는 폴란드의 보호를 요청할 수밖에 없었다. 피우수트스키는 그와 동맹을 맺은 다음 1920년 4월에 우크라이나로 공격해 들어갔다. 5월 7일에 폴란드군과 우크라이나군이 키예프에 입성했다.

피우수트스키는 페틀류라가 해방된 지역을 방어할 우크라이나군을 조직하기를 바랐다. 그렇게 되면 폴란드군을 러시아군이 엄청나게 집결한 북쪽으로 돌릴 수 있었다. 그러나 이 과정은 느리게 진행되었고, 볼셰비키가 북쪽에서 공격해왔을 때 페틀류라군은 3만 명을 간신히 넘었다. 폴란드군은 베레지나 방어선에서 볼셰비키군을 저지하는 데 성공했지만, 6월 5일에 부돈니가 이끄는 '붉은군대' 기병대가 키예프 남쪽에서 이 방어선을 돌파하여 공격해왔고, 혼란에 빠진 폴란드-우크라이나군은 서둘러 퇴각했다. 7월 4일에 북쪽에 있는 5개의 볼셰비키군 집단이 2차 공격을 가해왔고, 이후 6주 동안 미하일 투하쳅스키와 알렉산드르 예고로프가 이끄는 붉은군대 두 갈래가 폴란드로 밀고 들어왔다.

볼셰비키는 부르주아 질서의 전복을 선언하고 유럽 전역의 노동자들을 선동하는 데 성공하여 보급품이 폴란드로 전달되는 것을 막았다. 서방 국가 정부들도 도움을 줄 수 없었다. 영국 총리 로이드조지의 태도는 "폴란드인은 모든 이웃과 싸움을 벌여 유럽의 평화에 위협이 되고 있다"라는 발언에 잘 나타났다. 8월 12일에 붉은군대는 바르샤바 방어선에 다다랐고, 도시 함락이 임박한 것 같았다. 그러나 8월 15일에 피우수트스키는 붉은군대의 측면을 과감히 공격하여 투하쳅스키의 부대를 거의 전멸시키다시피 했다. 니멘Niemen에서 폴란드군이 한 번 더 승리를 거두자 러시아군 방어선은 붕괴했다. 폴란드군은 벨라루스, 포돌리아, 볼히니아 상당 부분을 점령하고 10월 16일 휴전에 서명했다.

협상국의 압력, 그리고 우크라이나 민족 운동이 너무 약하다는 사실로 인해 피우수트스키는 연방주의*의 꿈을 포기했다. 이후 라트비

폴란드공화국

라 트 비 아
리 투 아 니 아
발트해

그디니아
단치히
비드고슈치
토룬
포즈난
바르샤바
우치 라돔
카토비체 키엘체
치에신 크라쿠프

카우나스 빌노
민스크
그로드노 노보그루데크 소
비아위스토크
브셰시치 핀스크
루블린
우츠크 키예프
르부프

체 코 슬 로 바 키 아
루마니아

- - - 1772년의 폴란드 경계
///// 폴란드, 1921-1939년
단치히 자유시

0   300 마일
0   400 킬로미터

아의 리가에서 진행된 강화 회담은 농민당 지도자 얀 동브스키와 민
족민주당의 스타니스와프 그랍스키가 주도했는데, 두 사람 모두 폴
란드-리투아니아 국가연합을 재건하는 데는 관심이 없었다.

그 결과로 나온 것은 타협안이었다. 폴란드는 38만 8600제곱킬로

• 피우수트스키는 폴란드-리투아니아 국가연합 시기를 상기시키는 연방국가 구성을 꿈꾸었다.
1918-1920년에는 리투아니아와 연방을 추진했고, 1920년에는 우크라이나국민공화국과 군사동
맹을 맺었다. 이 때문에 폴란드만의 독립 국가 건설을 주장한 드모프스키 등의 반대파와 대립했
다. 피우수트스키의 구상을 식민 지배로 인식한 리투아니아, 우크라이나 주민들은 이 연방안에
호응하지 않았다.

미터의 영토에 상당수의 벨라루스인, 우크라이나인, 독일인, 유대인을 소수민족으로 포함하게 되었지만, 약 200만 명의 폴란드인은 국경 밖에 남게 되었다. 빌노도 폴란드에서 제외되었지만, 피우수트스키는 이를 인정할 수 없었다. 그는 자기 장군 가운데 한 사람이 이 도시를 장악하는 것을 허용했다.

폴란드는 다시 한 번 독립 국가가 되었고, 유럽에서 인구가 여섯 번째로 많은 국가가 되었다. 유럽 지도에 폴란드가 다시 나타난 것을 환영한 폴란드 태생 영국 소설가 조지프 콘래드는 포로 상태에 있던 세기 중 이것을 자기 민족의 가장 큰 성취로 꼽았다. "서유럽 국가들이 전혀 주의를 기울이지 않고, 폭력적일 뿐만 아니라 부패한 세력이 가하는 파괴적 압박 속에서 우리는 우리의 맑은 정신을 지켰다."

19장

폴란드공화국

중앙 권위에 대한 의심은 폴란드의 정치 생활 초기부터 늘 있었던 현상이었다. 폴란드 분할 시기에 이것은 크든 작든 적극적이고 애국적인 시민불복종과 점령 당국을 대상으로 한 전복 시도로 나타났다. 1918년에 독립을 회복하고 나서 국가는 폴란드인의 가장 신성한 요소로서 수용되어야 마땅했지만, 이는 자연스럽게 받아들여지지 않았다. 아주 오랫동안 폴란드 사회에서의 미덕은 그 반대편에 있었기 때문이다. 이것은 정부에 대한 장군의 태도만큼이나 경찰에 대한 농민의 태도에서도 나타났다.

새로운 국가의 구조를 만드는 것은 쉽지 않은 과제였다. 100년 이상을 완전히 다른 문화를 가진 분할 점령 3국의 통치하에서 생활한 것은 사고방식과 행위에 큰 영향을 주었다. 프로이센 제도 아래에서 자라난 사람들과, 차르 관료 체제의 비잔티움식 비효율성을 교육받은 사람들과, 좀더 도시적인 합스부르크 관습을 체득한 사람들이 새로 같이 일하는 것은 쉽지 않았다. 조금이라도 의회 정치 경험을 한 사람도 마찬가지였다. 러시아 두마 또는 독일 제국의회에 있었던 이들은 결정을 방해하고 반대하는 데 익숙해 있었다. 이것은 새로운 폴란드 국가에 나쁜 전조였다.

1919년 2월 10일에 소집된 임시 세임에서 보이치에흐 코르판티가 이끄는 정당들은 우파, 빈센티 비토스의 폴란드인민당PSL Piast이 이끄는 농민 정당들은 중도, 세 개의 사회주의 정당들은 좌파를 차지했다. 가장 큰 당도 의석의 4분의 1을 차지하지 못했고, 1차 회기가 시작되자 더 많은 분열이 일어났지만, 과거처럼 그렇게 위험하지는 않았다. 그 이유는 세임이 전쟁이 지속되는 동안 광범위한 행정집행권을 피우수트스키에게 위임했고, 세임의 가장 중요한 과제는 새 국가의 헌법을 준비하는 것이었기 때문이다.

1921년 3월 17일에 채택된 헌법은 프랑스 제3공화국 헌법을 기초로 삼았다. 헌법에서 정부 구조에 대한 규정은 남녀 유권자의 보통선거와 비례대표로 선출되는 444명의 의원으로 구성된 세임(하원)과 111명의 의원으로 구성되는 상원, 임기 7년의 대통령은 상하원에서 선출하는 것을 골자로 했다.

대통령이나 의회 모두 막강한 권한을 가지고 있지 못했다. 의회는 세임이 장악했다. 그러나 안정적인 다수파나 지속 가능한 연정을 유지하는 것이 불가능했기 때문에 정부의 발목을 잡았다. 폴란드 정치의 핵심 사조는 처음부터 이념이 아니라 집단 이익에 의해 정의되었다. 토지 소유를 열망하는 보수 성향의 농민들은 역시 보수적인 지주들과 아무런 공통의 이익이 없었고, 낮은 식품 가격을 요구하는 좌파 산업노동자들은 그 반대를 원하는 좌파 농민들과 손을 잡을 수 없었다. 비례대표제는 소수 정당과 단일 이익 집단에 유리했고, 폴란드의 인구 구성 특성상 특별한 아젠다를 가진 민족에 기반한 정당들도 출현했다.

1922년 11월에 새로운 헌법하에서 치러진 첫 총선은 68퍼센트의 투표율을 보였고, 무려 31개 정당이 세임에 진출했다. 어느 정당도 의석의 20퍼센트를 차지하지 못했고, 주요 정당들도 10퍼센트 미만의 의석만 차지했다. 이 정당들은 정파연합을 구성하려 했지만, 연정이 성립되기 전에 종종 분열되었다. 단일 이해 정당들이 대거 세임에 진출했기 때문에 연정이나 정파연합으로 특정 입법을 저지하는 것이 어렵지 않았다. 세임에는 35석의 의석을 확보한 유대인 정당들과 우크라이나인의 이익을 대변하는 25명의 의원 정파, 독일인을 대변하는 17석 정파, 벨라루스인을 대표하는 11석 정파도 있었다. 그들의 투표 행태는 예측하기 어려웠지만, 보유한 의석 비율보다 큰 영향력을 행사했다.

폴란드공화국의 초대 대통령인 가브리엘 나루토비치가 취임 이틀 만인 1922년 12월 16일에 광신자에 의해 암살당하면서 정국의 불안감은 심화되었다. 나흘 후 세임과 상원은 후임 대통령으로 스타니스와프 보이치에호프스키를 선출했다. 총리로 임명된 브와디스와프 시코르스키 장군은 정국 상황을 안정시켰다. 그러나 세임은 계속 불안정 상태를 벗어나지 못했다. 예산안이 통과되지 않았고, 정부는 작은 현안으로 인해 업무가 마비되었다. 7년이란 짧은 기간 동안 14개 내각이 들어섰다 물러날 정도로 혼란은 심각했다.

의회 정치를 삼켜버린 만성적 분열은 혐오를 불러일으켰고, 시간이 지나면서 '강한 정부'를 요구하는 목소리가 높아졌다. 폴란드에서 거의 유일하게 대중의 존경을 받고 개인적 권위를 가지고 있던 인물 유제프 피우수트스키만이 이를 실현할 수 있을 듯했다. 그는 1920년대 초반에 은퇴하여 술레유베크Sulejówek에 있는 작은 영지에서 생활하고 있었지만, 그곳에서 발표하는 글과 여러 이슈에 대한 불가사의한 선언, 그리고 공공 영역에 존재하지 않는다는 사실로 인해 조용하면서도 강력한 영향력을 발휘했다. 그는 군대 내에 열성적 지지자들이 많았고, 좌우파 모두로부터 존경을 받았다. 가장 국수주의적인 폴란드인이나 소수민족인 유대인으로부터도 존경을 받았다.

1926년 5월 10일에 총리 빈센티 비토스는 효과적인 통치를 하기에는 너무 취약한 내각을 마지막으로 구성했다. 이틀 후 피우수트스키는 대대 병력 앞에 서서 바르샤바로 입성해 내각의 사임을 요구했다. 비토스는 사임하려고 했지만, 대통령인 보이치에호프스키는 총리에게 흔들리지 말고 군대를 불러들이라고 촉구했다. 일부 부대는 입장을 정하지 못했고, 일부는 피우수트스키를 지지했다. 또한 모든 좌파 정파도 그를 지지했고, 철도노동자들은 정부에 충성하는 군대를 이동시키는 것을 거부했다. 사흘간의 시가전 후 보이치에호프스키와 비토스는 사임했다.

세임은 피우수트스키에게 대통령직을 제안했지만, 그는 이를 사양하고 저명한 과학자이자 한때 폴란드사회당의 지도자였던 이그나치 모스치츠키를 내세웠고, 세임과 상원은 그를 대통령으로 선출했다. 의회에 도입된 변화로 세임의 역할은 축소되었고, 대통령의 역할이 강화되어서 이때부터 대통령이 정부를 구성했다. 피우수트스키 본인은 잠시 총리로 재직했지만, 곧 총리직을 폴란드인민당의 존경받는 정치인인 카지미에시 바르텔에게 넘겨주었다.

피우수트스키는 의회 싸움 '청소'를 넘어서는 정책은 전혀 가지고 있지 못했고, 정부의 일상 업무에 관심이 없었다. 그는 폴란드의 생존에 핵심적으로 중요한 조직이자 기사적 가치를 가진 군대에 더 관심이 많았다. 그가 받아들인 유일한 공식 직함은 원수였다. 그는 배후에서 반＋독재자, 반＋군주같이 행동했고, 그의 역할은 분명히 규정되지 않았지만 영향력은 막강했다. 이러한 방식으로 그는 자신의 존재감을 계속 유지했다. 그는 접근하기 쉬웠다가 바로 또 멀어졌고, 정권 전체가 의존하는 핵심 인물이었지만, 자신의 무당파 매력을 유지하기 위해 어떤 프로그램이나 정책에도 너무 깊이 연관되지 않으려고 했다. 점점 더 무례해지는 그의 태도와 점점 더 고압적이 되어가는 그의 통치 방식을 많은 사람이 한탄했지만, 그의 목적은 분명했다. 그는 폴란드의 자유를 위해 평생을 투쟁한 전설로 방부 처리된 국가적 영웅으로서 반란과 권위 모두를 현화했다.

1928년 3월에 치러진 총선에서 피우수트스키의 정책을 적극 지지하는 무당파 정부협력블록BBWR이 거의 30퍼센트를 득표했고, 그의 가장 큰 적인 민족민주당은 패배를 맛보았다. 그러나 피우수트스키는 정부협력블록이 더 큰 다수파를 형성하지 못한 것에 실망했고, 의회 정치에 대해 남아 있던 작은 존중감마저 사라져버렸다.

평생 공작 활동을 벌여온 피우수트스키는 자기 충복을 이용하여 자신의 계획을 수행하고 제도적 장애를 피해나가기로 했다. 그는 폴란드사회당, 보유프키, 폴란드군사조직 출신의 충복들로 자신을 둘러쌌다. 그들 중에는 성실하지만 순진하고, 충성심이 강하면서 자신의 정치적 이상과 재능은 거의 없는 발레리 스와베크 같은 인물도 있었고, 부사령관의 정신을 가진 병사이자 애국주의자인 시미그위-리즈 같은 인물도 있었다. 피우수트스키는 이들을 통해 자기 영향력을 행사했다. 그는 모든 의원을 점점 더 멸시하고, 다양한 수단으로 세임의 반대파를 위협했다. 위협 수단으로 한번은 의사당을 군 장교들도 가득 채웠고, 이것이 먹혀들지 않으면 단순히 의회를 무시했다.

이것은 인기가 없는 해결 방식은 아니었다. 유럽의 다른 곳에서와 마찬가지로 폴란드의 많은 민주주의 신봉자는 의회 정치 제도가 너무 결함이 많다는 것을 발견하고, 당대의 심각한 문제들을 해결하기 위해서는 일종의 '강한 정부'가 필요하다는 것에 공감했다. 19세기 민주주의자들의 정신적 계승자도 의회 정치가 너무 단조롭다고 생각하고, 과격한 변혁에 대한 낭만적 열정으로 좌파로 기울었다.

반대파는 점점 더 반항적이 되었고, 1929년에 새로운 중도좌파 연합에 속한 183명의 의원은 세임의 권력을 강화하기 위한 개혁을 요구했다. 1930년에 크라쿠프에서 개최된 회의에서 이 정파의 의원들은 민주주의 옹호를 강력히 주장하고 준엄한 어조로 정부와 대통령을 비판했다. 이러한 움직임에 대해 모스치츠키 대통령은 세임을 해산하는 것으로 대응했고, 피우수트스키를 총리로 임명하고, 의원 18명을 체포했다. 1930년 11월에 치러진 총선은 위협, 구금, 선거 홍보물 몰수, 투표 조작으로 얼룩졌다. 이 선거에서 정부협력블록이 46.8퍼센트를 득표했고, 이것은 의석 56퍼센트를 차지하는 결과로 귀결되었다.

피우수트스키와 그의 충복들은 정치 '청소'라는 병영식 이념으로 점점 더 권위주의화되는 통치를 뒷받침했고, 이 정권은 '사나차Sanacja' ('위생'이라는 의미)라는 별칭으로 불렸다. 1930년에 체포된 비토스 같은 반대파 지도자들은 내란 음모 혐의로 재판에 넘겨졌고, 언론의 자유도 점차 축소되었다. 1935년 5월 12일 피우수트스키가 사망하자 통치 집단은 더욱 지배권을 강화했다.

1935년 4월에 많은 반대파 의원이 의회에 불참한 가운데 교묘한 수법으로 새 헌법이 통과되었다. 새 헌법은 104개 지역구에서 선출되는 208명의 의원으로 구성되게 세임을 축소하여 좀더 통제가 쉽게 만들었다. 이로써 비례대표제 아래에서 번성했던 군소정당들을 세임에서 쫓아냈다. 세임의 권력은 축소되고, 대통령의 권한은 강화되어, 대통령은 포고령으로 통치할 수 있었다. 그러나 실제 통치를 한 것은 모스치츠키가 아니었다. 피우수트스키가 권력에 심어놓은 고문단이 계속 국정을 장악했고, 군의 수장인 시미그위-리즈 원수의 흑막 éminence grise이 이 집단을 지배했다.

대부분의 반정부 정파가 1935년 선거에 참여를 거부하고 투표율은 45.9퍼센트로 떨어졌지만, 상황에 영향을 주지는 못했다. 정부는 국가연합진영OZN을 구성했고, 이 조직은 초조감에 싸인 민족민주당원들과 군소정당 이탈자들을 흡수했다. 반정부파에게 남은 유일한 무기는 파업과 시위였지만, 그 역시 무력으로 진압되었다.

1936년에 우려에 찬 헌정주의자들인 빈센트 비토스, 유제프 할러 장군, 전 총리인 장군 브와디스와프 시코르스키와 이그나치 얀 파데레프스키가 스위스의 모르지Morges 인근에 있는 파데레프스키의 집에 모여서 존경받는 중도우파 반대파를 구축하기 위한 시도로 모르지전선Morges Front을 구성했다. 국내에서 위협에 직면한 반대파가 사라지고, 일종의 순응주의가 지배하는 상황에서 이들이 할 수 있는 일은 별로 없었다. 1938년 선거의 투표율은 67퍼센트가 넘었고, 국가연합진영은 80퍼센트를 득표했다.

1920년대와 1930년대에 유럽 정치는 계급 간 증오, 민족주의, 위협적 행동과 폭동, 군부 쿠데타로 이어지는 헌정 위기로 점철된 볼썽사나운 대결 양상을 보여주었다. 폴란드에서도 20년의 공화국 경험은 의회 정치 과정의 중단과 통치의 수단으로 위협의 일상화가 나타났다. 그러나 공공 영역과 정치는 프랑스, 에스파냐, 이탈리아는 말할 것도 없고 대부분의 이웃 국가에서 목격되는 수준으로까지 추락하지는 않았다. 폴란드의 정치는 민주주의를 닮지는 않았지만, 독재체제는 아니었고, 사나차 정권에도 불구하고 정치적 반대가 난무했다.

폴란드의 인적 구성도 이런 상황에 한몫했다. 1918년 평화 구축자들은 중부 유럽에 민족국가를 창설하려고 시도했지만, 폴란드-리투아니아 국가연합이 포용한 공동체는 서로 복잡하게 얽혀 있어서 단순히 국경을 줄이는 것으로 민족적으로 단일한 폴란드 국가를 만들수 없었다. 폴란드공화국 영토는 1772년 크기의 약 절반 정도였지만, 1920년에 2700만 명의 인구 가운데 69퍼센트만이 폴란드인이었다. 인구의 17퍼센트는 벨라루스인과 우크라이나인이었고, 10퍼센트 정도는 유대인, 2.5퍼센트는 독일인이었다.

폴란드-리투아니아 국가연합의 폴란드 '민족'은 모든 민족에게 개방적 태도를 취했지만, 1918년에 폴란드가 민족국가로 부활했을 때 주도적 민족의 언어·문화·종교 전통을 기반으로 삼을 수밖에 없었다. 소수민족들은 적극적인 차별 대우를 받지는 않았지만, 소수민족 출신이 군대나 관직에서 높은 자리를 차지하는 것은 어려웠다. 이것은 부분적으로 많은 사람이 가난한 집안과 후진적 지역 출신이기 때문에 그랬고, 문화적 이유로 인해 독일인이나 유대인은 우크라이나인보다 출세가 쉬웠다.

폴란드의 동부와 남동부에 거주하는 우크라이나인은 지역 행정당국과 경찰에 의해 2등 국민으로 다루어졌고, 중앙 정부는 의심을 품고서 이들을 대했다. 1926년 이후 피우수트스키는 주민들이 폴란드 국가에 충성을 보일 것이라는 희망을 가지고 지역 문화 자치 프로그램을 시작했다. 그러나 이것은 폴란드에 충성하는 폴란드인과 우크라이나인을 목표로 국경을 넘어 공격을 펼친 소련에 의해 훼손되었다.

1929년에 빈에서 설립되고 독일로부터 재정지원을 받은 우크라이나민족기구ouN는 1930년에 테러와 파괴 공작 운동을 시작했다. 주민들의 태도를 양극화하기 위해 이 조직은 폴란드 내에서 정주하려는 우크라이나인과 우크라이나 대의에 동정적인 폴란드인을 살해했다. 폴란드 당국은 10주간에 걸친 잔혹한 평정작전을 시작하여 이 지역을 쓸고 지나갔다. 소요를 일으킨 마을을 불태우고, 테러주의자로 의심받는 사람을 태형에 처했다. 1934년에 우크라이나민족기구 요원이 바르샤바에서 폴란드 내무장관 브로니스와프 피에라츠키 대령을 암살했다. 폴란드 정부는 이에 대한 대응으로 브레스트 인근 베레자 카르투스카Bereza Kartuska에 반란적이고 바람직하지 않다고 취급받은 사람들을 수용하는 '고립 캠프'를 설치했다.

1934년에 폴란드 정부와 우크라이나민족민주동맹uNDO 간에 합의가 이루어지면서 극단주의자들은 타격을 입었다. 폴란드 국가에 대한 우크라이나의 적대감은 소비에트 당국이 점령한 우크라이나 국경 너머에서 일어난 스탈린의 민족 학살적 행위*에 의해 완화되었다.

• 농업집단화 추진 과정에서 스탈린이 추진한 강제적 곡물 징발로 1932-1933년에 우크라이나 지역에서 최소 350만 명 이상의 농민이 기아로 사망했다. 우크라이나는 이를 민족 학살로 국제사회에서 인정받으려고 노력하고 있고, 소련의 법적 의무를 승계한 러시아는 가뭄에 의한 자연재해라고 주장하고 있다.

1939년에야 농촌 지역에 평정이 찾아왔고, 극단주의자 가운데 많은 수는 독일의 제5열이 되었다. 그러는 동안 베레자 카르투스카 캠프는 정권의 다른 적들로 채워졌다. 폴란드 내 독일 소수민족과의 관계는 겉으로는 예의 바른 듯했지만 다정하지도 않았다. 독일계 주민들은 이국땅에서 고립되어 있는 것을 유감으로 생각했고, 폴란드에 충성심을 느끼지 못했다. 독일에서 나치가 부상하면서 독일 주민들은 베르사유 체제에 점점 더 강한 불만을 표현했다. 그들은 포즈나니아와 단치히 자유시의 반환을 요구했다. 그러나 이러한 적대감도 유대인 소수민족과 같은 문제를 야기하지는 않았다.

1772년까지 폴란드-리투아니아 국가연합은 전 세계 유대인의 5분의 4를 수용했고, 이들은 이 국가의 정치, 경제, 문화의 틀에 어느 정도 편하게 적응했다. 이러한 공생은 외국 지배가 만들어낸 새로운 조건에 의해 유대인이 사회에서 낙오한 슐라흐타와 경쟁하면서 와해되었다. 이런 슐라흐타는 도시의 프롤레타리아가 되고, 새로 형성되는 폴란드 중산층을 이루었다. 이러한 상황은 1880년대와 1890년대에 러시아 서부지방에서 폴란드왕국으로 80만 명이 새로 유입되면서 더욱 악화되었다. 폴란드 주민들은 이들을 러시아 침입자로 여겼다.

많은 유대인이 폴란드 사회에 동화되었지만, 유대인 공동체 전체는 폴란드의 목표를 공유하지 않았다. 많은 유대인이 폴란드사회당에서 활동하고, 피우수트스키 여단에서 싸웠지만 더 많은 유대인이 분트를 지지했다. 완전히 동화되지 않은 자들은 외국으로 나가야 한다고 공개적으로 선언하고 자주 반유대 감정을 표출하는 민족민주당의 운동에 대부분의 유대인은 적대적이었다.

1918년 11월에 법과 질서가 무너지면서 농촌 지역과 르부프와 핀스크 같은 도시 지역에서 반유대인 감정이 분출했다. 많은 사회주의자 유대인이 붉은군대를 환영하거나 거기에 가담했기 때문에 폴란드 군과 볼셰비키 간에 전쟁이 벌어지면서 더 많은 폭력 행위와 보복이 자행되었다. 당시 유럽 사회 대부분처럼 많은 사제는 유대인과 볼셰비키를 구분하지 않았고, 교구 사제들은 반유대주의 감정을 고무했다. 1919년 파리강화회의 당시 미국 유대인과 영국 유대인 압력 집단의 활동에 의해 유대인에 대한 적대감이 더 깊어졌다. 이 압력 집단의 주장에 의해 폴란드는 '소수민족 조약'에 서명할 수밖에 없었고, 폴란드가 유대인을 다루는 상황은 국제 감시를 받게 되었다. 오랜 민족적 관용의 전통이 있는 폴란드로서는 모욕적인 일이었다.

1931년의 인구조사에 의하면 폴란드에는 311만 3900명의 유대인이 거주해서 전체 인구의 9.8퍼센트를 차지했다. 그들은 바르샤바 인구의 30퍼센트 이상을 차지했고, 이 비율은 유대인이 43퍼센트를 차지한 비아위스토크 같은 예외적인 곳을 제외하고는 대부분 대도시의 평균적 비율이었다. 작은 도시들에서 이 비율은 훨씬 높아 60-70퍼센트에 달했고, 일부 지역에서는 90퍼센트에 달하기도 했다. 유대인 대부분이 검은 개버딘gabardine를 입고, 옆으로 머리를 묶고, 턱수염을 하고, 폴란드어보다는 이디시어를 사용해서 바로 눈에 띄었다. 그들은 나머지 주민들과의 경제 관계에서도 특별한 양상을 보였다.

1931년 인구조사의 직업별 통계를 보면, 유대인 0.6퍼센트만이 농업에 종사했다. 반면 상업을 주업으로 하는 사람의 62퍼센트를 차지했고, 핀스크에서 이 비율은 95퍼센트까지 올라갔다. 유대인의 재산은 경제적으로 불안정했던 1920년대와 1930년대에 극적으로 널뛰기했다. 새로운 농민 협동조합이 만들어지거나 소비자에게 직접 농산물을 판매하는 마을이 나타날 때마다 유대인 몇 가족의 생계 수단이 사라졌다. 1936년까지 폴란드 내에서 최소한 100만 명의 유대인이 생계 수단을 잃었고, 1939년에는 그보다 많은 수의 유대인이 미국 유대인 기관의 구호품으로 생계를 유지하게 되었다.

국제연맹의 폴란드 대표단은 유대인의 팔레스타인과 미국 이주 금지 조치를 시급히 해제해줄 것을 요청했다. 유대인으로 하여금 폴란드를 떠나게 하려는 바람은 그들의 고난에 대한 우려로 인한 것도 있었지만, 전적으로 민족적 동기에서 나온 것만은 아니었다. 국제연맹의 폴란드 대표단은 가난한 폴란드 농민의 대규모 해외 이주도 촉진해줄 것을 요청했다.

폴란드에 거주하는 유대인 대부분은 가난의 덫에 갇혔지만, 그것이 유대인 공동체에 대한 질시를 없애지는 못했다. 1931년에 변호사의 46퍼센트, 의사의 50퍼센트가 유대인이었고, 대학 진학률도 인구비례에 비해 훨씬 높았다. 1930년대 중반에 반유대인 운동이 르부프대학에서 일어나서 다른 대학과 기술학교로 확산되었다. 그 결과 일부 대학과 학교에서는 유대인 입학 할당제가 도입되었다.

오랫동안 권력에서 소외된 민족민주당은 정체성의 상당 부분뿐 아니라 당원도 많이 잃었다. 민족민주당은 불만에 찬 주민들의 지지를 얻기 위한 시도로 반유대주의 카드를 사용하기 시작했다. 그러나 이들은 규모는 작지만 공개적으로 파시스트적 태도를 보인 정당들, 특히 가장 악명 높은 팔랑가Falanga에 상대가 되지 않았다. 이들은 유대인 상점과 시나고그를 공격했다. 이러한 종류의 폭력 행위는 드물지 않게 일어났지만, 대부분의 대중 소요는 민족적 적대감보다는 경제적 요인이 더 큰 작용을 했다. 법과 질서는 흔들렸고, 경찰(경찰청장은 유대인이었다) 수는 인구 대비 영국과 프랑스의 절반에 그쳤다.

폴란드인과 유대인의 관계는 매우 다양한 양상을 보였다. 이 관계는 일반적으로 생각하는 것보다 훨씬 복잡했고, 꼭 나쁘지만은 않았다. 폴란드 사회의 일부 부문에 저급하고 깊게 뿌리내린 반유대주의가 있는 것은 사실이었다. 그러나 나치와 같은 생물학적 반反유대주의나 반反드레퓌스주의자가 폴란드에 나타난 적은 없었다. 반유대주의는 본질적으로 정치적·문화적·경제적 현상이었고, 주민 전체가 처한 상황의 맥락에서 보아야 했다.

폴란드 제3공화국은 네 개의 다른 법률 제도와 여섯 개의 화폐, 세 개의 철로, 세 개의 행정 및 재정 체계를 물려받았다. 농업적으로 발전한 포즈나니아와 마조비아의 낙후된 농촌 경제, 산업적으로 발전한 실레시아가 있었다. 합스부르크제국의 곡물 바구니였던 갈리치아와 러시아제국의 산업 중심지였던 폴란드왕국은 기존의 시장과 단절되었다. 폴란드 지역은 6년간 지속된 전쟁으로 많은 피해를 입었다. 450만 헥타르의 농지가 황폐화되고, 250만 헥타르의 삼림이 사라지고, 독일군에 의해서만 400만 두 이상의 가축이 살육되었다. 미국식량구호국의 버논 켈로그의 조사에 따르면 1919년에 폴란드인의 3분의 1이 아사 상태에 처했다.

주민의 거의 64퍼센트가 농사를 짓고 살았지만, 가족을 먹여 살리기도 힘들었다. 이 문제에 대한 정치적 해결책은 1925년에 도입된 토지 개혁이었다. 매년 20만 헥타르의 토지가 농지가 없는 농민들에게 분배되었고, 대규모 영지가 희생을 감당했다. 그러나 이것은 작고 생산성 없는 농장을 양산해 농업 생산성 문제를 악화시켰다. 1939년 기준으로도 트랙터는 영농지 8400헥타르당 한 대만 있었고, 농업 생산은 이웃한 독일의 절반에 머물렀다.

그 해결책은 대규모 산업화였지만 이것도 1918년에 퇴각하던 독일군이 '폴란드의 탈산업화'라는 이름을 붙인 거대한 작전을 수행한 후유증으로 인해 결코 쉬운 과업이 아니었다. 이 작전으로 공장, 기차역, 교량이 남지 않았고, 기계도 쓸 만한 것이 없었다. 국가는 동맹국들에게 엄청난 부채를 지고 있었고(폴란드 병단 무기 공급과 1918-1920년 군비 증강에 사용), 1차 세계대전 중에 오스트리아와 독일이었던 지역들을 대신해 전쟁배상금을 지불할 의무도 지고 있었다. 폴란드만이 전쟁 복구를 위해 애쓰는 것이 아니었기 때문에, 국제 신용을 얻기 위해 경쟁해야 했다. 외국 자본들은 신생국 폴란드를 투자가 불안한 나라로 간주했다.

이러한 결과 신생 폴란드는 출범하는 데 많은 어려움이 따랐다. 1918년에 미화 1달러는 9.8폴란드마르크와 동가였지만, 1923년 12월에는 1달러가 500만 폴란드마르크와 교환되었다. 그 시점에 총리 브와디스와프 그랍스키는 균형 예산을 달성하고, 새 화폐인 즈워티złoty를 도입하여 상황을 안정화시켰다. 이런 상황에서도 외국 자본은 계속 폴란드를 외면했고, 독일은 폴란드를 상대로 관세 전쟁을 벌였다. 1929년이 되어서야 폴란드의 생산은 1914년 전쟁 이전 수준에 도달했지만, 대공황이 닥친 1932년에는 사상 최저 수준을 기록했다.

국가 출범 초창기의 많은 난관과 극도로 힘든 여건에서 제3공화국은 어느 정도 경제적 성공을 거두었다. 1918년 이후 20년이 지난 시점에서 폴란드는 철강 생산은 세계 여덟 번째였고, 선철 생산은 세계 아홉 번째 국가가 되었다. 폴란드는 1200만 톤의 석탄, 150만 톤의

원유, 10만 톤의 면직물과 14만 톤의 방직물을 수출했고, 세계적 수준의 화학공업을 발전시키고 있었다. 1인당 국민소득은 에스파냐와 포르투갈 수준에 이르렀다.

단치히 자유시의 주민 절대다수를 차지하는 독일인은 독일과의 재통합을 원하고 있었고, 때문에 폴란드는 자체 항구를 건설했다. 어촌 마을이었던 그디니아Gdynia에 새 항구 건설을 위한 준설 작업이 1924년에 시작되었다. 1938년이 되자 그디니아는 발트해에서 가장 교역이 활발한 항구가 되어 매년 1만 2900척의 선박이 이 항구에 닻을 내렸다. 80척 이상의 선박을 보유한 폴란드 상선단이 조직되었고, 규모는 작지만 좋은 장비를 갖춘 해군도 출범했다.

경제 건설은 모든 기관을 백지상태에서 만들어나가야 하는 문제로 어려움을 겪었다. 행정 건물부터 법원, 학교, 박물관, 극장 등 모든 것을 만들어야 했고, 군대를 유지할 의무도 경제에 부담을 주었다. 독립 회복에 따른 환희 속에 모든 사회집단이 희망적 기대를 하고 있어서 국가 건설 과정은 더 힘들었다. 전쟁이 끝나기도 전인 1918년에 이미 폴란드 정부는 사회보장과 하루 8시간 노동 법령을 통과시켰다. 1920년에 정부는 의료보험 제도를 시작했고, 1924년에 실업보험 제도를 시작했다. 1930년대에 저임금 국민을 대상으로 한 국가 주택 건설 작업이 진행되었고, 1930년대 중반 폴란드는 세계에서 가장 높은 사회보장 제도를 자랑했다.

독립 후 20년 동안 문맹률은 반으로 줄어들었다. 크라쿠프, 바르샤바, 르부프, 빌노, 포즈난, 루블린의 6개 대학에는 4만 8000명의 대학생이 수학했고, 학생의 3분의 1은 여학생이었다. 이외에도 27개의 전문대학이 더 많은 사람에게 고등교육의 기회를 제공해주었다.

1930년대 폴란드 교육제도가 성취한 기준은 다른 국가들과 비교하여 좋은 평가를 받았고, 특히 인문과학과 순수과학 분야의 기준은 높았다.

주권 국가로서 폴란드 사회가 새로운 역할을 수행하는 데 가장 큰 문제는 정체성의 확립이었다. 사피에하 가문 외무장관, 자모이스키 가문 대통령 후보, 포토츠키 가문 대사, 슐라흐타 가문 출신이 모든 관직에 진출할 수 있었지만, 새 폴란드에서 주도권을 잡은 것은 이들의 가치가 아니었다. 19세기 인텔리겐치아도 이를 주도하지 못했고, 피우수트스키와 드모프스키도 자신들이 만든 것에 추월당했다. 정부와 행정직의 고위층은 음모, 감옥, 독립 투쟁이라는 용광로에서 담금질이 된 여러 배경의 새로운 사람들로 채워졌다. 그들은 공통의 경험과 군대 복무 경험으로 단합되었다. 이것은 새로운 국가 의식을 형성하는 데 중요한 역할을 했다. 사회에서 뒤처졌다고 느낀 것은 우크라이나인과 유대인만이 아니었다. 지주 계급의 많은 사람, 구인텔리겐치아, 특히 예술가들이 사회에서 소외를 느꼈다. 1936년에 발표한 〈토마토소스를 넣은 만두〉라는 기괴한 시에서 콘스탄티 일데폰스 가우친스키(1905-1953)는 13세기에 분열된 나라를 다시 통합하느라 고생한 '단신왕' 브와디스와프를 다시 불러냈다. "자, 당신들은 당신들의 폴란드를 원했다. 이제 당신들은 그것을 얻었다!" 여기에 표현된 감정은 많은 사람의 감정을 대변했다.

1920년대와 1930년대에 높은 수준의 문학, 예술 재능이 쏟아져 나왔다. 민족적 목표에 봉사할 필요에서 해방된 작가들과 예술가들은 사나차 정권의 시대정신에서 별로 인정을 받을 수 없는 방식으로 자신들을 표현했다. 그들은 바르샤바와 다른 주요 도시의 역동적인 예술적 환경에서 추종자들을 만났지만, 많은 이들은 부활된 폴란드의 현실과 자신을 연계시키는 데 어려움을 겪었다. 음악가들도 약속된 땅이 실망스러울 정도로 속물적이라는 것을 발견했다.

폴란드는 오랫동안 갈구해왔던 독립이 성취된 1918년 이후 계속 위협을 받았다. 베르사유 조약은 중부 유럽의 모든 당사국에게 불편한 상황을 만들어냈다. 독일은 폴란드에 대해 앙심을 느끼지 않을 수 없었고, 폴란드인도 모든 이웃 국가에 대해 불만을 가질 수밖에 없었다. 폴란드가 지도상에 다시 나타나도록 도와준 국가들은 폴란드의 생존에 모든 노력을 기울이지는 않았고, 모든 국가가 독일-프랑스 국경은 공식적으로 보장했지만, 폴란드와 면한 독일의 동부 국경에 대해서는 그렇게 하지 않았다. 서방 국가들이 1925년 로카르노Locarno 회담에서 또다른 전쟁에 휘말리지 않기 위해 아무 일도 하지 않자 동 유럽 국가들은 스스로를 방어하기 위해 나서야 했다. 또다른 전쟁이 일어날 가능성이 높아 보였고, 너무 낙천적인 사람이나 잘못된 정보를 가진 사람을 빼고는 폴란드가 스스로 생존할 가능성이 적다는 것을 알아챘다.

뒤늦게 모든 지혜를 짜 모아봐도 폴란드를 구할 외교 정책을 제시하기는 어려웠다. 1932년부터 1939년까지 폴란드 외교 정책을 수행한 유제프 베크 대령은 외교 게임에서 폴란드가 잠재적 동맹국으로서 제공할 것이 아무것도 없다는 것을 분명히 알았다. 1932년에 그는 소련과 불가침 협정을 맺었다. 이것은 독일의 격렬한 반응을 이끌어냈다. 독일은 단치히 자유시를 요구했다. 1933년에 히틀러가 권력을 잡자 피우수트스키는 프랑스-폴란드가 독일에 선제공격을 가할 것을 제안했다. 그러나 히틀러는 화해적 제안을 하며 물러났고,

1934년에 폴란드와 독일은 10년 기한의 불가침 협정을 체결했다. 히틀러는 피우수트스키를 만나서 독일이 발트 지역 국가들로 전진하는 대신 폴란드는 흑해 지역으로 진출하는 문제를 논의하고 싶어했다. 그러나 이것은 폴란드로서는 현실적 선택지가 아니었다.

1938년 봄, 독일의 오스트리아 합병 후 서방은 폴란드에 실질적 도움을 줄 수 없다는 것이 분명해졌다. 베크는 소련과 군사 동맹을 맺을 수 없었다. 역사를 아는 폴란드인이라면 설사 동맹국이라 할지라도 러시아 병력이 폴란드 땅에 들어오게 허용할 수 없었다. 유일한 희망은 독일을 달래서 폴란드를 침공할 생각을 버리게 만들고, 폴란드를 독일 궤도에서 벗어나게 만들고 싶어하는 영국과 프랑스로부터 확실한 군사 원조 약속을 받아내는 것이었다.

1938년 10월 독일이 수데텐란트Sudetenland를 점령한 후 폴란드인은 자올지에Zaolzie(1918년 체코슬로바키아가 점령한 치에신의 일부)를 점령했다. 이것은 부분적으로는 무력을 과시하고, 부분적으로 독일의 공격에 대비하여 폴란드의 남부 방면을 강화하기 위한 조치였다. 또한 리투아니아로 하여금 폴란드와 외교 관계를 수립하도록 만드는 폴란드의 최후통첩을 강조하고, 폴란드의 의도를 선언한 것이었다. 그러나 이것은 폴란드도 독일이나 이탈리아와 크게 다를 바 없는 무법 국가라는 인상을 심어주는 것 외에 별다른 실질적 효과가 없었다.

1939년 3월 22일에 독일 정부는 단치히와 동프로이센을 독일 본토와 나누는 소위 '폴란드 회랑'을 할양하도록 폴란드에 최후통첩을 보냈다. 폴란드는 이 최후통첩을 거부했다. 3월 31일에 영국은 폴란드의 영토적 통합성에 대한 무조건적인 보장을 제안했고, 몇 주 후 영국, 프랑스, 폴란드 사이에 군사 동맹이 체결되었다.

석 달 동안 불안한 평화가 이어졌다. 낙관주의자들은 이것을 상황이 진정되고 평화가 자리잡은 신호로 보았다. 그러나 실상을 보면 독일은 마지막 준비를 하고 있었다. 히틀러는 루마니아로 하여금 폴란드와의 방어 동맹을 철회하도록 압력을 가하고, 스탈린과 협상을 시작했다. 8월에 독일과 소련 두 나라의 외무장관인 요아힘 폰 리벤트로프와 뱌체슬라프 몰로토프는 폴란드를 분할하는 비밀 협약을 맺었다.

1939년 8월 31일 저녁에 폴란드 군복을 입은 10여 명의 독일 전과자들이 상부 실레시아 그레이비츠Gleiwitz에 있는 독일 방송국을 공격하라는 명령을 받았다. 다음날 아침 전 세계는 폴란드가 나치 독일에 의해 공격을 받고 있다는 놀라운 뉴스를 접했다. 독일국방군Wermacht은 위협을 받고 있는 조국을 방어하기 위해 폴란드를 침공했다고 발표했다. 이틀 후인 9월 3일에 폴란드를 도울 방법이 없다는 것을 깨달은 영국과 프랑스는 독일에 선전포고를 했다. 소련도 폴란드를 침공했다.

이어 벌어진 일은 평범한 전쟁이 아니었다. 이것은 폴란드 국가를 파괴하고 폴란드 민족을 멸절하려는 독일과 소련 간의 조율된 지속적인 노력이었다. 전면전은 1945년에 끝났지만, 폴란드로서는 전쟁이 시작된 지 정확히 50년 뒤인 1989년에 전쟁이 끝났다.

20장

전쟁

히틀러가 전격전Blitzkrieg으로 폴란드를 침공하면서 전쟁 역사에 새 장이 열렸다. 1939년 9월 1일에 150만 명의 독일군이 세 방향에서 폴란드를 침공했다. 북쪽의 동프로이센, 서쪽의 독일, 남쪽의 슬로바키아에서 독일군이 진격해 들어왔다. 독일군이 2700대의 전차를 동원한 반면, 폴란드군은 겨우 300대의 전차만 보유하고 있었다. 1900대의 독일군 항공기는 392대의 항공기를 보유한 폴란드 공군으로부터 제공권을 빼앗았다. 폴란드군 방어선은 8곳에서 독일군에 돌파당했고, 독일 공군은 도로, 철도, 교량, 도시를 폭격했다. 독일군 부대들은 잠시도 쉬지 않고 밀려 들어와서 진지를 지키는 폴란드군을 포위했다.

폴란드군은 약 100만 명의 병력을 보유했지만, 마지막 순간의 위기 해결을 시도한 영국과 프랑스의 요청에 의해 동원령 발령이 지연되는 바람에 폴란드군 상당수는 전선 근처에 가지도 못했고, 전투에 나선 부대 대부분은 병력의 3분의 1 이하만 전투에 참여했다. 융통성이 없는 방어 계획과 결합된 이러한 혼란으로 폴란드군은 잠재력을 온전히 전쟁에 쏟지 못했다. 무자비한 폭격으로 인한 혼란은 자신의 부대에 합류하려는 병사들과 독일군 제5열에 의해 격화되었다. 9월 6일이 되자 폴란드군 사령부는 상황을 통제할 수 없었다. 9월 10일에 독일군은 폴란드 북부와 서부 지역 대부분을 점령했고, 9월 14일에 바르샤바가 포위되었다.

기습 공격의 첫 충격에서 벗어난 폴란드군 지휘관들은 강한 항전 의지를 보였다. 타데우시 쿠트제바 장군이 지휘하는 포메라니아-포즈나니아 집단군은 이틀간 쿠트노Kutno에서 벌어진 전투에서 독일군의 진격을 저지했다. 그런 다음 폴란드군은 비스와강과 브주라Bzura강까지 퇴각했지만, 다른 부대의 보충을 받고 반격을 펼쳐 독일군을 밀어내서, 후퇴하는 다른 폴란드 부대들이 숨 쉴 공간을 만들었다. 독일군의 포위를 피하기 위해 폴란드군 사령부는 르부프 지역으로 퇴각을 명령하고 그곳에서 새 방어선을 형성했다. 폴란드군은 중립적인 러시아와 우호적인 루마니아를 후방으로 삼아 방어선을 형성했다. 전차와 야포가 큰 소용이 없는 폴란드 동부의 개활된 지역에서 폴란드군은 독일군에 대등하게 맞설 수 있었다. 그러나 9월 17일에 소련군이 동쪽에서 진격해왔고, 독일의 압력을 받은 루마니아도 폴란드와의 군사 동맹을 철회한 것이 드러났다. 폴란드 한구석에서 항전하는 것은 더이상 불가능했다. 정부, 총참모부, 방어선 내에 있는 부대들은 국외에서 항전을 계속하기 위해 루마니아 국경을 넘었고, 폴란드가 보유한 금괴도 같이 이동했다. 9월 14일 이후 포위 상태에 있던 바르샤바는 2주 후 굴복했다. 그단스크 외곽의 헬Hel반도에 있는 폴란드군 부대는 10월 2일까지 항전했다. 클레베르크 장군이 지휘하는 폴레시에 독립작전집단군은 양 전선에서 독일군, 소련군과 일주일간 전투를 벌인 후 10월 5일에 코츠크Kock에서 항복했다. 소규모 부대들은 폴란드 여기저기서 1940년 봄까지 항전했고, 나머지 잔류 병력은 지하로 숨어들었다.

9월 작전은 통상 용맹스러운 대패배로 묘사되고 전차에 돌진하는 창기병으로 규정되었다. 그 이유를 이해하는 것은 어렵지 않다. 1939년 9월 시기에 어떤 유럽 국가 군대도 전술과 화력에서 월등한 독일국방군을 상대할 수 없었다. 영국군과 프랑스군 수뇌부는 모두 독일이 침공하는 경우 폴란드는 2주 정도 독일군을 저지할 수 있을 것으로 예상했고, 이 시간 동안 프랑스는 90개 사단과 2500대의 전차, 1400대의 항공기를 투입하여 사실상 방어가 전무한 라인 지역을 밀고 들어갈 수 있었다. 그러나 프랑스는 움직이지 않았고, 영국 비행기는 독일 도시에 선전 전단을 뿌리는 활동만 했다. 그런 상황에서 폴란드군은 독일군을 3주 동안 묶어놓았고, 소련군이 침공하지 않았더라면 더 오래 버틸 수 있었다(프랑스가 독일을 공격했더라면 소련군이 침공하지 않았을 것으로 후에 알려졌다). 여러 불리한 상황에서도 불구하고 폴란드군은 용맹스럽게 항전했고, 1940년에 영국군과 프랑스군이 입힌 피해보다 훨씬 더 큰 인적·물적 피해를 독일군에 입혔다. 독일군은 4만 5000명의 사상자가 발생했고, 300대의 항공기, 993대의 전차가 파괴되었다. 그러나 폴란드 측에는 20만 명의 사상자가 발생했다.

이는 단지 군인 사상자만을 추계한 것이고, 독일군 항공기의 기총소사로 사망한 수만 명의 민간인은 포함하지 않은 것이었다. 여기에는 진격하는 독일군에 의해 사살당한 수천 명의 지주, 사제, 교사, 의사, 경찰, 다른 직업군의 사람들도 포함되지 않았다. 이것은 독일의 바르테가우Warthegau 지역이 되는 폴란드 서부 지역의 민족청소의 서곡이었다.

10월에 폴란드는 점령자들에 의해 분할되었다. 소련군이 점령한 더 큰 면적의 지역은 소련에 병합되었고, 이후 몇 달 동안 1700만 명에 달하는 이 지역 주민들이 시베리아나 러시아 북부 지역의 강제노동수용소로 이송되었다. 독일은 포메라니아, 실레시아, 포즈나니아를 독일제국에 편입시켰다. 점령한 나머지 지역은 통합정부Generalgouvernement 지역으로 지정했다. 이 지역은 히틀러의 친구이자 변호사인 한스 프랑크가 크라쿠프의 왕궁에서 통치하는 식민지였다. 그는 폴란드란 개념은 인간의 머리에서 지워질 것이고, 멸절되지 않은 폴란드인은 새로운 독일제국 내에서 노예로 살아갈 것이라고 선언했다.

이 과정은 즉각 시행되었다. 여기에서도 사제, 지주, 교사, 변호사, 기타 학식이 있거나 영향력이 있는 사람들은 즉결 처형을 당하거나 후에 아우슈비츠Auschwitz로 개명되는 오시비엥침Oświęcim의 강제수용소로 보내졌다. 이 과정은 폴란드 사회를 무력화시키고, 지도자 없이 독일에 순응하는 노동력만 남기는 것을 목표로 했다.

폴란드 주민들은 논리를 이해할 수 없는 거대한 인구 재배치 정책에 의해 이곳저곳으로 이주당했다. 이후 5년 동안 75만 명의 독일인이 독일제국에 편입된 지역으로 이주해왔다. 40만 명의 폴란드인은 이 지역으로부터 통합정부 지역으로 강제 이주되었고, 33만 명은 총살당했다. 모두 합해서 약 200만 명의 폴란드인이 제국 지역에서 통합정부 지역으로 강제 이주되었고, 280만 명의 폴란드인이 통합정부 지역에서 노예 노동을 위해 차출되었다. 아리아인처럼 보이는 아

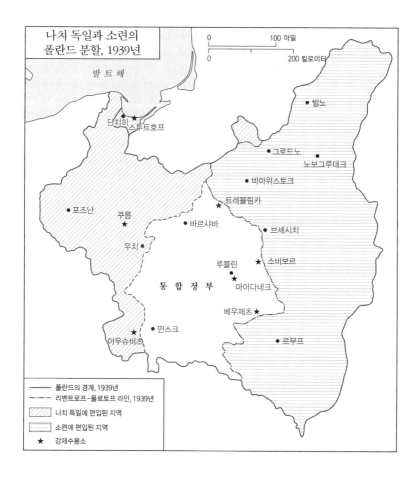

나치 독일과 소련의
폴란드 분할, 1939년

0   100 마일
0   200 킬로미터

발트 해

빌노 ●

단치히 ★ 스투트호프

그로드노 ●
노보그루데크 ●

비아위스토크 ●

트레블링카 ★

포즈난 ●   쿠름 ★   바르샤바 ●   브셰시치 ●

우치 ●

소비보르 ★

루블린 ★
통 합 정 부   마이다네크

베우제츠 ★

민스크 ●
아우슈비츠 ★   르부프 ●

——— 폴란드의 경계, 1939년
—·—·— 리벤트로프-몰로토프 라인, 1939년
⫽⫽⫽ 나치 독일에 편입된 지역
       소련에 편입된 지역
★   강제수용소

동들은 납치되었고, 최대 20만 명의 아동이 독일인으로 양육되었다.
약 2000개에 달하는 여러 종류의 수용소가 폴란드에 세워졌고, 이
곳에 유럽 전역에서 이송당해 온 다양한 사람들이 폴란드인과 함께
수용되었다.

폴란드의 유대인 주민들은 특별한 대상으로 분류되었다. 소도시와
마을에서 유대인은 모두 소집되어 독일국방군이나 이들과 함께 진주
한 특별경찰 부대에 의해 총살당했고, 일부 경우 목조 시나고그에서

불태워졌다. 대도시에서 유대인은 옷 위에 노란 별을 달아야 했고, 게토ghetto라고 알려진 지정된 장소로 이주해 살아야 했다. 1940년 5월에 우치의 유대인 게토는 봉쇄되었고, 바르샤바와 다른 도시의 게토에서도 같은 일이 벌어졌다. 1942년 이후 이 게토에 갇힌 유대인은 트레블링카, 마이다네크, 소비보르, 베우제츠, 아우슈비츠-비르케나우 집단수용소와 기타 장소로 이송되어 멸절의 운명을 맞았다. 전부 합쳐 약 270만 명의 폴란드 유대인이 살해되었다.

정상적인 생활은 불가능하게 되었다. 학교는 문을 닫았고, 극장, 언론, 다른 시설들도 문을 닫았다. 독일의 전쟁 노력에 도움이 되지 않는 모든 기관은 폐쇄되었다. 폴란드 주민들이 처한 환경은 정확한 서술을 하기가 어려웠다. 독일의 점령 통치는 말할 수 없이 가혹했을 뿐만 아니라, 여러 독일 군사, 경찰, 민간 기구들이 각자 독립적으로 활동하면서 불안할 정도로 무계획적이었다. 혼란과 불확실성이 지배하는 상황에서 주민들은 공포 상태에서 벗어날 수 없었다. 이것은 사회를 갉아먹는 결과를 가져왔다. 적극적인 부역은 없었지만, 독일의 점령 당국은 스파이 노릇을 하고 동포를 밀고할 사람을 찾는 데 어려움이 없었다. 그러나 주민 대다수는 능동적·수동적으로 저항을 계속했고, 패배는 일시적인 것으로 생각했다.

1939년 9월 말에 루마니아 정부 관리들과 함께 국경을 넘은 후 구금된 폴란드 대통령 모시치츠키는 후계자로 상원의장을 역임한 브와디스와프 라츠키에비치를 임명했다. 9월 30일에 라츠키에비치는 파리에서 정부를 구성하여 브와디스와프 시코르스키를 총리로 임명했고, 그는 폴란드군 총사령관도 겸직했다. 주요 정당 지도자들로 구성된 국가평의회는 이그나치 파데레프스키를 상징적 대통령으로, 인민당 당수 스타니스와프 미코와이치크를 국가평의회 의장으로 추대했다. 이 정부는 연합국들의 승인을 받았고, 동유럽을 통해 탈출한 병사들과 프랑스·미국의 자원병으로 폴란드군을 재편성했다.

1940년 6월에 폴란드군 병력은 8만 4500명에 달했고, 4개 보병 여단과 2개 여단, 1개 기갑 여단과 9000명의 공군, 1400명의 해군으로 편성되었다. 폴란드 여단은 실패로 끝난 나르비크Narvik 작전에 참전했고, 2개 사단과 2개 여단 150명의 공군 조종사와 함께 1940년 6월에 프랑스군 작전에 참전했다. 프랑스가 독일군에 점령되면서 폴란드군은 지상군 병력 4분의 3을 잃었지만, 잔존 병력은 폴란드 정부를 따라 영국으로 이동하여 그곳에서 재편성되었다.

이곳에서 폴란드군은 독일군의 폴란드 침공에서 살아남은 병력과 합쳐졌다. 발트해를 빠져나와 영국 해군에 가담한 3척의 구축함과 2척의 잠수함, 다양한 경로로 영국까지 온 수천 명의 남녀 병사들도 폴란드군에 편입되었다. 1945년에는 영국군과 함께 싸우는 폴란드군 병력이 22만 명에 달했다. 1940년 여름에 독일 공군의 영국 본토 폭격 때 상실한 독일공군기의 25퍼센트를 격추한 폴란드 공군은 10개 전투기 편대와 4개 폭격기 편대로 발전했고, 미 육군항공대가 영국에 오기 전까지 연합군 항공군 전력의 25퍼센트를 차지했다. 폴란드 공군은 총 10만 2486회 출격해서 1973명의 조종사가 전사했고, 독일공군기 745대와 190기의 V-1 로켓을 격추시켰다. 폴란드 해군은 약 60척의 함정을 보유했고, 이 중에는 2척의 순양함, 9척의 구축함, 5척의 잠수함이 포함되었다. 폴란드 해군은 총 665번의 해상 작전을 펼쳤다. 폴란드 육군은 영국 본토 방어 작전과 북아프리카와 이탈리아 작전, 아르넴Arnhem 작전, 프랑스 침공과 네덜란드 해방 작전에 참가했다.

　연합군의 전쟁 노력에 폴란드군이 기여한 공로를 양적으로 측정하기는 어려울 것이다. 그중 하나는 유럽 전역에 흩어져 있던 정보 요원들이 제공한 정보다. 이들은 독일 전역의 요충지에 포진하여 강제 이주, 노예 노동 실태를 보고했다. 또다른 기여는 1930년대 폴란드군이 독일군이 사용하는 '에니그마Enigma' 암호기 사용을 감시하고, '봄베bombe'라는 암호해독기를 개발해 암호화된 명령을 해독하여 영국의 블레츨리 파크Bletchlewy Park에 있는 암호해독팀에 넘겨준 것이다. 이 덕분에 연합군은 1940년 초부터 독일 최고사령부의 모든 명령을 해독할 수 있게 되었다.

　투쟁은 폴란드 내에서도 진행되었다. 바르샤바가 독일군에 함락되기 전날인 9월 28일에 일군의 폴란드군 장교들은 저항군 사령부를 구성하고, 폴란드 전역에서 활동하는 부대들에 대한 지휘를 담당하고, 무장투쟁연맹zwz이란 명칭의 자체 부대를 편성했다. 이것은 폴란드 전역에 약 150개의 무장 투쟁 단체가 만들어지기 직전의 일이었다. 무장투쟁연맹은 폴란드 국내군Armia Krajowa: AK〔원뜻은 '본국군'〕으로 변신하여 런던에 있는 폴란드군 총사령부에 직속되었다. 1944년이 되자 폴란드 국내군 병력은 30만 명이 넘었다. 이들은 독일군에 점령된 유럽 지역에서 가장 큰 저항 세력이 되었고, 가장 적극적인 활동을 펴서 이후 4년간 10만 명이 사망했다.

　공개적 저항과 독일군 고관들의 암살은 민간인들에 대한 대량 보복을 불러일으켜서 이러한 작전 대신에 비밀 작전이 선택되었다. 폴란드 국내군은 열차를 탈선시키고, 교량을 파괴하고, 통신선을 절단하고, 독일의 전쟁 물자 생산 공장에서 엔진, 전차, 야포, 항공기 항행 장비 등을 대량으로 파괴했다.

국가 활동은 지하에서 진행되었다. 지하정부Delegatura가 조직되었는데, 이는 모든 정당의 대표들로 구성된 자문위원회를 가진 바르샤바의 행정부였다. 지하정부는 폴란드 국내군의 정치적 상관이었고, 1863년 도시위원회처럼 지하 법정부터 지하 대학, 비밀 학교에 이르기까지 모든 것을 관할했다.

6년 동안 모든 단계의 교육은 비밀리에 진행되었다. 독일군 코앞에서 폭탄이 생산되고, 연극이 상연되고, 책이 출간되고, 비밀 언론은 주민들에게 전쟁 상황을 알렸다. 이러한 활동들은 아주 효과적으로 기민하게 진행되어 점령 상황의 어려움과 위험을 피해 나갔다. 독일군의 의심을 받으면 고문, 집단수용소, 죽음이 기다리고 있었고, 수많은 사람이 그 대가를 치렀다.

독일의 공포 통치가 파괴적 성공을 거둔 한 분야는 폴란드에 거주하던 다양한 민족들을 분열시키고 서로 이간시키는 작업이었고, 특히 유대인 피가 흐르는 폴란드인을 분리하여 이들을 멸절시키기 전에 사회에서 격리시켰다. 이것은 주로 독일군이 점령한 다른 국가에서는 적용되지 않은 특별한 규정을 통해 달성되었다.

폴란드에서 유대인을 보호하다가 발각된 사람은 자신뿐만 아니라 가족 전체가 처형되었다. 이런 가혹한 상황에서는 유대인을 사랑하는 폴란드인이라 할지라도 유대인 문제에 관여하는 것을 주저할 수밖에 없었다. 유대인을 보호하고 있는 사람과 같은 가옥에 살고 있는 사람이 이를 고발하지 않을 때도 똑같은 징벌이 내려졌다. 자신이 사는 아파트 건물에서 유대인을 보호하고 있는 사람이 있으면 다른 사람이 이를 고발하여 자신이 죽임을 당하는 것을 기다리기보다 스스로 고발함으로써 자신과 가족의 안전을 지키고 싶은 유혹에 시달릴 수밖에 없었다. 그러나 다른 요인들도 작용했다.

많은 폴란드인은 유대인과 크게 다를 바 없이 반복적으로 일어나는 가혹한 상황으로 인해 배타적인 불만, 편집증, 자신들이 당하는 불행에 대한 내부 지향적 무기력감이 커져서 주변에서 일어나는 일과 과정을 완전히 개인적인 방식을 벗어나 바라보는 능력을 상실했다. 이로 인해 그들은 자신 주변에서 벌어지는 비극을, 그저 외면하거나, 폴란드인이 핵심 희생자가 되는 시나리오의 한 요소로 보는 경향이 생겨났다. 그리고 폴란드 사회에서 유대인을 멸절시키는 것을 무관심하게 지켜보거나 심지어 상서로운 사건으로 보는 반유대주의에 사로잡힌 사람도 많았다.

그러나 수많은 폴란드인은 자신의 목숨을 걸고 유대인을 숨겨주었고, 이들에게 위조 신분증을 만들어주었다. 사제들은 수천 명의 유대인 어린이들을 수도원이나 수녀원 부속학교에 숨겨줌으로써 이들의 목숨을 구해주었다. 1942년에 폴란드 국내군은 제고타Żegota라는 암호명이 붙은 유대인 특별 지원팀을 만들었고, 이들은 약 1만 명의 유대인을 구했다.

이러한 작전은 저항 세력 내부의 분열과 갈등으로 더 어려워지고 위험해졌다. 정치에서 급진주의를 추종하던 사람들은 민족무장단NSZ을 조직하여 폴란드 국내군과 별도로 활동했고, 유대인 문제를 비롯한 여러 문제에서 다른 노선을 걸었다. 폴란드 국내군과 지하정부에게 더 큰 어려움을 안겨준 것은 조직된 지 얼마 되지 않아 폴란드노동당과 연계되고 궁극적으로 소련과 연계된 인민군대AL였다.

폴란드 공산당은 정치 무대에서 의미 있는 세력이 된 적이 없었다.

1930년대에 공산당 지도부는 투옥되었고, 활동가 대부분은 소련으로 피신했지만, 지도부는 1938년의 스탈린 대숙청 때 모두 처형되고 나머지는 강제노동수용소로 보내졌다. 이 운명을 피한 공산당 고위 간부는 당시 폴란드 감옥에 수감되어 있던 브와디스와프 고무우카와 마르첼리 노보트코뿐이었다.

1941년 봄에 스탈린은 살아남은 폴란드 공산당원들을 찾아 나섰다. 1941년 12월에 스탈린은 노보트코에게 폴란드노동당PPR을 조직하라는 명령을 내렸고, 그는 이를 수행했지만 1년도 채 되지 않아 암살당했다. 1943년에 폴란드 남동부에서 지하 부대를 조직하고 있던 고무우카는 폴란드노동당 지도자가 되었고, 그의 지도하에 인민군대는 스탈린이 와해시키기로 작정한 폴란드 정부에 대안이 되는 자체 조직을 건설했다.

1940년에 프랑스가 독일에 함락된 후 폴란드는 영국의 유일한 전투 가능한 동맹이 되었고, 독일 침공의 위험을 방어하고 수송로를 지키는 데 조역을 했다. 그러나 그들은 유럽 대륙 전투에서 패배했고, 영국이 폴란드의 독립 회복을 도와줄 가능성은 거의 없었다.

1941년 6월 22일에 히틀러는 소련을 상대로 바르바로사 작전을 전개했고, 소련군은 독일군의 공격에 거의 와해되다시피 했다. 스탈린은 할 수 없이 연합국 진영에 참여했다. 그는 영국과 동맹을 수립하고, 7월 30일에는 폴란드와도 동맹을 맺었다. 이 동맹 체결로 인해 소련에 투옥된 폴란드 시민들은 모두 석방되어서 소련군과 함께 싸울 폴란드 군대를 형성해야 했다.

그러나 이 동맹은 심각한 긴장으로 훼손되었다. 소련은 1939년에 맺어진 리벤트로프–몰로토프 조약을 취소했지만, 전쟁 전 폴란드의 국경을 인정하지는 않았다. 폴란드 투옥수들을 마지못해 풀어주었지만 일부는 다시 체포했다. 브와디스와프 안데르스 장군의 지휘 아래 우즈베키스탄에서 편성되던 폴란드 부대는 여러 도발에 노출되었고, 공산주의자들이 침투했다. 그는 소련군에 1939년 체포되었던 폴란드 장교 명단을 제시했으나, 이들 가운데 나타난 사람은 거의 없었다. 2만 명 가까운 장교가 실종 상태였다. 시코르스키는 이 문제를 스탈린에게 제기했고, 스탈린은 문제를 조사하겠다며 대충 넘어가려고 했다. 그러는 동안 안데르스 장군의 부대에 위해가 가해졌고, 식량 배급도 중지되었다. 소련 감옥에서 2년을 보낸 안데르스 장군은 최악의 상황에 대비하는 법을 배웠고, 이 부대를 동부 전선에 배치하려는 시코르스키의 의사에 반해 안데르스는 11만 명에 이르는 자신의 부대와 잡다한 인력을 모두 이끌고 소련을 벗어나 이란으로 갔다. 영국은 이곳에서 안데르스 부대가 필요했다.

1943년 4월 11일에 독일 라디오는 스몰렌스크 인근 카틴 숲에서 대규모 집단 매장지를 발견했다고 발표했다. 이곳에서는 총 4231명의 폴란드 장교가 손이 뒤로 묶인 채 머리에 총상을 입은 시신으로 발견되었다. 처음 제시된 명단(그들은 모두 신분증을 소지하고 군복을 입은 채 살해되었다)은 1941년에 안데르스가 소련군에 제시한 명단과 일치했다. 이 폴란드 장교들은 모두 1940년 봄에 소련 비밀경찰 NKVD에 의해 살해되었지만, 소련 측은 독일이 이 대량 학살에 책임이 있다고 주장했다. 폴란드 정부는 국제적십자사의 조사를 요구했지만, 4월 26일에 소련 당국은 이것을 신의 위반과 독일과의 협업이라고 비난하고 폴란드 정부와 외교 관계를 단절했다.

일주일 뒤, 독일군 친위대 지휘관 위르겐 슈트루프가 바르샤바 게토에서 최후의 저항을 벌이던 유대인들을 학살하는 작전을 개시했다. 유대인 전사들이 독일군의 살육에 저항했지만 게토 전 지역은 이후 3주 동안 폐허로 변했다. 폴란드 국내군 사령관인 스테판 로베츠키 장군이 게슈타포에 체포된 1943년 3월에도 게토에서는 연기가 피어오르고 있었다. 7월 5일에 안데르스 장군의 폴란드 제2군단을 시찰하고 런던으로 귀환하던 시코르스키를 태운 비행기가 지브롤터에서 이륙 직후 추락해서 모든 탑승자가 사망했다. 이러한 연이은 재앙은 폴란드의 암울한 상황을 더욱 극적으로 부각시켰다.

히틀러가 소련을 침공할 때까지 폴란드는 영국의 유일한 동맹이었다. 1941년에 소련이 연합국에 가담하면서 폴란드는 동맹에서 제3의 자리로 내려앉았다. 1941년 12월에 미국이 참전하면서 폴란드는 미국이 점점 주도권을 잡는 동맹의 네 번째 국가가 되었다. 1943년 2월에 소련군이 스탈린그라드에서 승리를 거두면서 동맹 진영에서 스탈린의 입지는 막강해졌고, 그는 이것을 이용하여 폴란드 망명 정부가 국내에 아무런 지지 기반이 없는 가짜 정부라고 비난하면서 폴란드 정부의 권위를 훼손하려고 했다. 이와 동시에 그는 2년 전 석방되지 않은 폴란드인을 이용해 자체 폴란드군을 편성하기 시작했다.

스탈린은 1939년의 소련-폴란드 국경이 만족스럽지 못하다고 선언하고, 이 국경은 폴란드인이 다수파 주민을 차지하고 있는 지역에 맞추어 서쪽으로 이동되어야 한다고 주장했다. 이를 위해 그는 1920년 당시 영국 외무장관 커즌이 제안한 휴전선인 소위 '커즌 라인Curzon Line'을 갑자기 들고 나왔다. 그러나 스탈린이 히틀러와 단독 강화를 할 것을 우려한 루스벨트와 처칠은 스탈린의 제안에 동의했고, 폴란드 정부가 이것을 받아들이도록 설득에 나섰다. 시코르스키의 뒤를 이어 스타니스와프 미코와이치크가 총리가 되었고, 카지미에시 소슨코프스키가 총사령관을 맡았다.

미코와이치크는 소련 측과 직접 협상을 하고 싶어했지만, 스탈린은 이를 피했다. 1943년에 열린 테헤란 회담에서 스탈린은 처칠이나 루스벨트를 두려워할 필요가 전혀 없다는 확신을 하게 되었다. 그는 자신이 완전히 자유를 가진 문제에서 자신을 속박할 필요가 없다고 생각했다. 시간은 폴란드인 편이 아니라 자신의 편이었다. 1944년 1월에 소련군은 독일국방군을 추격하며 1939년의 폴란드-소련 국경을 넘어섰다. 스탈린이 소련군을 폴란드에 진주시키는 시점에 폴란드 정부의 군대는 영국과 이탈리아에 있었다. 스탈린은 지그문트 베를링 장군이 지휘하는 8만 명 병력의 폴란드 제1군을 통제하고 있었다. 베를링 장군은 1939년에 소련에서 투옥되었지만, 소련에 남도록 설득되었다. 역설적으로 폴란드에 남아 있는 폴란드 정부의 마지막 자산인 폴란드 국내군은 정치적 부담이 되었다. 폴란드 국내군이 오랫동안 기다려온 무력적 과시는 스탈린만 이롭게 만든 의미 없는 주변적 영웅주의의 과시로 끝나고 말았다.

폴란드 국내군 지휘부는 연합군의 작전을 돕는 봉기를 준비해왔었다. 영국군과 미군이 이탈리아를 거쳐 오스트리아로 진군하는 동안, 안데르스 장군이 이끄는 폴란드 제2군은 남쪽으로부터 폴란드에 먼저 도달하기 위해 노력했고, 특별 독립공수여단은 폴란드 내에서 일어날 봉기를 돕기 위해 영국에서 대기 중이었다. 그러나 소련군은 이 연합군 부대들보다 빨리 진격해왔다. 폴란드는 소련군에 의해 해방될 상황에 처했다. 안데르스 장군은 이탈리아의 몬테카시노Monte Cassino, 앙코나Ancona, 볼로냐 등지에서 전투를 벌이고 있었고, 폴란드

공수여단은 아른헴Arnhem 전투에서 종말을 맞이할 운명이었다.

폴란드의 지하정부 지도부는 자신들을 인정하지 않는 연합군인 소련군에 의해 폴란드가 해방될 것이라는 사실을 직시해야 했다. 폴란드 국내군은 독일군에 대항한 작전을 준비하는 동안 자신들이 소련에 대한 정치적 입장을 분명히 취해야 한다는 것도 깨달았다. 폴란드 국내군은 '광풍Tempest'이라는 암호명이 붙은 작전을 수정하여, 진격해오는 소련군을 지원하기 위해 독일군 후방에서 작전을 전개하기로 결정했다. 폴란드 국내군 부대는 소련군 지휘관들과 접촉하여 작전을 조율해야 했다. 이것은 정치적 차원에서 발생한 간극을 전장에서 메우는 시도였다.

1944년 4월에 6000명 병력의 폴란드 국내군 27사단은 소련군이 르부프를 점령하는 것을 도왔고, 5000명 병력의 폴란드 국내군 지역 부대도 소련군의 빌노 전투를 지원했다. 두 경우 모두 소련군과 폴란드 국내군이 협력하여 전투를 치렀지만, 승리의 포옹과 악수를 나눈 이틀 후 폴란드 국내군 장교들은 체포되거나 총살당했고, 병사들은 베를링의 부대로 편입되었다. 이런 상황에 크게 낙담하기는 했지만, 폴란드 국내군 지휘부는 소련군이 커즌 라인을 넘어 폴란드 내로 들어오면 다르게 행동할 것이라는 희망을 버리지 않았다. 그러나 7월 말에 루블린 해방 작전에 같이 참여한 폴란드 국내군도 비슷한 운명을 맞으면서 이러한 희망은 산산조각이 났다.

6월에 스탈린은 폴란드 정부에 일정한 변화가 일어난다면 폴란드 정부와 협상을 고려할 수 있다고 처칠에게 말했다. 루스벨트는 이 문제를 미코와이치크와 직접 상의하겠다고 제안했다. 연합국의 강한 압박을 받은 미코와이치크는 7월 26일에 모스크바로 날아갔으나 이 시점에 그의 권위는 훨씬 약해져 있었다. 스탈린은 자신이 조종하는 폴란드인으로 하여금 '폴란드애국자연맹'을 조직하도록 했다. 7월 20일에 이 집단은 지금까지 폴란드사회당 멤버였던 오숩카-모라프스키의 지도 아래 폴란드해방위원회를 구성했다. 한 주 뒤 이들은 미리 모스크바에서 작성된 선언문을 발표하고, 해방된 지역에서 임시정부로 활동하며 8월 1일에 루블린에 본부를 차렸다.

폴란드 국내군 지휘부는 활동할 공간이 거의 없었다. 7월 20일에 소련군은 부그강을 도하했고, 다음날 히틀러 암살 시도 소식이 알려졌다. 7월 23일에 독일 행정 당국은 바르샤바에서 사무실을 철수하기 시작했고, 독일 정착자들과 독일 패잔병들, 독일 수용소의 부역인들이 서쪽으로 향한 도로를 가득 채웠다. 7월 27일에 소련군 부대들이 남쪽에서 비스와강을 도하했고, 러시아 야포 소리가 바르샤바까지 들렸다. 7월 29일에 모스크바 방송은 바르샤바 주민들에게 독일군을 상대로 봉기를 일으키라는 몰로토프의 메시지를 내보냈다. "한순간도 낭비할 수 없다"라고 방송은 촉구했다. 폴란드 국내군도 이 사실을 잘 알고 있었지만, 그들은 진퇴양난에 빠졌다.

바르샤바에서 봉기를 일으키면 괴멸적 결과가 발생할 수 있었다. 폴란드 국내군은 완전히 섬멸되고 주민들도 큰 고난을 당할 수 있었다. 그러나 폴란드 국내군이 봉기를 일으키지 않으면 소련군은 이들을 독일군 동조자로 몰아붙일 것이 분명했다. 폴란드 국내군 지도부는 요원들을 자제시키는 것도 어렵다고 보았다. 이들은 독일군과 당당히 싸우기 위해 5년을 기다려왔다. 공산주의자들이 통제하는 인민군대AL는 행동에 돌입할 준비를 했다. 그렇게 되면 아무도 통제할 수 없는 난투극이 벌어질 수 있었다.

폴란드 지하정부는 런던의 상관들과 협의를 했고, 런던 당국자들은 연합국들의 지원이 불가능하기 때문에 봉기를 일으키는 것에 반대했지만 최종 결정은 바르샤바 현지 지도자들에게 맡겼다. 지하정부는 군대에 결정을 맡겼다. 고위 관리들의 모임 후 폴란드 국내군 사령관인 타데우시 부르-코모로프스키는 결정을 내렸다. 소련군 선두 부대가 바르샤바의 12킬로미터 근처까지 왔고, 소련군 대포 소리가 창문을 뒤흔드는 상황에서 그는 다음날 작전을 개시하라는 명령을 내렸다.

1944년 8월 1일 오전 5시, 폴란드 국내군은 행동을 개시했다. 우선적 목표는 독일군을 바르샤바에서 몰아내고 무기를 탈취하는 것이었다. 이것은 7월 30-31일의 격렬한 상황에서는 달성할 수 있는 목표였지만, 8월 1일에 독일군은 도시의 외곽진지를 보강했고, 새로운 팬저 전차 사단이 비스와강을 건너왔다.

폴란드 국내군은 첫 목표들을 장악하거나 독일군을 구시가지와 도시 중심부를 가로지르는 동서 축 너머로 밀어내는 데 실패했다. 이후 이틀 동안 폴란드 국내군은 통제 지역을 확대했지만, 공항, 철도역, 비스와강의 교량을 장악하는 데는 실패했다. 8월 6일이 되자 그들은 더이상 전진하지 못한 채 이후에는 방어에만 집중했고, 이런 방어 전투를 63일간 지속했다.

독일군은 폰 뎀 바흐 장군의 지휘 아래 새로운 부대를 편성하여 봉기군을 제압하러 나섰다. 친위대 바이킹 팬저 사단, 경찰 대대 혼성 부대, 독일군 전과자로 구성된 여단, 친위대 아제르바이잔 대대, '러시아민족해방군대RONA'로 편성한 러시아군 포로들로 구성된 몇 개의 부대가 진압 작전에 나섰다.

이후 몇 주 동안 폰 뎀 바흐 집단군은 집집마다 수색을 벌이며 폴란드 국내군을 밀어냈고, 이 과정에서 민간 주민들을 살해했다. 볼라wola 지구를 장악한 독일군은 독일군 사령부도 충격을 받을 정도의 인간 사냥에 나섰다. 독일군 급강하 폭격기가 폴란드인이 장악한 지역을 폭격했고, 장거리포도 포탄을 퍼부었다. 이로 인해 벌어진 참상은 이루 말로 다 할 수 없었다. 탄약, 의료품, 식량, 심지어 식수도 부족한 상황에서 폴란드 국내군 전사들은 기발한 수법으로 독일군에 대항했다(독일군 사령부는 이 전투가 스탈린그라드 전투만큼 격렬했고 1만 7000명의 전사자와 9000명의 부상자가 발생했다고 보고했다. 이 비율은 폴란드 전사들이 총알 한 발 한 발을 얼마나 정확하게 사용했는지를 보여준다). 폴란드 국내군 전사들은 몇 대의 전차와 다른 중화기를 노획했지만, 무기, 탄약, 의료품이 절대적으로 부족했고, 이들이 다시 주도권을 잡으려면 소련군의 진격이 필수적이었다.

8월 4일 밤에 무기를 공수하려는 시도가 있었지만, 대가가 엄청났다. 연합군 비행기들은 북부 이탈리아에서 왕복 2500킬로미터의 거리를 비행해야 했고, 영국, 폴란드, 남아프리카연방의 항공 부대가 며칠 동안 총 196회 출격했지만, 이 가운데 42회만 바르샤바까지 다다를 수 있었다. 처칠은 왕복 비행을 제안하고, 영국과 미국 항공기들이 소련 비행장에 착륙할 수 있게 해달라고 스탈린에게 요청했지만, 스탈린은 이를 거절했다.

봉기가 발생한 이틀 후 모스크바 방송은 이 봉기를 소련에 대항하는 음모라고 비난했다. 스탈린은 아직 모스크바에 머물고 있는 미코와이치크에게 "소련군 사령부는 바르샤바의 소요에서 거리를 둘 것이고, 이에 대해 어떤 책임도 지지 않을 것이다"라고 말했다. 바르샤바 코앞까지 온 소련군은 전투를 중지했고, 이후 6주 동안 아무 일도 하지 않았다.

8월 20일에 처칠과 루스벨트는 매우 강력하게 소련 측에 공동 청원을 보냈지만, 스탈린은 폴란드인이 이 일을 시작했기 때문에 그들이 그 결과를 감당해야 한다고 주장하고, 폴란드 국내군을 '권력에 눈이 먼 소수의 범죄인 집단'이라고 묘사했다. 그는 소련군이 바르샤바를 지원할 수 없는 여러 가지 기술적 이유를 들었다. 물론 군사적 문제도 있기는 했지만, 진정한 이유는 정치적인 것이었다. 폴란드를 소련의 위성국으로 만들려는 자신의 목표에 적대적인 바로 그 인적 자원을 독일군이 소탕하는 상황에서 소련이 이를 제지하는 것은 어불성설이었다.

처칠과 루스벨트가 점점 더 강하게 항의하자 스탈린은 결국 왕복 수송 비행을 허용했다. 9월 13일에 소련 공군이 바르샤바 상공에 나타나 보급품을 투하했다. 소련군은 프라하를 점령했고, 바르샤바 동안 외곽 지역으로 진군했다. 9월 16일 베를링이 이끄는 폴란드군 부대는 비스와강 도하를 시도했다. 9월 18일에 미국의 B-17기 107대가 첫 왕복 비행을 했지만, 그때는 이미 폴란드인이 장악한 지역이 너무나 축소되어서 대부분 지역은 독일군 수중에 떨어졌다.

폴란드 국내군은 북쪽의 구시가지, 시내 중심부와 남쪽의 모코투프Mokotów 주거 지역을 사수했고, 몇 군데 작은 지역을 지켰다. 이 지역 간의 상호 연락은 어려웠고, 병력이 많고 장비를 잘 갖춘 바르샤바 외곽 지역에 있는 부대들은 시내의 폴란드인을 둘러싸고 있는 독일군 포위망을 돌파할 수 없었다.

독일군은 먼저 서부 외곽 지역인 볼라와 오호타Ochota의 저항 세력을 분쇄한 다음 구시가지의 저항 세력 섬멸에 나섰다. 이곳에서는 거리거리에서 치열한 전투가 벌어졌다. 4주간 필사적 저항을 펼친 구시가지 방어군은 철수를 결정했다. 9월 1일 밤에 4000여 명의 잔존 전사들은 가능한 한 많은 부상자를 데리고 하수구로 내려갔다. 허리까지 찬 오물을 헤치고 앞으로 나아가는 것은 쉽지 않은 일이었는데, 독일군은 맨홀을 통해 하수구에 독가스를 주입했다. 그럼에도 피신자 대부분은 결국 시내 중심부 지상으로 나올 수 있었다.

폴란드 국내군은 계속 필사적으로 저항했지만, 9월 말이 되자 저항 거점들이 하나하나 분쇄되었다. 더이상 긴 고난을 감내할 이유가 거의 사라졌다. 10월 2일에 폴란드 국내군 사령관 부르-코모로프스키 장군은 항복했다. 처칠과 루스벨트는 폴란드 국내군 전사들이 정규군임을 강조하고 독일군은 이들을 전쟁포로로 대우해야 한다고 주장했다. 그러나 민간인들은 가축 운송 트럭에 실려 집단수용소로 보내지거나 독일에서 강제 노동을 해야 했다.

바르샤바에서는 25만 명의 시민이 사망해 폐허 속에 방치되었다. 살아남은 주민들이 제거되자마자 히틀러의 명령이 실행에 옮겨졌다. 친위대의 파괴 전문 부대가 투입되어 시내에 남아 있는 모든 건물에 폭약을 설치했다. 1945년 1월에 소련군이 바르샤바에 진주했을 때 돌아다니는 개와 쥐를 빼고는 해방시킬 사람도 건물도 없었다. 거대한 잔해 무덤만이 전쟁 중에 다른 어느 도시보다 참혹한 피해를 당한 이 도시의 묘비처럼 남아 있었다.

최종 항복 전 수만 명의 바르샤바 시민들이 시내를 빠져나가 교외로 피신했다. 그들 중에는 수천 명의 폴란드 국내군 전사도 포함되어 있었고, 새 사령관 레오폴트 오쿨리츠키 장군과 지하정부 수뇌부 전체도 빠져나갔다. 바르샤바 함락이 폴란드 국내군 투쟁의 종말은 아니었고, 시골 지역에 여러 부대가 남아 있었지만, 폴란드 국내군의 역할은 사실상 끝났다.

폴란드 국내군은 5년간의 치밀한 계획과 기민성, 영웅적 활동으로 정보 수집에서 놀라운 결과를 만들어냈고, 독일군 약 15만 명의 희생을 가져왔다. '광풍' 작전과 바르샤바 봉기는 폴란드 국내군의 잠재력을 보여줄 기회를 만들어냈다. 그러나 이런 작전들은 정치적으로 재앙과 같은 결과도 가져와, 미코와이치크의 협상 입지를 강화하기는커녕 그를 탄원자의 입장으로 바꾸어놓았다.

스탈린은 10월에 모스크바에서 진행된 회담에서 미코와이치크에게 자신이 제안한 동부 국경을 받아들이도록 요구했다. 이에 대한 보상으로 폴란드는 오데르강까지의 독일 영토를 얻게 될 것이라고 말했다. 또한 런던의 망명정부를 해산하고 폴란드로 와서 루블린위원회 일원들로 구성되는 임시정부의 수장을 맡도록 압박했다. 처칠과 루스벨트로부터도 압박을 받은 미코와이치크는 자신의 판단을 보류하고 이 타협안을 수락함으로써 자신의 선의를 보여주려고 했다. 1945년 1월에 오쿨리츠키 장군은 폴란드 국내군을 해산하고 런던 망명정부에 대한 충성을 철회하도록 만들었다.

그러나 스탈린은 자신이 제안한 것을 지킬 의도가 전혀 없었다. 1945년 2월에 열린 얄타 회담과 7월의 포츠담 회담에서 처칠과 루스벨트의 강력한 반대에도 불구하고, 스탈린은 24명의 각료로 구성되는 임시정부 조직을 강행했다. 임명된 각료 16명은 스탈린의 사람들이었고, 오숩카-모라프스키가 총리, 미코와이치크가 부총리를 맡았다. 연합국은 공식적으로 이 임시정부를 승인하고 런던 망명정부 승인을 철회했다. 런던 망명정부 인사 대부분은 미코와이치크가 동의한 타협안을 거부했다. 그들은 연합국의 일방적 조치에 항의하고, 이러한 합의를 거부하며 런던에서 계속 활동했다. 서방에 있는 병사들과 수십만 명의 폴란드 국민 대부분은 런던 망명정부에 계속 충성했고, 폴란드로의 귀환을 거부했다. 이들의 현명함은 곧 효과가 증명되었다.

소련군의 뒤를 따라서 스탈린의 비밀경찰인 NKVD가 들어왔고, 이와 함께 폴란드의 새 비밀경찰 조직인 폴란드 공안부UB가 들어왔다. 그들은 폴란드 사회에서 소련에 비우호적인 것으로 간주되는 요소를 제거하는 데 집중했고, 이것은 무엇보다도 폴란드 국내군 요원들을 발본색원하는 것이었다.

3월에 스탈린의 대리인인 소련 NKVD 책임자 이바노프 장군이 오쿨리츠키 장군을 포함한 지하정부 각료 16명 전원에게 회담을 갖자며 바르샤바 외곽의 프루슈쿠프Pruszków로 초청했다. 이곳에서 이들은 전원 체포되어 모스크바로 항공 이송되었고, 나치와 협력한 혐의로 재판에 넘겨졌다. 이들은 최대 10년형에 이르는 판결을 받았다. 수만 명의 폴란드 국내군 요원, 전 장교, 정치 활동가, 지주가 심문과 고문을 받고, 종종 살해되었다. 이 과정에서 최대 1만 6000명이 살해되었다.

폴란드 국내군은 해산되었지만, 이들 가운데 많은 수는 여전히 무기를 버리지 않았고, 우익 부대와 새로 조직된 '자유와 독립WiN'은 활발한 자기방어 무장 투쟁을 벌였다. 1946년이 되자 이 지하 군사 조직의 일원으로 8만 명의 전사가 싸웠고, 러시아-독일 경계선이 폴란드 전역을 지나 이동한 덕분에 역설적으로 폴란드 국내군보다 훨씬 더 좋은 무장을 갖추었다. 소련 NKVD와 폴란드 공안부가 활동을 강화하면서 이 자위 세력의 투쟁은 게릴라 전쟁으로 발전했고, 이후 2년 동안 이 전쟁으로 3만 명의 폴란드인과 1000명의 소련군이 전사했다.

1946년 중반이 되자 인민민병대MO라는 이름을 가진 경찰 조직이 전쟁 전 폴란드 경찰의 두 배 인원으로 조직되었고, 치안 병력도 그 정도로 보강되었다. 폴란드군과 소련군이 지하 무장 세력과 전투를 치르는 동안 이 경찰들은 나머지 주민들을 다루었다. 경찰 활동의 주목표는 지주 귀족 잔당과 인텔리겐치아를 일소하는 것이었지만, 거의 모든 주민이 폴란드 공안부의 주목 대상이 되어 독일군이 비운 집단수용소가 다시 폴란드인으로 채워졌다.

새로운 질서는 무자비하게 강요되었다. 정치 장교와 경찰의 결정은 매우 작위적이었다. 농지, 공장, 작은 기업, 가축, 그림, 귀중품은 물론 가난한 사람의 재물까지 모든 것이 '국유화'될 수 있었다. 이뿐만 아니라 폴란드 전역에 주둔하는 소련군이 직접 농지를 경작했을 뿐 아니라 늘 자행해오던 약탈을 계속 일삼았다.

이 모든 일이 불확실성과 혼란 속에 일어났다. 600만 명 넘는 독일인이 도망을 가거나 추방되었고, 이들 대부분은 스탈린과 서방 연합국의 합의로 폴란드에 새로 배정된 지역에서 이탈했다. 이들이 떠나간 자리는 모든 지역에서 밀려온 폴란드인이 채웠다. 220만 명이 독일의 노예 노동과 집단수용소에서 벗어나 이주해왔고, 150만 명은 소련이 차지한 과거 폴란드 땅에서 이주해왔다.

1년 이상의 치밀한 준비와 모의 끝에 1947년 1월에 선거가 실시되었다. 가장 세력이 강한 정당은 미코와이치크가 이끄는 폴란드인민당PSL이었고, 두 번째로 큰 당은 새롭게 구성된 폴란드사회당PPS이었다. 이 당의 과거 지도부는 망명 중이거나 숨어 있었고, 전쟁 전 활동가이자 아우슈비츠 수용소에서 살아남은 유제프 치란키에비치가 당을 이끌었다. 스탈린이 지원하는 당은 브와디스와프 고무우카가 이끄는 폴란드노동당이었다. 이 당은 1945년에 당원 수가 폴란드사회당의 10분의 1인 6만 5000명에 불과했다. 하지만 폴란드사회당은 선거에서 10.3퍼센트밖에 득표하지 못했다.

100만 명의 유권자가 관료주의적 속임수로 투표권을 잃었고, 수천 명이 투표 당일 체포되거나 투표소로 향하는 도중에 구타당했다. 투표소에는 비밀경찰 요원들이 대거 들어서서 밀착 감시를 했다. 폴란드사회당 활동가 128명이 살해되었고, 149명의 후보가 자격을 박탈당했다. 단 28명만이 당선되었는데 이 가운데 14명은 후에 자격을 박탈당했다. 미코와이치크는 자신의 생명을 건지기 위해 서방으로 탈출했다.

1947년에 채택된 임시 헌법에 의해 국가평의회가 조직되어 폴란드노동당이 수뇌부를 차지했다. 이 기구는 거의 무제한적 입법·행정 권력을 행사했다. 폴란드 국내군 잔존 세력 색출 작전은 강화되었고, 교회에 대한 탄압도 시작되었다. 화해 제스처와 사회민주적 색채로의 위장은 모두 사라졌다.

1948년에 폴란드노동당 서기장이자 부총리로 '사회주의로 향하는 폴란드 노정'의 주창자인 브와디스와프 고무우카가 '민족주의적 이탈'로 고소되어 해임되었다. 그 자리를 골수 스탈린주의자인 볼레스와프 비에루트가 차지했다. 1948년 12월에 폴란드사회당의 잔존 당원들은 강제적으로 폴란드노동당과 합쳐져서 새로운 폴란드통합노동당PZPR이 출범했고, 이 당이 폴란드의 공식 당이 되었다. 폴란드인민당의 잔여 당원들은 통합인민당ZSL으로 합쳐졌고, 이 당은 폴란드통합노동당의 위성 정당이 되었다.

1950년에는 폴란드통합노동당과 통합인민당 내 '이질적 요소들'의 숙청과 군 내부의 마녀사냥이 진행되었다. 외국에서 폴란드군에 복무하다가 조국에 봉사하기 위해 돌아온 사람들은 대부분 총살형을 당했다. 소련군의 로코솝스키 원수*가 폴란드 군대의 수장이 되었고, 군 간부진은 소련군 장교들로 채워졌다.

노동조합, 지역 행정기구, 거리에서 숙청이 진행되었다. 스탈린이 즐겨 사용하는 '외국 첩자'와 '적의 첩보 활동'이란 용어가 당 간부들 간의 싸움에서부터 좀도둑질에 대한 경찰 보고에 침투해 들어갔다. 전 폴란드 국내군 요원과 잠시 사귄 여성은 심문과 고문을 받고 몇 년간 수감되었다. 감옥에는 사람들이 넘쳐났고, 미엘렝친과 야보주노에 새로운 집단수용소가 만늘어져서, 용감하게 파업을 한 3만 명의 노동자가 이곳에 수감되었다. 농민들은 소련식 집단농장에 배속되었다. 1951년에는 고무우카와 숙청된 기타 지도자들이 투옥되었다.

이때쯤 300킬로미터에 이르는 철조망과 1200개의 감시탑이 폴란드 국경을 에워쌌고, 폴란드는 외부 세계와 완전히 차단되었다. 1947년에 소련이 점령한 중유럽 국가의 집권당들은 상호 협력을 증진한다는

---

* 1896년 바르샤바에서 태어났고, 1차 세계대전 중에 러시아군에 복무했다. 1917년에 볼셰비키에 가담해 러시아 내전 중에 붉은군대 지휘관으로 활약했다. 1937년에 스탈린에게 숙청당했으나 소련이 핀란드와의 전쟁에서 고전한 후 석방되어 다시 지휘관으로 복귀했다. 2차 세계대전 중에 소련군 원수로서 주코프 원수와 함께 독일 패망에 큰 역할을 했다. 전후 폴란드 국방장관을 맡았고, 1956년에 고무우카가 폴란드 지도자가 된 후 모스크바로 귀환했다.

명분으로 '정보국'이라는 명목의 코민포름Cominform을 결성했다. 이것은 국가 간 공산당 연계 조직이었고, 실제적으로는 정부 간 연계 조직이 되어 스탈린은 이 기구를 통해 압력을 행사할 수 있게 되었다. 1948년에 프라하에서 쿠데타가 일어나 체코슬로바키아도 소련의 위성국이 되었고, 그해 말 헝가리에서도 같은 일이 일어났다. 1948년 베를린 봉쇄와 다음해 진행된 소련 점령 독일 지역의 소련 위성국화로 유럽에는 결국 철의 장막이 쳐졌다. 1952년에 스탈린이 직접 만든 소련식 헌법이 폴란드에 도입되었고, 폴란드는 폴란드인민공화국으로 공식적인 이름이 바뀌었다.

21장

승리의 대가

승리한 연합국 동맹의 일원인 폴란드가 2차 세계대전의 궁극적 패자가 된 것은 슬픈 역설이었다. 폴란드가 영토를 방어하기 위해 필사항전하며 받발힌 2차 세계내선이 끝나자, 폴란드는 독립을 잃고 영토의 거의 절반을 상실했다. 2차 세계대전은 이 영토를 방어하기 위해 항전하면서 발발한 것이었다. 전쟁배상국의 추산에 따르면 폴란드는 국가 자산의 38퍼센트를 잃었고, 이것은 각각 자산의 1.5퍼센트와 0.8퍼센트를 상실한 프랑스와 영국과 비교하면 어마어마한 비율이었다. 상실한 자산에는 문화유산도 상당 부분 포함되었다. 박물관, 도서관, 궁전, 교회들이 불에 타 사라졌다. 그러나 실제 상실은 이보다 훨씬 컸고, 그 여파는 훨씬 더 오래 지속되었다.

거의 600만 명에 달하는 폴란드인이 목숨을 잃어서 전체 인구 다섯 명 중에 한 명꼴로 사망했다. 교육받은 엘리트들의 사망률은 훨씬 높았다. 가톨릭 사제와 의사는 세 명 중 한 명, 변호사는 두 명 중한 명꼴로 사망했다. 50만 명의 폴란드인이 평생 불구자가 되었고, 100만 명의 아동이 고아가 되었다. 살아남은 주민들도 심각한 영양실조에 시달렸고, 결핵과 다른 질병이 역병 수준으로 퍼졌다. 인텔리겐치아 상당수, 정치·군사 지도자 상당수, 그리고 작가와 예술가를 포함한 50만 명의 폴란드인이 전 세계로 흩어져서 다시는 조국으로 돌아오지 못했다. 전체적으로 전후 폴란드 내 인구는 1939년보다 30퍼센트가 줄어들었다. 그러나 이러한 수치는 단지 사회에 가해진 피해를 어렴풋하게만 보여주는 것이었다. 2차 세계대전은 사람뿐만 아니라 건물과 예술품도 파괴했다. 전쟁은 과거 폴란드-리투아니아 국가연합의 중심에 놓였던 다민족·다문화 공동체를 갈기갈기 찢어 놓았다.

1939년 이전 폴란드인과 다양한 소수민족 사이에 긴장은 없지 않았지만 놀랄 정도의 폭력은 없었고, 소동은 어느 사회에나 존재하는 주변적 집단에 한정되었다. 때로 마지못해 유지되기는 했지만 관용이 일반적 규범이었다. 전쟁이 시작되면서 이러한 긴장이 노정된 것은 피할 수 없는 일이었다. 폴란드와 폴란드인 이웃을 배척하고 독일을 공개적으로 지지하고 나선 것은 독일인만이 아니었다. 폴란드 남동부의 우크라이나 민족주의자들도 팔을 벌려 독일군과 소련군을 환영했고, 북쪽의 리투아니아인, 벨라루스인, 공산주의자 유대인도 소련군을 해방군으로 환영했다.

이러한 균열은 지역 엘리트의 제거 또는 이주, 학교를 비롯한 공동체 기관의 폐쇄, 전쟁을 항상 따라다니는 잔인함과 점령 기간 번성한 약탈 등에 의해 악화되었다. 공동체는 두 점령 당국이 강행한 대규모 강제 이주로 인해 더욱더 찢겼다.

나치 독일과 소련 모두 폴란드 사회를 파괴하기로 작정했다. 두 정부는 다민족 국가이자 사회적으로 다양한 폴란드 영토에 자신들의 국가에서 발전시킨 민족적·사회적·정치적 통제 기법을 적용했다. 이것이 폴란드의 현실을 다른 나라가 경험하지 못한 지옥 깊숙한 나락으로 추락시킨 요인이었다.

독일의 첫 번째 목표는 모든 정치적·지적·영적·사회적 지도자들을 제거하여 폴란드 사회를 파괴하는 것이었다. 두 번째 목표는 폴란드를 민족적 구성 요소로 분열시키는 것이었다. 독일 출신 폴란드 주민 모두는 독일인으로 분류되고, 이에 상응하는 특권을 부여받았다. 독일인과 비슷한 이름을 가진 사람들은 자신을 독일국민Volkdeutsch이라고 선언하고 똑같은 특권을 요구하도록 고무되었다. 유대인은 분리되어 멸절의 운명을 기다려야 했다. 우크라이나인 민족주의자들과 벨라루스인 민족주의자들은 전면에 나서서 폴란드인 주민들과 대항하도록 고무되었다.

1941년에 독일군이 그때까지 소련군이 점령한 폴란드 동부 지역으로 진주하자, 그들은 민족청소를 수행하기 위해 똑같은 수법을 사용했고, 이로 인해 극도의 공포뿐만 아니라 저절로 지속되는 증오와 폭력의 고리를 만들어냈다. 장기적으로 이들의 행위가 심각하게 파괴적이게 된 것은 이 지역에서 독일인이 전반적으로 부러움을 샀고, 러시아인은 말할 필요도 없고 폴란드인보다 더 발전하고 문명적인 주민으로 간주되었으며, 이들이 고용하는 지역 주민들을 문명화하는 역할을 하는 권위를 이들이 가졌기 때문이었다.

통합정부 지역에서 독일군은 모든 유대인을 공동체에서 제거하여 이들을 멸절시키기 위해 만들어진 특별 집단수용소로 보냈다. 리벤트로프-몰로토프 경계선 동부 지역에서 독일 당국은 농민들의 반유대 감정을 선동하여 지역 주민들이 자신들을 대신하여 만행을 저지르도록 만들었다. 1939년에 소련군이 점령한 폴란드 마을인 예드바브네Jedwabne 학살처럼 기록이 잘 남아 있는 사건이 이런 전형적인 예다. 젊은 유대인 공산주의자들은 진주해오는 소련군을 환영했고, 이들 가운데 일부는 임시 행정 당국에서 복무하여 이 지역의 '소련화' 작업에 적극 참여했다. 모든 폴란드 지주, 사제, 교사, 의사, 경찰, 우체국 직원, 공무원은 살해되거나 소련군에 의해 강제 이주당했고, 그 아래 계층 주민도 같은 운명을 겪었다. 독일군이 이 지역에 진주해오자 남아 있던 주민들은 유대인 공동체 전체를 대상으로 복수했다. 그들은 유대인을 모조리 한 헛간으로 들어가게 한 다음, 문을 잠그고 헛간을 불태웠다.

폴란드 남동부 지역의 상황은 더 추악했다. 소련의 점령으로 시민사회는 완전히 와해되었고, 극단주의자들과 범죄자들이 활동하기가 쉬워지면서 폴란드인과 우크라이나인 하층민 사이에서 폭력이 크게 증가했다. 1941년에 독일군이 리벤트로프-몰로토프 경계선을 넘어서자 우크라이나 민족주의 활동가들이 공개적 활동을 개시했다. 독일군은 이들을 무장시키고, 이들에게 이 지역의 모든 유대인을 살해하라는 임무를 맡겼다. 하청을 받은 사람들은 열성적으로 이 일을 수행했다. 이 작업에서 그들이 배운 교훈은 자신들 영역에서 바람직하지 않은 요소를 대하는 가장 쉬운 방법은 그 요소의 멸절이라는 것이었다. 따라서 그들은 폴란드 주민들에게도 총구를 돌렸다.

1942년에 우크라이나민족민주동맹을 대체한 우크라이나민족기구는 우크라이나 저항군UPA을 조직했고, 이 무장 조직은 그때까지 폴란드인과 우크라이나인이 평화롭게 공존해온 볼히니아 지역의 청소를 시작했다. 이후 1년 동안 이 조직은 6만 명의 폴란드인을 살해했다. 희생자 대부분은 시골에 살고 있던 폴란드 농민이었고, 유대인 민족청소에서 배운 수법이 사용되었다. 그들은 또한 공산주의 성향이거나 폴란드에 동정적인 우크라이나인도 척결했다.

이 만행에서 살아난 폴란드 청년들은 자체 게릴라 조직을 만들어 반격을 가했고, 일부는 무기를 얻기 위해 독일군 특별경찰 부대에 가담했다. 이렇게 하여 이 지역 우크라이나인과 폴란드인 사이에는 내전에 가까운 전투가 일어났고, 독일군은 이를 암묵적으로 조장했다. 독일군은 게릴라를 상대로 전투를 벌이느니 두 집단이 서로를 살육하는 것이 더 편했다. 전투 경계선은 쉽게 구분되지 않았다. 두 집단은 서로의 언어를 능숙히 구사했고, 양측의 일부 무장 집단은 자체의 이질적 요소를 찾아내기 위해 반대편 게릴라인 척했다. 이들은 때로 같은 편을 살해하기도 했다. 스탈린그라드 전투 패배 후 독일군의 정책은 바뀌었다. 독일군은 우크라이나인을 징집해 친위대 갈리치아 사단을 편성했는데, 이 부대의 주임무는 폴란드 게릴라 부대와 갈리치아 자위 집단을 공격하는 것이었다.

이 단계에서 우크라이나 저항군은 독립 우크라이나를 꿈꾸기 시작했고, 독일군의 약화나 소련군의 힘의 소진이 아니라 폴란드인을 주적으로 생각하게 되었다. 폴란드인과 우크라이나인 사이의 전투는 1943년 내내 진행되었고, 1944년에 갈리치아 사단 탈영병들은 병력과 무기를 강화하고, 독일의 작전 기술을 가미했다. 다른 한편에서는 폴란드 국내군이 흩어진 여러 부대를 단일 전력으로 결집시키려 했지만 큰 효과는 없었다.

이 시점에 소련군은 다시 한 번 혼란 속에 뛰어들었다. 스탈린과 그의 공산주의자 하수인들은 이전의 국제주의를 포기하고 미래를 서로 분리된 민족적 정치 단위의 관점으로 보기 시작했다. 이를 이루기 위해 스탈린이 선택한 방법은 주민의 대량 이주였다.

1944년 9월에 소련이 폴란드를 점령한 이후 새로운 폴란드 국경 동쪽 지역에서 모든 폴란드인과 유대인을 폴란드 내로 강제 이주시키는 작전이 시작되었다. 마찬가지로 새 국경 서쪽에 거주하는 모든 유대인을 소련령 우크라이나로 강제 이주시켰다. 사실상 르부프의 폴란드계 주민 전체가 폐허가 된 독일 도시 브레슬라우(현재의 브로츠와프)로 이주되었다. 모두 합해 78만 명의 폴란드인과 유대인이 이런 방식으로 이주되었고, 이러한 이주 과정에서 이송자들은 가축 수송 기차 칸에서 몇 주를 보낸 다음 완전히 황량한 지역에 인간 화물처럼 쏟아져 내렸다. 특별한 민족적 충성심을 느끼지 못해 자신이 살던 지역에 남아 있기를 원해서 '귀국' 신청을 하지 않은 사람들은 비밀 경찰의 위협을 받았고, 우크라이나 저항군 전사들의 공격을 받았다. 리투아니아와 벨라루스에서 진행된 유사한 주민 이동으로 비슷한 수의 주민들이 포메라니아나 독일로부터 새로 획득한 지역으로 이주되었다. 소련이 획득한 영토는 전쟁 전 폴란드 영토의 47퍼센트에 달했기 때문에 재정착한 150만 명에 달하는 주민 수는 이 지역의 모든 폴란드계 주민을 망라한 것이 아니었고, 많은 사람이 뒤에 남겨졌다.

우크라이나인과 렘코인Lemkos(카르파티아산맥 동부에 거주하는 소규모 루테니아인)도 같은 운명을 맞았다. 그들의 원 거주지는 새로운 폴란드 안에 있었다. 스탈린의 이주 계획에 의해 소련령 우크라이나로 이주해야 했지만, 그들은 이주할 의사가 없었다. 이주를 거부하는 이들을 우크라이나 저항군과 갈리치아 사단 잔당 게릴라들이 지원했다. 이들은 소련령 우크라이나에서 밀려나와 폴란드 동남부에서 활약하고 있었다. 스탈린의 계획을 실행하려는 시도에 맞서 1945년 말부터 이 게릴라 세력은 소련 비밀경찰 병력 및 소련 휘하의 폴란드군과 전투를 벌였다. 이 과정에서 약 50만 명의 폴란드인과 렘코인이 강제 이주되었고, 약 4000명이 살해되었다. 그러나 이 작전은 성공적으로 마무리되지 않아 1947년 초에 폴란드군은 우크라이나 저항군과 남아 있는 렘코인을 척결하기 위해 비스와강 작전을 시작했다. 소련령 우크라이나가 더이상 이들을 받아들이려고 하지 않았기 때문에 약 15만 명의 렘코인은 폴란드 오지에 정착해야 했다. 우크라이나 저항군은 전투에서 패배하고 소련령 우크라이나로 철수하여 지하로 숨어들었다.

대규모로 주민들을 이주시켜 새로운 곳에 정착하게 만드는 과정은 처음부터 잔혹하게 진행될 수밖에 없었고, 그 과정에서 여러 도적 집단에 의한 폭력과 약탈 등이 이어졌으며, 새 공동체의 적대적 태도를 피할 수 없어서 이주자들은 깊은 트라우마에 시달렸다. 오래 살던 곳에서 강제로 이주되어 뿔뿔이 흩어진 이들은 자신의 정체성을 잃고, 궁지에 몰린 가족 집단으로 해체되었다. 살해되거나 강제 이주된 옛 주민들이 살던 농장이나 가옥에 재정착한 이들은 낯선 자연환경에서 전혀 마음을 붙이지 못하고, 자신이 새 주인이라는 의식도 가질 수 없었으며, 단지 앞으로 일어날 일에 대한 불안감에 떨어야 했다. 지역적 지도부가 전혀 없고, 무법 무장 집단과 탈영병, 범죄인 무리에게 끊임없이 먹잇감이 된 이들은 공동체를 만들지 못했고, 두려움에 떠는 가족과 개인들 무리에 지나지 않았다.

강제 이주자들은 내전과 정치적 테러 상황에서 자기 삶의 터전을 새로 만들려고 분투하면서 엄청난 무력감을 느끼지 않을 수 없었고, 이질적인 것에 대한 혐오와 자신들이 겪은 일에 대한 복수심을 떨쳐 버릴 수 없었다. 이 시기를 경험한 사람들은 전쟁 말기 벌어진 끔찍한 복수 행위를 목격했다. 전쟁 중에 적군에게 부역한 사람들과 새로운 질서 건설에 앞장선 사람들은 전 폴란드 국내군 요원들에 의해 고문받고 살해당했다. 반대로 폴란드 국내군 요원들은 폴란드 공안부 요원들에 의해 소련이 개발한 모든 종류의 심문과 고문을 당했다. 소련군이 진격하기 전에 서쪽으로 피신하던 독일인은 끔찍한 방법으로 살해당해서 산 채로 불에 태워지기도 했다. 숨어 있다가 나왔거나 독일 수용소에서 풀려나온 폴란드 농민이나 유대인이 이런 일을 저질렀다. 인간이 어디까지 잔인해질 수 있나 보여주는 가장 끔찍한 사건이 1946년 7월 4일에 키엘체에서 벌어졌다.

약 30만 명의 폴란드 유대인이 전쟁에서 살아남았다. 집단수용소나 숨어 있던 곳, 소련 수용시설에서 풀려난 이들이 고향에 돌아와 경험한 것도 트라우마를 남길 수밖에 없었다. 독일군이 이들을 강제 이주시킨 다음 이들이 살던 집들은 대개 가난한 사람들, 범죄인, 지역 공동체 활동가들이 차지했다. 유대인이 다시 나타나자 이들은 배척 대상이 되었고, 종종 폭력에 시달렸다. 이들은 모든 강제 이주 집단이 겪는 공포와 의심에 시달렸고, 이들에 대한 배척 분위기에 키엘체 지방 소도시에 만연한 반유대주의가 가미되었다.

7월 3일에 부모에게 알리지 않고 시골의 친척 집을 찾아간 아홉 살 소년은 집에 돌아와서 부모에게 야단맞는 것이 두려워 자신이 납치되었다고 거짓말을 했다. 그리고 자신이 감금되었던 집을 가리켰다. 유대인 가족이 살던 몇몇 집이 그 대상으로 지목되었다. 부모들은 이 사실을 민병대에 알렸고, 민병대는 사건을 조사하기 위해 무장 순찰대를 파견했다. 그 집들 앞에 무장한 민병대가 나타나자 사람들이 모여들었고, 유대인이 폴란드 아동을 납치한다는 소문이 돌았다. 민병대는 집으로 들어가 유대인들이 소지하고 있던 무기를 압수하고, 무슨 이유에서인지 두 명의 주민을 총살했다. 그런 다음 민병대는 떠났고, 주민들은 유대인을 집 밖으로 끌어낸 다음 험한 말로 위협했다. 사태를 진정시키기 위해 수백 명의 병력이 출동하고 민병대도 출동했으나 이들은 아무 조치도 취하지 않고 방관만 했다. 유대인 공동체 지도자가 도움을 청하기 위해 수백 미터 떨어진 민병대 사령부로 가려고 하자 병사 가운데 한 명이 그에게 총격을 가했다. 흉악한 소문이 인근에 퍼지면서 유대인 집이 습격당했다. 그날 하루 동안 40명의 유대인과 두 명의 기독교인이 살해당했다. 이 소식과 함께 다른 여러 곳에서 일어난 반유대주의 폭동에 불안을 느낀 많은 유대인은 폴란드를 떠나 해외로 이주하는 길을 택했다.

폴란드인민공화국 수립은 진정한 폴란드 국가의 창설로 선전되었고, 피아스트왕국의 재현으로 포장되었다. 1952년의 폴란드는 피아스트 왕조 이후 어느 시기보다 민족적으로 좀더 단일화되었다. 그러나 이러한 국가 설립에 이르는 과정에서 새로운 폴란드 사회는 형성되지 않았고, 수많은 개인의 삶은 심각하게 훼손되었고, 많은 사람은 하루하루 먹고살아야 하는 존재로 전락되었다. 그러나 권력을 잡은 사람들은 정상적인 인간 사회가 자리잡게 하는 데 필요한 일을 전혀 하지 않았다.

전쟁에서 살아남은 교회, 여러 사회 조직 같은 활동적 요소들은 민족주의적 우익 정당과 귀족의 일원이었던 사람들까지 포함해서 국가 재건 과정에 기꺼이 뛰어들었다. 이러한 것은 신앙적 경건성에 나타났다. 이 덕분에 남아 있던 문화유산들이 구원되고, 역사적 도시 중심부를 깔끔하게 재건하고, 전쟁 전 사회·문화 제도들을 다시 만들어내는 노력이 시작되었다. 그러나 권력을 잡은 사람들은 폴란드 사회 재건을 허용할 의도가 없다는 것이 곧 분명해졌다. 새로운 사회 질서는 위에서부터 강요되었다. 공산당 중앙위원회가 지시하고, 당원, 폴란드청년동맹ZMP, 노동조합, 협동조합 등 당이 지도하는 조직들이 이를 실행했다. 당 통제 밖에 있는 집단이나 조직에는 위해와 검열을 받았을 뿐 아니라 정보와 출판 접근권도 엄격하게 제약받았다. 이 조직들이 신문이나 잡지를 출간하도록 허락받은 경우에도, 인쇄용지는 턱없이 부족하게 배당되었다. 이것은 독립 출판사의 경우도 마찬가지여서, 1947년에 완전히 제거되기도 전에 점차 사라져버렸다. 모든 정보의 소유와 배포는 점차 당이 독점하게 되었다.

이론적으로 국민의 뜻을 대변하게 되어 있는 세임은 공산당이 완전히 지배했다. 당이 후보자 명단에 오를 이름을 결정했다. 세임이 국가평의회, 각료회의, 입법 관리, 모든 주요 공직자를 지명하게 되어 있는데 당이 단독으로 그 선택을 독점했다. 눈속임을 위해 소규모의 사제 의원들이 명단에 오르고 의원으로 선출되었지만, 토론 과정을 보면 그들은 어용 발언을 하거나 그렇지 않으면 무시되었다.

많은 젊은이들이 세상을 바꾸겠다는 희망을 가지고 당에 가입했고, 1947년에 당이 권력을 장악한 후 더 많은 청년이 가담했다. 무언가를 성취하기 위해서는 이것이 유일한 방법이었다. 그러나 모든 반대파를 제거하고, 철의 장막 뒤 사회주의 이웃 국가들에 의해 에워싸인 상태에서 1948년에 당은 '민족주의자'와 '이탈자'를 제거한다는 명목으로 당원 숙청을 시작했다. 화이트칼라들은 재빨리 목소리를 죽였지만, 공장 현장의 이상주의자들은 실수를 자주 저질렀다. 그 결과 숙청으로 상당수 노동자 당원이 제거되었다. 1950년대 초반 당에는 인구의 5퍼센트인 130만 명 정도가 가입되어 있었는데, 이 시기에 관료직들이 당원의 주류를 이루었고, 노동자는 다섯 명 중 한 명꼴로 당원이었다.

이와 대조적으로 노동자들의 90퍼센트는 가톨릭교도였다. 이것은 전쟁 기간 중에 교회가 독일군과 타협하지 않고 대항한 것에 의해 도덕적 권위가 증대된 것이 큰 이유였다. 수천 명의 사제가 집단수용소에 수감되거나 총살당했고, 교회 지도부도 나치에 부역한 오명을 쓰지 않았다. 가톨릭교회는 큰 존경을 받아 마땅한 크라쿠프 대주교인 스테판 사피에하 추기경, 그니에즈노 대주교인 아우구스틴 흘론드, 그의 뒤를 이어 그니에즈노 대주교가 되고 폴란드 수석대주교가 된 스테판 비신스키 같은 사제들이 이끌었다.

당은 권력 장악을 공고히 하자마자 새 질서 내의 이질적 요소를 척결하기 시작했다. 1949년에 교회 재산은 국유화되었고, 자선기관도 국가가 인수했다. 학교에서 종교 교육은 금지되었고, 감옥과 병원은 사목을 둘 수 없었다. 1953년에 많은 수의 사제가 미국을 위해 스파이 행위를 한 혐의로 재판에 회부되어서 사형이나 징역형을 선고받았다. 그해 말 대주교 스테판 비신스키도 투옥되었다.

사회주의 모델에 맞지 않는 또다른 요소는 인구의 절반을 차지하고 있는 농민들이었다. 1944년에 몰수한 영지를 농민들에게 분배한다는 약속으로 소련은 그들의 지지를 확보했다. 100만 가구 이상이 이러한 방식으로 농지를 얻었다. 그러나 2년도 채 지나지 않아 많은 농지는 소련을 모델로 한 집단농장으로 흡수되었다. 1954년까지 이런 집단농장이 1000개가 생겨났고, 대부분은 1945년에 독일로부터 획득한 영토에 만들어졌다. 나머지 개인 영농지는 의무적 식량 징발량에 의해 압박을 받았다. 농민들은 대개 생산비용보다 낮게 책정된 고정가격으로 농산물을 국가에 바쳐야 했다. 징발량은 강압적으로 수합되었고, 순응하지 않는 농민들에게는 새로 만들어진 농지세가 부과되었다. 수만 명의 농민이 감옥에 투옥되었다. 이러한 상황에서 농업은 생산성이 저하되었고, 농촌 지역은 점점 더 궁핍해졌다.

소상인, 개인사업자, 생산자와 자영 장인들도 같은 수법으로 제거되었다. 그들에게는 큰 세금이 부과되고 원료 공급이 중단되었으며, 시장에서 배제되었다. 그들은 전후 극도로 어려운 경제 여건에서 소중한 자원을 공급하고 있었기 때문에 이것은 경제를 크게 왜곡시켰다.

1939년 독일군이 진격해오면서 폴란드에 엄청난 피해를 입혔고, 퇴각할 때도 가능한 한 모든 시설을 폭약으로 폭파했다. 소련군이 진주할 때는 특수공병부대가 같이 들어와 소련에서 사용할 수 있는 모든 산업 시설을 분해해 소련으로 보냈다. 그들은 전화 교환국 전체, 전차 시설 등을 뜯어가 폴란드의 인프라를 크게 약화시켰다.

백지상태에서 모든 것을 시작해야 한다는 사실은 중앙계획경제에 기반한 통제경제를 추진하는 사회주의 모델에 유리하게 작용했다. 1차 3개년 계획(1947-1949) 다음으로 6개년 계획(1950-1955)이 이어졌다. 국가경제계획위원회는 엄격한 경제 지시를 내렸지만, 이것은 계획자들이 사정을 전혀 알지 못하는 지방 경제 상황에 전혀 작동할 수 없었다. 이 위원회는 공장 운영자들의 주도나 질의를 장려하지 않았고, 숫자를 조작하고 감독관에게 뇌물을 주는 등의 편법 말고 해결할 수 있는 일이 거의 없었다. 공장 운영자들이 실제 보유한 자원을 감추고 있고, 자신들에게 할당된 생산량을 의도적으로 달성하지 않고 있다는 소문이 돌면서 계획자들은 아래로부터 올라오는 보고를 믿지 않고 스스로 생산 가능량을 추산했다. 투자에서부터 원가, 가격에 이르기까지 모든 경제계획 과정은 주로 이론적 수준에서 진행되었고, 자주 추측에 기반을 둔 계획이 나왔다. 각 공장은 10개 이상의 다른 공장의 생산에 의존하고 있었고, 10개 이상의 공장은 이 공장의 생산에 의존하고 있었다. 또한 각 공장에는 현실과 동떨어진 수치로 계산된 원료 공급, 생산능력, 생산량이 미리 정해졌기 때문에 그 결과는 황당했다.

계획의 상당 부분은 일반 상식을 벗어났다. 새로운 공장들은 당시 산업 중심지, 석탄 생산지, 인력 공급지에서 수백 마일 떨어진 곳에 만들어졌다. 계획가들은 몇 마일 밖에서도 보이는 거대한 생산 시설에 취약성을 드러냈다. 이것은 이념적 명령과 함께 진행되었다. 스탈린식 도시와 노바후타Nowa Huta의 제철소는 전통주의적이고 학술적인 가톨릭 도시 크라쿠프에 대한 대항마로 그 위치가 선정되었다.

그 결과는 낮은 생산성으로 나타났다. 생산을 증진하기 위한 강제적 노동과 군 징집병을 이용한 석탄 광산에서 이러한 현상이 특히 심하게 나타났다. 그럼에도 성장 규모는 인상적이었고, 폴란드 경제는 전쟁의 폐허에서 신속하게 다시 살아났다. 그러나 그 비용은 전적으로 국민이 져야 했고, 낮은 임금, 오랜 노동 시간, 열악한 노동 환경, 식품부터 신발, 의복에 이르기까지 모든 제품의 높은 가격으로 고통을 겪었다.

1955년에 끝난 6개년 계획이 폴란드 경제를 러시아의 5개년 계획 사이클에 맞춘 것은 우연한 일치가 아니었다. 폴란드 산업화 패턴은 소련이 강제했다. 소련은 위성국들의 경제가 소련 경제와 들어맞게 했고, 폴란드와 다른 국가들이 1947년에 마셜플랜을 받아들이는 것을 거부하게 만들었다. 소련 블록의 모든 국가는, 이들을 상호의존적으로 만들고 소련에 유리하게 작동하게 하는 여러 무역 조약에 구속받게 한 코메콘Comecon〔마셜플랜에 대항해 만든 동유럽 소련 위성국가 간 경제협력 기구로 1949년에 창설되어 1991년에 해체되었다〕에 가입해야 했다. 여기에다가 독일로부터 얻은 영토의 탄광에서 채굴한 약 5억 달러에 해당하는 석탄이 1946년부터 1955년까지 전쟁배상금의 일환으로 소련에 운송되었다. 당시 석탄은 폴란드가 외화를 획득하는 사실상 유일한 수단이었다.

소련은 또한 폴란드로 하여금 거대한 군대와 경찰 조직을 유지하고, 폴란드에 주둔하는 소련군의 비용을 부담하게 함으로써 폴란드 경제에 큰 부담을 안겼다. 경제는 사회주의를 위한 전투가 치러지는 전선의 한 곳으로 간주되었고, 기계가 고장 나거나 생산성이 떨어지면 담당자를 '제국주의 파괴 공작자', '런던 정부의 스파이', 또는 '불법자'라고 비난했다. 광부, 공장 노동자, 집단농장 노동자는 지속적으로 소련 블록을 평화를 사랑하는 국가들의 형제애로 내세우는 프로파간다의 세례를 받았다. 이 국가들은 자본주의 전쟁광과 공격에 끊임없이 위협을 받고 있고, 중국과 한국에서 벌어진 전쟁은 노동 현장에서 매일 크게 선전되었다.

전후 폴란드에서 진행된 산업화는 사람들을 농촌에서 도시로 끌어들이는 결과를 가져왔고, 이들은 곧 뿌리가 없는 프롤레타리아가 되었다. 폴란드에서 이 과정은 너무 빠르게 대규모로 진행되어 곧 역효과를 가져왔다. 1970년 기준 블루칼라 노동력의 63퍼센트가 농촌 지역에서 온 사람들이었다. 1968년에 22.3퍼센트의 산업 노동자, 28퍼센트의 건설 노동자, 31.7퍼센트의 운송 노동자들은 여전히 농촌 지역에 살며 노동을 하러 먼 거리를 오갔고, 10퍼센트의 산업 및 건설 노동자, 15퍼센트의 운송 노동자들은 파트타임 농민이었다. 급속한 산업화는 사회주의적 도시 프롤레타리아를 만들어내는 대신 도시 노동자들을 농촌화하는 결과를 가져왔다. 이것은 도시보다 농촌 교구에 영향력이 강한 교회의 범위 안에 노동자들을 묶어두는 것에 도움을 주었고, 특히 교회가 없는 새로운 산업 중심지에서 더 그랬다.

노동자들을 통제하기 위해 노동조합이 만들어졌고, 또한 한편으로는 노동절 기념 행진부터 깃발을 흔드는 집회와 완성품 인도 축하식 같은 행사를 통해서도 노동자 통제가 이루어졌지만, 다른 한편으로는 노동자의 태도, 교우 관계, 개인적 문제점과 의견에 대한 빈틈없는 감시를 통해서도 통제했다. 공장의 인사 담당 간부는 공안부 관리였고, 노동자 가운데 당원은 자신들의 동지에 대해 보고하는 임무를 맡았다. 부정하기 어려운 '범죄'를 저질러 고소된 노동자들은 동료들을 염탐하고 보고하는 일을 하도록 위협받았다.

또한 공안부는 모든 곳에서 정보원을 고용했다. 1954년에는 이 정보원이 7만 명 이상에 달했다. 그때까지 주민 가운데 '범죄적이고 의심스러운 요소'를 가진 사람에 대한 보고서가 거의 600만 개의 파일로 보관되었다. 이것은 성인 세 명 중 한 명꼴로 보고가 이루어진 것을 의미했다. 형법 제도는 정의 구현보다는 사회·경제·정치 질서 유지를 목표로 했고, 그 결과 1950년대 중반까지 약 3만 5000명의 정치범이 수감되었다. 그 대부분은 세계관, 교육, 사고의 독립성, 잠재적 지도력으로 인해 발본색원되어야 할 요소로 분류되었고, 아직 수감되지 않은 사람들은 쉽게 조종하고 재주조할 수 있는 자들이었다.

바람직한 사회주의 시민을 만들어내는 전제 조건은 인격 형성기에 가족 단위를 제거하는 것이었기 때문에 여성들도 필수적으로 노동을 해야 했고, 아동들은 교조화 과정이 시작되는 탁아소에 맡겨야 했다. 이 과정은 유치원, 초등학교, 중급학교로 계속 이어졌다. 교과서, 특히 역사 과목 교과서는 다시 쓰였고, 마르크스주의나 소련 공산주의 역사를 다루는 새로운 과목이 교과 과정에 들어갔다. 아동들은 스카우트나 개척자 클럽에 가입하고, 후에는 폴란드청년동맹에 가입해야 했다. 이렇게 함으로써 아동과 학생들은 교과 시간 이외에도 할 일이 많았고, 방학 중에는 하계 캠프나 동계 스포츠 클럽에 가야 했다. 이러한 조직은 학생들에게 프로파간다를 계속해서 주입했고, 자기 부모를 불신하게 만들었으며, 사회주의 원칙과 집단적 행동의 덕목을 주입시켰다. 교조화 과정은 학교에서 끝나지 않았다. 사회과학연구소는 모든 학습과 연구를 마르크스주의 이론에 복속시키는 새로운 교사와 전문가 집단을 배출했다.

검열이 없는 곳이 없었고, 미츠키에비치와 스워바츠키 같은 고전 작가의 일부 작품도 금서가 되었다. 영어 같은 '제국주의 언어'로 쓰인 책의 번역은 중단되었고, 시장에는 러시아 사회주의 문학 번역 작품이 넘쳐났다. 어른들은 계급 투쟁과 마르크스주의 경제 이론을 이해하기 위해 강연을 듣고 과목을 수강해야 했고, 모든 사람이 폴란드여성동맹, 폴란드-소련 친선회 같은 진보적 조직에 최소한 한 군데 이상 가입해야만 했다.

문화는 이 과정에서 중요한 역할을 담당했다. 몇 가지 전시적 사례를 제외하고 폴란드의 문화유산 가운데 남아 있는 것, 특히 수천 채의 시골 주택을 포함해 이미 조성된 문화 환경은 의도적으로 무시되거나 파괴되었다.

1947년에 공산당 중앙위원회는 예술과 문학에서 다루어질 주제에 대해 가이드라인을 제시하고, '잘못 해석된 예술적 자유의 무정부적 이상'을 비난했다. 다음해에는 사회주의 리얼리즘이라는 새로운 문학과 예술 적용을 요구했다. 작가동맹 회원들은 공장을 의무적으로 방문해야 했고, 이들이 매주 모이는 '새 문화회'는 이들을 마르크스주의 이론으로 위협했다. 화가와 조각가는 해머를 내리치는 노동자들, 결연히 턱을 앞으로 내밀고 새로운 사회주의 여명을 향해 행진하는 병사들, 점심 식사 시간에 한국전쟁에 대해 토론하는 금속 노동자들을 그려내야 했다. 음악가들도 예외가 아니었다. 유명한 상을 수상하고 바르샤바 필하모니를 지휘한 안제이 파누프니크는 두 번이나 국가 공훈상을 받았고, 노동 영웅상을 받았다. 그러나 1952년에 그가 작곡한 〈영웅 서곡〉은 '형식주의적'이고, '데카당트'하며, '위대한 사회주의 시대에 이질적'이라는 비판을 받았다. 당 활동가들은 그가 작곡한 악보를 불태웠고, 그의 음악은 이후 30년간 공연이 금지되었다.

22장

시행착오

1953년 3월 5일에 발표된 스탈린의 사망 소식은 사람들을 안도시키기보다는 큰 충격을 안겨주었다. 그의 체제가 폴란드에 이식된 수준은 많은 사람이 그의 죽음을 애도하며 울었다는 사실로 측정될 수 있었다. 스탈린에 대한 존경과 복종의 표시로 카토비체Katowice는 바로 스탈리노그로드Stalinogrod로 개명되었지만, 당은 어느 방향으로 바람이 불지 숨죽이며 지켜보았다. 몇 달 후 모스크바에서 온 신호는 전반적인 '해빙'이 일어날 수 있다는 것이었다. 그 결과 오랫동안 자기 작품을 출간하지 못한 작가들의 작품이 출간되었고, 언론인들은 지금까지 금기시되어온 주제를 토론했으며, 경제학자들은 마르크스-레닌의 이론에 의문을 제기하는 데까지 나아갔다.

몇 달 후 당 간부들에 대한 감시를 담당한 폴란드 공안부 제10국 부책임자였던 유제프 시비아트워 대령이 서방으로 망명해 라디오*에 출연하여 비밀 사찰을 폭로하기 시작했다. 고위 당 간부조차도 이 정도까지 폴란드 생활의 모든 면이 모스크바의 감독을 받았는지를 듣고 크게 놀랐다. 고무우카와 다른 인사들이 감옥에서 곧바로 석방되었다. 공안부는 철폐되었고, 비밀경찰들은 자신들의 모습을 덜 드러냈다. 당 서기장인 비에루트는 '실책'이 저질러졌고, 공안부의 활동 분야를 확대하는 '경향'이 있었다는 것을 인정했지만, 더이상의 언급을 주저했다.

그는 모스크바가 앞으로 어느 방향으로 움직일지를 가늠해야 하는 어려운 상황에 처했고, 그래서 해빙과 압제 사이에서 왔다 갔다 했지만 개인적으로는 후자를 선호했다. 당 내부에는 그와 같은 전통적인 스탈린주의자들이 많았다. 시비아트워 대령의 폭로에 대한 그들의 반응은 체제가 청소되어야 할 것이 아니라 이런 폭로와 같은 문제가 다시 발생하지 않도록 보안을 강화해야 한다는 것이었다. 그 전해 서독이 나토에 가입한 것에 대한 대처의 일환으로 바르샤바조약기구가 1955년 5월 14일에 구성되었다. 이로써 소련 위성국들은 이전보다 훨씬 더 모스크바에 속박되었다.

1956년 2월에 니키타 흐루쇼프는 20차 소련 공산당대회에서 스탈린의 통치를 비난하는 유명한 연설을 했다. 이 대회에 참석한 비에루트는 사망했는데, 심장마비가 사인으로 추정되었다. 폴란드 공산당은 크게 당황했다. 흐루쇼프는 새로운 당 제1서기를 선출하는 당 중앙위원회 전체 회의에 참석하여 에드바르트 오하프를 후보로 제안했고, 큰 어려움 없이 선출되었다. 오하프는 자유화 프로그램, 정치범에

• 라디오 자유 유럽(Radio Free Europe/Radio Liberty: RFE/RL)은 소련 블록의 반정부 세력을 고무하고 체제를 흔들기 위해 미국이 만든 국제 방송 조직으로 동유럽, 중앙아시아, 캅카스, 중동 지역에 뉴스, 정보, 분석을 제공했다. 27개 언어로 방송되었다.

대한 부분적 사면령, 그리고 검찰총장 및 공안부 고위 관리 몇 사람의 체포를 발표했다. 그는 당이 최근에 저지른 '실책과 왜곡'을 바로잡겠다고 약속했다. 그러나 이것은 그해 여름 일어난 일이 보여주듯이 위험한 노선이었다.

전해인 1955년 12월에 포즈난의 체기엘스키 공장(당시에는 스탈린 공장)에서 일하던 1만 5000명의 노동자가 관료주의적 매관제로 인해 자신들이 받아야 할 임금 일부가 유용되었다는 것을 발견했다. 그들은 경영진에 불만을 표시했고, 이 문제를 지역 당 조직에 고발하고 바르샤바에 대표단을 파견했지만 아무런 결과를 얻지 못했다. 1956년 6월 28일, 포즈난에서 열린 국제무역박람회 기간에 그들은 시위를 시작했고, 총리 치란키에비치가 자신들과 대화할 것을 요구했다. 이를 거부하자 경찰서를 습격하여 무기를 탈취하고 이어서 폴란드 공안부 본부의 라디오 전파 방해시설을 파괴했다. 당국은 전차를 보내 이에 대응했고, 시위는 이틀 후 유혈 사태로 막을 내렸다. 사망한 시민 수는 70명에 달했다.

'제국주의 스파이들'이 이 사태의 배후로 지목되었고, 당내 반동 세력은 이러한 소요는 규율을 완화했기 때문에 발생한 필연적 결과였다고 주장했다. 당은 경제의 탈중앙화와 당의 민주화 프로그램을 계속 진행했지만, 스탈린주의 골수파인 소위 나톨린 집단Natolin group은 모스크바의 동료들에게 도움을 청했다. 1956년 10월 19일에 8차 폴란드 공산당 전체 회의가 열리자 흐루쇼프는 소련 대표단을 이끌고 바르샤바로 왔다. 폴란드에 주둔하고 있던 소련 군대가 움직이고 심지어 제란Żerań 자동차 공장 노동자들에게 무기를 지급하면서 위기가 고조되었다. 이 상황은 국제적 주목의 대상이 되었다.

1946년 이후에 서방의 폴란드군은 점차 해산되고 폴란드 병단의 뼈대만 남았지만, 런던 망명정부는 여전히 정통성을 주장하고 있었다. 이 정부는 고도로 활동적인 이민자 사회의 지원을 받고 있었고, 이들은 일종의 폴란드 망명 국가를 구성하고 있었다. 냉전이 시작되자 미국은 폴란드 문제에 다시 관심을 갖기 시작했다. 1952년에 미국 중앙정보국CIA은 '라디오 자유 유럽'을 설립하여 소련이 지배하고 있는 지역 전체에 뉴스와 문화 프로그램을 직접 방송했다. 이 방송은 런던의 폴란드인과 함께 작업했고, 현지 사람들과 연계를 맺기 위해 요원들을 공중 침투시켰다. 1948년에 지하 저항군은 패배했지만, 많은 저항군 요원이 활동했다. 이들은 무장 공격뿐만 아니라 선전 포스터를 망가뜨리고, 구호를 벽에 써넣는 것 같은 저항을 1955년까지 계속했다. 브와디스와프 고무우카는 흐루쇼프에게 자신이 상황을 통제할 수 있다고 설득했다. 소련군 부대가 기지로 돌아가자, 고무우카는 10월 24일에 바르샤바에서 열린 군중대회에서 "노동 계급과 국가를 연합하는 당은 폴란드를 새로운 사회주의의 길로 인도할 것이다"라고 선언했다. 그것은 인간의 얼굴과 폴란드의 옷을 입은 사회주의가 될 터였다. 비신스키 추기경이 석방되고 교회는 정권에 충성 약속을 하는 대가로 정상적인 활동을 재개할 수 있게 되었다. 로코솝스키 원수를 비롯한 수백 명의 소련군 장교들이 폴란드군에서 물러나 소련으로 돌아갔다. 소련 내에 남아 있던 약 25만 명의 폴란드인이 폴란드로 이주하는 것이 허용되었다. 무역 협정들은 좀더 유리한 조건으로 재협상되었고, 소련은 폴란드에 주둔 중인 소련군의 주둔 비용을 대기로 했다. 그러나 근본적인 것은 하나도 바뀌지 않았다.

1956년 10월 30일에 헝가리 총리 너지 임레는 민주주의로 복귀를 선언했고, 5일 후 소련군이 '레닌주의의 국가 간 평등 원칙'을 수호하기 위해 헝가리를 침공했다. 폴란드에 대한 경고 메시지는 분명했다.

고무우카는 자신을 권좌에 앉힌 혁명을 제어하는 것이 어렵다는 것을 알았다. 당 간부 등 스탈린주의자에 대한 숙청이 진행되었다. 실레시아의 공장 노동자는 관리자들을 끌어내렸고, 집단농장은 그곳에서 일하는 농민들에 의해 해체되었다. 1948년에 압제를 받고 사라졌던 단체와 정기간행물이 다시 살아나서 여러 주제에 대한 토론의 길이 열렸다. 헝가리의 자유 투사들을 위한 자금 모집과 의료 장비 지원, 헌혈은 폴란드 정부에 큰 당혹감을 안겨주었다. 폴란드 정부는 유엔의 헝가리 문제에 대한 표결에서 소련과 다른 입장을 취할 수밖에 없었다. 12월 10일에 슈체친의 소련 영사관이 성난 노동자들의 습격을 받았다.

당내의 개혁가들도 단결하여 자신들의 이익을 보호해야 할 때가 왔다는 것을 인정했다. 몇 달 전 고무우카는 포즈난의 노동자들이 당에 고통스러운 교훈을 가르쳐준 것을 칭찬했지만, 그는 자신의 오랜 전제적 시각을 바꾸지 않았다. 1957년 중반에 파업을 벌이고 있던 우치의 전차 운전자들에게는 '폭도'라는 좀더 전통적 낙인이 찍혔다. 카토비체 지역의 1500명의 광부는 '규율' 유지를 위해 해고되었다. 1957년 총선 이후에 고무우카는 폴란드의 구세주로 등장했지만, 그는 당내 개혁주의자들을 탄압하기 시작했다. 1959년에 나돌린 집단의 일원이자 스탈린주의자 파르티잔 영웅인 미에치스와프 모차르 장군이 보안 경찰 책임자로 임명되었다.

교회를 상대로 소규모 탄압이 시작되었다. 정부는 이미 교회를 탄압했지만, 신부들을 순교자로 만드는 결과만 가져왔다. 정부는 마르크스주의의 가르침을 그리스도의 가르침과 접목시킨 '애국적 신부들'을 독려했고, 이것은 초기에는 잠시 성공을 거두었지만, 결국 대실패로 끝났다. 이후 정부는 방해와 사법적 위해를 가하고, 젊은 신부들을 대안적 행동으로 유인하는 편협한 압제 정책을 사용했다. 가톨릭 신봉자는 당에서 지위를 차지할 수 없게 되었다. 보안 기관은 교회에 침투하여 약점이 있는 인물들을 스파이와 정보원으로 만들었다. 학교와 병원에서 십자가가 철거되었고, 새로운 교회를 짓는 것도 금지되었다.

이런 탄압에도 불구하고 국가 생활에서 교회의 입지는 점점 더 강해졌다. 사회주의 체제의 불공정, 기만, 침체를 겪는 모든 계층의 사람들은 가톨릭 신앙에서 위로와 진실, 아름다움을 찾았다. 농촌 지역에서는 사회 엘리트들이 철저하게 빠져나가면서 교구 신부가 사람들이 유일하게 의지할 수 있는 교육받은 사람이 되었다. 도시의 음습한 산업 구역에서 노동자들은 교구 신부에게서 위로와 지도를 기대했고, 자신들이 새로운 교회를 세우려고 희망하는 땅에 세운 십자가를 경찰이 철거하는 것을 반대했다.

루블린의 가톨릭대학은 자유로운 학문의 보금자리였다. 오랜 기간 크라쿠프에서 발행되어온 가톨릭 간행물인 《즈나크》와 주간지인 《티고드니크 포브셰흐니》만이 편집의 자유를 누린 유일한 정기간행물이었다. 이 간행물은 신부들과 신도들을 단합시켰고, 신도들은 가톨릭지식인회KIK를 결성했다. 이 토론 클럽은 당이 후원하는 단체에 대안을 제시하는 청년 조직으로 자라났다.

1956년의 '해빙' 이후 대학은 다시 한 번 학업의 중심지가 되었고, 문화생활도 되살아났다. 통상, 여행, 문화 교류와 라디오 자유 유럽 같은 방송을 통한 외부 세계와의 늘어난 접촉은 지평을 넓혔고, 외부 세계와의 정상적 관계의 복원에 대한 희망을 높였다. 그러나 외부 세계가 폴란드를 부정적 시각으로 보고 있는 상황에서 이러한 접촉은 실망을 안겨주는 면도 있었다.

2차 세계대전 후 폴란드의 경험 가운데 가장 가슴 아픈 부분은 폴란드가 큰 패배자인 채로 전쟁이 끝났을 뿐 아니라 그 명성이 심각하게 훼손된 것이었다. 2차 세계대전 이전 폴란드 국가와 정부는 전반적으로 후진적이고 권위주의적인 것으로 간주되었다. 서방의 일부 사람들이 공산주의와 소련에 매력을 느꼈을 때 폴란드는 이념적으로 의심스러운 국가라는 인상을 주었다. 폴란드의 전쟁 노력은 무의미하고, 그 지도부는 무능한 것으로 비추어졌다. 가톨릭은 서방 지식인 모임에 호감을 주지 않았고, 폴란드인이 투쟁할 만한 가치로 보이지 않았다. 이뿐 아니라, 폴란드 국가는 특히 지식인, 그리고 프랑스와 미국의 유대인 사이에서 독일에 버금가는 반유대주의가 성행했던 곳으로 보였다. 유대인 처형 시설이 폴란드 땅에 있었다는 사실은 폴란드인이 홀로코스트에 협력한 증거로 제시되었다(처형된 유대인의 5분의 4는 폴란드 지역 출신이었고, 그래서 영국 공군의 공격을 받지 않았다).

외부 세계의 동감을 얻지 못한 것은 폴란드 사회가 자신이 겪고 있는 고난을 스스로 감당해야 한다는 것을 의미했고, 이것은 문학과 예술의 발전에 깊은 영향을 미쳤다. 전쟁은 1930년대의 유명 작가들을 거의 모두 제거했고, 살아남은 작가들은 런던, 파리, 뉴욕, 부에노스아이레스, 텔아비브 등 여러 곳으로 흩어졌다. 그럼에도 독립적 망명 출판사에 의해 출간된 그들의 저술은 다시 폴란드로 반입되어서 문학 부흥에 큰 역할을 담당했다. 그 대표적인 인물은 시인인 타데우시 루제비치, 즈비그니에프 헤르베르트, 체스와프 미워시와 소설가 예지 안제예프스키, 스타니스와프 디가트, 야로스와프 이바슈키에비치, 타데우시 콘비츠키, 극작가 스와보미르 므로제크, 작가 스테판 키시엘레프스키와 철학자 레셰크 코와코프스키가 있었다. 영화 제작에서도 유사한 부흥이 일어났다. 가장 유명한 영화감독으로는 안제이 바이다를 꼽을 수 있는데, 그는 폴란드의 현실을 섬세하고 예리한 방법으로 탐구했다.

그러나 좋은 시절은 오래 지속되지 않았다. 1958년에 탄압이 시작되었다. 서적들은 금서가 되고, 정기간행물은 폐간되었다. 검열은 이전보다 엄격하게 시행되었고, 검열관 사무실이 각 서적의 발행 부수와 각 연극의 공연 횟수를 정했다. 이러한 분위기에 순응하지 않는 작가들은 위해를 받고 체포되었다. 작가들은 검열을 피하기 위해 비유와 다른 속임수로 대응하거나, 스타니스와프 렘의 경우처럼 과학소설 분야에 집중했다. 국가가 언어를 조종하는 방법은 여러 이유로 인해 조지 오웰의 소설 수준에 이르렀다.

1965년에 두 명의 젊은 당 활동가인 야체크 쿠론과 카롤 모젤레프스키는 정치 체제의 완전한 개혁을 촉구하고 사회주의의 기본 가치로 돌아가자는 공개서한을 썼다. 그들은 즉시 체포되어 감옥에 수감되었지만, 다른 동료들, 특히 아담 미흐니크는 대학과 청년 조직에서 토론을 계속해나갔다. 고무우카가 점점 더 반동적이 되어갔음에도 당내의 한 분파는 그가 너무 온건하고 무능하다고 생각했다. 내무장관인 모차르 장군은 자신의 시간이 다가오기를 기다리고 있었다.

교회는 1966년의 폴란드 기독교 수용 천 년 행사를 준비해왔고, 이 행사의 일원으로 1965년 11월에 폴란드 주교들은 독일 주교들에게 공개서한을 보내 두 국가 간의 상호 용서와 화해를 요청했다. 고무우카도 폴란드 국가 천 년을 기념하기 위해 나름의 행사 프로그램을 시작했는데, 경찰과 '노동자 행동가들'은 이것을 교회 행사를 방해하는 명분으로 삼으려고 했다. 모차르 일파는 주교들의 편지를 문제 삼아 그들이 '독일의 원상회복주의'를 자극하고 폴란드 국가성을 훼손하고 있다고 비난했다.

1967년에 이스라엘과 아랍 국가들 사이에 6일 전쟁이 발발하면서 정치적 온도가 상승했다. 소련과 그 위성국들은 아랍 국가들을 지지했지만, 대부분의 폴란드인은 이스라엘 편을 들었고, 이스라엘의 승리를 환호로 맞았다. 이것은 부분적으로 소련에 모욕을 주기 위한 것이었고, 또 부분적으로는 이스라엘 국민 상당수가 폴란드에 뿌리를 두고 있기 때문이었다. 의원인 콘스탄티 우비엔스키는 이스라엘을 비난하는 세임의 결의안 투표에서 나온 두 표의 반대표 가운데 한 표를 던졌다. 그는 어려움을 겪고 있는 이스라엘에 대한 공개적 지지를 표시한 사람 가운데 하나였다. 고무우카는 폴란드인은 단 하나의 조국을 가질 수 있다는 선언으로 대응하고, 이스라엘 지지자들을 '시온주의자'라고 비난했다.

1968년 1월에 미츠키에비치의 희곡 〈조상 제사 전야〉가 바르샤바에서 공연되면서 극장을 채운 학생들은 반소련 구호를 외쳤다. 당국은 연극 공연을 금지시키는 초강수를 두었다. 이어서 바르샤바대학에서 발생한 시위는 자원예비군ORMO의 지원을 받은 경찰의 허가받지 않는 잔학 행위로 해산되었다. 1000명 이상의 학생이 체포되고 수천 명이 퇴학당했다. 그들을 대신해 일어난 작은 규모의 시위도 비슷한 과잉 대응으로 맞섰고, 수백 명의 자원예비군 '사회정치 활동가들'

은 이 시위를 전투로 전환하기 위해 가능한 방법을 다 썼다. 세임의 가톨릭교도 의원들은 이에 항의했고, 주교회의도 이를 비난하는 성명을 발표했다. 학생 시위는 폴란드의 다른 지역과 다른 기구로 확산되었고, 민주적 과정과 언론의 자유에 대한 요구가 공개적으로 제기되었다. 언론은 치안 병력이 간신이 저지하고 있는 거대한 대중 소요를 끔찍하다는 식으로 보도했고, 3월 11일에 이것을 독일에게 명령을 받고 움직이는 '시온주의 스파이들'의 소행이라고 했다.

　모차르의 주장에 의하면 거대한 음모가 진행 중이었고, 고무우카는 당이 '수정주의자, 자본주의의 하수인, 시온주의자와 반동주의자'를 척결해야 한다고 요구했다. 고무우카가 기본적으로 지식인과 수정주의자를 제거하는 데 관심이 있었다면, 소련 당국의 반유대주의에 좀더 동조하는 모차르는 이 모든 일을 유대인의 음모로 보고 있었다. 그는 일부 학생 지도자들이 유대인 배경을 가지고 있고, 일부 고위 당원도 그렇다고 지적했다. 3월 13일에 많은 수의 고위 관리가 시온주의를 이유로 해임되었다.

　모차르 일파는 2차 세계대전 직후 시기에 당의 가장 좋은 지위가 유대인 배경을 가진 사람들에게 돌아갔다는 사실을 크게 강조했다. 하위직 당원들의 시기가 바로 일어났고, 당원들이 서로의 족보를 들추어내면서 숙청이 시작되었다. 반시온주의를 가장 크게 내세운 것은 실레시아 공산당위원회 수장인 에드바르트 기에레크 같은 권력에 굶주린 새로운 인물이었다. 더 낮은 수준에서는 노동자들과 농민들이 모든 종류의 지식인들을 '흡혈귀 유대인'이라고 부르며 자신들의 혐오를 열렬히 드러냈고, 이것은 앞으로도 여러 번 다시 나타나는 무작위적 연계가 되었다. 수백 명의 당 관리들과 고위직 관리들이 시온주의라는 명목으로 제거되었다.

고무우카는 더이상 상황을 통제할 수 없었고, 마녀사냥이 자신의 지도력에 대한 불만을 다른 데로 돌리기를 기대했다. 그는 외국으로 이민을 원하는 '시온주의자들'에게 출국비자를 주기로 결정했고, 이후 몇 달 동안 1만 5000명에 달하는 폴란드 유대인이 출국비자를 받았다. 여기에는 전 내무부와 비밀경찰 요원 수백 명도 포함되었다. 고무우카의 유대인 부인은 여기에 포함되지 않았고, 공격을 피하는 데 성공한 고위직 유대인도 비자 신청을 하지 않았다. 대상 인물 가운데 하나인 아담 미흐니크도 이민 신청을 하지 않았다.

그럼에도 고무우카는 자신의 권력에 불안을 느꼈고, 소련에 지원을 요청했다. 그는 1968년의 체코슬로바키아 침공 때 2만 6000명의 폴란드군 병력을 제공하여 소련의 지원을 확보했다. 그러나 이것은 당내나 나라 전체에서 그의 지지를 끌어올리지 못했고, 9월 8일에 전 지하 저항군 장교였던 리샤르트 시비에츠는 폴란드에서 가장 큰 운동장에 모인 거대한 군중과 고무우카 앞에서 분신자살했다.

주민들은 고무우카의 경제 정책에 대해서도 지지를 보내지 않았다. 그는 경제를 탈중앙화하려고 시도해왔지만, 이제까지의 중앙계획에서 벗어나는 것은 불가능했다. 임금이 낮아지고 노동 여건이 열악해지는 상황에서 근무 이탈과 무성의한 노동으로 생산이 저해되고 있었다. 농업의 사적 부문은 투자 부족으로 재원이 고갈되었고, 사회주의 원칙은 사적 농업이 궁극적으로 사라질 것을 요구하고 있었다. 그러나 사적 부문은 농업 생산 전체의 80퍼센트를 담당하고 있었다. 폴란드가 채무 국가가 될 것을 두려워한 고무우카는 수입을 막았고, 여기에는 곡물과 가축 사료도 포함되었다. 그 결과로 가축 수량이 줄어들었고, 1969년과 1970년의 연이은 흉작으로 육류가 크게 모자라게 되었다.

생활비용은 1960년대 내내 꾸준히 증가한 반면 임금은 이를 따라가지 못했다. 1970년 12월 13일에 식품 가격을 30퍼센트 인상한다는 발표가 갑자기 나오자 즉각적인 항의가 일어났다. 다음날 그단스크의 레닌 조선소 노동자들은 파업에 돌입했고, 항의의 표시로 지역 공산당 당사로 행진했다. 경찰과 내무부 병력은 이틀 전부터 비상경계 태세에 들어갔고, 당사를 경비하던 병력은 파업자들에게 발포했다. 시위대는 당사 건물을 불태웠다. 이와 유사한 대결이 인근의 그디니아와 슈체친에서 일어났고, 다음날 전차와 2만 7000명의 병력이 이 도시들로 진입했다. 폭력 사태는 엘브롱크와 인근 발트해 연안 도시로 확산되었고, 12월 17일에 이 지역 전체가 군대에 의해 봉쇄되었다. 시위 발생 나흘 후 41명이 사망했고, 1000명 이상이 부상당했으며, 3200명이 체포되었다.

12월 19일에 폴란드 정치국 비상 회의가 심장발작을 일으킨 고무우카 없이 열렸고, 에드바르트 기에레크로 그를 대체하기로 표결했다. 기에레크는 선의를 보이며 노동자들을 진정시키는 데 성공했고, 가격 인상을 원점으로 돌리고서야 시위를 약화시킬 수 있었다. 그는 "이 사건은 당이 노동 계급, 국민과의 소통에 소홀하지 말아야 한다는 뼈아픈 교훈이었다"라고 인정했고, 사람들은 그의 진정성을 믿었다. 그러나 이후 그의 통치 10년 동안 이러한 소통 부재는 다시 연결할 수 없는 간극으로 변했다. 상상력이 부족한 고무우카 세대의 전통적 공산주의자들이, 자신들을 현대적 관리자이자 산업의 사회주의 선장이라고 착각한 새로운 부류의 공산당 관리자들로 대체되었을 뿐이었다. 이들은 불만에 찬 농민들과 노동자들에 대한 경멸감을 가지고 있었다.

기에레크는 야심 찬 '경제적 도약'이라는 계획을 내세웠다. 이것은 서방으로부터의 대규모 차관 도입을 통해 수행하고, 이 차관은 천연 자원의 수출 증진과 외국 자본으로 설립된 공장에서 생산된 상품의 수출로 상환한다는 계획이었다. 소련-미국 간의 데탕트 분위기도 이러한 계획에 도움을 주었다. 오일 달러로 자금이 넘치는 서방 은행은 기꺼이 폴란드에 돈을 빌려주었다. 피아트와 코카콜라 같은 회사들은 폴란드에서의 생산을 위해 적극적으로 계약을 체결했다.

초기 결과는 인상적이었다. 생산은 크게 증가되었고 폴란드 경제는 일본을 제외하고는 다른 어느 나라보다 빨리 성장했다. 새로운 도로가 건설되고, 철도가 현대화되고, 모든 도시에 현대적 아파트 단지가 생겨났다. 생활 수준은 올라가고, 생활 비용은 감소했다. 개인 승용차와 식기 세척기가 보급되고 해외여행도 평균적 시민이 꿈꿀 수 있게 되었다. 기에레크는 자신의 인기에 자신을 얻어서 농민들의 강제 공납 배정도 철폐했고, 농민들도 의료보험 혜택을 받을 수 있게 했다. 식품 가격은 노동자들의 환심을 사기 위해 1965년 수준으로 되돌려놓았다.

그러나 오래지 않아 기에레크의 경제 구조에 균열이 나타났다. 새로운 공장들은 예정보다 늦게 건설되었고, 이 공장들이 생산하는 제품들은 질이 떨어져서 서방에 팔기가 어렵게 되었다. 외채는 눈덩이처럼 불어났다. 문제에 대한 유일한 해답은 석탄과 기타 천연자원의 수출을 늘리고 원래 폴란드 국내시장에 유통할 소비재를 수출로 돌리는 것이었다. 그 결과는 바로 나타나서 생필품 부족 현상이 발생했다. 기에레크가 숫자를 가지고 묘기를 부렸지만 그는 역사의 교훈을 잊어버렸다. 1975년에 그는 '사치' 소비재의 가격을 올렸고, 1976년 6월 24일에는 식품 가격을 평균 60퍼센트 인상했다. 다음날 라돔, 바르샤바와 여러 곳에서 파업이 시작되었다. 가격 인상은 신속히 철회되었지만, 치안기동대zomo가 진압에 돌입하여 파업을 벌인 노동자들을 체포하고 구타했다. 사람들은 수백 명씩 일터에서 해고되었고, 최대 10년형이 선고되었다.

이 위기는 기에레크의 경제적 불꽃놀이에 가려져 있던 많은 문제를 노출시켰다. 그의 계획은 당 간부들의 기술적 경쟁력을 전제로 하고 있었다. 그러나 당원 수는 300만 명으로 늘어났지만 그 질은 그렇지 못했다. 새로운 당원들은 예전 사람들의 사회주의 이상에 대한 헌신을 결여했고, 이를 대신할 현실적 감각이나 관리 능력도 가지고 있지 못했다. 무능과 함께 부패가 커지면서 사회주의 경제에 만연한 병폐를 고치기는커녕 증가시켰다. 부패는 광범위하게 자행되어서 체제의 모든 부문에서 가장 악랄한 방법으로 거대한 도둑경제kleptocracy가 탄생했고, 이것은 사회 전체에 큰 불만을 야기했다.

기에레크는 데탕트 정신이 제공하는 모든 차관과 협력 프로그램을 놓치지 않고 잡았고, 소련에 대해 점점 더 굴종하는 방식으로 이에 균형을 잡았다. 폴란드의 자본과 인력은 소련의 발전 계획에 투자되었다. 달러화의 투자로 생산된 제품은 가치가 없는 루블화를 받고 판매되었다. 앙골라와 제3세계 다른 지역에서 진행되는 '해방 운동'에 대한 '형제적 지원'의 규모는 크게 늘어났다. 기에레크는 프랑스, 독일, 미국을 공식 방문하고 그 나라의 대통령을 바르샤바에서 맞아들였지만, 그는 모스크바도 방문해야 했고, 1975년에는 불만에 가득 찬 소련 총리 알렉세이 코시긴을 바르샤바에서 맞았다.

소련은 폴란드 헌법에 여러 조항을 개정하는 확실한 조공을 원했다. 폴란드는 사회주의에 헌신하고 당이 '지도적 역할'을 담당해야 하며, 소련과 '형제적 동맹'을 맺는다는 것을 헌법에 명기하는 것이 가장 중요했다. 위대한 볼셰비키 10월 혁명을 헌법에 언급하는 것은 물론 '시민적 의무'의 이행에 시민권이 달려 있다는 간교한 구절도 넣어야 했지만, 시민들의 항의와 교회의 강력한 간섭의 결과 이 조항은 제외되었다.

국민의 대응 폭과 기에레크가 이에 굴복해야 한다는 사실은 폴란드 정부와 국민의 관계가 극적으로 변한 쌍둥이 같은 현상이었다. 그렇다고 정부가 온건해지거나 자신들의 방어를 약화시킨 것은 아니었다. 내무부의 예산은 문화부, 보건부, 교육부 예산을 합친 것보다 많았다. 단지 사회가 좀더 강하게 자신의 주장을 내세우고 정치적으로 더 성숙해진 것이었다.

1970년대 초반에 서유럽과 미국을 여행하는 젊은 폴란드인이 기하급수적으로 늘어났다. 이들은 외국어를 배우고 현지에서 돈을 벌어 돌아오면 자동차나 아파트를 살 수 있었다. 전후 해외로 이민한 사람들이나 그 자녀들이 폴란드를 방문하는 수도 크게 늘었다. 이러한 사람들의 대이동은 수십 년간 유지되어온 고립의 장벽을 허물었고, 영구한 소통 채널을 만들었다. 전 세계에 산재한 개인들이 지휘하는 콘서트에서 진화한 폴란드인의 사고와 문화는 이민자들의 간행물과 해외 출판사를 통해 전파되었고, 이 중에서 파리에서 출간되는 월간지 《문화》와 문학연구소의 출간물은 가장 영향력이 컸다.

1975년에 헬싱키에서 열린 유럽안보협력회의CSCE에서는 여러 합의가 이루어졌고, 이것들은 소련 외교의 승리인 것처럼 보였다. 유럽이 소련의 영향권과 서방의 영향권으로 나뉜 것이 암묵적으로 인정되었고, 양측 모두에 의해 수용되었다. 이것은 소련 지배하에 있는 국가들을 서방이 배신한 것과 마찬가지였다. 그러나 합의의 세 번째 내용은 인권을 헌장에 서명한 35개국 시민 모두에게 적용하고, 이 국가들이 인권을 존중할 의무를 지게 만들었다. 이것은 소련의 해체에 일정한 역할을 했다.

1968년부터 많은 반체제 운동이 전개되었고, 개인적 수준이나 지하출판물을 통해 많은 사람이 급진적인 토론에 참여했다. 이민 사회의 출판물도 폴란드에 몰래 반입되었다. 1970년대 중반이 되자 정치적 프로그램이 나타나기 시작했다. 그러나 헬싱키 회담 이후에야 새로운 전략 감각이 나타났다.

첫 신호는 노동자수호위원회KOR였다. 1976년 9월에 전 폴란드 국내군 장교, 변호사, 작가, 젊은 반체제 인사들이 이 조직을 결성했다. 이 조직은 노동자들에게 법률적 자문을 해주고, 노동자들의 재판에 참관인을 파견하여 《정보 잡지》를 통해 이 노동자들이 어떤 대우를 받았는지를 일반에 알렸다. 이 단체는 또한 벌금 납부와 노동자 가족 지원을 위해 모금을 했다. 이 위원회는 점차 활동 범위를 넓혀 인권 위반과 관련된 모든 사안을 다루었고, 법률적 관점에서 당국을 가차 없이 비판했다. 인권과 관련된 헬싱키 합의 사항은 모두 공개되었기 때문에 당국은 단순히 이 단체 회원들을 체포하거나 활동을 금지시켜 이들을 침묵시킬 수 없었다. 그렇다고 당국이 이 단체 지지자들에 대한 위해를 중지한 것은 아니었다. 가택 수색, 재산 압류, 일자리에서의 해고, 대학에서의 퇴학, 단순한 위반을 근거로 한 단기 구금,

폭도를 동원한 구타, 때로는 살인으로 이들을 위협했다. 그러나 이것이 기록으로 남아 헬싱키 모니터링 기관이나 세계에 보도되지는 않았다. 1977년에 인권시민권수호위원회ROPCiO가 노동자수호위원회의 활동에 가담했고, 5월에는 크라쿠프에서 결성된 학생연대위원회도 여기에 가담했다. 두 단체 모두 폴란드 당국과 그 위법 사항에 대한 증거를 찾는 데 힘을 모았다.

온갖 종류의 정기간행물과 지하출판물이 엄청난 자료를 쏟아내기 시작했다. 1977년에 지하 대학이 바르샤바에서 활동을 시작했고, 토론 클럽이 여기저기 생겨났다. 경찰은 이런 활동에 참여하는 개인들을 체포하고, 그 장소를 습격하고, 유인물을 압수했지만, 반체제 인사들은 대중의 지지와 협력으로 조직되고 보호되었다. 그들은 교회의 암묵적 지원을 받았고, 집회 장소를 제공받았다. 교회는 인권 옹호외 해고된 노동자들을 돕는 데 적극적 역할을 했다.

기에레크는 반체제 운동을 적극적으로 탄압할 여유가 없었다. 그는 1976년에 수석 주교인 비신스키 추기경과 공식 회담을 가졌고, 1977년에는 프랑스, 이탈리아, 인도를 방문했으며, 지미 카터 미국 대통령, 빌리 브란트 서독 총리, 보두앵 벨기에 국왕, 헬무트 슈미트 서독 총리, 이란의 샤Shah를 바르샤바로 초청했다. 그는 경제적 재앙을 모면하기 위해 정치가처럼 보일 필요가 있었다. 세계 경제 불황은 과도하게 확장되고 무능하게 관리된 폴란드 경제에 큰 영향을 미쳤다. 폴란드 산업의 가망 없는 상황은 혼란을 불러일으켰고, 폴란드 농업 상황도 위기를 예고했다. 1978년 10월 16일, 크라쿠프 대주교이자 추기경인 카롤 보이티와가 교황으로 선출[동유럽 출신 최초이자 비이탈리아계 최초]된 것은 위기가 더이상 제어될 수 없다는 것을 의미했다.

23장

교황의 힘

카롤 보이티와가 교황 요한 바오로 2세로 선출된 것은 폴란드인들이 겪은 고난에 대한 위로일 뿐 아니라 커다란 민족적 영예였다. 이것은 또한 1945년 이후 폴란드인들을 가두었던 장벽에 마지막으로 난 균열이었다. 1979년 6월, 교황의 조국 방문은 폴란드인들의 정신적·문화적 가치에 대한 믿음을 다시 확인시켜주었을 뿐만 아니라 1989년까지 멈추지 않고 진행된 과정을 시작하게 만든 촉매제였다.

교황은 수십만 명의 폴란드인이 참여한 야외 미사를 드리면서 폴란드 전역을 순회했고, 한 미사에는 100만 명 이상의 인파가 몰렸다. 경찰은 이러한 장면을 소심하게 지켜보았고, 미사에 모인 사람들은 군중의 수가 의미하는 힘을 깨닫고, 새로운 확신과 연대감을 가지고 서로 이야기를 나누었다. 교황의 강론은 존경의 필요성, 인간의 생래적 존엄성에 대한 존경을 강조했다. 메시지는 종교적 언어로 전달되었지만, 청중이든 당국이든 현재의 폴란드 상황과의 연관성을 생각하지 않을 수 없었다. 크라쿠프에서 교황은 몰려든 군중에게 "절대 희망을 잃거나 낙담하거나 포기하지 마세요"라고 말했다.

교황의 가르침을 들은 사람들은 자신들이 하나의 공동체를 이루고 있다고 생각하기 시작했고, 미래에 대해 어떻게 책임을 질 것인지를 심사숙고하게 되었다. 기에레크는 경제 난국 상황에서 또 한 번 실책을 저질렀다. 1980년 7월에 그는 예산의 균형을 잡기 위해 식품 가격을 크게 인상했다. 이에 항의하는 시위가 곳곳에서 벌어졌지만, 이번에 그들의 대의와 전략은 완전히 달랐다.

1980년 8월 14일 해가 뜰 무렵 이미 해고된 전기수선공이 동료 노동자 안나 발렌티노비치의 불법적 해고에 항의하는 시위를 이끌기 위해 그단스크의 레닌 조선소 담장을 넘어 들어갔다. 그의 이름은 레흐 바웬사였다. 1970년 파업에 참여한 그는 길거리로 나간 노동자들이 전차를 상대할 수 없다는 것을 배웠고, 오랜 시간 노동자수호위원회, 지하 노동자 세포조직과 대화를 나누면서 전략을 만들고 목표를 정했다. 파업 참가자들은 거리로 행진해 나가는 대신에 조선소를 점거하고 정부 대표가 와서 파업 노동자들이 요구하는 것을 경청할 것을 요구했다.

8월 28일에 열린 정치국 회의에서 기에레크는 사태를 해결할 방법이 없다며 사의를 표명했다. 정부 대표들이 그단스크와 슈체친에 파견되었다. 이곳에서도 연좌시위가 열리고 있었고, 정부는 노동자들을 분열시키려고 했다. 그러나 노동자수호위원회, 가톨릭지식인회, 인권시민권수호위원회 지도자들과 미흐니크, 쿠론, 역사학자 브로니스와프 게레메크와 언론인 타데우시 마조비에츠키 등 10명의 저명한 반체제 인사들은 그단스크에 머물며 폴란드 여러 지역에서 벌어지고 있는 파업을 조율하기 위한 공장 연합 파업위원회에 조언을 해주었다.

정부는 다른 선택의 여지가 없었다. 8월 31일에 정부는 노동자들과 협정을 체결했다. 이것은 단지 임금이나 노동 환경 논쟁에 대한 타협이 아니었다. 자유노조 설립, 정보의 자유, 언론과 시민권을 포함한 포괄적 타결안이었다. 역사적으로 이것은 기록적인 사건이었다. 유럽 역사에서 최초의 진정한 노동자 혁명이었고, 프롤레타리아 독재가 무엇인지를 제대로 보여준 것이었다. 1917년 이후 그렇게 많은 사람을 도취시키고, 그렇게 많은 사람을 살상한 허구를 파괴하는 것이었다.

9월 19일에 300만 명의 노조원을 대표하는 대표단이 그단스크에 모여 새로운 자유노조가 취해야 할 형태를 논의했다. 변호사인 얀 올셰프스키와 역사학자 카롤 모젤레프스키의 조언에 따라 독립자치노동조합연대NSZZ Solidarność라는 명칭의 자유노조를 설립하기로 결정했다. 두 사람은 작은 지역 노동조합은 당국이 침투하여 조정하기 쉽기 때문에 단일 조직의 전국 규모 노조를 설립해야 한다고 주장했다. 바웬사는 전국 조정위원회 의장으로 선출되었다. 자유노조 회원들과 활동가 대부분의 목표는 노동 여건과 좀더 순수하고 진정한 사회주의 형태로 복귀하는 것에 한정되었다. 그러나 모스크바와 바르샤바에서는 이것을 그렇게 보지 않았다.

기에레크는 그단스크 합의에 서명한 지 닷새 만에 심장마비를 겪었고, 그의 자리는 스타니스와프 카니아가 차지했다. 그는 '반사회주의 세력'과 투쟁하고 소련과의 연계를 강화하겠다고 밝혔다. 이틀 전 소련 정치국은 폴란드 정치국에 '반격'을 준비하도록 지시하고, 외무장관 안드레이 그로미코와 KGB 의장 유리 안드로포프를 포함한 특별대책반을 구성하여 폴란드에서 진행되는 일을 예의 주시했다. 이들은 카니아와 국방장관 보이치에흐 야루젤스키에게 상황을 장악하도록 촉구하고, 10월 22일에는 야루젤스키에게 비상계엄령을 선포할 준비를 하도록 지시했다. 크렘린은 야루젤스키에게 소련군, 동독군, 체코슬로바키아군의 지원을 기대해도 좋다고 말했다. 미국은 이란 대사관 인질 사건에 신경이 분산되어 있었고, 카터 정권은 정권 말기 레임덕에 시달리고 있었다. 그럼에도 지미 카터 대통령은 폴란드 상황의 심각성을 충분히 인식하고 12월 3일에 브레즈네프에게 강한 경고의 전보를 보냈다.

하지만 이것이 소련 측의 의도에 큰 영향을 미쳤을 가능성은 없었고, 군사적 대처는 여전히 가능한 선택지 가운데 하나였다. 폴란드와 독일, 체코슬로바키아 국경은 봉쇄되었고, 소련 관영 통신 타스TASS는 소련의 군사 작전이 폴란드 영토 내에서 진행될 것이라고 발표했다. 12월 5일에 폴란드의 당 지도부와 국방장관, 내무장관은 회담을 갖기 위해 모스크바로 날아갔다.

자유노조는 새로운 노조, 언론인, 출판인, 교사, 학생, 농민, 기타 단체들이 우후죽순 생겨나면서 크게 확장되었고, 1979년 말 기준 900만 명의 조합원을 보유하게 되었다. 이것은 폴란드 성인 인구의 30퍼센트에 해당했다. 이로 인해 자유노조의 구성과 동기는 변화하게 되었다.

진정한 시민의 힘이 나타나는 상황에서 당이 아무것도 할 수 없는 무력함을 보이자 사회 각계각층의 개인들은 지금까지 생각할 수 없었던 것을 생각하기 시작했다. 정치에서 환경에 이르는 모든 주제에 대한 지식과 정보가 우후죽순처럼 생겨난 독립 출판 매체에 의해 전파되었다. 시민들은 금기시된 주제에 대해 공개적으로 토론하고, 교사들은 학생들에게 2차 세계대전의 실상과 카틴 숲 학살, 바르샤바 봉기에 대해 가르쳤다. 작가들은 출판이 불가능하다고 생각하여 장롱 속에 숨겨놓았던 원고를 출간하기 시작했고, 영화 제작자들은 제작의 꿈만 꾸어왔던 작품을 만들기 시작했다. 노벨문학상 수상 작가 체스와프 미워시 같은 해외 망명자들이 환호 속에 귀국했다. 정치 상황은 암울하고 경제는 파탄지경이었지만, 시민들에게 엄청난 환희가 밀려들었고, 특히 젊은 층은 크게 열광했다.

기에레크의 경제 정책의 결과는 처참했다. 외채는 눈덩이처럼 불어났고, 차관을 이용하여 구입한 기계는 쓸모없이 방치되거나 부품이 없어 가동이 중단되었다. 1970년대에 기에레크가 예산을 아끼려고 시도한 것은 최종 단계에서는 너무 구두쇠 같은 정책이 되어 많은 프로젝트가 파산하는 단계에 이르렀고, 유럽 어디에서도 볼 수 없는 오염이 주민들의 고통을 가중시켰다. 1979년에 외화 수입의 75퍼센트는 외국 차관 이자를 갚는 데 사용되었다. 외화 지출을 무조건적으로 동결시키면서 경제 난관을 돌파할 기회는 사라졌고, 보건 서비스가 큰 타격을 받았다. 1981년이 되자 의약품 부족 현상이 확산되고, 약품을 투약할 주사기도 동이 났다. 오염과 빈곤으로 인한 영양실조와 질병이 역병 수준으로 늘어났다.

1981년 초반에만 생활비용이 15퍼센트 상승했고, 일상적 상품 다수도 암시장이나 정부가 운영하는 외화 상점에서만 구입할 수 있었다. 공장들도 기본적 생산 원료와 보급품을 얻기 위해 물물교환에 의존하는 상황에 이르렀다. 수만 명이 해외로 이주했고, 많은 사람이 서방에서 일자리를 찾았지만, 아무것도 할 수 없는 사람들은 오스트리아와 서독의 난민 수용소로 모여들었다. 재앙과 같은 아프가니스탄 침공으로 큰 실책을 저지른 것을 깨달은 소련이 말을 듣지 않는 동맹을 침공하는 통상적 조치를 취할 것인지를 서방이 지켜보는 가운데 폴란드 상황은 세계 위기로 발전되어갔다.

폴란드 당국은 자유노조와 관련하여 지연작전을 쓰면서 그 활동을 방해하려고 노력했다. 시위는 치안기동대에 의해 잔인하게 진압되었고, 이 부대는 상황을 법과 질서의 유지 문제로 전환시키기 위해 시위대를 자극하는 할 수 있는 일을 다했다. 정부는 자유노조가 합법적으로 활동할 수 있는 근거가 되는 법령 통과를 지연시키며 그단스크 합의를 위반했다. 자유노조가 정부를 압박하기 위해 3월 27일부터 30일까지 전국 파업을 시작하자, 폴란드 TV는 훈련에 돌입한 소련군 모습을 방영했다. 두 달 전 미국 대통령이 된 로널드 레이건이 폴란드 사태에 개입하지 말라는 경고를 모스크바에 보내면서 긴장은 고조되었다.

폴란드 상황은 정치 노선에 따라 양극화되었다. 2월에 자유노조는 정치적 변화 없이는 경제 상황 개선이 불가능하다고 보는 선언문을 발표하고, '국가의 완전한 개조'를 요구했다. 같은 달에 야루젤스키 장군이 총리직을 겸직했고, 3월에 계엄령 선포를 위한 과정을 승인했다.

소련 공산당은 폴란드 집권당인 폴란드통합노동당에 편지를 보내 반혁명에 굴복한 것을 비판하고 행동에 나설 것을 촉구했다. 그러나 폴란드통합노동당은 지도적 역할을 수행할 수 있는 상황이 아니었다. 1981년 7월 14일에 열린 당대회는 강경파와 수정주의파 사이의 깊은 균열을 노정했다. 당대회를 지배한 분위기는 공포와 주저였고,

많은 당원이 당을 떠나기 시작했다.

이 당대회와 자유노조가 1981년 9월에 그단스크 인근 올리바_{Oliwa}에서 개최한 전체 회의의 분위기는 극도로 대조되었다. 자유노조 대회는 2차 세계대전 전 세임 이후 최초로 민주적으로 선출된 국가적 의회를 구성했고, 그래서 이곳에서 논의되는 사안은 중대성을 띠었다. 바웬사와 온건파 지도자들은 대회의 토론을 자유노조 자체와 그단스크 합의에 국한시키려고 노력했지만, 정부의 배신에 자극되고 격앙된 대표들은 이러한 문제를 넘어서는 원칙의 문제를 제기했다.

노동자들을 대표하고 자유선거를 수행할 정당을 설립하자는 주장이 나왔다. 소련의 발트함대가 2차 세계대전 이후 가장 큰 해상 훈련을 벌이는 가운데, 9월 8일에 자유노조 대회는 소련 블록의 모든 압제 받는 사람들에 대한 동정과 지원을 표현하는 성명을 발표하고, 그들도 자유노조를 설립할 것을 고무했다. 소련의 타스통신은 자유노조를 '반사회주의적이고 반소련적인 광기'라고 비난했고, 폴란드 정치국은 자유노조가 그단스크 합의를 어겼다고 비판했다.

소련 지도부의 인내는 한계에 다다르고 있었다. 그러나 소련은 아프가니스탄 침공으로 외교적으로 심하게 고립되어 있었고, 경제는 서방에 크게 의존하고 있었다. 폴란드에서 진행되는 시민 운동의 규모, 세계적으로 대단한 인기를 누리고 있는 자유노조의 카리스마 넘치는 지도자, 국제무대에서 폴란드 출신 교황의 영향력, 마거릿 대처 영국 총리와 로널드 레이건 미국 대통령의 단호한 태도는 소련의 폴란드 침공은 재앙으로 끝날 수 있음을 시사했다.

이러한 재앙을 피하기 위해 야루젤스키는 모든 일을 할 준비가 되었고, 이것은 그나마 모스크바에게 다행이었다. 10월에 카니아가 사임한 후 그는 모든 통제권을 장악하고 소요 탄압을 위한 준비를 시작했다. 진압 작전은 1981년 12월 12일 밤에 시작되었다. 밤 11시 30분에 모든 전화선이 차단되었고, 이어서 라디오와 TV 방송도 중단되었다. 대단히 효율적으로 진행된 복합적 작전을 통해 자유노조 지도부의 거의 전부가 체포되었다. 수천 명의 사람들이 집에서 잠을 자다가 끌려 나와 감옥과 집단수용소에 수감되었다. 전차가 눈 덮인 거리를 돌아다니고, 치안기동대가 소요가 발생할 가능성이 있는 지역에 배치되었다. 공장, 탄광, 철도는 정부 병력이 장악하고 군사 지도부가 통제했다. 통금이 시작되고 여행은 금지되었다. 13일 오전 6시에 폴란드 국가國歌가 TV에서 울려퍼졌고, 이어 야루젤스키가 국가 비상 사태로 인해 계엄령을 선포한다고 발표했다.

노동자들은 전혀 대비가 되어 있지 않은 상태에서 이런 일을 당했다. 12월 14일에 파업과 연좌 농성이 이어지기는 했지만, 병력이 시위 장소에 들이닥치자 저항은 별로 없었다. 연좌 농성이 벌어진 실레시아 부예크Wujek 광산에는 12월 16일에 치안기동대가 실탄을 발사하며 진압에 나서서 광부 9명이 사망했다. 피아스트 광산의 광부들은 더 오래 버텼지만, 마지막까지 농성하던 900명의 광부가 12월 28일에 지상으로 올라왔다. 일부 자유노조 지도자들이 은신하여 지하 반정부 운동을 시작하긴 했지만, 자유노조 운동은 사실상 진압된 셈이나 마찬가지였다. 모두 합해서 5000명의 자유노조 지도자가 구금되었고, 15만 명이 '예방적 주의 대화'를 위해 당국에 연행되었다.

12월 22일, 야루젤스키는 정치국에 자신들이 첫 전투에서 이겼지만, 아직도 치러야 할 전투가 있고, 10년이 걸릴 전쟁에서 이겨야 한다고 말했다. 그는 전투에 대해서는 맞는 말을 했다. 저강도 시위가 산발적으로 일어나고, 벽에 정치 구호가 쓰이고, 거리에 유인물이 배포되는 상황은 이어졌다. 많은 작가와 배우는 국영 매체에의 출연을 거부했다. 국경일인 1982년 5월 3일에 파업과 시위가 다시 벌어졌지만, 무자비하고 효과적으로 진압되었다. 일터에 나오지 않는 사람들은 일자리를 잃었고, 온갖 종류의 압력에 시달렸다. 그단스크 합의 1주년이 되는 날에 6개 도시에서 시위가 일어났지만 해산되었다. 이 과정에서 5000명이 체포되고, 최소한 3명이 사망하고 수백 명이 부상을 입어서 이러한 행동이 의미가 없다는 것을 보여주었다. 계엄령이 선포된 지 1년 후인 1982년 12월에 계엄령 효력은 중지되었고, 6개월 뒤 계엄령은 철폐되었다. 그 사이에 여러 특별 조치가 취해져서 계엄령은 불필요하게 되었다.

그러나 상황을 정상화하려는 야루젤스키의 시도는 성공을 거두지 못했다. 그는 국가재건애국운동과 공식 노조를 만들어서 정권에 대한 지지를 확보하려고 노력했고, 주민들은 여기에 가입하라는 압력을 받았다. 그러나 두 조직 모두 주민들의 신뢰를 얻지 못했다.

미국은 폴란드에 엄격한 무역 제재를 가했고 다른 유럽 국가들도 뒤를 따랐다. 이로 인해 경제를 살리려는 야루젤스키의 노력은 큰 난관을 맞았다. 새로운 계획과 개혁 프로그램이 도입되었지만, 아무런 결과를 만들어내지 못했다. 즈워티의 가치는 1983년과 1985년에 두 번이나 평가절하되었고, 인플레이션은 70퍼센트까지 치솟았다.

1981년 12월 13일의 탄압 당시 은신에 성공한 자유노조 지도자들은 지하 지도부를 결성했고, 반체제 운동은 전통적인 방법으로 재생되었다. 라디오 자유노조Radio Solidarność가 은닉된 방송국에서 방송을 시작했고, 지하 언론이 폴란드 전역에서 활동했다. 1982년부터

1985년 사이 지하 언론은 최소한 1700개의 신문과 잡지를 발행했고, 1800종의 책을 발간했으며, 이 가운데 상당수는 대량으로 인쇄되었다. 문학과 예술 활동도 활발히 전개되었고, 종종 장소, 시설, 통신 수단, 심지어 현금도 제공한 교회의 보호 아래 진행되었다. 교회는 또한 개인과 해외 조직 간에 핵심적인 연계를 제공했다. 해외 조직은 모든 종류의 도움과 종이, 인쇄기, 인쇄잉크 등 필요한 물자를 제공했다.

바웬사를 포함해 구금된 사람 대부분은 1983년 초에 석방되었고, 7월에는 일반 사면이 발표되었다. 쿠론과 아담 미흐니크같이 정부 전복 혐의로 기소되었던 사람들도 재판에 넘겨지지는 않았다. 그러나 이것이 정부의 태도 변화를 반영하는 것은 아니었다. 바웬사는 석방된 지 얼마 되지 않아 사기와 탈세 혐의로 기소되었고, 경찰의 위협을 받았다. 그해 10월에 그가 노벨평화상을 수상하자 그는 상을 받으러 가는 것이 금지되었고, 폴란드 정부는 노르웨이 정부에 항의 서한을 보냈다.

보안 경찰 인원이 증강되었고, 1983년까지 스탈린 시대보다 더 많은 요원이 채용되었다. 1985년 11월에 100여 명에 달하는 학자들이 교육계 숙청의 일환으로 해임되었다. 덜 중요한 사람들은 위해와 구타를 당하고 살해당하기도 했다. 보안 경찰은 부역자를 대폭 늘려서 경미한 범죄로 잡힌 사람들이나 범죄 경력이 있는 사람들에게 압력을 가해 스파이 활동을 하거나 고발하도록 만들었다.

이러한 상황에서 생활하는 것을 견디기 어려운 점점 더 많은 사람이 서방으로 빠져나갔다. 경비행기를 훔치거나 선박을 이용하거나 다양한 방법을 이용해 폴란드를 빠져나갔다. 자살률은 거의 40퍼센트나 증가했다.

1983년 6월에 교황은 조국 폴란드를 두 번째 방문했다. 그는 야루젤스키를 책망하고, 100만 명 이상의 군중이 모인 카토비체 야외 미사에서 자유노조를 결성하는 것은 기본적인 인권이라고 강론했다. 보안 경찰은 저강도 교회 사찰로 이에 대응했다. 공공장소에서 십자가가 제거되고, 사제들은 거친 대접을 받았으며, 몇 명의 사제가 살해되었다. 단 한 사건에만 보안 경찰에 살인 혐의가 씌워졌다. 12월 17일에 세 명의 보안 경찰이 예지 포피에우슈코 신부를 살해한 혐의로 재판을 받은 것이다.

결국 일이 이렇게 된 데에는 폴란드 밖에서 일어나는 변화의 징조가 큰 작용을 했다. 야루젤스키는 폴란드를 다시 모스크바의 통제 아래로 돌아가게 만들고 상황을 정상화하기 위해 모든 일을 다했다. 그는 1985년 10월에 세임 선거를 실시하고, 1986년에 모든 정치범 석방으로 이를 마무리하려고 했다. 그러나 그 시점에 소련의 상황이 예상하지 않은 방향으로 흘러갔다.

야루젤스키에게 폴란드의 소요를 진압하도록 지시한 레오니트 브레즈네프는 1982년 11월에 사망했다. KGB 의장인 유리 안드로포프가 잠시 후계자가 되었다가 강경파인 콘스탄틴 체르넨코가 당 서기장이 되었으나 얼마 있지 않아 사망했다. 1985년 3월에 소련 지도자가 된 미하일 고르바초프는 무너지는 경제 상황, 군비 경쟁에서의 패배, 로널드 레이건이 추진한 강력한 반소련 동맹을 타개하기 위해 글라스노스트glasnost〔'개방'〕와 페레스트로이카perestroika〔'재건'〕를 두 축으로 하는 개혁 정책을 추진하고 나섰다.

간단히 말해 온건파가 야루젤스키의 상관이 되었고, 이것은 폴란드에서 그의 입지를 훼손했다. 그는 항상 자신의 정책을 소련의 침공과 유혈 사태를 막는, 그 두 가지 악보다는 덜 해로운 것으로 포장했다. 그러나 소련에서 개혁이 추진되면서 이 논리의 중심은 무너져버렸고, 그의 통치 정당성의 유일한 기둥도 같이 무너졌다.

국가 수반인 야루젤스키는 군대를 통제할 뿐만 아니라 내무장관 체스와프 키슈차크를 통해 보안 기구도 통제했다. 그는 1981년에 소요 사태 진압을 위해 당도 옆으로 밀어내고 국가방어군사평의회 WRON를 통해 통치했다. 또한 당내에서 신뢰할 수 없고 수정주의적인 요소를 숙청하여 당 간부진을 재정비했다. 당은 철저하게 약화되어 야루젤스키가 다시 허용하는 상황에서도 '지도적 역할'을 재개할 수 없었다.

1985년에 경제학자 즈비그니에프 메스너를 수장으로 하는 새 내각이 구성되었다. 당내에서 존재감이 약한 관리였던 메스너는 경제를 살려보려고 했지만 아무런 결과도 만들어내지 못했다. 1987년에 폴란드의 외채는 376억 달러에 이르렀다. 낙담과 절망이 나라를 지배했고, 정치적 난민 외에도 75만 명에 이르는 이주민이 경제적 이유로 폴란드를 떠났다. 국민의 보건 상태도 위험 수준에 이르렀고, 1980년부터 1989년까지 인구증가율은 절반으로 떨어졌다. 주민들은 살아남기 위해 엄청난 규모로 암시장과 소규모 물물 거래에 매달렸다. 역설적으로 경제가 거의 파국에 이르면서 소규모 자영 사업이 성장해서 1980년대 말에 이 부문이 GDP의 20퍼센트를 차지했다.

자유노조는 여전히 합법성을 인정받고 있지 못했지만 하나의 강력한 세력으로 남아 있었다. 과거 지도부가 다시 모였고, 쿠론과 미흐니크 같은 온건파들의 영향 아래 반복적으로 정부에 대화를 요구했다. 이러한 요구를 교회와 외국 정부들이 지지했다. 그러나 자유노조는 때때로 강경한 태도를 보였다. 1986년에 가격 인상이 발표되자 자유노조는 전국적 파업을 예고했고, 정부는 가격 인상을 철회했다. 자유노조의 존재를 무시하려는 야루젤스키의 시도는 이제 어리석어 보였다. 미국의 부시 부통령을 비롯한 폴란드를 방문하는 모든 외국 정치인은 바웬사의 집을 찾아가 제재를 완화해야 할지를 물었다.

1987년 6월, 교황의 세 번째 폴란드 방문은 첫 방문만큼 의미가 있었고, 가장 정치적 여파가 컸다. 보안 경찰은 자유노조 깃발이 옥외 미사에 모인 군중들 머리 위로 흔들리는 것을 막을 수 없었고, 이러한 광경은 TV로 중계되어 전 국민이 지켜보았다. 교황은 바웬사와 대화를 나누었고, 이제는 좀더 경청하는 자세를 취한 야루젤스키와 몇 차례 대화를 나누었다. 그러나 야루젤스키는 바웬사와 대화를 나누라는 제안을 선뜻 받아들이지 않았다. 대신에 그는 폴란드 사회를 자신이 원하는 방향으로 이끌고 가려고 했다. 이를 위해 새로운 경제 구상에 대한 국민투표를 실시하려고 했지만 뜻대로 되지 않았고, 1987년 10월에는 새로운 자문위원회를 구성한다고 발표했다.

바웬사는 선수를 쳐서 9월에 먼저 각 지역 노조위원회로 구성되는 임시평의회를 구성하여 새로운 합의 도출에 나섰고, 브로니스와프 게메레크 같은 개혁적 생각을 가진 당 간부들과 대화를 제안했다.

대중 시위 규모는 점점 커졌고, 자유노조 내의 새 세대는 좀더 결연한 행동을 요구했다. 1988년 2월에 도입된 긴축 정책으로 광범위한 파업이 일어났고, 정부는 무력으로 이를 진압했다. 이에 대응하여 자유노조는 9월 1일에 총파업에 돌입한다고 위협했다.

8월 26일에 내무장관 키슈차크는 반정부 집단과 대화를 나눌 권한을 위임받았다고 발표했다. 닷새 후 그와 바웬사, 동브로프스키 주교 간에 회담이 열렸고, 여기서 '라운드테이블' 회담을 10월에 열기로 양측은 합의했다. 바웬사는 총파업을 철회했다. 몇 명의 독립적 인물을 포함한 새로운 내각이 미에치스와프 라코프스키를 수장으로 하여 구성되었고, 라운드테이블 회담을 위한 준비 회의가 시작되었다.

라운드테이블 회담은 미리 정해진 날짜에 시작하기로 되어 있었지만, 회담은 시작되지 않았다. 누가 회담에 참가할 것인지, 회담의 논의 범위는 어떻게 할 것인지에 대한 이견이 발생했다. 바웬사와 교회 대표들은 경제 문제뿐만 아니라 헌법적 문제도 다루기를 원했다. 새로운 회담 날짜가 잡혔지만 양측이 진행 과정과 현안에 대해 논쟁을 벌이면서 다시 취소되었고, 결국 1989년 2월 6일에 회담이 시작되었다. 57명의 대표가 라운드테이블에 자리를 잡고 앉았고, 키슈차크가 의장을 맡았다. 이와 별도로 여러 소위원회가 구성되어 경제, 농업, 정치 개혁 등의 문제를 다루었다. 개회식에서 키슈차크는 회담의 최종 목표는 '비대결적인 선거'를 치르는 것이라고 말했지만, 이것이 무엇을 의미하는지는 많은 의문이 제기되었다. 사적인 자리에서 그와 그의 동료들은 스스로 자신들의 목에 올가미를 건 것이나 마찬가지라는 얘기가 나돌았다.

당은 혼란에 휩싸여 있었지만 200만 명의 당원 중에는 보안 기구 요원들과 군부 대부분이 포함되어 있어서 자신들의 지위 보존을 위해 싸울 사람은 충분했다. 이 모든 자유주의적 대화에도 불구하고 고르바초프가 소련 군사 체계의 초석인 폴란드에서 일어나는 근본적 변화에 어떻게 대응할지를 아무도 알 수 없었다. 그래서 반대파 협상가들은 조심스럽게 앞으로 나아갔고, 집권층의 항복을 위해 너그러운 조건을 제시했다.

회담은 예상하지 못한 화합적 분위기 속에서 4월 5일에 끝났다. 자유노조와 교회는 법적 지위를 되찾았다. 집회결사의 자유와 언론의 자유가 보장되었고, 사법부의 독립도 확보되었다. 가장 중요한 것은 헌법적 변화였다. 대통령직이 부활되고, 양원이 수립되었다. 선거는 1989년 6월로 예정되었다.

새로운 상원 의원 선거는 아무런 제한이 없었지만, 폴란드통합노동당에 대한 양보로 하원 의석의 65퍼센트는 그 당 당원들에게 할당되었고, 나머지 35퍼센트의 의석만 선거에서 경쟁으로 선출하기로 합의되었다. 1993년에 실시되는 다음 선거에서는 이런 제한 없이 완전히 자유로운 선거가 치러질 예정이었다. 키슈차크 장군은 이 합의로 "우리 역사의 한 장이 덮이고 새로운 장이 열렸다"라고 선언했다.

선거는 두 번에 걸쳐 치러졌다. 6월 4일에 치러진 첫 선거는 당의 대패로 끝났다. 자유노조는 상원의 100석 가운데 99석을 차지했고, 나머지 한 석도 무소속 사업가가 차지했다. 하원 선거에서 자유노조 후보자들은 선거로 얻을 수 있는 의석의 한 석만 빼고 모두 승리한 반면, 당 후보자 가운데 35명은 최소 기준 득표를 하지 못해 낙선했다. 낙선한 사람 중에는 키슈차크 장군과 총리 라코프스키도 포함되었다. 큰 굴욕을 맞본 야루젤스키는 바웬사에게 선거 규칙을 바꾸어서 낙선한 후보 가운데 일부가 2차 선거에 나서는 데 동의할 수 있을지를 물었다. 바웬사는 너그럽게 이에 동의했다.

공산당 기득권 세력 전체는 큰 모욕을 당했다. 폴란드통합노동당 지도부는 이 새로운 상황을 어떻게 다루어야 할지를 몰랐고, 모스크바에서도 아무런 지시가 내려오지 않았다. 야루젤스키가 대통령이 될 것으로 예상되었지만, 대통령은 반정부 세력이 다수당을 차지한 양원에서 선출되어야 하기 때문에 이것도 보장할 수 없는 상황이 되었다.

압도적인 승리에도 불구하고 반정부 세력은 조심스러운 태도를 보였다. 반정부 세력은 각계각층의 지지를 얻어 활발한 선거운동을 펼쳤지만, 투표율은 62퍼센트에 머물렀다. 유권자들이 이런 정도의 무관심을 보인 것은 10년간의 불안과 아무것도 바꿀 수 없다는 운명적 확신, 어려운 생활 환경, 스트레스, 식량 부족, 악화된 건강으로 인한 심리적 탈진의 결과였다. 이런 상황에서 주민들은 노심초사하는 자제의 태도를 보였다.

막후 협상에서 야루젤스키는 카슈차크 장군이 이끄는 연합 정부 구성을 제안했지만, 바웬사는 연정 대표로 타데우시 마조비에츠키를 제안했다. 미흐니크는 '당신들이 대통령을 맡고, 우리가 총리를 맡는' 안을 합의의 기본으로 제안했다. 오래전에 잡힌 계획에 따라 당시 폴란드를 방문하고 있던 미국의 부시 대통령은 이 안을 지지했고, 7월 10일에 양원 합동회의에서 연설했다. 야체크 쿠론은 TV에 출연해 소련에 폴란드가 바르샤바조약기구에 남는다는 확신을 주기 위해서는 야루젤스키가 대통령직을 맡는 게 필요하다고 설명했다. 7월 19일에 야루젤스키는 단 한 표 차이로 대통령으로 선출되었다. 9월 12일에 마조비에츠키는 내각을 구성하고, 폴란드통합노동당에서 5명의 각료를 배정했다. 소련에 자신들의 안보 체계가 안전하다는 것을 보여주기 위해 키슈차크가 내무장관을 맡았고, 다른 장군이 국방장관을 맡았다.

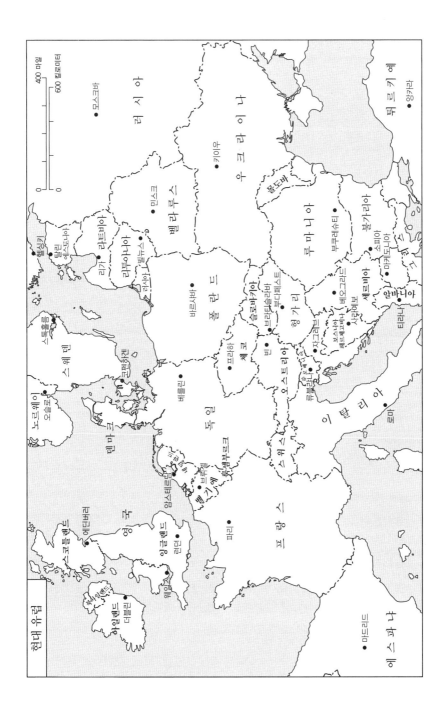

현대 유럽

400 마일
600 킬로미터

러시아
모스크바

우크라이나
키이우

벨라루스
민스크

몰도바

루마니아
부쿠레슈티

불가리아
소피아
마케도니아
세르비아
베오그라드
크라구예바츠
보스니아헤르체고비나
몬테네그로
알바니아
티라나

터키예
앙카라

헝가리
부다페스트

오스트리아
빈

슬로바키아
브라티슬라바

체코
프라하

폴란드
바르샤바

리투아니아
리가

라트비아
탈린
에스토니아

핀란드
헬싱키

스웨덴
스톡홀름

노르웨이
오슬로

덴마크
코펜하겐

독일
베를린

슐레스비히홀슈타인
함부르크
브레멘
하노버

네덜란드
암스테르담

벨기에
브뤼셀
룩셈부르크

프랑스
파리

스위스

이탈리아
로마

영국
런던

스코틀랜드
에든버러

웨일스

아일랜드
더블린
북아일랜드

에스파냐
마드리드

23장 교황의 힘   463

24장

제3공화국

한 국가가 독립을 쟁취해 주권이 회복되고 나면, 그를 위해 고군분투하던 사람들이 전혀 예상하지 못하거나 가능하다고 믿지 않던 문제들이 수반된다는 사실은 역사가 증명해왔다. 폴란드의 경우 지난 반세기 동안 폴란드와 그 국민에게 가해진 엄청난 폭력과 무엇보다도 수십 년간의 거짓과 도덕적 조작에 의해 발생한 심리적 타격으로 이러한 경향은 더욱 컸다.

종종 계약 정부라고 불린 타데우시 마조비에츠키가 이끄는 정부는 대단한 열의를 가지고 폴란드가 당면한 시급한 문제 해결에 나섰다. 재무장관 레셰크 발체로비치는 인플레이션을 억제하기 위해 충격요법을 도입했고, 자유시장 경제를 건설하는 개혁 프로그램을 도입했다. 노동–사회문제 장관을 맡은 야체크 쿠론은 지난 10년간의 사회적 대가를 다루기 위해 혼신의 힘을 기울였다. 외무장관 크리슈토프 스쿠비셰프스키는 이웃 국가들의 관계에서 폴란드의 입지를 재정비했고, 유럽공동체에 가입할 준비를 했다. 정부는 순수한 정치 문제 개혁도 방기하지 않고 1989년 12월에 헌법을 개정하고, 인민민병대를 국가 경찰로 개조하고, 완전히 독립적인 지방 정부를 설립했다. 그러나 이러한 노력은 당시의 다른 거대한 사건들에 압도되었다.

1989년 11월 9일에 베를린 장벽이 무너졌다. 동독의 공산 정권 붕괴는 체코슬로바키아의 '벨벳 혁명'을 촉진했고, 헝가리, 불가리아, 루마니아에서 유사한 정권 붕괴가 이어져서 1945년부터 이 지역을 장악한 소련의 패권이 사실상 종식되었다. 마치 이것을 인정하듯 1990년에 폴란드 공산당은 자체적으로 해산했다.

소련 체제를 처음으로 깨고 나온 것은 폴란드인이었지만, 마조비에츠키의 계약 정부는 권력을 잡게 해준 타협에 묶여 있었고, 키슈차크 내무장관을 포함한 폴란드통합노동당 당원들이 여러 자리를 차지하고 있었다. 세임에서 그들이 다수파를 형성하고 있었고, 대통령은 야루젤스키 장군이 맡고 있었다. 여기에다가 동독, 체코슬로바키아, 루마니아에서처럼 극적인 정권 전복이 없었기 때문에 기존 보안 기관들이 여전히 자리를 지키고 있었다. 마조비에츠키와 그의 동료들은 스스로 만들어놓은 경계선을 넘지 않으려고 조심스럽게 행동했다. 그들은 급진적 정치 변화보다 안정을 선호하며 경제 개혁을 계속 수행해나갔다.

이러한 두려움은 전혀 근거가 없는 것이 아니었다. 폴란드통합노동당은 스스로 해체했지만, 바로 폴란드사회민주당SdRP으로 재탄생했고, 거대한 재정적 영향력을 고려해도 여전히 무시할 수 없는 세력이었다. 폴란드통합노동당은 정부 자산으로 만들어진 36개의 거대한 유한회사를 소유하고 있었고, 이것을 폴란드사회민주당이 이어받았다. 이뿐만 아니라 거대한 해외 국가 자산(당과 국가 사이에 공식적 경계가 없었다)과 1989년 이전에 폴란드의 외채 상황을 다루었던 재정 기구도 물려받았다. 새 국가 경찰은 과거의 민병대원들로 채워졌고, 그들은 공산주의 진영에 속한 사람들의 지휘를 받았다. 군대, 입법기관, 언론도 마찬가지였다. 예비역 민병대인 자원예비군은 진작 해산되었지만, 연합으로 재조직되어 여전히 무서운 존재로 남아 있었다.

마조비에츠키의 두려움은 무력감에 의해 증폭되었다. 그의 정부는 예전 행정기구 전체가 여전히 남아 있다는 사실에 의해 발이 묶였다. 그의 각료들은 각 부서의 인적 구조에 의해 좌지우지되었다. 국방부와 내무부가 아직 공산주의자의 수중에 있었기 때문에 과거를 숨기고 조작하기 위해서 비밀경찰 문서의 소각, 폐기, 재작성이 거대한 규모로 진행되었다.

마조비에츠키와 아담 미흐니크가 이끄는 과거 반정부 엘리트와 독립신문《가제타 비보르차》는 여전히 라운드테이블 정신을 고수하며, 관용이 화해를 가져오리라고 기대하고 과거는 이미 지나갔다는 사실을 강조했다. 이것은 과거 정부에서 일했던 사람들에게 아무것도 두려워할 것이 없다는 메시지로 다가왔고, 일반 국민으로 하여금 새 정부가 공산주의 진영으로 끌려 들어갔다고 의심하게 만들었다. 정부 관계자 다수가 과거 정부 기관의 하수인 노릇을 하던 사람들이었기 때문에 이런 의심은 충분히 합리적인 것이었다. 그들이 안정과 점진적 변화를 주장하는 동안 실망한 유권자들은 과거와의 분명한 결별과 사회 정의를 강력하게 요구했다. 마조비에츠키는 자신과 동료들이 공산주의에 대한 유일한 합법적 반대 세력이라고 주장했지만 사람들은 이에 반기를 들고 자유선거를 요구했다.

이러한 요구에 앞장선 것은 1979년에 이미 레셰크 모출스키가 구성한 독립폴란드연합KPN과 관록 있는 반공산주의자이자 정치범이었던 비에스와프 호자노프스키가 창당한 기독민족연합ZChN이었다. 그러나 1990년 4월, 쌍둥이 형제인 야로스와프 카친스키와 국가보안국 수장인 레흐 카친스키가 여기에 가담하며 시끄러워졌다. 두 사람은 레흐 바웬사의 지도 아래 '가속화'와 '탈공산화'를 요구했고, 최소한 대통령을 즉각 선출할 것을 요구했다.

이후 몇 달 사이에 지금까지 공산주의 통치 종식을 위해 투쟁하던 모든 사람이 만든 통합된 전선이 해체되었고, 이 과정에서 상대에 대한 비방과 비난이 난무했다. 새로운 정당과 집단이 우후죽순 나타났는데, 이념이나 특별한 정치적 프로그램에 기반한 것이 아니라 개인적 요인이 크게 작용했다. 야루젤스키가 대통령직에서 사임하는 데 동의한 후 마조비에츠키가 바웬사에 대항하는 후보로 나서기로 결정한 배경에는 감정적 반발이 작용했다. 대통령 선거 준비 기간 동안 두 사람과 그 지지자들 사이의 토론 수준은 유권자들을 너무 실망시켜서 투표율은 불과 60.2퍼센트에 머물렀고, 캐나다로 이민을 갔다가 거부巨富가 되었다고 주장하며 귀국한 국외자 스탄 티민스키가 모든 폴란드인을 백만장자로 만들어주겠다는 공약을 내걸고 바웬사 다음으로 2위를 차지했다. 이로써 마조비에츠키는 대통령 결선에서 탈락했다. 이로 인해 마조비에츠키 지지자들은 결선 투표에서 경쟁자에게 투표해야 하는 상황에 처했고, 결선 투표율이 더 낮아진 가운데 바웬사가 74퍼센트 득표로 대통령에 당선되었다.

선거운동은 폴란드 정치의 추악한 면을 전면에 드러냈다. 논쟁은 시종일관 정치적 주제가 아니라 개인적 수준에 머물렀고, 모든 정파는 포퓰리즘과 민족혐오에 의존했다. 1968년 상황을 기괴하게 재현하며 사람들은 상대를 '세계주의자' 또는 '유대인'이라고 비난했지만, 이러한 비난은 민족적 문제와는 거의 관계가 없었고, 애국주의의 결여와 격세유전으로 나타난 공산주의를 보여주었다.

1990년 12월 22일 대통령에 취임할 때 바웬사는 망명 대통령으로부터 2차 세계대전 이전 대통령 문양과 직인을 물려받았다. 망명 대통령은 자유선거로 선출된 대통령의 정당성을 인정하기 위해 런던에서 날아와 마지막 대통령과 이어지는 연속성을 보여주었다. 그러나 이러한 상징적 재결합과 정당화도 새로운 화합의 전조가 되지는 못했다. 바웬사는 정당에 소속되지 않은 자유주의자인 얀 비엘레츠키를 총리로 임명했다. 그의 주된 관심은 경제와 첫 자유선거 준비였다. 그는 발체로비치를 재무장관으로, 스쿠비셰프스키를 외무장관으로 계속 유지해서 이 중요한 두 분야의 연속성을 확보했다. 그러나 기술적 문제에 대한 끝없는 이견으로 선거는 1991년 가을까지 치러지지 못했다. 그러는 동안 포스트-공산주의자들이 다수를 차지한 의회와 바웬사 사이의 대립이 자주 발생했는데, 바웬사의 비서실장인 야로스와프 카친스키에 의해 자주 선동되었다.

선거를 준비하는 동안 불확실한 국제 정세 속에서 해체되는 기존 정당 분파에서 새로운 정당과 정치 집단이 다수 생겨났다. 그해 여름 모스크바에서 보수파 쿠데타가 실패하자 리투아니아, 라트비아, 에스토니아, 우크라이나가 독립을 선언했다. 코메콘은 1991년 6월에 정식으로 해체되었고, 얼마 지나지 않아 바르샤바조약기구도 해체되었지만, 폴란드 땅에는 아직 많은 소련군 병력이 주둔하고 있었다. 이런 와중에 치러진 첫 자유선거는 100개 이상의 정당과 정파가 참여하여 난장판 같은 상황이 벌어졌다.

　1991년 10월 27일에 치러진 선거는 예상한 대로 분명한 결과를 내지 못했다. 최고 득표를 한 마조비에츠키의 민주연합UD도 12.3퍼센트의 득표에 그쳤고, 의회에 진입한 29개 정당 가운데 5퍼센트 이상을 차지한 정당은 9개 정당에 불과했다. 불안한 신호는 당시 폴란드 사회민주당(전 폴란드통합노동당)이 두 번째로 많은 12퍼센트를 득표한 것이었다.

　중도우파 연정이 결성되어 얀 올셰프스키가 이끄는 정부가 구성되는 데 거의 두 달이 걸렸다. 이 연정은 진정한 정치적 위임을 얻었지만, 행정부와 모든 정부 기관에 포진한 포스트-공산주의자들에 의해 여러 분야에서 업무가 마비되었다. 포스트-공산주의자들은 아무도 자신들의 과거 죄악에 대해 책임을 묻지 않는 상황과 선거에서의 승리로 더욱 대담해졌다. 새 연정은 전 공산주의자들이 장악한 언론과 미흐니크가 발행하는《가제타 비보르차》로부터 거센 공격을 받았고, 글을 기고하는 사람들은 이제까지 동료였던 사람들에게 거친 비난을 쏟아냈다.

　가장 논란이 많은 사안은 공산 정권에서 폴란드인들에게 죄를 저지른 자들을 단죄할 것인가였다. 이들 가운데 많은 사람이 다시 출세길에 오르고, 보안 기관에서 은퇴하거나 해임된 사람들이 일반 국민보다 더 많은 연금을 받고 있었다. 일반 대중은 단죄를 요구하고 있었지만, 포스트-자유노조 정파 대부분은 나라를 분열시킬 수 있다는 이유로 과거 범죄를 샅샅이 파헤치는 것에 반대했다. 이 문제는 곧 개인화되어, 폴란드 국내군 요원을 살해하고 중범죄를 계속 저지른 자들에게 초점이 집중되지 않고, 대신 좀더 흥미로운 주제인 현재 활동하고 있는 정치인 가운데 누가 보안 기관을 위해 일하고 정보원 노릇을 했는지가 주 관심 대상이 되었다. 비밀경찰 파일에 접근할 수 있는 정치인들이 확인되지 않은 정보들을 유포했고, 심지어 바웬사도 정보원 노릇을 했다고 비난받았다. 엄청난 비난과 고발이 난무하는 가운데 올셰프스키 정부는 실각했고, 오랜 협상 끝에 한나 수호츠카를 총리로 하는 중도우파 연정이 결성되었다. 최초의 여성 총리였다.

그녀의 정부는 세계 경제 침체의 영향을 받았고, 일부 분야의 실업률은 20퍼센트에 달했다. 여러 곳에서 파업이 일어났고, 1993년에는 안제이 레페르가 이끄는 '자위당Samoobrona(Self-Defense)'이라고 불리는 농업조직이 생겨났다. 정부는 경제 침체와 싸우고 있었지만, 의회 내의 논쟁과 외부에서의 논쟁은 정치 생활에서 교회의 역할과 아직도 해결되지 않은 공산주의 시절 범죄자와 정보원을 기소하는 것과 같은 문제들에 함몰되었다. 정치적으로 나아갈 길을 잃어버린 바웬사는 즉흥적인 발언으로 자신의 권위를 많이 훼손했고, 점점 더 독재적으로 변해갔다. 그는 하루는 정부를 지원하고 다음날은 야당을 지지하는 오락가락하는 행보를 보였다. 대중의 분노는 커졌고, 1993년 5월에 수호츠카 정부는 해산되었다.

바웬사는 의회를 해산하고 9월에 의회 선거를 실시한다고 발표했다. 그는 피우수트스키를 모방하여 '개혁지지Support for Reform'라는 무당파 조직을 만들었지만 선거에서 5.4퍼센트를 득표하는 데 그쳤다. 가장 많은 표를 얻은 당은 20.4퍼센트를 득표한 포스트-공산주의자들 정당인 폴란트사회민주당이었고, 그 뒤를 폴란드인민당이 따랐다. 경멸받던 전 공산당 대변인 예지 우르반은 TV에 다시 나와 샴페인 병을 터뜨리며 혀를 내밀어 시청자와 포스트-자유노조 진영 전체를 우롱했다.

이후 4년 동안 포스트-공산주의자들의 통치가 이어졌다. 처음에는 폴란드인민당의 과묵한 지도자인 발데마르 파블라크, 다음에는 폴란드사회민주당의 유제프 올렉시, 다음에는 브워지미에시 치모셰비치가 총리를 맡았다. 자기 당의 승리에 담대해지고 여전히 공공 부처와 국영기업에 포진한 전 공산 정권의 하수인이었던 사람들은 정부 부문의 과감한 민영화가 시작되면서 신나는 부패의 잔치를 벌였다. 초기의 민영화와 민간-공공 파트너십 덕분에 옛 기득권층은 황금 같은 기회를 얻었지만, 1994년에 시작된 대대적인 민영화는 훨씬 더 큰 축재 기회를 마련해주었다. 지인들과 하수인들이 주로 재정적 이유로 사기업 이사회에 자리를 잡았고, 다른 기업들은 매우 저평가된 가격에 그들에게 매각되었다. 사유화 과정에서 정치인들과 기업 책임자와 가까운 사람들은 내부 거래를 통해 큰돈을 벌었다. 많은 정치인이 당시 분위기에서 번성하던 조직범죄에 연루되었다.

대규모 부패는 유권자를 충격에 빠뜨렸고, 이런 와중에 1995년 12월에 올렉시 총리가 여전히 러시아의 현직 첩보원으로서 러시아로부터 급여를 받고 있다는 사실이 터져 나왔다. 그러나 포스트-공산주의자들은 나름대로 능력이 있었고, 포스트-자유노조 정부들처럼 자중지란을 일으키지는 않아서 계획했던 일들을 실행했다. 바웬사 대통령은 이들의 규율을 잡으려고 엉성하게 계획된 공격을 시도했고, 이로 인해 벌어진 갈등에서 대개 패배하면서 대통령의 권위를 더욱 훼손했다.

1995년 11월에 실시된 대통령 선거에서 48.3퍼센트를 득표한 바웬사는 51.7퍼센트를 득표한 폴란드사회민주당 후보 크바시니에프스키에게 패배했다. 크바시니에프스키는 과거 폴란드통합노동당의 신봉자였고, 1980년대에 떠오르는 별로 각광받았다. 그러나 그가 대통령 선거에서 이긴 것은 이러한 배경 때문이 아니었다. 그는 상대적으로 젊은 외모에 옷을 잘 입고 테니스를 치는 세계주의자적인 새로운 인물형을 투사했다. 또한 그의 부인은 언론을 잘 다루었다. 이러 크바시니에프스키의 면모는 말이 많고 거칠고 시골 사람 같은 바웬사와 대조가 되었고, 서방 드라마를 많이 보는 중산층 유권자의 표를 얻었다.

크바시니에프스키는 목표를 달성하는 방법을 아는 영민한 정치인이었다. 정치가 같은 외모를 한 그는 점점 커지는 부패의 늪(그도 깊이 연관되어 있었지만)에서 거리를 두는 데 성공했다. 1997년 5월에 그는 정치 스펙트럼 양측에서 큰 관심이 없는 새 헌법 개정을 밀어붙였고, 폴란드가 유럽연합과 나토에 가입하는 과정을 가속화했다.

포스트-자유노조 정당들은 1993년에 단합된 목소리를 내는 데 실패하는 바람에 당한 패배를 반복하지 않기 위해 자유노조선거행동AWS을 구성하여 단합된 선거운동을 벌였다. 이 덕에 이 정파는 33.8퍼센트의 득표로 다수 정파가 되어 예지 부제크를 총리로 하는 정부를 구성했다. 그는 의회 임기 끝까지 자리를 지킨 유일한 총리가 되었다.

부제크의 당은 불안한 정치 연합이어서 자유연합UW과 연정을 구성해야 했지만, 자유연합은 결국 불안한 파트너로 드러났다. 그는 유럽연합에 가입하기 위한 과정의 일환으로 폴란드의 여러 제도를 유럽 기준에 맞추는 도전을 감당해야 했고, 이를 위해 보건, 교육, 연금

제도, 대민 행정, 지방 정부 분야에서 많은 개혁을 실행해야 했다. 이는 기존의 이익을 침해하고 많은 어려움을 가져왔다. 역설적으로 부제크는 정권을 잡게 한 노동조합이 조직한 파업과 시위로 큰 어려움을 겪었다. 부제크가 합리적인 개혁을 다수 추진하는 데 성공했음에도 그의 정부는 대중의 지지를 잃었다. 정부 내에서 유일하게 인기가 있었던 각료는 법무장관 레흐 카친스키였다. 범죄에 대해 강력한 노선을 취한 그는 결과를 만들어내는 것으로 보였다.

2000년 10월에 치러진 대통령 선거에서 포스트-공산주의자들은 또 한 번의 승리를 거두었다. 1차 선거에서 크바시니에프스키가 거의 54퍼센트를 득표했고, 바웬사는 한 자리 수밖에 득표하지 못했다. 다음 총선이 다가오는 상황에서 자유노조선거행동 연합의 와해가 시작되었다. 중도 진영에서는 자유연합이 시민연단PO으로 대체되었다. 우파 진영에서는 전통적인 기독교 정파와 민족주의자 정파에서 발전한 새 정당인 폴란드가족연합LPR이 나타났고, 중도우파 진영에서는 카친스키의 쌍둥이 동생이 결정한 법과정의당PiS이 부상했다. 그러나 이 정당들은 포스트-공산주의자들의 성공적 가도를 막지 못했다. 포스트-공산주의자들은 2001년 9월에 치러진 총선에서 40퍼센트 이상을 득표했다. 선동적인 레페르의 자위당이 10퍼센트 이상을 득표하고, 폴란드가족연합이 거의 8퍼센트를 득표한 것도 우려를 불러일으킬 만한 징조였다.

레셰크 밀레르가 이끄는 새로운 정부가 구성되었다. 구체제를 상징하는 인물인 그는 지난 포스트-공산주의 통치 시기에 많은 재정 스캔들에 연루되어 있었다. 국민 전체를 대상으로 한 여론조사에서 응답자의 29퍼센트만이 현재의 상태에 만족하고, 9퍼센트만이 폴란드에 만족하고 있는 상황에 어울리는 상징적 인물이 바로 밀레르라고 할 수 있었다. 범죄율은 사상 최고를 기록했고, 범죄 건수는 1990년과 비교해 두 배 늘어났으며, 조직범죄도 전례 없이 증가했다. 밀레르 자신도 두 건의 부패 스캔들에 연루되었는데 하나는 언론과 관련된 것이었고, 다른 하나는 석유회사와 관련된 것이었다. 결국 밀레르는 2004년 5월 총리직에서 하야했다. 마레크 벨카가 후임 총리가 되었는데, 그는 부패와 범죄로 점철된 정권의 마지막 단계를 담당한 정치인이었다. 이런 상황은 국민을 상대로 범죄를 저지른 자들에 대해 정의의 심판을 받게 해야 하는가의 문제를 다시 대두시켰고, 다음 선거운동에서 도덕과 이념이 중요한 선거 이슈가 될 것임을 예고했다.

이는 포스트-공산주의 정당의 종언을 시사했다. 민주좌파연합SLD으로 변신한 폴란드사회민주당은 11퍼센트를 간신히 득표했고, 폴란드인민당은 7퍼센트도 득표하지 못했다. 선거의 승자는 카친스키 형제의 법과정의당이었고, 시민연단이 그 뒤를 따랐다. 두 정당은 유사한 공약으로 선거운동을 벌였고, 선거 후 서로를 지지하기로 약속했다. 두 정당을 합쳐 50퍼센트를 득표했다는 사실은 앞으로 4년 동안 안정적인 중도우파 정부를 기대할 수 있게 만들었다.

두 당은 연정 협상을 시작했지만, 곧 치러진 대통령 선거로 인해 양측 간 긴장이 발생했다. 선거에서 레흐 카친스키가 54퍼센트를 득표하여 45퍼센트를 득표한 시민연단의 도날트 투스크를 물리치고 대통령에 당선되자, 투스크의 불만 표출과 카친스키의 의기양양한 태도가 양 당의 불화를 격화시켰다. 카친스키는 총선에서 15퍼센트를 얻은 자위당의 암묵적 지지를 바탕으로 카지미에시 마르친키에비치를 총리로 하는 소수파 정권을 구성했다. 이후 몇 달 동안 법과정의

당은 레페르와 폴란드가족연합의 지도자를 연정에 끌어들여서 시민연단을 고립시키고 모욕을 주면서 정치적 경쟁자로 취급했다. 이러한 움직임은 법과정의당 내 많은 사람을 소외시켜서 이에 대한 항의로 외무장관 스테판 멜레르가 사임하고 당의 단합이 훼손되었다.

연정에 이런 여러 정치 요소를 포함시키면서 법과정의당의 프로그램은 농업과 지방 정부 문제에서는 대중영합적 좌파 성격이 강화되었고, 가족, 교육, 기타 사회 정책에서는 극단적인 가톨릭 정파의 입장이 많이 반영되었다. 이것은 정치의 질 하락 과정을 가속화했다. 마르친키에비치가 총리직에서 사임하고 2006년 7월에 야로스와프 카친스키가 총리가 되면서, 쌍둥이 형제가 대통령과 총리라는 최고위직 두 자리를 모두 차지하는 기이한 상황이 연출되었다.

법과정의당 정부는 범죄와 부패 척결에 있어 눈에 띄는 성과를 거두었지만 다른 문제들을 해결하는 데는 실패했고, 반대 정파와의 불필요한 싸움에 에너지를 낭비하며 국민의 입장을 양극화시켰다. 과거 저질러진 범죄에 책임을 묻거나 공산 정권 부역을 단죄하는 문제는 경쟁자를 파괴시키는 무기로 사용되었다. 권력 상층부에서 벌어지는 치열한 내부 싸움은 국가 전체에 실망감을 안겨주었고, 많은 젊은이가 해외에서 일자리를 찾도록 만들어서 국내에 일자리가 있음에도 100만 명 이상이 경제 이민을 했다.

카친스키 형제는 점점 더 많은 실제 또는 상상의 적과의 싸움에 몰입했고, 점점 커지는 편집증으로 당 내부의 배신자를 찾아 나서서, 국방장관 라도스와프 시코르스키처럼 유능한 인사들을 해임시켰다. 결국 2007년 8월에 연정은 해체되어서 10월에 총선을 치르게 되었다.

실제적인 위기감은 선거운동에 반영되어 1989년 이후 처음으로 많은 젊은 유권자가 선거에 참여했다. 도날트 투스크가 이끄는 시민연단이 41퍼센트를 득표하여 압승을 거두었고, 법과정의당은 제2당으로 밀려났지만 득표율은 높아져서 32퍼센트를 득표했고, 좌파 정파는 13퍼센트, 폴란드인민당은 9퍼센트에 못 미치는 득표를 했다. 레페르의 자위당과 폴란드가족연합은 1퍼센트 조금 넘게 득표해서 의회 진입 기준을 넘지 못했다.

이 선거는 제3공화국 역사에 분수령과 같은 역할을 했다. 1991년 총선에는 100개가 넘는 정당들이 나온 반면 이번 선거 기간에는 5-6개로 줄어들었고, 의회에 진출한 정당 수는 수십 개에서 4개 정당으로 줄어들었다. 경험이 없는 유권자들을 먹이로 삼았던 대중선동 정치인, 외골수 정치인들과 포스트-공산주의자들은 정치판에서 사라졌다. 이 기간 동안 심지어 극단주의자들도 민주적 정치 과정을 부인하지 않았고, 의회 민주주의는 1920년대와는 다른 방식으로 폴란드 생활의 중심에 확고히 자리를 잡았다. 그러나 폴란드 민주주의 체계에는 여전히 심각한 결점들이 존재했고, 뿌리가 깊었다.

폴란드에서 민주주의는 거저 얻어진 것이 아니었다. 1947년에는 공산 정권 반대자들의 노력으로 이루어졌고, 1956년에는 포즈난 노동자들의 파업으로, 1968년에는 학생들에 의해, 1970년에는 조선소 노동자들에 의해, 1976년에는 라돔 지역 노동자들에 의해, 이후에는 가톨릭지식인회, 노동자수호위원회, 인권시민권수호위원회에 의해, 자유노조에 의해, 이외에도 소련의 지배에서 벗어나고자 투쟁한 국내외 모든 사람에 의해 쟁취된 것이었다. 여기에는 전통적으로 가톨릭 신도인 좌익 노동자들, 우익 및 대중영합주의자, 평등주의 농민, 모든 성향의 지식인, 전통적인 중산층 보수주의자 등이 포함되었다.

이들 대부분은 사유재산, 법의 지배, 개인의 책임성 같은 민주주의의 기본을 거부하도록 교육한 공산 세계에 의해 세뇌당하며 살아온 사람들이었다. 이러한 성장 배경은 이들에게 국가와 모든 권력 기관에 대한 전복적 태도를 자극했다.

1989년에 승리자로 부상한 정치 계급은 다양한 의견과 신념을 대변했지만, 이들은 자신들이 공산주의와 싸워왔기 때문에 '정당하다'고 생각했고, 서로 연합하여 공산주의 투쟁에 나섰기 때문에 '단합되었다'고 믿었다. 그러나 1991년에 치러진 세 선거에서는 100개 이상의 정당이 난립하면서 이런 정치적 연합과 단결의 허구성을 여실히 드러냈다. 이 정당들은 일관된 정치 신조에 기초해 만들어진 것이 아니라 특정한 개성을 가졌거나 한 가지 사안에 대해 같은 생각을 가진 사람들의 집단에 지나지 않았다.

포스트-자유노조 진영의 정치적 사고와 전략은 항의와 전복에 기초해 있었고, 도덕적 주장으로 이것을 보강했다. 압제 정권이 전복된 후 이러한 주장은 더이상 효용이 없었고, 새로운 폴란드를 건설해야 할 때가 되었지만, 그들은 준비된 대안이 없었다. 그들이 새로운 현실에 맞게 자신들의 입장을 재정립하는 동안 다양한 성향의 지도자들은 어떤 폴란드를 재건설할 것인가 하는 신랄한 논쟁에 매몰되어 도덕적이면서 종종 극단적인 언어를 구사했다. 그들의 전복적 기교와 더불어 이러한 행태로 인해 이들은 정치인의 권위를 상실했다.

이와 대조적으로 포스트-공산주의자들은 실용적이고 효율적이었다. 그들은 실상 공산주의자도 사회주의자도 아니었다. 그들은 기회주의적 출세를 위해 공산당에 가입했고, 통치를 맡게 되었다. 1980년대에 그들이 왕국을 상속받으려고 하는 시점에 정권은 분해되었고, 이들은 길을 잃었다. 관리자로서 훈련받고, 권력을 행사한 경험이 있는 이들은 준비된 정치 계급이었고, 규율과 연줄 감각과 자금력으로 성공적인 정치 세력을 구성할 수 있었다.

이 모든 것이 오해와 모순을 만들어냈다. 우익 정부라고 생각했던 정부가 사회민주주의 프로그램을 실시하며 연정 상대뿐만 아니라 지지층도 소외시켰다. 진정한 좌익 정당이 부상하지 않으면서 사회주의 정파에 투표하던 사람들은 혼란을 겪었고, 그들은 자본주의적 정책을 실시하는 정당을 지지하게 되었다. 포스트-공산주의자들의 정당인 민주좌파연합(1990년대에는 폴란드사회민주당)은 자유시장 경제를 선호했고, 질서와 안정을 원하는 중간층 보수주의자들의 지지를 받았다. 극우 정당으로 보였던 법과정의당은 민족주의적이고 대중영합적이었으며, 사회주의적 구호에 끌린 가난한 사람들의 지지를 받았다.

이 책이 쓰일 당시 폴란드 의회는 두 우익 정당이 장악했고, 두 당은 정책보다는 스타일과 수사에 의해 차별화되었다. 두 당 모두 과거 정당과 창당 집단들이 모여 결성되었기 때문에 지도자를 선택하는 내부적인 민주적 체제, 내부적 규율, 정책 형성은 차치하고 명백한 기본 정강 정책도 가지고 있지 못했다. 결국 지도자들의 개성에 의해 당의 성격이 정해졌고, 현재의 명칭이 몇 해 뒤에도 유지될지 알 수 없었다.

1989년 이후 폴란드의 자랑스럽지 못한 국내 정치 노정에 대비되게 폴란드의 외교는 놀라울 정도로 명민하고 일관적이었다. 이것은 1945년 이후 소련 지배와 독일과의 타협 부재, 러시아와의 새로운 관계 설정 문제를 고려할 때 폴란드 국가를 재건하는 데 매우 중요한 요소였다.

지난 5세기 동안 폴란드와 러시아와의 관계를 고려할 때 독립된 폴란드가 다시 부상하는 것은 소련에게 큰 도전이었고, 많은 의문을 야기하고 중병을 앓고 있는 소련에게 커다란 문제를 제기했다. 폴란드는 이 분야에서만큼은 수십 년 동안 급진적으로 진보했다.

폴란드인이 현재의 폴란드 국경 너머에 있는 과거 폴란드-리투아니아 땅을 어떻게 간주할 것인가는 1795년 이후 큰 고민거리였다. 폴란드인에게 이 문제를 도덕적 문제로 바꾼 것은 1918-1921년에 일어난 일과 2차 세계대전의 악몽이었다. 그 결과 훗날의 폴란드는 러시아, 리투아니아, 벨라루스, 우크라이나에 어떤 태도를 취해야 하는가하는 문제에 대해 폭넓은 토론이 진행되었다. 이 토론은 말과 글로, 담배 연기 가득한 방에서, 라디오 전파를 타고 진행되었고, 폴란드 국내뿐만 아니라 해외 폴란드 이민자 집단, 특히 런던과 파리에서 활발히 진행되었다. 파리에서는 예지 게드로이치가 편집하는 《문화》가 이 토론을 이끌었다. 이것은 과거 식민제국이었던 국가들이 1950년대와 1960년대에 진행해야만 했던 재평가와 여러 면에서 유사했고, 이로 인해 세 가지 근본적인 결과가 나왔다. 첫째로 폴란드인은 영토 분쟁의 필요성을 인정해야 하고, 1943년의 볼히니아 민족청소 같은 과오를 감당해야 했다. 둘째로 그들은 다른 민족들을 동등하게 다루고 그들의 열망을 정당한 것으로 인정하는 일에 익숙해졌다. 셋째로 폴란드인은 앞으로 나아가는 유일한 길은 협력이고, 어떤 대가를 치르더라도 이를 고수해야 한다는 것을 깨달았다.

1989년 9월, 계약 정부가 출범한 수주 후에 외무장관 크시슈토프 스쿠비셰프스키는 소련의 연방공화국인 리투아니아, 벨라루스, 우크라이나를 마치 주권국인 듯 대우하며 관계를 수립했다. 1년도 되지 않아 폴란드는 우크라이나와 양자 협정을 맺었다. 과거 비스와강 작전에 대한 폴란드의 사과를 요구하는 우크라이나의 입장과, 반대로 볼히니아 민족청소에 대한 우크라이나의 사과를 요구하는 폴란드의 입장은 문제되지 않았다. 벨라루스와의 관계는 러시아와 인접한 터라 이렇게 신속히 진전되지 않았고, 리투아니아와의 관계도 현지에 거주하는 폴란드인의 강력한 요구에 의해 진전되지 않았다. 이들은 영토 변경과 최소한 특별한 소수민족 지위 인정을 요구했다. 이에 대한 대응으로 스쿠비셰프스키는 폴란드는 리투아니아와 국경 재설정을 결코 시도하지 않을 것이고, 현지에 거주하는 폴란드인은 리투아니아 주민으로 간주할 것이라고 선언했다. 이러한 태도는 실지회복주의를 내세운 이 지역 다른 나라들, 특히 헝가리, 슬로바키아, 세르비아와 크게 대조되었다. 그러나 리투아니아와의 관계는 긴장 상태로 계속 남았는데, 리투아니아의 민족주의가 폴란드에 대항하는 진로를 잡은 것이 한 가지 이유이고, 또다른 이유는 러시아가 이 지역에 대한 장악력을 놓지 않으려고 했기 때문이다.

폴란드와 소련의 관계는 긴장될 수밖에 없었다. 폴란드에는 상당한 규모의 소련군이 주둔했고(이들은 1993년이 되어서야 완전히 철수했다), 소련은 폴란드를 계속 자국의 세력권 안에 두려고 했다. 다만 양국 모두 조심스러운 태도를 취했다. 폴란드는 소련군 주둔 문제를 부각시키는 것을 자제했다. 소련은 카틴 숲 학살을 NKVD가 저질렀다는 것을 인정했고, 이것은 폴란드에서 높은 평가를 받았다.

1991년의 소련 해체는 전환점이 되었다. 폴란드는 우크라이나의 독립 선언을 인정한 첫 번째 국가였고, 리투아니아의 독립 선언을 인정한 두 번째 국가였다. 벨라루스와의 문제는 훨씬 복잡했다. 벨라루스는 러시아와의 관계가 여전히 밀접했고, 벨라루스의 민족주의자들은 과거 리투아니아대공국이 차지했던 많은 지역에 대한 영유권을 주장했다.

그 이전인 1990년 2월 프라하의 비셰흐라드Vyšehrad에서 바웬사는 체코슬로바키아의 바츨라프 하벨 대통령과 헝가리의 요제프 안탈 대통령을 만났다. 세 지도자는 공동 행동과 지역 안보에 대한 기본 틀을 마련하는 3자 합의를 이루었다. 폴란드는 3국이 공동으로 유럽연합에 가입하기를 제안했지만, 이것은 경제적으로 자격이 더 갖추어져서 먼저 유럽연합에 가입하기를 희망하는 체코슬로바키아가 거절했다. 폴란드는 후에 비셰흐라드 그룹으로 알려진 이 국가들이 리투아니아 같은 나라들을 유럽으로 연결하는 다리 역할을 하기를 원했지만, 이 구상 역시 거부되었다.

1990년대의 폴란드 외교는 항상 성공적이진 않았지만, 정부의 잦은 교체에도 불구하고 상당히 창의력이 있었고, 섬세하고 일관되게 추진되었다. 폴란드는 이 지역 전체의 많은 고통스러운 문제의 해결에 큰 역할을 했다. 만일 그렇지 않았다면 이런 문제들은 발칸 지역에서와 마찬가지로 크게 악화될 수 있었다.

과거의 악령에 맞부딪쳐야 할 또다른 사안은 20세기에 악연으로 점철된 폴란드인-유대인 관계였다. 1991년 5월에 이스라엘을 방문한 바웬사는 유대인에 해악을 끼친 폴란드인을 대신해 공식 사과를 했다. 이보다 더 중요한 것은 폴란드 역사학자들이 예민한 이 문제를 객관적으로 토론하는 장을 마련한 것이었다. 이로써 폴란드 사회 전체는 과거에 대한 자신들의 시각을 되돌아보게 되었다. 이 분야에서 중요한 요소는 폴란드인이 유대인에게 가한 폭력과 유대인이 폴란드인에게 끼친 해악을 분리한 것이었다. 이것은 지금까지 양측이 상대를 비방하고 자신을 정당화한 맞대응을 무력화하는 효과를 가져왔다. 이것은 유대인 문화와 유대인이 폴란드 역사에서 차지한 위치에 대한 재생된 관심과 함께 진행되었다.

폴란드는 독일과 외교 관계를 재개하면서도 이에 못지않은 복잡한 문제에 부닥쳤다. 1945년에 폴란드는 스탈린의 강압과 서방 강대국의 순응에 힘입어 과거 독일 영토의 상당 부분을 차지했고, 이 지역에서 추방된 독일인은 독일 민족주의자들과 힘을 합해 이 영토의 반환을 한목소리로 요구했다. 1990년에 서독 총리 헬무트 콜이 현재의 국경을 인정하기를 주저하고, 독일 통일 문제를 논의하는 4+2회담(양 독일과 미국, 영국, 프랑스, 소련 참여)에 폴란드가 초청받지 못하면서 경고등이 커졌다. 폴란드는 자국의 서부 국경에 대한 공식 인정을 요구했고, 리투아니아, 벨라루스, 우크라이나와 협정을 체결하면서 모든 관련 당사국이 현 국경을 인정하고, 이 국가 내의 소수민족이나 추방된 주민들의 영토 회복 주장을 거부해야 한다고 선언했다. 이것은 독일에게 도덕적 압박으로 작용했고, 폴란드를 장래의 전략적 협력국으로 보고 있던 미국의 지원으로 현 국경은 인정받게 되었다.

폴란드는 1994년에 유럽연합 가입 신청을 했지만, 2004년 5월 1일에야 정식으로 가입되었다. 폴란드인에게 그보다 더 중요한 날짜는 폴란드가 나토에 가입한 1999년 5월 12일이었다. 폴란드는 헝가리, 체코공화국과 함께 나토에 가입했고, 이것은 폴란드를 러시아의 영향권 밖에 확실하게 위치시킴으로써 얄타 합의를 최종적으로 철폐하는 조치였다.

폴란드는 나토 회원국의 의무를 성실히 수용해 나토의 모든 작전에 큰 병력을 제공했고, 가장 결정적으로는 이라크에 대규모 병력을 파병했다. 폴란드 특수부대 그룹GROM은 선제 작전에서 바스라의 정유시설을 점령하는 데 핵심 역할을 했다. 이로써 폴란드는 미국의 인정을 받게 되었고, 2003년 1월에 부시 대통령은 미국을 방문한 폴란드 대통령 알렉산데르 크바시니에프스키에게 폴란드는 유럽에서 미국의 가장 중요한 우방이라고 말했다. 그러나 프랑스의 자크 시라크 대통령은 폴란드의 행동을 '어린아이 같다'라고 비판했다.

폴란드와 주요 이웃 국가들의 관계는 악화되었고, 추한 과거의 메아리가 이 지역에 울려 퍼졌다. 2004년, 1945년에 폴란드에 합병된 과거 독일 영토에서 추방된 사람들의 보상 요구가 독일에서 다시 정치 이슈가 되었고, 폴란드인은 독일인이 폴란드에서 행한 잔학 행위를 들추어내면서 이에 반격을 취했다. 양국의 여론은 상식에서 벗어난 흥분에 휩싸였다. 양국의 외교 관계는 우호적 상태를 유지했지만 양국 정치인들은 이런 문제에 관여하는 것을 자제하지 않았다. 2005년 9월에 독일 총리 게르하르트 슈뢰더는 폴란드를 통과하는 가스관을 대체할 발트해 가스관 설치 합의에 서명했다. 이로 인해 리벤트로프-몰로토프 비밀 협약에 대한 이야기가 다시 회자되었다.

가스는 러시아의 새로운 무기가 되었고, 러시아는 자신의 힘과 이지역에 대한 관심을 보여주기 위해 이를 이용하는 것을 주저하지 않았다. 2004년 2월에는 우크라이나에 공급되는 가스를 차단했다. 폴란드는 우크라이나에서 반폴란드 민족주의가 부상하는데도 불구하고 우크라이나에 계속 지대한 관심을 가졌다. 2004년 11월에 실시된 우크라이나 대선에서 러시아의 관여와 선거 부정으로 빅토르 유셴코가 대선 승리를 도둑맞고, 오렌지 혁명이 일어나자 바웬사를 포함한 지도적 인물들이 유셴코에 대한 지지를 표명하기 위해 키이우로 갔다. 알렉산데르 크바시니에프스키 폴란드 대통령은 이 위기를 진정시키고 타협안을 도출해내는 데 큰 역할을 했다.

이것은 폴란드-러시아 관계에 즉각적인 영향을 미쳤다. 전에는 비밀문서를 공개하며 스탈린 시대에 자행된 범죄에 대한 진실을 인정하던 러시아의 여러 기관이 다시 과거로 돌아가, 1944년 바르샤바 봉기에 대한 러시아의 입장 같은 주제에 대해 스탈린주의 노선을 다시 택했다. 2005년 가을에 11월 4일이 새로운 러시아 국경일로 정해졌는데, 1612년 이날은 폴란드인이 크렘린에서 추방된 날이었다. 다음날 러시아는 위생을 문제 삼아 폴란드산 육류 수입을 금지했다. 폴란드는 무역 현안에 유럽연합을 관여시켰고, 2006년 마르친키에비치 총리는 가스 공급을 강압의 무기로 사용하는 러시아의 재개된 위협에 대항해서 유럽의 공동 에너지 안보 조약을 제안했다.

이미 그 시점에 폴란드는 미국과 밀접한 관계를 수립했고, 미국은 폴란드를 체코와 함께 세계 안보 체제의 일부로 간주했다. 폴란드는 우크라이나와 조지아의 나토 가입을 제안하고 몰도바와 아제르바이잔과 연계를 강화하면서 이 지역에서 나토의 외교적 중심축을 자임했다. 이것으로 폴란드는 미국과 러시아 간 대립의 최전선에 위치하게 되었고, 역설적으로 이로 인해 폴란드의 안보는 더욱 강화되었다. 러시아는 과거식 강대국 사고를 포기하지 못했고, 폴란드가 미국의 동맹인지 아닌지를 떠나서 확신에 찬 독립 국가인 폴란드와 대립하게 되었다.

폴란드 사회는 애국주의와 국제적 지위를 향상시키고자 하는 열의를 보였지만, 다른 유럽 사회와 마찬가지로 경제 발전에 더 큰 관심을 보였다. 이 분야에서 폴란드는 상당한 수준의 성공을 거두었다.

소비에트식 중앙계획 통제경제에서 자유시장 경제로의 전환 과정은 느리고 고통스러웠다. 1989년에 재앙에 가까운 경제 상태를 물려받은 결과로 인해 더욱 그랬다. 새 정부는 거대한 부채와 감당하기 어려운 부담을 주는 복지체계와 586퍼센트의 인플레이션을 물려받았다. 철강과 조선업 같은 소련 시대 주력 산업은 경제를 위기에서 구할 수 없을뿐더러 스스로 돈 먹는 하마와 같았다.

정부 출범 초기 재무장관 발체로비치가 추진한 과감한 개혁 정책은 외부 세계에 폴란드가 개혁에 진지하다는 것을 확신시켜주었고, 1990년에 국제통화기금IMF은 7억 달러, 세계은행은 15억 달러의 차관을 제공했다. 많은 국영기업이 사유화되었고, 1991년에 바르샤바에 주식거래소가 개설되었다(쓸모없어진 전 공산당 본부 건물에). 1991년 3월에 폴란드의 대외부채 절반은 탕감되었다. 1992년에 모든 국영농장이 매각되었고, 세계 경제 침체라는 어려운 여건에도 불구하고 폴란드 경제에는 개선의 첫 신호가 나타났다. 1992년에 산업 생산은 4퍼센트 늘어났고, 농업 생산은 12퍼센트 증가했다. 1993년에 GDP는 3.8퍼센트 증가했고, 사적 부문이 경제의 절반을 담당했다. 인플레이션은 36퍼센트로 낮아졌고, 폴란드 국민은 개인 소득세와 부가가치세 납부에 적응해나갔다.

1995년에 즈워티는 1만 분의 1일로 평가절하되고, 유동 환율이 도입되면서 GDP는 7퍼센트 성장했다. 대형 국영기업의 분해와 사유화가 진행될 때 복잡한 규제와 세금 제도가 이를 저해했지만, 해외 투자가 늘어나기 시작해서 이후 5년간 330억 달러의 투자금이 들어왔다. 폴란드 경제는 1990년대 말에 러시아 경제 위기에 타격을 입어서 실업률이 15-20퍼센트에 달했고, 확고한 발전 방향 부재와 취약한 연정으로 예산 통과의 어려움이 따랐다. 그러나 1990년대가 끝날 무렵 인플레이션은 10퍼센트로 낮아졌고, 달러와 유로화 대비 즈워티의 가치는 계속 상승했다. 이 시점에 사적 경제는 GDP의 4분의 3을 차지했고, 2002년에는 인플레이션이 3퍼센트까지 낮아지면서 폴란드 경제는 긴 터널을 빠져나온 것으로 보였다.

그러나 구조적 문제는 여전히 남아 있었고, 경제생활은 과도한 규제와 과거로부터 이어져온 나쁜 관행에 구속된 상태에서 새로 도입된 유럽연합 규정이 더해져서 비용이 많이 나가고 시간을 비효율적으로 쓰는 비즈니스 환경이 만들어졌다. 1995년부터 2000년 사이 평균 임금은 실질 가격으로 22퍼센트 상승했지만, 국민의 상당수, 특히 노년층과 농촌 주민은 경제 변화의 과실에서 이익을 얻지 못하고 상대적 빈곤 상태에 머물렀다. 그러나 폴란드 경제는 다른 포스트-공산주의 국가들에 비해 넓은 기반에 자리잡았고, 대규모 중산층이 나타나기 시작했다.

이 모든 과정은 뿌리 깊은 심리적·사회적 문제로 인해 순탄치 않았다. 1989년 이전에 교육받은 사람 대부분은 자본주의는 하나의 새로운 교조에 불과한 것이 아니라 자유와 재산에 대한 개인의 권리의 연장이라는 것을 깨닫는 것이 어려웠다. 이는 순수한 경제 문제를 정치 문제로 전환시키는 결과를 가져왔고, 어느 정부도 공산주의자들이 압류한 재산을 돌려주거나, 소유자들에게 보상하려고 하거나, 그것을 실행할 정도로 과감하지 못한 것을 설명해주었다. 이것이 보내는 애매한 도덕적 메시지를 차치하고, 이는 바르샤바 중심부 상당 부분이 개발되지 못하고, 많은 투자가 동결된 원인이 되었다. 소련식 공산주의 아래에서의 생활로 사람들의 마음이 주조되고 논리적 생각과 행동을 할 수 없었던 까닭에, 사람들은 대개 현실을 제대로 파악하는 능력이 결여되어 있었다. 이것은 정치적·사회적 담론에도 영향을 미쳤다. 이런 영향으로 담론은 짐짓 도덕 토론으로 바뀌는 경향이 강했고, 이런 경향은 이념적이고 근본적으로 공산주의적 담론으로 귀결되었다.

이와 동시에 폴란드 사회는 언론에 의해 서방 소비주의 문화에 노출되고, 다양한 선택지를 제공하면서 도덕적·물질적 박탈에 기초한 과거의 연대성이 분해되는 결과를 가져왔다. 일부 집단은 물질적 부와 서방의 생활양식을 추구한 반면, 다른 집단은 분노에 찬 민족주의나 편견이 강하고 민족차별적인 라디오 마리아Radio Marya*가 주도하는 주일학교 가톨릭주의로 되돌아갔다.

분명한 지배자와 역할 모델에 의해 지배되어왔던 문화와 교육 부문에도 자유 개방의 물결이 닥쳤다. 새로운 사립학교와 대학들이 생겨나며 야기에우워대학같이 전통 있는 교육기관을 위협했고, TV에 나오는 벼락출세 유명인들이 기존의 작가나 예술가보다 더 많은 관심을 끌었다. 노벨문학상 수상자인 비스와바 심보르스카와 아카데미상 수상 감독 안제이 바이다는 여전히 존경과 주목을 받았지만, 고급문화는 종종 저질 수입 문화에 가려졌다.

1989년 이후 10년간 폴란드 사회에서 지배적 권위를 확립하는 것

---

* 1991년 타데우시 리지크가 만든 정치적·종교적 보수 방송. 페미니즘, 동성애, 유럽의 이슬람화, 중동 이민 유입 등을 반대하고 사회적 보수주의를 옹호하는 내용을 방송한다.

은 아주 어려웠다. 1945년에 오쿨리츠키 장군은 폴란드 국내군 해체를 명령하면서 전쟁이 아직 끝나지 않았다는 것을 분명히 했다. "귀관들은 정의라는 목표의 승리, 악에 대한 선의 승리, 노예제에 대한 자유의 승리로만 이 전쟁이 끝날 수 있다는 것에 조금도 의심을 가져서는 안 된다"라고 그는 명령서에 썼다. 전쟁은 1989년에 그 목표의 승리로 끝났다. 그러나 44년간 폴란드 사회에 가해진 상처는 너무 깊고, 너무 다양하고, 너무 복잡해서 쉽게 치유할 수 없다.

가장 치유하기 힘든 상처는 1970년대와 1980년대에 가해졌다. 공산 정권은 수십만 명의 폴란드인으로 하여금 서로를 염탐하고 밀고하도록 만들었다. 1999년에 설립되어 공산 정권의 비밀 파일 전체를 넘겨받은 국가기억연구소IPN는 이 자료들을 어떻게 처리해야 할지에 대한 일관된 정책을 만들어내는 데 실패했다. 임시적 기준으로 정보가 연구자들에게 제공되어서 의혹을 일소하는 역할을 하지 못했다. 중요하지 않은 밀고자들은 비판받고 추적된 반면, 손에 피를 묻힌 과거 비밀경찰 요원들은 성공적인 경력을 쌓고 부유한 계층으로 진입했다. 이것은 사회 내에 큰 상처를 남겼고, 앞으로 상당 기간 계속 곪아 터질 수밖에 없다.

교황 요한 바오로 2세는 1989년 이후 조국을 다섯 번 방문했고, 방문 때마다 폴란드 사회의 일부 문제를 거론하고 해결을 촉구했다. 그는 폴란드에서 가장 위대한 역할 모델이었다. 2001년 조사 기준 전체 국민 3860만 명 가운데 3460만 명이 가톨릭 신자인 것을 감안하면 이는 놀라운 사실이 아니다. 그러나 요한 바오로 2세는 비신자 사이에서도 큰 존경을 받았고, 그의 설교는 영향력이 컸다. 2005년 4월 2일에 그가 선종하면서 폴란드 사회는 가장 위대한 역할 모델을 잃었을 뿐만 아니라 폴란드 교회는 멘토를 상실하게 되었다.

공산주의 해체 후 정권 전복 투쟁의 중심에서 핵심적 역할을 수행했던 가톨릭교회는 자신의 임무를 재정의하고 폴란드 사회에서 새로운 위치를 찾기 위해 노력해왔다. 그러나 교회의 많은 지도자가 정치권력의 맛을 모르고, 급격하게 변화하는 세계의 도전에 지적으로 맞부닥쳤기 때문에 쉬운 일은 아니었다. 교회는 낙태 문제에서부터 유럽연합 가입에 이르기까지 모든 정치적 논쟁에 사로잡혔고, 이로 인해 내부적 분열이 드러나고 권위가 손상되었다.

1930년부터 1956년까지 나치와 소련 정권이 폴란드의 지적·정신적·사회적 엘리트를 파괴하고, 1989년까지 계속 무력화시킨 상태에서 가톨릭교회는 사람들이 중시하는 가치의 유일한 보고이자 위탁자라는 권위를 유지했다. 이것을 간직하고 후세에 전달하기 위해서는 상당한 도덕적 권위가 필요했지만, 이러한 권위의 상당 부분은 1989년 이후 약화되었다.

이 기간 동안 젊은 세대는 새로운 역할 모델과 지도력을 갈망했지만, 국민 다수에게 인정받는 새로운 엘리트 집단은 나타나지 않았다. 교육 제도는 점수를 따는 것 이상의 목표를 제시하지 못했기 때문에 새 엘리트가 어떻게 나타날지 알 수 없었다. 이와 유사하게 의회에서의 싸움과 유착, 언론과 경찰을 둘러싼 부패, 그리고 가장 중요하게는 사법 제도의 정실주의와 비효율성과 비효과성으로 공공기관에 대한 존중은 사라졌다.

하나의 국가로서 폴란드는 지난 4-5세기 동안 맞부닥쳤던 것과 매우 유사한 지정학적 도전에 직면했다. 폴란드 사회는 지구의 모든 주민이 겪고 있는 세계화의 영향과 위협으로 인해 정체성과 단합성의 위기도 겪고 있다. 폴란드의 사회적·체제적 문제를 고려할 때 폴란드 사회가 이 문제들을 어떻게 감당할 것인지, 과거의 멸절에서 살아남은 것처럼 이 문제들을 성공적으로 극복할 수 있을 것인지 예측하는 것은 성급한 일일 것이다. 그러나 폴란드의 과거는 그 대부분의 답을 가지고 있음이 분명하다.

옮긴이 보론

21세기의 폴란드

이 책의 원서는 2009년에 출간되었고, 2000년대 초반까지의 폴란드 상황을 다루고 있다. 이에 따라 여기에서는 대략 2000년부터 2024년까지의 폴란드 국내 정치, 경제 상황, 대외 정책을 보충 서술하고자 한다.

소련 해체 이후 폴란드 외교의 가장 큰 성과는 유럽연합과 나토 가입으로 추동된 유럽 질서 편입이었다. 경제 면에서는 재무장관 발체로비치가 추진한 충격요법의 고통을 이겨내고 꾸준한 경제 성장을 이루어 경제적으로 유럽 6강(나머지 5개국은 독일, 프랑스, 영국, 이탈리아, 에스파냐)에 들어가는 성과를 거두었다. 공산주의 국가들의 체제 전환 성과를 평가하는 미국 프리덤하우스Freedom House의 평가에서 폴란드는 새 공화국 출범과 체제 전환 초기에 정치 권리, 시민권, 경제 개혁에서 모두 1위를 기록했다(최근 권위주의적 경향으로 이 순위는 다소 하락했다). 같은 시기 체제 전환에 나서면서 비슷한 충격요법을 시도한 러시아나 우크라이나가 사회적 파장과 반발을 극복하지 못해 성과를 거두지 못한 것과 크게 대조가 된다.

먼저 국내 정치를 보면, 2001년 총선에서 일어난 가장 큰 변화는 포스트-자유노조 정치 연합이 분해되고 새로운 정당들이 정치 주류로 나선 것이었다. 자유노조선거행동과 자유연합 모두 의회에서 단 1석도 얻지 못했고, 좌파 정당들이 승기를 잡았다. 총리로 선출된 레셰크 밀레르는 공산당의 마지막 정치국원이었지만, 유럽 사회민주주의 옹호자로 탈바꿈하고 폴란드의 유럽연합 및 나토 가입을 지지했다. 포스트-자유노조 계열에서는 중도우파 정파인 시민연단이 새로 나타났다. 이 정파는 소득세 감면과 관료주의 철폐를 주장하며 13퍼센트를 득표했고, 쌍둥이 형제인 레흐 카친스키와 야로스와프 카친스키가 이끄는 법과정의당이 9.5퍼센트를 득표했다. 이 당은 반부패와 반조직범죄를 주요 정책으로 내세웠다. 밀레르 총리는 안정과 현대화를 원하는 폴란드 국민들에게 지지를 호소했지만, 불안한 국가 재정과 공공지출 삭감 제안, 외국 투자 감소, 높은 실업률, 유럽연합 가입을 둘러싼 국내 의견 대립 등으로 어려움을 겪었다. 그러나 결국 2004년 5월 1일 폴란드가 유럽연합에 정식 가입한 것은 폴란드 현대사에 큰 전환점으로 볼 수 있다. 밀레르가 총리직에서 물러나면서 좌파 출신으로 경험이 풍부한 정치인이자 경제학자인 마레크 벨카가 이끄는 관리 정부가 2005년 9월까지 국정을 맡았다. 2005년 크바시니에프스키 대통령의 2기 임기도 끝났다. 국제무대에서 폴란드의 위상을 높인 그는 2004년 말 우크라이나의 오렌지 혁명에 중재자로 적극 개입하기도 했다. 대통령 후보로 법과정의당의 레흐 카친스키가 선두주자로 떠올랐지만, 시민연단의 지도자 중 한 사람인 도날트 투스크가 카친스키의 경쟁자로 부상했다. 카친스키와 투스크 모두 자유노조의 계보를 이어받았지만, 카친스키가 보수적이고 강력한 국가의 중요성을 강조한 반면, 투스크는 폴란드가 당면한 문제에 대해 좀 더 자유주의적이고 자유시장적인 접근을 내세웠다. 10월 치러진 대통령 선거 결선 투표에서 54퍼센트를 득표한 레흐 카친스키가 대통령에 당선되었다. 9월에 치러진 의회선거에서는 법과정의당이 26.8퍼센트를 득표하고 시민연단이 24.2퍼센트를 득표했고, 다수당이었던 좌파민주연합은 11.4퍼센트에 그쳐 4위로 추락했다. 2006년 7월 레흐 카친스키 대통령의 형인 야로스와프 카친스키가 총리에 취임했고, 2007년 11월 치러진 조기 총선에서는 시민연단이 승리하여 투스크가 총리에 올랐다. 2010년 카틴 학살 추모식에 참석하기 위해 레흐 카친스키 대통령이 탑승한 전용기가 스몰렌스크에서 추락하여 대통령을 비롯한 100명 가까운 정부 고위 인사가 사망하는 사건이 발생했다. 이로 인해 치러진 조기 대선에서는 브로니스와프 코모로프스키가 야로스와프 카친스키를 누르고 당선되었다. 법과정의당은 재집권을 위해 노력했지만, 2009년 총선에서 시민연단이 다시 승리하여 투스크가 총리직을 계속 맡았다. 중도보수 성향의 투스크는 단계적인 개혁정책을 추진하고, 유럽연합 확대, 우크라이나·벨라루스 등 동유럽 국가들과의 동방협력Eastern Partnership 관계 구축에 집중했다. 2013년 투스크가 유럽연합 정상회의 상임의장직을 수행하기 위해 총리직을 사임하면서 같은 당의 에바 코파치가 총리를 맡았다. 2015년 대통령 선거와 의회선거에서는 법과정의당이 모두 승리했다. 대통령에는 교수 출신 정치인 안제이 두다가 당선되었고, 법과정의당은 내각도 장악했다.

2015년 11월 집권한 법과정의당은 소련 해체 이후 이룩한 자유민주주의를 후퇴시키는 조치들을 추진해왔다. 2017년 12월에는 법관

지명 권한이 있는 국가사법평의회NCJ 위원을 평의회에서 자체 선출하지 않고 하원에서 뽑도록 변경해 사법부에 대한 정치권의 영향력을 강화하고, 2019년 12월에는 대법원에 판사 징계위원회를 설치했다. 유럽연합은 폴란드 정부의 이런 조처가 법치주의를 훼손한다며 유럽연합의 최고 법원인 유럽사법재판소에 제소했다. 폴란드는 이러한 움직임에 강력히 반발하고, 2021년 7월 폴란드 헌법재판소는 유럽연합 조약이 폴란드 헌법에 합치하지 않으면 폴란드 국내법이 유럽연합법에 우선한다는 결정을 발표했다. 이런 결정은 '법률적 유럽연합 탈퇴'라는 심각한 의미로 받아들여졌고, 외신에서는 영국의 유럽연합 탈퇴를 뜻하는 브렉시트Brexit에 빗대어 이를 '폴렉시트Polexit'라고 불렀다. 유럽연합은 폴란드에 대한 경제 회복 기금과 유럽연합 결속 기금 등 1120억 유로 지원을 거부하는 제재를 부과하며 집권당에 압박을 가했지만, 법과정의당 정부는 사법부 장악에 그치지 않고 국가미디어위원회와 같은 조직 설립, 민주주의를 후퇴시키는 법제화 조치 등을 통해 권위주의적 통치 구조를 고착화했다. 2020년 안제이 두다는 근소한 차이로 대통령 선거에서 승리해 재선에 성공했지만, 법과정의당 정부의 전횡에 대한 국내외의 비판 여론은 계속 강화되었다. 2023년 의회 선거에서 2위를 차지한 시민연단은 다른 정당과 연정 구성에 성공하여 11월 투스크가 다시 총리에 올랐다. 투스크 정부가 과거 청산을 위해 과감히 움직이면서 두다 대통령과 투스크 총리 사이의 갈등이 커지고 있지만, 전반적으로 법과정의당에 대한 지지가 약해지고, 투스크의 개혁이 지지를 받고 있다.

폴란드는 1989년부터 2024년 사이 35년 동안 20개 이상의 정부가 존재했을 정도로 정치 지형이 혼란스러웠지만, 이원적 집정부제 구조

덕분에 대통령과 총리를 각각 다른 정파가 맡는 동거 정부가 자주 등장하여 정치적 균형을 이루었고, 우파와 좌파 정부가 번갈아 등장하며 과감한 개혁 추진과 이에 대한 저항이 맞물리며 나아갔다. 폴란드 정치는 좌파와 우파의 치열한 대립 속에서도 나토 및 유럽연합 가입 같은 유럽 지향 대외정책 노선에서는 이견을 최소화하고, 시장경제 체제 확립에 대해서도 한목소리를 냈다.

경제 부문에서 폴란드가 달성한 성과는 괄목할 만하다. 1989년에서 2014년 사이에 폴란드 국내총생산GDP은 거의 10배 성장하여 유럽에서 가장 높은 성장률을 보였다. 중앙계획경제에서 시장경제로의 전환을 측정하는 주요 지표인 민영화, 기업 구조조정, 가격 자유화, 무역 시스템, 공정 경쟁 정책 분야에서 폴란드는 전반적으로 높은 평가를 받았다. 폴란드는 양질의 노동력, 서유럽의 절반 수준인 인건비, 서유럽 주요 시장 접근성, 동유럽 국가 중 가장 큰 경제 규모와 내수 시장 등이 경제 발전에 유리한 요인으로 꼽힌다. 그러나 정부 재정 지출, 정부의 투명성, 사법 효율성, 노동의 자유 등은 취약한 요인으로 평가되고 있다. 그럼에도 2008-2009년 세계 금융 위기 이후 폴란드는 유럽에서 유일하게 플러스 성장을 기록했고, 2015년 이후에는 경제 규모가 60퍼센트 이상 성장했다. 풍부한 노동력을 바탕으로 독일 등 유럽 경제 강국의 배후 생산기지 역할을 하는 폴란드는 자동차 산업 성장이 괄목할 만하고, 특히 배터리 생산은 세계 5위를 기록했다. 2018년 164억 달러였던 외국 직접 투자는 300억 달러를 넘어섰다. 수출입 규모는 7000억 달러를 넘어섰고, 이 중 24퍼센트를 독일과의 교역이 차지하고 있지만, 최근 한국, 중국, 일본, 베트남

등 아시아 국가들과의 교역이 크게 늘고 있다. 한국과는 특히 방위 산업 분야 협력이 두드러져서 2022년 7월 한화에어로스페이스의 K9 자주포 672문, 천무 다연장 로켓 288문, 현대로템의 K2 전차 980대, 한국항공우주산업의 FA50 전투기 48대 등을 도입하기로 기본 계약을 맺었고, 3조가 넘는 잠수함 수출 협상도 진행 중이다. 2023년 7월 한국 대통령의 폴란드 국빈 방문에 이어서 2024년 10월 말 폴란드 안제이 두다 대통령이 한국을 국빈 방문하여 방위산업과 원자력 발전을 포함한 에너지, 첨단 산업 분야 협력을 논의했다.

대외 정책에서 폴란드는 1999년 나토에 가입하고, 2001-2002년에는 이라크와 아프가니스탄에 파병을 했다. 2004년에는 유럽연합에 가입했는데 그 전해에 치러진 유럽연합 가입 찬반투표에서 76.8퍼센트가 가입에 찬성했다. 그러나 화폐는 유로를 채택하지 않고 자국 화폐인 즈워티를 계속 사용하고 있다. 2020년 이후 대외 환경에 큰 변화가 생겼는데, 벨라루스 대선 불복 항의시위 이후 벨라루스가 사실상 러시아에 종속되어 러시아 병력과 무기가 배치됨에 따라 폴란드가 완충 지역 없이 러시아와 바로 마주하는 상황에 처한 것이다. 2021년 여름에는 벨라루스로 들어온 중동 지역 난민을 폴란드 국경을 통해 추방하려는 시도에 폴란드가 강력히 대응해 이를 좌절시켰다. 2022년 2월 24일 러시아의 우크라이나 침공이 시작되자 폴란드는 전차, 미그기 등 소련제 무기를 우크라이나에 제공하고, 수백만 명의 우크라이나 난민을 받아들이며 우크라이나를 지원했다. 폴란드는 러시아-우크라이나 전쟁 종결 후 시작될 우크라이나 재건 사업의 전초기지가 될 전망이다. 지정학적 입지로 인해 역사적으로 강대국

간의 대결과 음모의 희생양이 되는 비극을 반복적으로 겪은 폴란드는 다시 대외관계에서 어려운 상황에 처했지만, 과거 폴란드를 점령하거나 분할한 강대국들의 위협에 비하면 그 위협이 상대적으로 적고, 나토라는 집단방위체제의 일원인 폴란드의 안보는 18세기 말이나 1939년만큼 위험하다고 볼 수는 없다. 그러나 지정학적 여건이 변하지 않은 상태에서 이웃 국가로부터 상시적 위협을 받고 있는 폴란드는 단합된 국론을 바탕으로 국방력을 강화하고, 우방들과의 전략적 동맹을 심화하는 정책을 펴는 것이 국가 안보에 긴요하다.

연표

10세기

910-30년	피아스트 확장 초기 단계(기에츠-그니에즈노 지역 부족)
965년	이브라힘 이븐 야쿠프가 카라코(현재의 크라쿠프)를 최초로 언급
966년	기독교 도입
972년	미에슈코 1세 세디니아 전투에서 오토 2세 격파

11세기

1003년	보헤미아와 모라비아가 폴란드에 병합됨
1004년	하인리히 2세와 1차 전쟁 시작
1025년 4월	용맹왕 볼레스와프 1세 즉위
12월	미에슈코 2세 람베르트 즉위
1076년 12월	볼레스와프 2세 즉위

12세기

1102년	브와디스와프 1세 헤르만 사망
1138년	볼레스와프 3세 사망
1173년	볼레스와프 4세 사망
1182년	첫 세임 회의 개최
1194년	카지미에시 2세 사망

13세기

1202년	'원로왕' 미에슈코 3세 사망
1211년	미에슈코 4세 사망

1231년	브와디스와프 3세 사망
1241년	몽골군 첫 침입
1279년	볼레스와프 5세 사망
1288년	레셰크 2세 사망
1290년	헨리크 4세 사망
1295년	프셰미스우 2세 즉위
1300년	바츨라프 2세 즉위

14세기

1305년	바츨라프 2세 사망
1320년	브와디스와프 1세 즉위
1326-32년	폴란드-튜튼기사단 전쟁 시작
1333년	카지미에시 3세 대왕 즉위
1335년	비셰흐라드 회의
1364년	야기에우워대학 설립
1370년	카지미에시 3세 대왕 사망
1384년	야드비가 즉위
1385년	크레보 협정 서명
1386년	브와디스와프 2세 야기에우워 즉위
1399년	야드비가 여왕 사망

15세기

1431-32년	폴란드-튜튼기사단 전쟁
1432년	그로드노 연합 체결
1434년	브와디스와프 3세 즉위
1447년	카지미에시 4세 즉위

16세기

1506년	게디미나스 알렉산데르 사망
1519-21년	폴란드 튜튼기사단 전쟁
1530년	지그문트 2세 아우구스트 즉위
1558년	리보니아 전쟁 시작
1563-70년	7년 북방 전쟁
1569년	루블린연합 체결
1573년	바르샤바연맹 체결
1575년	스테판 바토리 국왕 선출
1579년	빌노(빌뉴스)대학 설립. 그레고리력 채택
1586년	스테판 바토리 사망
1587년	지그문트 3세 즉위
1596년	브레스트 연합 수도를 크라쿠프에서 바르샤바 이전

17세기

1605-18년	폴란드-모스크바공국 전쟁
1620-22년	폴란드-오스만 전쟁
1633-34년	폴란드-오스만 전쟁
1634년	브와디스와프 4세 바사 즉위
1648년	흐멜니츠키 반란 시작
1649년	얀 2세 카지미에시 바사 즉위. 페레야슬라브 조약 체결. 흐멜니츠키 반란 1차 종결
1654년	흐멜니츠키 반란 최종 종결. 폴란드-러시아 전쟁 시작
1655년	'대홍수(Deluge)' 시작
1658년	하지아치 조약 체결
1667년	안트루소보 조약 체결. 폴란드-러시아 전쟁 종결
1672-76년	폴란드-오스만 진쟁
1676년	얀 3세 소비에스키 즉위

1683년	빈 전투에서 얀 소비에스키가 승리
1686년	영구평화조약 체결
1697년	아우구스트 2세 즉위

18세기

1704년	스타니스와프 레슈친스키 즉위
1733년	폴란드 왕위 계승 전쟁 시작
1738년	빈 조약 체결. 폴란드 왕위 계승 전쟁 종결
1763년	아우구스트 3세 사망
1764년	스타니스와프 아우구스트 포냐토프스키 즉위
1768년	바르연맹 결성
1772년	1차 폴란드 분할
1788년	대大세임
1791년	5월 3일 헌법 채택
1792년	폴란드-러시아 전쟁. 타르고비차 연맹 체결
1793년	2차 폴란드 분할
1794년	코시치우슈코 반란 시작
1794년	대大폴란드 봉기 시작
1795년	3차 폴란드 분할

19세기

1806년	대大폴란드 봉기 시작
1807년	2차 틸시트 조약 체결
1815년	빈 회의 종결. 폴란드왕국 헌법 제정
1812년	나폴레옹군, 비아위스토크 침공
1830년	11월 봉기 시작
1831년	러시아군, 크라쿠프 점령
1846년	크라쿠프 봉기

1848년	대*폴란드 봉기
1863년	1월 봉기 시작
1864년	빈 회의. 폴란드에서 농노제 철폐
1873년	예술학교와 학술아카데미 활동 시작

20세기

1914년 8월	1차 세계대전 발발
1918년 3월	소비에트 러시아와 브레스트-리톱스크 조약 체결
11월	폴란드 독립. 제2공화국 설립
1919년 2월	폴란드-소비에트 전쟁 시작
8월	비스와강에서 볼셰비키군 격파
1925년	로카르노 조약 체결
1926년 5월	유제프 피우수트스키 쿠데타
1932년 7월	폴란드-소련 불가침조약 체결
1934년 1월	폴란드-독일 불가침조약 체결
1935년 4월	4월 헌법 제정
5월	유제프 피우수트스키 사망
1939년 8월 23일	몰로토프-리벤트로프 조약 체결
1939년 9월 1일	독일, 폴란드 침공
9월 18일	바르샤바 함락
1940년 3월	카틴 학살 명령
1941년 4월	바르샤바 게토 봉기
1944년 8월 1일	바르샤바 봉기 시작
10월 2일	바르샤바 봉기 종결
1945년 2월 11일	얄타 회담 종료
1945년 5월 8일	유럽에서 2차 세계대전 종전
8월 2일	포츠담 회담 종료
1952년 7월	폴란드인민공화국 헌법 채택

1955년 5월	바르샤바조약기구 출범
1956년 10월	폴란드 10월 사태. 브와디스와프 고무우카 복귀
1968년 3월	폴란드 위기
8월 20일	프라하의 봄 종결
1978년 10월	교황 요한 바오로 2세 선출
1981년 12월	계엄령 발령
1983년	자유노조 지도자 레흐 바웬사 노벨평화상 수상
1989년 4월	라운드테이블 합의 서명
6월	의회 선거
7월	레흐 바웬사 대통령 선출
12월	폴란드인민공화국, 폴란드민주공화국으로 개명
1990년 11월	폴란드-독일 국경 조약
1995년 11월	알렉산데르 크바시니에프스키 대통령 선출
1997년 4월	헌법 제정
1999년 3월	나토 가입

21세기

2003년 6월	유럽연합 가입 국민투표
2004년 5월	유럽연합 가입
6월	유럽의회 선거
2005년 12월	레흐 카친스키 대통령 선출
2010년 4월	스몰렌스크에서 비행기 추락사고로 레흐 카친스키 및 정부 고위 인사 다수 사망
2010년 7월	브로니스와프 코모로프스키 대통령 당선
2015년 5월	안제이 두다 대통령 당선
2020년 7월	안제이 두다 대통령 재선
2022년 2월	러시아, 우크라이나 침공
2023년 10월	의회 선거. 투스크 총리 취임

옮긴이의 말

최근 방위산업 협력을 비롯하여 폴란드 관련 기사가 자주 언론에 등
장하지만, 최근에 발행된 폴란드 통사 책이 없는 것을 감안하여 영
어권에서 독자들이 널리 읽는 이 책을 번역하게 되었다.

 폴란드는 근현대사에서 유례를 찾아볼 수 없을 정도로 극심한 국
난을 겪은 나라다. 폴란드-리투아니아 국가연합 시기에는 중부 유
럽뿐만 아니라 유럽 전체에서 가장 영토가 큰 나라였지만, 18세기
말과 20세기 초중반 두 차례에 걸쳐 나라가 완전히 사라지는 비극
을 겪었다. 2차 세계대전 중 인구 대비 사망자 비율도 가장 높아서
300만 명의 유대인을 포함해 주민 5명 중 1명꼴로 사망했고, 동부
영토 약 10만 제곱킬로미터를 잃는 대신 서쪽에서 약 7만 제곱킬로
미터를 얻어 국경선이 서쪽으로 거의 200킬로미터나 이동했다.

 폴란드의 지정학적 입지는 한국과 비슷한 면이 많다. 한국이 4강
에 둘러싸여 있고 대륙세력과 해양세력이 만나는 지점에 위치해 있
다고 하는데, 폴란드도 18세기 말 3국에 의한 분할 전 스웨덴까지 포
함하면 동서남북으로 4강에 포위된 형국이라 전란이 끊이지 않았
다. 또한 게르만족과 동슬라브족의 만나는 접점에 위치한 탓에 동쪽

과 서쪽으로부터 지속적인 압박을 받았고, 양 세력에 의해 나라가 소멸되기도 했다. 동아시아 역사에서는 격변의 시기보다 안정된 시기가 길었던 반면, 폴란드 주변 중동부 유럽은 양차 세계대전을 비롯한 격렬한 충돌과 변화가 자주 일어났다. 폴란드가 겪은 비극을 보면, '강대국 주변에 있는 비교적 작은 나라가 살아남으려면 극도로 수동적extremely passive이거나 극도로 공격적extremely aggressive이어야 한다'는 로버트 캐플런의 지적을 떠올리게 된다. 코카서스 3국이나 남한을 전자의 예로 들 수 있다면, 이스라엘이나 북한은 후자의 예에 가까울 것이다. 한때 중부 유럽 강대국이었던 폴란드는 이 중 어느 쪽도 아닌 어중간한 입장을 취하다가 강대국들의 공격을 받고 나라가 지도에서 사라지는 비극을 겪었다고 볼 수 있다. 한편 폴란드 역사를 공부하다 보면 계속 우리 역사를 떠올리게 된다. 18세기 말 귀족들의 부패와 전횡으로 세 차례에 걸쳐 나라가 분할 점령되고 결국 지도에서 사라진 폴란드의 비극은, 구한말 제대로 국력을 결집해보지도 못하고 허망하게 나라를 상실한 우리의 뼈아픈 경험만큼 안타깝게 느껴지기도 한다. 폴란드 근대사를 보면, 다른 나라 역사에도 많이 나타난 것처럼 국론 분열과 내부적 부패와 쇠퇴로 먼저 폴란드의 근간이 무너져서 외국의 침략에 전혀 힘을 쓰지 못하게 된 것을 알 수 있다.

폴란드는 1991년 소련 해체 후 개혁의 고통을 이겨내고 체제 전환에 성공해 경제적으로 유럽 6강에 들어가는 성장을 이룩했지만, 정치적으로는 수많은 정부가 난립하고 권위주의로 회귀하는 등 다른 유럽 국가들에게 우려를 안기기도 한다. 그러나 3800만 명의 인구와 시장을 가진, 중동부 유럽에서 가장 큰 국가로서 발전 잠재력이 매우 크고, 20명 가까운 노벨상 수상자를 배출할 정도로 폴란드인의 두뇌와 예술적 재능은 뛰어나다. 또한 이번 러시아-우크라이나 전쟁에서 보여준 것처럼 폴란드는 자유민주주의와 국제 질서 유지에 강력한 보루 역할을 하고 있다.

한 나라의 운명적 족쇄인 지정학적 입지로 인해 폴란드가 다시는 국난을 반복하지 않고 발전의 길을 가기 위해서는 전략적으로 영민한 외교 정책 수행이 매우 필요하고, 자강 의지와 능력도 이에 못지않게 중요하다. 우리도 폴란드와 크게 다를 바 없다. 역사에서 교훈을 얻지 못하는 민족은 비극을 반복적으로 겪게 되는 법이고, 아픈 역사를 반복하지 않겠다는 결의를 하고 이에 합당한 준비를 하는 민족은 국제 정세가 폭풍처럼 요동을 쳐도 굳건히 항해할 수 있을 것이다.

미국 유학 첫 학기에 폴란드계 학생들 사이에서 유일한 이방인으로 폴란드어를 공부하며 시작된 폴란드와의 학술적 인연이 이번 책 번역으로 작은 결실을 맺은 것 같아 기쁜 마음이 크다. 《동유럽사》, 《굿바이, 동유럽》에 이어 세 번째 동유럽 역사책 번역 출간을 맡아준 도서출판 책과함께의 류종필 대표와 편집진께 감사드린다.

2024년 12월
허승철

찾아보기

폴란드사

중세부터 현대까지

1판 1쇄 2024년 12월 28일

지은이 | 아담 자모이스키
옮긴이 | 허승철

펴낸이 | 류종필
편집 | 이정우, 권준, 이은진
경영지원 | 홍정민
교정교열 | 김현대
표지 디자인 | 석운디자인
본문 디자인 | 이미연

펴낸곳 | (주)도서출판 책과함께
　　　　주소 (04022) 서울시 마포구 동교로 70 소와소빌딩 2층
　　　　전화 (02) 335-1982
　　　　팩스 (02) 335-1316
　　　　전자우편 prpub@daum.net
　　　　블로그 blog.naver.com/prpub
　　　　등록 2003년 4월 3일 제2003-000392호

ISBN 979-11-94263-21-0 03920